湖北师范大学学科建设办公室
湖北师范大学汉冶萍研究中心资助出版

汉冶萍文库·研究系列

[增订本]

苍凉的背影

张之洞与中国钢铁工业

张实 著

人民出版社

目　录

前编　光绪十五年

培 / 大炉不开，"是死证矣！" / 遵旨通盘筹划：逐条驳斥刘坤一 / 先填平江南筹防局的窟窿 / 转一个圈子，再向户部要银子 / 对招商承办的初步回应 / 与翁同龢刻意修好 / 债台高筑，山穷水尽

怎样变成钢轨的？/ 李希霍芬在中国所见 / 手工生产方式遇到
了舶来品 / 中国古代冶铁业的辉煌 / 洋务运动搞的是无米之炊 /
青溪铁厂之谜

本编 "荆天棘地"千秋业

起 / 武汉"洋务经济特区" / 开发铁矿启动了黄石地区的工业化 / 工业化带动了黄石地区的交通运输现代化 / 孕育了黄石地区的城市化

黄瑞云先生序

　　19 世纪西方资本主义迅猛发展，并大力向海外扩张，殖民主义的魔爪伸向了世界的每一个角落。本来同我们一样处于封建统治的日本，通过明治维新迅速崛起，并立即成为我国的威胁。而中华大地却仍然在封建的黑夜里沉沉昏睡。贫穷的中国农民还像一千年之前那样，挥着鞭子跟在疲惫不堪的老黄牛之后缓缓地犁翻着古老的土地。妇女们仍然踮着三寸金莲在崎岖的乡村小路上蹒跚。年青的或者年老的读书人一个个拖着尾巴似的长辫子，黄卷青灯，苦苦地琢磨着程式化的八股文，希望哪一天有幸能够金榜题名。而在大清帝国的朝廷上，大臣们身着臃肿的前后缀有文禽或猛兽绣饰的补服，戴着笨重的像倒漏斗似的顶子，年年，月月，天天，匍匐在禁陛森森然而沉闷不堪的殿庭上敬祝皇帝陛下"万寿无疆"。紫禁城像一个封闭得密不通风的古堡，里面的人绝大多数对外部世界一无所知。然而历史是不容停滞的，它会以灾难的方式促使人们被迫前行。西方列强终于用大炮轰开了这个古老帝国的大门，长期自命"天朝上国"的大清王朝立即惊惶失措。中国向何处去？这个关系着生死存亡的问题无情地摊在人们的面前。那些掌握国家民族命运的人们将如何思考？如何行动？——20 世纪五六十年代，我们的历史教科书中，各种汗牛充栋的宣传媒体上，千篇一律地给人一种印象，一种概念，晚清社会反正是一团黑暗，凡是统治集团中的人们，加他们一个"反动"的谥号就概括无余，对那些曾经声威赫烈如曾国藩李鸿章之流，给予一些诸如"刽子手""卖国贼"之类的罪名就够了，没有别的什么话说。即使对某些特殊人士给予某种肯定，紧接着仍然要揭露他们的"阶级立场"，批判他们"维护反动统治"的行径，仿佛历史是从某个特定的日子突然开始，以往的时代一笔抹煞之外可以无庸置议。直到"文化大革命"结束，"四人帮"时代的思想禁锢得到一定的解放，人们才逐步清醒，认识到历史总是一步一步地前进的，即使是沉封深锁的晚清社会也不乏"寂寞的思想先行者"，不乏为国家民族呕心沥血的人们，不乏在历史发展的每一个台阶上作出过重大贡献的俊杰。在改革开放之后，我们的出版物中，才慢慢地出现了一些符合历史辩证法的科学著作。我的学长张实绍贤先生这本即将出版的《张之洞与中国钢铁工业》会是十分精彩的一本，给研究晚清历史、研究晚清的历史人物提供了一个精深的范例。

张之洞生于道光十七年（1837），同治二年（1863）二十六岁中进士，由慈禧太后亲自点为探花。这以后又一个二十六年，他由翰林院编修而外放学政，回京任国子监司业等职，之后升迁到内阁学士，先后出任山西巡抚、两广总督。二十六年的经历，充分地表现出他历练的才干和远见卓识，他办了若干件出色的事务，特别是光绪十年（1884）在两广总督任上后取得了抗法战争的胜利，这是鸦片战争以来四十多年间遭到外敌侵略时每战必败之后唯一的胜利，也就特别地辉煌。但使张之洞一跃而成为晚清洋务运动的巨擘，并成就他一生最为卓著功业的，是光绪十五年（1889）调任湖广总督之后，他在这里开发大冶铁矿，开办汉阳铁厂，使之成为中国近代钢铁工业的先声。绍贤先生这本大著研究的就是张之洞的这段历史。

为了说明张之洞是在什么样的时代背景下经营他的钢铁事业的，作者特意在全书的"前编"，用"光绪十五年"作为时间坐标，叙述了此前此后大清帝国的状态。光绪十五年（1889），上距鸦片战争近五十年，中间经历了英法联军，中法战争，国内镇压太平天国和捻军等一系列重大变故，大清帝国已处于风雨飘摇之中。然而帝国主义的大炮并没有完全震醒封建中枢的酣梦。一方面有感于西方列强的"船坚炮利"，开展了洋务运动，建立了实为军事工业的机器局、船政局之类的设施，引进了西方的一些科学技术和社会人文知识；然而另一方面许多居于统治地位的官僚仍然顽固地死守着封建道统，反复重弹那些陈腐得发霉的论调："读孔孟之书，学尧舜之道"，"整纲纪，明刑政"，"立国之道，尚礼义不尚权谋；根本之图，在人心不在技艺"。① 他们仍痴信大清为"天朝上国"，以西方列强为夷狄，视科学技术为末技。当西方的火车风驰电掣在欧洲大地奔驰的时候，中国连修筑铁路都遭到这些封建顽固派的强烈反对。他们就像笼中畜养的鹌鹑，以为世界就这么大，丝毫不知道凶鸷的鹰鹫正在高空中盘旋。致使洋务派首领李鸿章慨叹："士大夫囿于章句之学而昧于数千年来一大变局，狃于目前苟安而遂忘前二三十年之何以创巨而痛深，后千百年之何以安内而制外"②。而这就是张之洞出来开创他的钢铁事业时的环境。

当光绪十五年秋天张之洞调任湖广总督，奉命修筑卢汉铁路，并准备筹办钢铁厂的时候，出现在他的脑子里的也许只有两点是明确的：一是中国非有铁路不可，而修筑铁路非自炼钢铁不可；二是他听说了大冶地区有铁石矿藏。除此之外，在他的面前，没有略通科技的僚佐，没有技术专家，没有设备，没有机器，每走一步都会碰到没有。修铁路，炼钢铁，怎样勘探、怎样开采、怎样绘图、怎样冶炼，一切都仰仗外人；每一部机器，机器上的每一个零件，都要从万里之外的异国进口。诸如此类的困难，其实还不是重要的，更严重的还在于没有足够的资金，同僚之间也互不配合。而且当时社会民众还处于蒙昧状态，稍一行动即处处受到阻碍。也许这些仍不是主要的，最关键的还在于朝廷仍然是一个封建堡垒，没有像日本明治王朝那样变法图强的战略，发展科技开办一些现代化建设，也没有一个总的方针，大多各自为政，互相牵制。张之洞要在这样的氛围中开创他的事业，困难之大可想而知。

在某种意义上，近代化钢铁工业的出现和发展，标志着工业化的一个重

---

① 引文见本书第32—33页所引山东道御史张盛藻、大学士倭仁等人奏疏中语。

② 引文见本书第34页。

大的飞跃。英国工业革命的成功正可说明这一点。我们可不可以这样理解，张之洞开办钢铁事业，是他本人也未必意识到的工业革命的尝试呢？英国的工业革命是经历了长达百年的由手工业作坊发展到采用机器的大工厂生产的过程，科学技术都已相当发达，政治体制也相应地进步，举国上下有着相同的认识，资本主义的天空已经完全清朗，他们的成功自然符合历史发展的逻辑。而张之洞的事业却是在封建主义的沉沉黑夜里进行的，生产关系严重地制约着生产力的发展，他遭遇的尴尬也就是必然的了。

但张之洞迎难而上，不管遭遇多么大的艰难险阻，不顾守旧的执政大臣的掣肘、同僚的摩擦、无耻浪人的恶意攻击，甚至地方封建势力土豪地霸的刁难，用绍贤的话说，他"背着独自办钢铁的沉重的十字架"，以愚公移山的精神，奔走在大冶汉阳之间，修筑铁路，寻找煤藏，开发铁矿，建设铁厂。有志竟成，他终于修筑了"黄河以南第一条铁路"铁山运道，建成了"领先亚洲，震惊世界"的汉阳铁厂，让"中国近代冶金工业的熊熊炉火，照亮了武汉三镇的夜空"，似乎也燃起了中国工业近代化的微茫的希望！张之洞取得了成功！

然而这是晚清社会，漫漫长夜还远没有走到尽头，汉阳的炉火终究冲不开漫天的夜幕。当铁厂刚刚投产，通红的铁水刚刚兴奋地喷发的时候，历史天步艰难地踏进了光绪二十年，也就是中国大地为之震颤的1894！这一年，大清王朝庆祝老佛爷六十大寿的焰火在紫禁城的上空灿烂地升起，日本侵略军的炮火却正向中国海疆轰轰地喷射；老佛爷理所当然要万寿无疆，北洋水师就命中注定会全军覆没！两者之间如此巧合，或许也并非偶然，试看老佛爷一场庆典七百万两白银的开销，足可以再购八艘致远号那样的军舰。大清帝国的大政方略就是如此，大清帝国的水师安能不败！也正在这个时候汉阳铁厂却连连发生事故，水淹大冶王三石的煤矿，汉阳的枪炮厂被大火烧毁了厂房，铁厂的焦炭供应不上，炼铁只好被迫停顿，而嗷嗷待哺的百万资金却无从筹集。丧权辱国的"马关条约"，单是赔偿日本的白银多达两万万两，就是整个汉阳铁厂建设资金的四十倍，这时张之洞还到哪里去要银子！张之洞遭遇了失败！

绍贤写这一章时，将国家倾颓的惨局和铁厂拮据的困境交错着叙述，形成强烈的对照。在这一章的结尾，绍贤以他惯有的貌似冷静的笔调写道："将汉阳铁厂放在中日战争的大背景下审视"，人们会发现，"它的出铁的喜悦，已经取得的成绩，现实的处境，未来的难题，都被战争的炮火淹没了。对于日军强横和阴险的震惊，对于前线清军雪崩一般溃散的惊愕，对于清政府腐败无能的悲愤，占据了举国上下的注意力。在这种时机，张之洞喋喋不休地叫喊铁厂经费困难是何等的不合时宜，处境是何等的孤立无助；而在这样胜负成败的关键时刻，一个国家需要钢铁工业对军火生产的支援又是何等的紧迫"。[1] 时间过去了一百多年，我们今天读绍贤的这一段文字仍未免无限感慨。

绍贤用典雅清新的笔触，抒写了这一段错综复杂的历史。他可以说新创了一种文体，融考证、叙述、评说于一炉。对张之洞修建铁山运道，开发大冶铁矿，创办汉阳铁厂所经历的艰难曲折的过程，作了翔实的考证，清晰的叙述，进行了深入的分析和评论。征引的文献多达一百多种，把当年从中央到地方，从国内到国外，来往飞驰的电文，相互驿传的书信，数不胜数上给朝廷的奏章，查不胜查的写于密室的笔记，以及后来有关张之洞的传记和论著，从这些纷繁，琐碎，复杂，或虚或实，或真或讹的资料中，清理出一个头绪。作者卷入了一百多年前开展洋务运动那一场没完没了的纷争，给他们判断是非。作者也卷入了一百多年来评价洋务运动的分歧，对各种错讹的说法加以辩正。把一部深邃的有可能使读者卷入五里雾中的考证论述性的著作，写成一部清新可读而且饶有趣味、近乎通俗性的读物，充分显示了作者大匠运斤的手段。

这不是一部完整的晚清洋务运动史，但通过张之洞开办钢铁工业，足可以了解洋务运动的实质、过程和成败；固然不只"一斑"，却可以尽窥"全豹"。作者在总结洋务运动时说："所谓'洋务派'……这些人只是大体上都有不同程度的赞同引进西方物质文明的倾向而已，既无共同的行动纲领，也

---

[1]　引文见本书第345—346页。

无统一的组织联系。其中以地方权力为核心形成的不同的政治集团，大大小小的派系，各有各的政治目的，各有各的利益追求，各有各的主张和方案，各自为政，自行其是；或壁垒森严，自成一体，对外抵制；或明争暗斗，相互倾轧，相互掣肘。极其有限的资源，在各种反作用力、分力、摩擦力等的撞击、撕扯、挤压、揉搓下无谓地消耗、浪费。名义上都是奉朝廷的旨意行事，实则朝廷既无力全面规划整合，也难以调度协调。所谓的洋务运动，便是在这种宏观上基本是无序的状态下艰难地蹒跚地前行。汉阳铁厂诞生在这种大环境中，陷入困境不是偶然的。"①这段文字，对洋务运动的性质、特点和它的命运，作了淋漓尽致的描述。

这也不是一部全面的张之洞的评传，但却是张之洞一生最卓越也最艰难的经历，是张之洞一生功业之所在，更是他一生毁誉之所系。作者没有采取平铺直叙地抒写，也不是一个一个问题的解答，而是随着客观史实的发展，巧妙地交错着叙述。综观绍贤这本书，可以看出作者花了大量的精力，去发掘、梳理原始档案资料，尽其可能地用原始资料来甄别后期的资料和评论，着意辩正对张之洞的许多讹传和误解，可以说是这本书的重要特色之一。作者不厌其烦地引证诸多电文、书信和各种繁杂的记录，往往是为了对某个问题进行辨析或澄清。其中如叶景葵讹传张之洞"大言曰：'以中国之大，何所不有，岂必先觅煤铁而后购机炉？但照英国所用者购办一份可耳！'"以致买错了炼钢炉，所制钢轨含磷太多，造成严重损失。在20世纪评论张之洞的种种著作里，以讹传讹，无不把它作为张之洞的重大过错。绍贤对这宗公案从源到流进行了深入仔细的清查，为张之洞洗刷了背负百年的冤屈。张绍贤无疑是张之洞事隔百年后的异代知交。

这更不是一部详尽的黄石地方志，但却是黄石最为重要的历史。正是由于张之洞对大冶铁矿的开发，对汉阳铁厂的创办，奠定了黄石作为重工业城市最初的基础，并使大江南岸这片壮丽的湖山成为中国近代钢铁工业的发祥地。19、20世纪的铁山矿址正可与商周时期即已开发的铜绿山古矿，悬隔

---

① 引文见本书第394页。

近三千年而相辉媲美，两者同样成为黄石大冶的荣耀。绍贤的这部大著无疑是认知黄石历史最为重要的著作。张之洞将永远和黄石的历史连在一起，张文襄公的英灵将永远在这个光辉的城市里盘桓；为此我期待有朝一日，一尊张之洞的雕塑矗立在城市的中心，作为这座矿冶名城的标志。

2009 年 6 月 12 日

自序：我为什么要写张之洞？

　　20 世纪 40 年代，我还是个孩子，家住武汉。在老祖母的故事里，便听说张之洞如何过目不忘，坐了八抬大轿，从司门口过了一趟，两旁店铺叫什么字号，招牌是什么字体，都记得一清二楚；又说他是一个老猴子托生的，一副猴相，聪明而又好动。还记得那时武昌有张之洞路，汉口有张公堤，蛇山上的抱冰堂里供着张之洞的牌位，黄鹤楼上还刻有民间传说是张之洞撰的一副对联："紫气西来，云雾扫开天地憾；大江东去，波涛洗尽古今愁。"

　　自清顺治二年罗绣锦总督湖广四川起，有清一代，曾经担任过湖广总督这一差使的，不下八九十人，其中有不少著名的人物，如毕沅、阮元、林则徐、李鸿章等。林、李二人虽然大名鼎鼎、家喻户晓，但他们在湖北的作为影响不大；知道他们做过湖广总督的人也不多。在武汉三镇，真正妇孺皆知的还数张之洞。

　　半个世纪以后，1990 年我被调到黄石市委宣传部工作，分管的市委副书记和我谈话，嘱咐我要抓一下本地区重大历史题材的文艺创作。在我的心目中，黄石地区在历史上曾经有过三次大的机遇，带来了三个重要的发展时期：在古代最辉煌的是大冶铜绿山铜矿的开发和冶炼，在近代是张之洞办洋务开发大冶铁矿，在现代则是新中国在黄石建市并确定为重工业基地。记得是 1991 年冬，随黄石市京剧团进京为中央电视台录制元旦晚会节目，抽空去了一趟琉璃厂，买到了一套《张文襄公全集》和一本《洋务运动史研究述录》，由此开始接触张之洞这一课题。后来我搜集的一些资料在组织创作电视剧《总督张之洞》时派上了用场，该剧就是述说张之洞如何创办钢铁工业的。

大约是在《总督张之洞》已经拍摄还未播出、得奖的时候，有一天我在书店偶然发现一本湖北省档案馆编辑的《汉冶萍公司档案史料选编》上册，书脊都有些破损了，想也未想，便习惯性地买下来。回家一翻，第一页便是张之洞与刘瑞芬、洪钧等联系购置铁厂设备的来往电报，与许多书上说的不同，根本找不到张之洞说过"以中国之大，何所不有，岂必先觅煤铁而后购机炉？……"那些话，这就给我留下了一个重大的疑问。

1996年从工作岗位上退了下来，学电脑，随意读书，搜集张之洞的有关资料仍然是一个关注的重点。看了一些涉及汉阳铁厂和汉冶萍公司的专著和论文，大都依据的是《洋务运动》资料丛刊、科学出版社出版的孙毓棠编《中国近代工业史资料》第一辑和汪敬虞编的该书第二辑、三联版的陈真编《中国近代工业史资料》第三辑，普遍是引用叶景葵《述汉冶萍产生之历史》。在先后读到孙毓棠、汪敬虞和陈真编的两种《中国近代工业史资料》后，我的疑问仍未解决：叶景葵是什么人？他的说法有什么根据？这时便很想读一读也曾刊载过叶氏此文的《洋务运动》资料丛刊。

真正要把张之洞与中国钢铁工业作为一个课题来研究，资料缺乏的困难便突出起来。寻觅历史资料本来就是可遇而不可求的事，而我所在的黄石是一个中等城市，无论是公共图书馆还是书店，都不可能充分满足专题学术研究的需求。十几年来，只要外出，必挤出时间去书店，虽然很少空手而归，但也收获有限。有一次去珠海，遇到河北人民出版社版的《张之洞全集》，一连去书店看了五六天，后来终于从网上买到了一部。学会了网上购书，又邂逅了古旧书网络，此后网上购书便成了我搜集资料的主渠道。至今我所能见到的资料如书后"主要参考文献"所示，还是很有限的，但在我却为此跨越了十余年之久的岁月。

直到2003年"非典"流行之时，我才在广州天河图书城找到了重新印刷发行的《洋务运动》资料丛刊，终于读到了叶景葵《述汉冶萍产生之历史》的全文。正是从其中被别的书删去了的第一则"书跋"里，我发现了他将民国元年的事误记为宣统元年的错误，进而对他在正文中将主事者奕譞误为奕䜣引起警觉，从而对他记述的可靠性产生了怀疑。2006年秋冬，我又找到了叶景葵的《卷盦书跋》，依据书中有关的自述弄清了他的身世、辛亥革命前的经历，更加坚定地认为叶说不可信。至此，我才打定了主意要写出这本书。此时，我已年近七旬，若再不抓紧，将来更写不动了。

在构思和写作本书的初期，我曾把它定位为以非专业读者为对象的历史文化读物，在如何增强可读性上下了一些功夫。我本身就不是一个专业的历史学者，没有打算要写一部严肃的中规中矩的学术性著作。但是，一旦接触到购炼钢炉、选择厂址、钢轨质量这些关系到史实评价的实质性问题，要对传统的说法提出质疑，甚至彻底否定，就必须采取与之相适应的表述形式，集中力量进行周密翔实的、具有说服力的考证或论证。在写作这些章节的过程中我也逐渐意识到，只有这些发现才是我自己对读者的新奉献，或许正是这些章节才使本书的写作和面世具有了真实的必要性。

实事求是地说，叶景葵文章的广泛流传，暴露了我们以往评价张之洞办钢铁的一个明显的弊端：依据的是后期的不可靠的资料，而对原始史料不够重视，没有下功夫去发掘。在构思本书的过程中，我曾经拼凑了四句话："发掘原始史料，梳理事件脉络，再现历史细节，探索幕后真相。"这便是我要做的工作，发掘原始资料是我的基本立足点。我没有预先构建的理论框架，也没有什么大胆的假设，只是通过对原始档案资料的发掘、梳理、相互比照、拼接，探索历史事实的本来面目，如实勾勒张之洞创办钢铁工业的全过程，并根据这些原始资料去甄别后期的资料和评论。这样做，要花大量的时间，十分枯燥乏味。好在我没有评职称的压力，也没有人考核我的工作量，可以从容地坐冷板凳。

每每看到有的学者正颜厉色地批评张之洞无知，说他这也不懂，那也不懂，我心中是颇不以为然的。1889年的张之洞，既不能公费旅游出国考察，又不能在职考研读博，在北京的琉璃厂也买不到《冶金学》，更没有机会见识炼钢炉是圆是方，如果不在实践中学习，难道天生具有领导钢铁工业的知识和经验吗？这些指责，实际是指责第一个吃螃蟹的人不懂得吃螃蟹。每一个历史人物只能在历史提供的特定舞台上活动，张之洞是在一个政治、经济、社会文化条件极不具备的环境中开创钢铁工业的，我们不能无视晚清特定的历史环境对他的制约。这种制约是具体的而不是抽象的，是必然的而不是偶然的，是普遍地渗透于全部过程之中的。我们不仅要弄清张之洞创办钢铁工业做了些什么，是怎样做的，还必须弄清他是在怎样的环境中这样做的，为什么是这样做而不能那样做。

已经将书稿交送出版社后，我才有幸读到袁伟时先生的《汉阳铁厂与洋务派经济思想的困境》。这篇 2005 年发表在《温故（三）》的文章说，汉阳铁厂"为什么会遭遇如此巨大的挫折？归纳历来的研究成果，大部分史学家认为，这是三大错误造成的：第一是设备购置不当。……第二是焦炭没有稳妥的供应。……第三是选址不当。……为什么会出现这些重大决策的错误？主要原因是张之洞患了官僚办企业的常见错误：瞎指挥！"最后还进一步强调："其实，汉阳铁厂的失败，最主要的原因在没有吸收国内外的教训，政府不应直接投资或指挥建设乃至经营这一类理应由商人办理的企业。"这个结论似有笼统而武断之嫌。在一些研究世界工业化进程的专著中，认为德国和日本就是属于"以政府为主导的发展模式"，在英美等国的工业已经占据国际优势的局势下，他们没有沿袭英国的自发的内生型模式，而是走自己的路实现了工业化，并都成为第一流的工业强国。

本书专题论述汉阳铁厂，正是有别于"历来研究的成果"，对所谓"三大错误"提出了异议。有关的历史真相，本书作了大量考证，这里不再重复。按照"三大错误"说，错购了小小一座 10 吨贝氏炼钢炉，增加了短短两百华里的水程运矿，竟然困扰中国的钢铁工业长达数十年而无可救药，这是难以令人信服的。何况盛宣怀接办后开发了萍乡煤矿、废弃了贝氏炉、在大冶建了铁厂，不就是已经作了纠正和弥补吗？何以仍然不能走出困境呢？看来诊断并没有找到真正的病根。我们总结和吸取历史的教训，似乎也不应只停留在某个人的官僚作风和某些具体环节失误这样浅表的层次上。

汉阳铁厂是洋务运动的产儿，在它的身上继承了母体的所有重要基因。离开了洋务运动所处的特定历史环境，我们无法理解汉阳铁厂的生理特征；也只有深入细致地解剖汉阳铁厂这类典型标本，我们才能深入、全面地认识洋务运动，从早期现代化尝试中正确地吸取历史经验教训。

在洋务运动时期，汉阳铁厂由张之洞这样力图自强的官僚利用官款来创办，具有历史的必然性。吕不韦式的商人虽然由来久远，产业资产阶级却是洋务运动的产儿。没有曾、左、李、张这群老母鸡，哪有中国的产业资产阶级破壳而出？汉阳铁厂创办前，自1872年至1888年止，包括国家资本和民间资本共创办各种新式工矿企业29家，总计资本607.3万元，抵不上一个汉阳铁厂的投资。这时正是中国资产阶级成长的初期，新生儿柔嫩的肩膀无法承受创办钢铁工业的沉重负担。自西方列强在世界经济格局中确立其霸权地位后，后发展国家的私人企业资金积累不足，是一个普遍存在的现实；在钢铁这样需要高投入的产业，资金短缺更加突出。从晚清到民国，包括商办的汉冶萍公司在内，中国钢铁工业从来没有吸纳到足够的民间资金，中国的民族资产阶级从来也不曾发展壮大到足以问鼎钢铁工业，以致抗日战争前夕国民政府不得不手忙脚乱地寻求国际贷款，举办一批包括钢铁厂在内的军事工业以救燃眉之急。历史已经证明，等待中国民族资产阶级发展壮大之后由他们创办钢铁工业，此路是不通的。

洋务运动是封建专制体制下一次引进西方资本主义文明的改革，旧的体制必然成为改革难以突破的桎梏。大清国的最高决策者慈禧，对于西方事物的容纳是有选择的。在她的心目中，不同的利益组成一个层次分明的利益圈，最核心的是她个人控制皇权的绝对权威，然后顺次是皇族的利益、官僚统治集团的利益，等等。不能说她完全不考虑国家的利益，但显然是放在最外围的。这种利益层次性的差距，左右着她的决策取舍。她对洋务运动的支持，则以不影响封建王朝的统治为底线。修建铁路的建议一再被搁置，唯恐破坏了固有的社会秩序而引起群体性的骚乱不能说不是一个重要的原因；放下卢汉路先修关东路，与其说是保护国土毋宁说是守护大清王朝老祖宗的发祥地。这种以封建统治集团利益为转移的摇摆性以及随之而来的朝令夕改，导致了洋务运动整体上的杂乱无序，极大地增加了实施的阻力，限制了引进资本主义文明的深度、广度和效果。洋务运动又是在中央集权被削弱而出现督抚分权的体制下开展的，督抚分权既提供了中国钢铁工业得以创办的契机，又制约了铁厂的兴办仅凭湖北一省之力，导致张之洞始终是孤军奋战。对于这样一件大事，慈禧、光绪从来就没有什么主见，主持其事的海军衙门、户部、李鸿章和张之洞从来也没有真正达成过共识，朝廷从来也没有主动制定政策、采取措施予以扶持。

"发展是一个整体的过程"，也就是说，现代化或工业化是一个庞大而复杂的系统工程。而洋务运动如陈旭麓先生所说，是"东一块、西一块的进步。零零碎碎的。是零卖的，不是批发的"。改革需要配套，经济建设需要配套，发展钢铁工业比起农产品加工更需要配套，更需要相关工业和交通等社会基础产业的支持。在工业革命发源地英国，丰富的煤矿资源和强大的采煤业是钢铁工业发展的基础，也是整个工业发展的基础，早期的蒸汽机和铁路都是在采煤业内部得到发展的。1830年以蒸汽机为动力的纺织业率先实现机械化，对棉纺机和蒸汽机不断增长的需求，刺激了钢铁、煤炭产量的增长，并进一步推动交通运输业的发展；而铁路的大量建设又反过来促进采煤业和冶金业的发展，形成良性循环。至19世纪中期，冶金工业、采矿工业分别实现了工业化，标志着英国进入了工业化时代。而在中国，钢铁工业竟然是作为铁路事业的附属物被朝廷批准开办的；现代采煤业虽先于钢铁工业开发，但进展缓慢，收效甚微，硕果仅存的开平煤矿和后来的萍乡煤矿都距大冶铁矿甚远，且又运输困难。张之洞勘察煤矿遇到的仍然是手工开采的土煤窑的汪洋大海。其时除台湾铁路孤悬海外，中华大地上孤零零唯有一条津唐铁路；运输以水路为主，陆路则靠骡马大车。汉阳铁厂受到焦炭供应的困扰，实质上既有煤矿远离铁矿的自然条件制约，又是煤炭工业、交通运输业发展滞后，不能适应钢铁工业机械化生产需要的必然结果。为此，中国钢铁工业在它的创始期，不得不在承担开发煤矿成本的同时，还要承担修建铁路等运输设施的成本，这就成倍地加大了它的风险和资金缺口，严重地影响了它的经济效益。

中国钢铁工业又是在西方列强垄断了中国钢铁市场的严峻形势下创办的。据《中国近代手工业史资料》记载，从1867年至1894年，进口铁增加了10倍，铁产区的作坊纷纷倒闭，洋铁几乎占据了中国的全部市场。初出茅庐的中国近代钢铁工业面对着挟有特权和质量、价格优势的舶来品，要在市场上争得一席之地谈何容易。时至今日，在国际金融危机中，美国这个老牌霸主仍然率先重施贸易保护主义的惯伎，频频提高关税以抵制中国产品；而一百多年前，中国钢铁工业尚未诞生，清政府便失去了关税自主权，不平等条约将中国的进口税率钉死在5%这样罕见的极低水平，后来清政府对进口钢轨连这样低的关税也豁免了，听任其长驱直入，肆意搏杀幼小的中国钢铁工业。汉阳铁厂是为铁路而兴办的，钢轨是它的主导产品，也是它赖以生存和发展的唯一希望。然而中国铁路建设这块肥肉，正是列强各国激烈争夺的焦点，是他们争相对华输出资本的主要对象，既要以贷款取得高额利息，又要以铁路器材赢得高额利润，刺激本国钢铁的持续发展。争夺的结果，借款修建的铁路中，确知用汉阳铁厂钢轨的仅有保定至汉口、广州至深圳、津浦路南段一部分等少数工程。更为恶毒的是日本，自1900年起，通过煤铁互售合同，蓄意长期攫取大冶铁矿的低磷优质矿石，造成汉阳铁厂不得不改用马丁炉炼钢、自用高磷次等矿石；并以贷款为诱饵，逐步实现了对大冶铁矿和汉阳铁厂的长期控制，使之沦为对日提供矿石和生铁的基地。一方面被人釜底抽薪，垄断了它的优质原料，一方面在本国的市场上惨遭围剿，被夺走了绝大部分份额。产销两头遭到如此致命的重创，它还能有多少生机呢？中国钢铁工业初期的不幸命运，从外部因素来说，是列强用暴力分配世界市场的必然结果。

国外研究第三世界国家发展特点的学者指出："落后国家不是在一种平静的心理状态中开始发展的，而是在工业化国家展示出一种优越性之后开始的。这就在落后国家的社会中形成了一种紧张感……它们由于受到落后的压力，急于要在尽可能短的时期内赶上先进国家；落后的程度越深，试图建立起大企业和垄断性质组织的倾向就越强烈；同样，越落后，其工业化需要在某种导向之下发展的倾向也就越明显。因而，落后国家在经济发展的过程中对政府和相关机构的依赖性远比发达国家大。"①张之洞承担开创中国钢铁工业的重任，可以说是源于这种紧张感，他的急于求成、所谓的贪大求全，也莫不是源于这种受到落后的压力形成的紧张感。

张之洞承担开创中国钢铁工业的重担是他自觉的、主动的选择。慈禧只叫他筹办铁路，并没有命令他筹办铁厂；他可以像李鸿章那样依赖进口洋轨，也可以像李瀚章那样一推了之。这是一种大公无私的选择。与李鸿章、盛宣怀不同，他创办了许多企业，全然是出自公心，从来毫无私人积累财富的算计，恪守官箴，身处大酱缸而始终保持清白；如果没有铁厂的拖累，也许他早就当上了军机大臣。这更是一种知其不可为而为之的选择。明明知道200万两的经费不敷，户部不可能再增加拨款，他仍然咬紧牙关跳火坑，平静地完成了从筹办铁路到筹办铁厂的转换。

张之洞钟情钢铁工业，萌发于山西，提出建议于中法战争之后，开始实施于调任湖广之前。既有抗法战场上遭遇强敌的痛切感受，又基于"自强之端，首在开辟利源，杜绝外耗"的认识，具有从军事上、经济上抵抗列强的明确目的性。在中国近代史上，高度认识钢铁工业对于富国强兵、振兴经济的重要性、紧迫性，并身体力行地付诸实现的，张之洞是第一人。

张之洞大规模地成套引进现代钢铁工业的设备和技术，其科技含量、设备规模、生产能力、投资总额等都远远超过此前所有洋务企业，是农业中国经济领域中一次重大变革和意义深远的实践。这一实践是开创性的，前无古人，无所遵循，无所依傍，是第一次吃螃蟹；这一实践又是在社会、经济、技术条件极不具备的情势下进行，注定了必然是阻力巨大、困难重重、风险莫测。张之洞作为这一工程的策划者、承办者、施工组织者，从起草禀报皇上的奏稿到斡旋于海军衙门、户部、北洋之间，从一笔笔筹措资金到一次次电催图纸，从联系驻英使馆到安抚聘请的各国工程师，兢兢业业，事必躬亲；他以愚公移山、精卫填海自励，在荆天棘地之中，筚路蓝缕，艰难奋进，矢志不移，一次次在四面楚歌中突围而出，一次次在弹尽粮绝中苦苦坚

---

① 陈晓律：《世界各国工业化模式》，南京出版社1998年版，第24页。

守，令人同情而感动。

我的结论是："严格说来，张之洞办铁厂，就他主持的官办时期来说，只是一个'未完成式'，既难以肯定它完全成功，也不能笼统地说它已经失败。成功或失败，都应当有一个衡量的尺度。从工厂的基本建设来说，它已经胜利完成，为近代化的钢铁生产提供了物质基础。从生产正常运转来说，直到招商承办时，由于缺乏生产流动资金，它的部分设备并未投产，焦炭供应尚未彻底解决，尚处在试生产、有待完善的过程中。从生产的效率来说，它已经生产出了生铁、熟铁、各种钢材，用于制造枪炮、建筑厂房，开始进入市场并有生铁出口，已经初见成效；而由于它还处在试生产的阶段，主要设备并未全部发挥作用，也就远未达到设计的生产能力；况且，一个新建的钢铁联合企业，即使是生产完全正常了，要达到设计水平，也需要有一个过程。从企业的效益来说，由于当时铁路建设停顿，它的主要产品钢轨没有大宗订货，也就没有大宗的销售收入。从国际竞争能力来说，汉阳铁厂无论是规模、设备、技术、资金都远远落后于西方列强的钢铁企业，我们不能苛求一个没有走出襁褓的婴儿与一群巨人抗衡。"

张之洞以一介儒臣创办了中国钢铁工业，显示了传统与现代化契合在当时所能达到的高度，是中国古代知识分子的优良传统在民族灾难深重的历史转型期一次凝重的闪光。

拂去张之洞身上被《述汉冶萍产生之历史》之类记述泼的污水，我们对他创办中国钢铁工业应有新的认识和评价。本书为此做了一些发掘原始资料、厘清事实真相的初步工作，限于作者的学识和专业素养，存在谬误、疏漏、不当之处，敬请专家和广大读者不吝指正。

前编
光绪十五年

1889 年，大清帝国光绪十五年。

1889 年，距 1840 年已经半个世纪。虎门焚毁鸦片的浪涛，三元里民众的怒吼，在酣梦未醒的满清权贵的记忆里已经遥远而模糊。道光、林则徐、琦善那一辈人已经归于黄泉，他们带不走的是《南京条约》《望厦条约》《黄埔条约》强加给中国的枷锁和屈辱。

鸦片战争是中国由封建社会陷入半殖民地泥淖的转折点，是一连串灾祸的起始。1860 年英法联军轻易地攻占了北京，圆明园的大火再次成为中华民族抹不去的记忆，接踵而来的又是丧权辱国的不平等条约，赔款、割地、丧失更多的国家主权……

1861 年，畏惧洋人、仓皇出逃的咸丰死于承德避暑山庄，慈禧伙同恭亲王奕䜣发动政变，开始了两宫皇太后垂帘听政，假借年幼无知的皇帝的名义执掌政权。同治三年（1864）夏天，曾国藩的湘军攻下了南京，持续十三四年、纵横大半个中国的太平军终于失败，北京的朝廷终于得到了喘息的机会，开始自我陶醉于"同治中兴"的幻梦。

1889年，西方各国已经完成了产业革命的任务，但总的技术水平并不高，现代钢铁工业刚刚起步，化学工业几乎还不存在，铁路正处在建设的高潮。发达国家的优势地位尚非十分遥远，历史还给某些国家留有迎头赶上的机遇。

1889年，大清帝国的自强运动已经进行了三十年，要不要铁路仍然是朝堂上争论的焦点，而在这一年里，张之洞开始了钢铁厂的筹建，揭开了中国近代钢铁工业史的第一页。

汉阳铁厂是洋务运动最重要的成果之一，它的建设是中国早期现代化一次勇敢的尝试，是引进西方技术开创工业化的一次大飞跃。每一个历史事件都是特定历史条件下的产物，每一个建功立业的历史人物都只能在历史提供的特定舞台上活动。在进入张之洞创办中国钢铁工业的历史画卷之前，我们有必要先对当时的历史背景作一番回顾。这一部分被称为"前编"，并以"光绪十五年"为题，就是以它创办的那一年作为时间坐标，对当时的政治、经济、思想形势进行一次历史的扫描。

第一章　皇权交接的敏感时期

大清门抬进了慈禧的内侄女 / 大婚的开销相当于汉阳铁厂的投资 / 太后真的会归政吗？ / 绝不能容忍出现另一个太上皇 / 筹建铁厂与兴修颐和园不期而遇 /"以昆明易渤海"的内幕 / 他们正在把大清帝国推向一场新的灾难

　　光绪十五年，对于大清帝国来说，是相对稳定的一年。这一年里，没有西方列强的入侵，也就不曾签订新的不平等条约；在边远地区，没有发生大规模的民族冲突，在内地，也没有发生大规模的农民暴动；黄河不曾大范围决口，也没有什么地方发生大面积的强烈地震。大清的官员们可以大大称颂一番"中外奠安，黎民被福"了。

　　这一年，在中原大地上，依旧慢吞吞地行驶着马车、牛车和手推的独轮车，坚硬的木轮沉重地刻划着黄土地，继续为她增添苦难的皱纹；从三家村里的老童生到京师书香世家的子弟，依旧将目光和精力聚集在四书五经上，揣摩着如何"破题""承题"，梦想着状元及第，一举成名天下知；乡村的集镇上，依旧靠风箱、木炭、铁锤装备起来的铁匠炉为农民们提供锄头和镰刀；白发苍苍的老奶奶，舍不得点起小油灯，借着月光，依旧摇着她陪嫁的那辆老纺车……

大清门抬进了慈禧的内侄女

这一年，新年伊始，朝廷里一派喜气洋洋，头等大事是正月里皇上大婚，二月里皇上亲政。而在这表面的喜庆气氛背后，却潜藏着皇权交接特定时期的波谲云诡。

光绪名载湉，当初同治给这位堂弟选择这个"湉"字，大概是希望他风平浪静地过一辈子。他是道光的孙子，咸丰的侄儿，醇亲王奕譞的儿子，更重要的是他的生母醇王福晋是慈禧的胞妹。

有人说光绪是四岁做皇帝，有人说他五岁登基，其实他生于同治十年六月二十八日，按照实足周岁计算，即位之时只有三岁半。[①] 同治十三年腊月初六那个严寒的凌晨，他被人从睡梦中抱起来，在数百盏烛火通明的宫灯簇拥下，隆重而匆忙地从大清门经乾清门进入乾清宫，从此便确立了他作为大清帝国第九位皇帝的崇高名义，也铸定了他终此一生的悲剧性命运。[②]

三岁半的孩子最需要的是母亲温暖的怀抱，光绪却在这时候远离了一切亲人，远离了所有亲情的抚爱，包括生养他的醇王福晋终年也难得一见。他像一个被人操纵的木偶，每天忙忙碌碌地扮演着皇帝、别人的儿子、特殊的学生这三种角色。他必须每天天不亮就上朝，端端正正地坐在既高且大而又硬梆梆的御座上，听那些须发皆白的王公大臣们说着他根本听不懂的军国大事，虽然名义上是只有他才拥有裁定一切的权力，实际一切却是由坐在他背后八扇黄色纱屏中的太后拍板；他必须严格地履行宫廷中烦琐刻板的种种仪式，每天定时到太后那里去请安、省视、侍膳，恪尽"孝道"，而他从慈禧那里领受到的却是冰霜般的威严，是呵责、罚跪甚至鞭笞，久而久之，他见了慈禧如见狮虎，战战兢兢，结结巴巴，话都说不出来。[③] 从光绪二年起，

① 朱寿朋编：《光绪朝东华录》一，中华书局 1958 年版，总第 1 页。
② 孙孝恩、丁琪：《光绪传》，人民出版社 1997 年版，第 22 页。
③ 梁启超：《戊戌政变记》，载中国史学会编《戊戌变法资料》一，神州国光社 1953 年版，第 255—256 页。

他开始接受作为大清皇帝必须接受的所有教育，文的要学习满文、蒙古语、汉文，武的要学习拉弓、骑马、射箭，其中汉文又包括背诵四书五经、熟读史籍要典，做诗，作文，练书法，看奏折……

没有爱抚，没有游戏，没有欢乐，就没有童年。没有童年的小皇帝在特殊的环境和积威的重压下畸形地成长，铸就了他对慈禧的畏惧、驯服、逆来顺受，铸就了他的性格软弱、胆小、没有主见，也铸就了他的体弱多病。这些对于一个普通百姓来说，也许无关大体，而对于一个风雨飘摇中的帝国的法定最高决策者来说，就是重大的缺陷而有可能危及国家的命运。

光绪十五年，那个当年三岁半的孩子，在高大威严的金色琉璃瓦的屋顶下，孤独、寂寞地熬过了十四个春秋，迎来了他的大婚。比起他的堂兄同治皇帝大婚时的年纪，他已经推迟了两年。

太后为他选定的皇后是副都统桂祥的女儿。桂祥者，慈禧太后之胞弟也。同时选中的还有侍郎长叙的两个女儿，大的十五岁，封为瑾嫔，小的十三岁，封为珍嫔。[①]

正月二十四、二十五日两天，北京城里万人空巷，人头攒动，都挤在大街两旁看皇后的妆奁。金玉珍宝，绫罗绸缎，紫檀雕花的木器，整整两百抬，络绎不绝，由朝阳门内慈禧娘家所在的方家园，抬到东华门、协和门，入后左门进乾清中门。与此同时，瑾嫔和珍嫔的妆奁就只能从后门抬进宫了。

二十七日子刻，皇后穿着双凤同和袍，在奉迎的八位结发福晋的簇拥下，登上了凤舆。数十名内务府官员前导，全副仪仗和百余盏宫灯一字排开，两名总管太监左右扶着凤舆，十名奉迎的王公大臣和步军统领骑马跟随在后。由史家胡同经东大街、长安牌楼、兵部街、东江米巷、棋盘街，浩浩荡荡、鼓乐齐鸣，在选定的寅刻，准时入大清门，经乾清门到达坤宁宫。光绪和皇后坐龙凤喜床，食子孙饽饽，由福晋四人，率内务府女官，请皇后梳

---

① 恽毓鼎：《光绪皇帝外传》，重庆出版社1998年版，第4页。

妆上头，就合卺宴。是时，结发的侍卫夫妇便在坤宁宫外念唱起交祝歌。①

按照大清的礼制，皇后至高无上的尊贵就体现在是从皇宫的正门大清门抬进来的。妃子以下，概莫能比。慈禧掌权以后，非常忌讳她的卑微的出身。现在，在自己的一手导演下，她亲眼看到她娘家的内侄女如此隆重地被人从大清门抬了进来，不知道在内心深处是否多少得到了一点补偿。

太后作主的这门亲事，不仅让她老人家的娘家无比风光，对于慈禧自己来说，是内侄女做儿媳妇，不愁不贴心。她老人家是否打算通过这位皇后来控制和操纵光绪，我们不好武断；但至少是在光绪的身边安排了一个忠实可靠的耳目。对于光绪来说，是姑舅表姊、表弟结亲，也是亲上加亲。无奈大婚以后，光绪对这位大两岁的表姐并无感情，只是喜欢年轻活泼的珍嫔。从照片和文字记载来看，这位皇后长马脸，高额头，眼睛有点突，牙齿有点暴，瘦弱而驼背，实在说不上美丽可爱。而皇后依仗着与太后的关系特殊，免不了就要和她老人家咬咬耳朵。老太后权力无边，见多识广，却不明白这男女之间的情爱是勉强不来的。过去同治和皇后很亲密，她老人家看着不顺眼，要强行干预，闹得同治私自出去寻花问柳，年纪轻轻就不明不白地死了。现在光绪和皇后不亲密，她老人家偏向娘家人，更要变本加厉地强行干预，不准光绪和皇后疏远，不准光绪和珍嫔亲密。干预没有效果，就觉得这个儿子不听话，忘恩负义，更加对光绪不满意，以至后来闹出了大乱子。

大婚的开销相当于汉阳铁厂的投资

光绪的大婚从三年前开始筹办，花的银子真正是像流水。

光绪十三年五月，慈禧下了一道懿旨："皇帝大婚时所需款项，理宜预为筹备，著户部速拨筹银二百万两。"半年后，光绪十四年正月十七日，户部又钦奉懿旨："办理大婚典礼，户部去岁筹拨外用之款二百万两，著户部全数提拨来京……办理大婚之款，四百万两尚不敷用，著户部再行筹

① 《清稗类钞》一，海南国际新闻出版中心1996年版，第175—176页。

拨一百万两。"[1] 同时指定由长春宫总管太监李莲英"总司传办一切"。据光绪的师傅、时任户部尚书的翁同龢日记记载，前后共提拨银子五百五十万两。[2]

这笔开销的庞大，没有一个比照物很难说明问题。十分巧合的是，正好相当于张之洞兴建湖北汉阳铁厂的投资。光绪二十四年，张之洞就兴建这座现代化的特大型钢铁联合企业所用经费正式向朝廷提供了一个报告：《奏查明炼铁建厂各项用款折》。从开办之日起，至二十二年改为商办时止，包括开铁矿、煤矿，进口各种机器设备、修铁路、造工厂、建码头等，湖北炼铁厂实用库平银五百六十八万七千六百十四两。

一场婚礼的花费，可以建一座现代化的特大型钢铁联合企业，似乎有些骇人听闻，如果了解一点宫廷办事的内幕，也就不会奇怪了。据当时承包宫内土木营造的商人透露，一般的"规矩"是"倒二八到工"。也就是说，在报销的经费中，一般只会有二成用于工程本身，其他八成由管工大臣、监工大臣、收工大臣和各级经手办事人员层层分肥。至于能不能有二成用到工程上，还要看大臣的人数和人品，遇到大臣人多或特别贪婪的，二成也保不了。太后万寿、皇上大婚这类重大的庆典，更是内务府官员和太监们发财的极好机会：

> 大婚万寿之陈设布置各事，则无所谓几成，有本领报销虽多亦可，曾见光绪大婚时，一个门帘开到两万五千金，其实所费不过数十金耳。[3]

这里所说的"数十金"，弹性较大，按照最高的上限，就算是一百两，二万五千两也是它的二百五十倍。一个门帘二万五千两，还有多少银子花不完呢？至于奉旨"总司传办一切"的李莲英荷包里装了多少，真正用在皇帝、皇后身上的究竟有多少，那就只有天知道了。

---

① 朱寿朋编：《光绪朝东华录》二，总第 2292 页；朱寿朋编：《光绪朝东华录》三，总第 2416 页。

② 陈义杰整理：《翁同龢日记》四，中华书局 1998 年版，总第 2255 页。

③ 齐如山：《故都三百六十行》，书目文献出版社 1993 年版，第 79 页。

太后真的会归政吗？

光绪十五年春天，在到处贴着大红囍字显得喜气洋洋的皇宫内苑，心情最复杂的恐怕莫过于不再垂帘听政的太后老佛爷了。皇帝亲政虽然只是权力的表面交接，仍然是一个最敏感的关口。

当年太后召集御前会议，宣布指定这个三岁半的孩子继承帝位的时候，就已经对自己的权威具有足够的自信。果然，当时没有人敢说个"不"字。有幸参加御前会议的王公大臣们当然清楚，按照祖宗定下的规矩，应当是在同治的下一代"溥"字辈中挑选；即使是讲血缘的远近，道光皇帝的亲孙子也不是只有醇亲王奕谖的这一个儿子。明摆着的事实是，奕谖是慈禧的妹夫，这孩子是慈禧胞妹的骨肉，再也没有比他和慈禧更亲的了；何况醇亲王这位七爷比不得恭亲王那位六爷，为人好说话、好对付得多。更重要的是，这孩子还很小，眼前还是得让太后垂帘听政，而且今后要继续听政十好几年！——也许正是因为王公大臣们都看得很清楚，谁也不愿意拿脑袋去撞南墙，所以才没人出头反对。

这孩子再小，一天天总是要往大里长。说快也快，前年虚岁十七，按祖宗的规矩就应该"亲政"了。早有会看风头的官员出来上折子，说是皇上还小，要请太后继续垂帘。如此讨好太后的机会岂能错过，于是你上我也上，大家一起请求，连光绪的生父奕谖也接连上了两道奏折，并且还暗示光绪自己当面去向慈禧请求。过去虽说是两宫皇太后垂帘听政，"东边的"话少，主意都是"西边的"拿。光绪七年，"东边的""没"了，从形式到实际更成了一个人当家。光绪九年元旦，在养心殿召见军机的时候，大臣们发现，慈禧不是像过去那样坐在光绪身后，而是与皇帝同坐在御榻上，太后在右边，皇帝在左边，从幕后公然走到了台前。光绪十年，说是办事因循贻误，又把恭亲王给撤了，让他回家养病；把军机大臣一班人全都罢了，换上来的礼亲王世铎、张之万、孙毓汶这班人，有的更平庸，有的更贪婪。这当口，正是慈禧太后越来越顺心遂意的时候，既然是王公大臣们包括醇亲王在内都一再地吁请，她老人家也就只好"勉允臣工之请，训政两年。"

两年的时间，过去得更快，转眼到了光绪十五年，训政到期。二月初三这一天，光绪一大清早先到慈宁宫给太后行礼，然后登上太和殿受贺。从此，光绪正式开始亲政；与此同时，慈禧结束了她的第二次垂帘听政。

　　光绪亲政，在慈禧则是"归政"。何谓"归政"？本来这个东西就是人家的，让你暂时照看一下，现在人家该拿回去了，这就是"归政"。

　　要知道"皇权"这东西，慈禧不是只照看一年两年，而是为同治照看了十二年，为光绪又照看了十四年，加起来是长达二十六年。现在真的要"归政"吗？

　　就在光绪亲政之前，西太后授意制订了一个归政后朝廷办事的"条目"，规定诸如各衙门引见人员，仍按训政时的老规矩，向太后请旨遵行，实际是重申太后仍要继续维持其控制人事和朝廷大政的局面。又放出话来："仍俟数年后一切全复旧制"；同时却又借故对以耿直著称的御史屠守仁予以处分，指责其奏折与亲政的旨意"显然相背，且开后世妄测訾议之端"。① 如是，在光绪十五年二月二十二日帝后召见翁同龢时，便出现了一场精彩而又意味深长的母子君臣对话：

　　（西太后）首言昨屠守仁事。

　　（翁）对：御史未知大体，然其人尚是台中之贤者。

　　（后）曰：吾心事伊等全不知。

　　（翁）对：此非该御史一人之言，天下臣民之言也，即臣亦以为如是。

　　（后）曰：吾不敢推诿自逸，吾家事即国事，宫中日夕皆可提撕，何必另降明发。

　　（翁）对：此诚然。

　　（后）曰：吾鉴前代弊政，故急急归政，俾外人无议我恋恋。

　　（翁）对：前代弊政仍两宫隔绝致然，今圣慈圣孝融洽无间，亦何嫌疑之有？

---

① 孙孝恩、丁琪：《光绪传》，第127—128页。

（后）曰：热河时肃顺竟似篡位，吾徇王大臣之请，一时糊涂，允其垂帘。（语次涕泣）

（翁）对：若不垂帘，何以至今日。

（此数语极长，不悉记。——原注）

随后谈到即将到来的皇帝亲政，翁同龢当着太后的面，首先便强调"第一不可改章程"，光绪立即坚决表示"断不改"。这就是说，光绪承认慈禧仍然保留了最高决策的否定权，将自己仍然置于慈禧的监督之下，并且承诺一切仍然按照旧有的轨道运行。①

当光绪公开做出这些表示的时候，我们无法知道在他的内心深处，究竟有几分是真诚地对太后治国才能和多年经验的敬仰，有几分是出于对这位严厉的母亲的畏惧和扮演一个孝顺儿子的需要，是不是还有几分是由于慈禧树大根深而为形势所迫的违心之论？客观事实的结果是，慈禧仅仅是从日常事务中超脱出来，却依然牢牢地控制着帝国的最高权力。

绝不能容忍出现另一个太上皇

愈是敏感时期，愈是树欲静而风不止。正在这时候，出了一档子事，这一年的正月十四日，东河河道总督吴大澂上了一道奏折《请敕议尊崇醇亲王典礼》，因为皇上就要亲政，请求让廷臣们商量一个办法，如何对待光绪皇帝的生父醇亲王，应该给他加一个什么称号以表示尊敬。奏折中引以为根据的，是乾隆读《通鉴辑览》对宋英宗和明嘉靖如何对待生父的议论。因为这两个皇帝都是前朝皇帝死后没有儿子，以旁枝入继为皇帝的，如何根据封建皇权的礼制和儒家的传统道德规范对待他们的亲生父母，在宋代治平年间和明代嘉靖年间，朝廷内都曾引发激烈的争论，甚至影响到人事的重大更迭和朝廷里的风气。乾隆认为宋英宗称其生父濮王为皇伯父是不当的，嘉靖尊其

---

① 《翁同龢日记》四，总第 2256 页。

亲生父母为皇帝和太后虽有过分之处，也是"人子至情"。吴大澂的本意也许只是想釜底抽薪，给奕譞戴上一顶尊贵无比的高帽子，让他离开实际的政治活动，免得他老被人家拿来当枪使。

而在慈禧看来，尊崇醇亲王，抬高醇亲王的身份和地位，就是对她的权力和地位的挑战，只有她才是真正的太上皇，绝不能容忍醇亲王成为另一个太上皇。据说光绪八年朝鲜乱起，慈禧囚禁大院君李罡应于保定便大有深意，朝鲜王李熙数上疏请求释放其父而慈禧不允。三年后李熙又有表至，奕譞以加恩外藩为请。

> 那拉氏闻奏，默然良久，但微哂曰："吾此举正别有深意，将使有子为人后者有所警惕而不敢妄为耳，非与李罡应有何仇怨也"。奕譞闻之，战栗失色，伏地不起。有顷，那拉氏乃笑而慰之曰："王勿多心，吾知王忠效，此语非为王发也。"且敕二内侍掖之出。[1]

这次对于吴大澂的奏折，特别是有老祖宗乾隆爷的御批为依据，要想冠冕堂皇地驳倒，这文章就不大好下笔。料想不到的是慈禧竟然抖搂出一份醇亲王奕譞在光绪元年正月初八上奏的《豫杜妄论》，说是早在十五年前，奕譞就预见到将来会有小人援引宋英宗和明嘉靖的先例，在他身上做文章，达到个人的目的："如有以治平嘉靖等朝之说进者，务目之为奸邪小人，力加屏斥。"既然奕譞本人早就有了这样明确的表态，别的人还能不闭上嘴巴吗？

不过奕譞的这份奏折也未免太巧了，不仅在十五年前就有预见，而且观点恰好正和吴大澂的论点针锋相对，密合无间，就像是看到吴大澂的奏折以后写的；而且慈禧拿出来的所谓奕譞当年的奏折又只是抄件，谁也不曾看到光绪元年的原件；再加上后人在光绪元年的档案中也查不到原始记录，所以有的历史学家很是怀疑：所谓的醇亲王奕譞的《豫杜妄论》，根本就是慈禧伪造的。[2]

---

① 天嘏：《清代外史》，载《清代野史》一，巴蜀书社1987年版，第146—147页。

② 黄濬：《花随人圣庵摭忆》，上海书店出版社1998年版，补篇第36—43页。

筹建铁厂与兴修颐和园不期而遇

光绪十五年三月，正当两广总督张之洞分别致电驻德使臣洪钧和驻英使臣刘瑞芬询问钢铁厂机器的价格，开始筹建铁厂之时，三月二十三日，光绪陪着慈禧驾临颐和园，宣示了颐和园将要加紧大举兴办。未来的汉阳铁厂与"太后工程"不期而遇，这就预示了前者必然是运交华盖，凶多吉少。

不管怎么说，太后现在表面上终于不再垂帘听政，也算是"离休"了。从此，宫里对她老人家也改了称呼：尊称为"老佛爷"。年届五十五岁的老佛爷，自认为辛苦了一辈子，在她手上敉平了洪杨这场大乱，开创了"同治中兴"，为大清建立了没世的功勋，现在皇帝亲政了，她老人家也该享享清福了；再说，过几年就是她老人家的六十大寿，大寿庆典得有个合适的地方，现在也该操办了。

这一年的三月二十三日，光绪奉了慈禧的旨意，陪着太后临幸颐和园，阅视神机营水陆各操，表彰奖励了醇亲王、庆亲王和有关人员。

这颐和园，原名清漪园。内有大泊湖，乾隆修园时整理扩大，改名为昆明湖。这有个来历，汉代长安有神池，据说是尧治水时停船的地方，汉武帝要灭昆明国，便模仿滇池将它开凿为昆明池以习水战。乾隆这位"十全老人"也搞了个昆明湖，并在这里设战船，教练香山健锐营水战，每年夏天举行水操。很明显，他老人家不仅是自命为汉武再世，而且是直踵尧舜。后来清漪园和圆明园同时被英法联军毁坏，水操自然也就停了。直到光绪十三年，突然恢复，并且开设了武备学堂，现在慈禧又在光绪的陪同下亲自来观操，其中的奥妙，就是把颐和园和海军捆绑在一起了。

兴修颐和园，是晚清的一大公案。宫廷里搞大工程，正是内务府官员们发大财的极好时机，一有机会，免不了就有人在太后、皇帝耳朵边吹风，投其所好，要建园子。同治七年，与太平军作战的硝烟还没有散尽，就有人上奏折要修圆明园。同治十三年，刚刚亲政的少年皇帝，很不懂事而又异常任性，为了修园子和恭亲王大干了一场，一赌气，"这个位子让给你如何"这

样的话都说出来了，直闹到要把联名上奏的三位亲王、三位御前大臣、三位军机大臣、一位教他的老师统统革职。后来恭亲王被慈禧赶回去抱孙子，在这些事情上不讨她喜欢，是一个重要的原因。至于那位以理财著称的军机大臣阎敬铭，一度颇为慈禧赏识，甚至在不经意间呼之为"丹翁"，后来竟被迫称病辞职，当时都认为是他把国家的钱袋子捂得太紧了，慈禧才不给他好脸色看。

圆明园修不成，就修"三海"；修了"三海"，还是要修圆明园；后来又说清漪园的地点、风景好，损坏也较小，不如修清漪园。

光绪十四年二月初一，皇帝下了一道谕旨："现在西苑工程将次告竣，谨择于四月初十日恭奉皇太后銮舆驻跸。"谕旨的实际主题却是正式宣布颐和园兴工并改名。

这道谕旨是以光绪的名义下的，说是自同治以来，太后十分辛苦，起码的颐养都没有，自己寝食难安。考虑到西苑离宫廷很近，康熙爷住过，稍加修理，可以养性怡情。万寿山大报恩延寿寺，是乾隆爷侍奉他母亲孝圣宪皇后、三次为她祝寿的地方，按照先代的榜样，把清漪园改名为颐和园，殿宇酌量情况修理一下，平时太后可以去住，每逢大庆，我就带领群臣在这里祝寿。经过再三请求，太后才应允。她老人家在谕旨中说：

> 自垂帘听政以后，夙夜祗惧，如临渊谷。今虽寰宇粗安，不遑暇逸之心，无时稍弛。第念……此举为皇帝孝养所关，深宫未忍过拂。况工料所需，悉出节省羡余，未动司农正款，亦属无伤国计。但外间传闻不悉，或竟疑圆明园工程亦由此陆续兴办……深宫隐愿所存，岂在游观末节，想天下亦应共谅。惟念皇帝春秋鼎盛，此后顺亲之大，尤在勤政典学，克己爱民，不可因一意奉亲，转开逸游宴乐之渐。至中外大小臣工，尤宜忠勤共励，力戒因循浮靡积习，冀臻上理，庶不致负深宫殷殷求治之意。实所厚望。①

---

① 朱寿朋编：《光绪朝东华录》三，总第2414—2415页。

这道谕旨的生花妙笔真值得作官样文章的人好好学一学。把修建颐和园完全归结为光绪要尽孝道，又拉出康熙、乾隆作榜样，然后慈禧再正气凛然地训诫一番，说什么这是关系到皇帝尽孝道，不能不接受。况且工料钱都是节约下来的，没有动用户部的正常经费，对国家财政不会有什么影响。宣称她的心思不会放在游玩这些小事上，天下的臣民应该都清楚。告诫皇帝的孝心，要用在勤政爱民上，不要老想着侍奉母亲，滋长了享乐的风气。俨然是克己爱民、母慈子孝。如此一唱一和，装模作样，无非是要纸糊一具挡箭牌，堵住天下人的悠悠之口。

"以昆明易渤海"的内幕

其实早在光绪十一年，新设立海军衙门的时候，奕譞被慈禧钦命为总理海军事务大臣，那时就接受了修园子这份火中取栗的差使。慈禧之所以要换马，不用老六而用老七，不仅是看中了奕譞的平庸胆小，更是死死掐住了他的命门：处在当今皇帝生父这个极为尴尬的地位，要想证明自己没有政治野心，就必须俯首帖耳地听从她的摆布。过去说起修园子，恭亲王提高嗓门答应一声"喳！"便没了下文，现在就该醇亲王坐蜡了。

翁同龢的日记在光绪十二年十月廿四日有如下记载：

> 庆邸晤朴庵，深谈时局，嘱其转告吾辈，当谅其苦衷。盖以昆明易渤海，寿山换滦阳也。①

庆邸是奕劻（时为庆郡王），朴庵是醇亲王奕譞的号。颐和园中有昆明湖、万寿山，这里的"昆明""寿山"是代指颐和园；"渤海"暗指北洋海军，"滦阳"指热河行宫即今承德避暑山庄。奕譞有什么不得已的苦衷要人们谅解呢？原来慈禧打算要重修热河的行宫，好不容易才做通工作，同意了以修颐和园

---

① 《翁同龢日记》四，第2060页。

来代替；建北洋海军的经费也将移来修颐和园。

在翁同龢写下上面这篇日记的一个多月后，光绪十二年十一月十八奕譞写信给李鸿章说，"南海工作为奉养璇宫而设""部款既不可动，愚见又不愿居借洋款之名""可否指称创建京师水操学堂，或贵处某事，借洋七八十万之谱"。奕譞要做手脚，不过是逃避舆论的指责，李鸿章心领神会，于十二月初十复函：

> 现与洋商只说散处需款，将来由海署具奏，似可作为海军的用项，饬由闽海关分年归本，沪津各关道分摊息银，即照海防新例给奖。①

十二月二十一日李鸿章致电奕譞汇报借洋款已落实：

> 拟代借海署名用项，顷据周馥等电禀，借德行五百万马（克），由彼按时价换银与我，约合九十余万两。②

光绪十五年慈禧归政后，工程加紧进行，这年的十一月奕譞又给李鸿章写信，要他向南方几个省的总督、巡抚们筹款二百万，存入天津洋行，用它的利息来修园子。

一面在皇皇上谕中宣称"工料所需，悉出节省羡余"，一面就向满洲贵族和地方官伸手，要他们捐献。早在光绪十一年，慈禧先从四大富裕满族贵族开刀，要他们和另外几家捐了 24 万两 。唐德刚的《晚清七十年》说，单是从李鸿章和曾国荃往来零星书信中查到的便有：江苏、江宁、两淮捐献 70 万两，江西 10 万两，直隶、四川各 20 万两，两广 100 万两，招商局 10 万两，加起来就超过了 230 万两。③

为了筹措修园子的经费，从光绪十二年起设立海防捐，以兴建海军的名

---

① 《李鸿章全集》七，时代文艺出版社 1998 年版，第 3972、3975 页。
② 《李鸿章全集》九，第 5467 页。
③ 唐德刚：《晚清七十年》，岳麓书社 1999 年版，第 220 页。

义，公开卖官鬻爵，鼓励官员"报效"，只要交了银子，过去革职的可以复职，嫌官小的可以晋升。一个"革职永不叙用"的湖北候补道杨宗濂，经李鸿章指点，报效了二万两，换来的是复官并交北洋委用；当时的行情是一个主事报效五千两可以晋升为郎中，一个郎中报效五千两可以外放为道员。"阳借海军为名，实用以给园工"。[①] 这样一来，国家的用人、官吏的奖惩升降就谈不上什么"制度"了。做官就好比是做生意，投了资自然要将本求利，努力设法加倍地赚回来，官场腐败每下愈况也就可想而知了。

颐和园工程档案已被销毁，究竟花了多少银子已经无法确知。究竟占用了多少海军军费，有人说是一千多万，有的说是三千多万，甚至有人说花了八千万，相当悬殊。据研究，挪用的海军军费大致有：海军军费息银、海防捐银、海军衙门"闲款"和海军经费正款等项。三海大修工程总费用600万两中，有436.5万两来自海军经费；而颐和园修建工程中，动用海军军费达860万两；二者共计动用海军经费约1300万两。[②]

所谓的兴办海军，所谓的海军衙门，由慈禧主使，由奕𫍯和李鸿章通同作弊，在实际运作过程中，就如此这般地蜕化成为一种骗局。

他们正在把大清帝国推向一场新的灾难

从另一角度来看，奕𫍯和光绪如此千方百计地修园子，实质上未尝不是一种赎买，对于老佛爷"归政"的赎买，以此来表现孝心，表现恭顺和忠诚，讨得老佛爷的欢心，换取光绪地位的巩固和平安。然而，为此付出的沉重代价却要整个国家和民族来承担，他们正在把大清帝国推向一场新的灾难。

"以昆明易渤海"的直接结果是："自光绪十四年后，我军未增一船。"光绪十七年，户部强调"库款支绌，亏短甚巨"，朝廷正式决定"停购船械"。日军击沉高升号，发动侵略战争，李鸿章于光绪二十年七月廿九日向朝廷叫

---

① 胡思敬：《国闻备乘》，载《近代稗海》一，四川人民出版社1985年版，第261—262、240页。

② 孙孝恩、丁琪：《光绪传》，第103页。

苦、交底：北洋海军订购的船舰在先，每小时行 15—18 海里；日舰共 21 艘，中有 9 艘自光绪十五年后分别购造，最快者每小时 23 海里，次者 20 海里上下。海上交战，舰速者"胜则易于追逐，败亦便于引避，若迟速悬殊，则利钝立判"①。

1889 年，大清帝国的东邻日本，在"明治维新"的道路上，已经跨过了二十年的旅程，不仅完成了君主立宪制的政治体制改革；在经济上，它成为在帝国主义鼎盛时期完成工业革命的唯一的非西方国家；同时也正在完成从一个贫弱小国到野心勃勃的征服者的转变，由一个西方列强的打击对象，正在奋力跻身于西方列强的行列，虎视眈眈地等待时机向中国进一步扩张。

其实，早在明治维新之初，日本为了弥补地理环境、物质资源和资本的不足，就以向外扩张作为自己的基本国策，对象就是朝鲜和中国。

1869 年，即明治维新的第二年，日本的军国主义势力就挑起事端，鼓吹征韩。

1870 年，明治政府派柳原前光来华，要求清政府像对待西方列强一样与之签订条约通商。

1873 年，日本外务大臣副岛种臣来到北京，借口两年前曾有五十多名琉球船员遭遇风浪漂流到台湾被高山族人杀害，向清政府提出交涉。当时琉球虽然实际上受日本控制，但仍是向大清帝国朝贡的藩属，清政府理所当然地予以拒绝：（台湾、琉球）"二岛俱属我土，土人相杀，裁决固在我，何预贵国事？"② 1874 年 4 月，日本成立远征军统帅部，由大隈重信任统帅，西乡从道为远征军总指挥，派出三千人进攻台湾。后来经过英国公使等所谓的调停，议立《北京专条》，清廷不仅事实上承认了琉球是日本的属国，而且给日本赔款白银 50 万两。③

日本第一次对中国小试牛刀便尝到了甜头。这只是明治政府仿效西方列

---

① 《李鸿章全集》五，第 2887 页。
② 范文澜：《中国近代史》上，人民出版社 1955 年版，第 220 页。
③ 虞和平、谢放：《中国近代通史》三，凤凰出版传媒集团、江苏人民出版社 2007 年版，第 249—250 页。

强对外实行扩张的开始，70 年代以后，日本的侵华思潮日益嚣张。

如江藤新平提出《支那南北两分论》，阴谋伙同俄国，瓜分中国：

> 宜先与俄国提携，将朝鲜收下，进而将支那分割成南北两部分：将北方让给俄国，将南部收归我日本所有。以三十年为期，在支那内地敷设铁路，待经营就绪，即驱逐俄国，圣天子迁都北京，从而完成第二次维新之大业。

又如副岛种臣提出《大陆经略论》（又称《大陆进出意见》），强调指出：

> 日本四面环海，若以海军进攻，则易攻难守。若甘处岛国之境，则永远难免国防之危机，故在大陆获得领土实属必要。如欲在大陆获得领土，由于地理位置的关系，不能不首先染指中国与朝鲜。

1884 年日本在朝鲜策动甲申政变失败后，在国内又掀起一股反华浪潮。福泽谕吉在《时事新报》上率先"主张立即对清开战"，并鼓吹要准备天皇御驾亲征。此后日本更加紧了对大陆作战的准备，1887 年，日本参谋本部制定了多种大陆作战方案，其中以参谋本部第二局局长陆军大佐小川又次草拟的《清国征讨方略》最为著名。它提出日军对华作战的总目标是"先攻占北京，擒获清帝"，将中国分割为六块，然后分别处置之。并指出：

> 东洋命运关系清国兴亡者颇多，若万一清国成为它国蚕食对象，我国命运亦不可料。莫若为使欧洲不致侵入，我国先主动制定统辖清国之方略。①

在此期间，日本瞄准中国加紧扩军备战。据西方的统计，它的海军战舰

---

① 转引自戚其章：《日本大亚细亚主义探析》，《新华文摘》2004 年第 17 期。

在 1880 年还只有 15000 吨，到了 1890 年已经发展为 41000 吨，是十年前的近 2.74 倍；1900 年跃至 187000 吨，更是十年前的 4 倍多，超过了奥匈帝国，位居世界第七。①

中日两国不同的决策取向，决定了各自国家的命运。1894 年中日甲午之战爆发，北洋水师全军覆没，李鸿章赴日求和，1895 年签订了《马关条约》，日本吞并朝鲜，中国割让台湾、澎湖列岛，赔款白银二万万两。自此，中日之间的国际地位及其形势完成了一个大逆转。

这种逆转也反映在两国的钢铁工业上。此次中国的全部赔款折合日元三亿六千万，是日本国家年预算的五六倍，因此日本的工业得以大幅度的发展，才有六年后八幡制铁所的投产；而汉阳铁厂建成之日，正是慈禧寿庆、铁路停办、甲午战败之时，陷入了资金危机，难以为继。

光绪十五年，开始亲政的皇帝，还处在处理日常事务的实习阶段，小心翼翼地在看着慈禧的眼色行事；他的改革激情还要等待时日，还要等待甲午战争的惨败去刺激，才会强烈地迸发出来。名义上归政了的老佛爷，悠闲地每天在中南海坐上西苑铁路的小火车，让小太监们拉着，在这座游动的宫殿里赏心悦目地浏览御苑的风光，然后到北海下车去吃午饭。但是，她的脑子里却始终在绷紧着一根弦，乾清宫养心殿里的一草一木、一举一动，都在她的眼角余光笼罩之中。

光绪十五年，大清帝国的两代决策者，对于国家的处境都缺乏应有的危机感，对于来自东邻日益严峻的威胁也都缺乏应有的警觉。或是尚未具备治国的宏观思维能力，或是根本没有萌生这种意识，都还不可能把国家的现代化、把改革纳入他们主动思考的范围。

---

① 〔美〕保罗·肯尼迪：《大国的兴衰》，王保存等译，求实出版社 1988 年版，第 247 页。

第二章　自强三十年未自强

龙旗飘扬的舰队 / 前所未有的一个新衙门 / 胡林翼见洋船而呕血 / 从强兵到富国 / 打开了传统文化之外的一个新天地 / 第一次海军梦的破灭 / 左宗棠与兰州织呢局的命运 / 从未止息的庙堂之争 / 西学与中学结合的独特模式 / 时代呼唤着巨人，上台的却是侏儒 / 清王朝还能撑多久？ /

光绪十五年，洋务运动已进行了近三十年。

洋务运动，或称自强新政，是在帝国主义武力入侵形势下清王朝被迫采取的措施。它意味着大清帝国将致力于从西方引进近代工业文明的成果，并期望以此来改变自己的命运。

三十年了，大清帝国自强了吗？

龙旗飘扬的舰队

光绪十五年春节刚过，即将归政的慈禧，颁布了一系列的懿旨，奖赏垂帘听政以来有功的亲贵王公大臣。第一位便是醇亲王奕譞，赏给了金桃皮鞘戎服刀一柄，御书的"懋德嘉绩"匾额一方。在懿旨中还特别嘉奖了他"近年创办海军，运筹精密，规划周详，力破群疑，折衷一是"的功绩。[1]

---

① 朱寿朋编：《光绪朝东华录》三，总第 2570 页。

在此之前，光绪十四年八月二十八日，《北洋海军章程》经慈禧批准颁布实施，标志着洋务运动中创建的北洋海军这支舰队正式成军。两个多月后，十一月十五日邸报上刊出上谕，任命了北洋海军的主要将领：以丁汝昌为提督，林泰曾、刘步蟾为左右翼总兵。[①]

光绪十五年正月二十一日，光绪皇帝大婚前五天，《北洋海军章程》中额定的五名副将、三名参将、七名游击、二十一名都司、四十一名守备的人选上奏，经太后、皇帝批准。喜讯传来，以中军中营副将、致远舰管带邓世昌为首的八十二名海军军官排列整齐，向京师方向下跪，叩谢皇恩，遥祝龙凤呈祥。

据《章程》记载，"查海军战舰以铁甲为最，快船次之，蚊炮船为守口之用，鱼雷艇为辅助战守各船之用"。当时北洋海军在编军舰共25艘，即"定远""镇远"号铁甲舰2艘，"经远""来远""致远""靖远""济远""超勇""扬威"号巡洋舰7艘，"镇东"号等炮艇6艘，鱼雷艇6艘，练习舰3艘，运输船1艘。[②]

北洋海军是中国第一支用新式军舰大炮和西方训练方法建设起来的舰队，是洋务运动学习西方军事技术、追求船坚炮利的具体成果，也是历史上空前的壮举。此时，北中国的渤海湾上，龙旗飘扬，艨艟云集，舳舻相接，声威显赫，远播国外。苦心孤诣、一手创建了北洋海军的李鸿章颇为陶醉地断言："但就渤海门户而论，已有深固不摇之势。"

前所未有的一个新衙门

时间上溯到咸丰十年十二月十日，北京城里出现了一个前所未有的新衙门：总理各国事务衙门，亦称"译署"或"总署"。

这个衙门规格很高，"一切仿照军机处办理"，由恭亲王奕䜣领衔为首席

---

① 朱寿朋编：《光绪朝东华录》三，总第2536页。

② 中国史学会主编：《洋务运动》三，上海人民出版社2000年版，第196页。

总理大臣，成员有大学士桂良、户部左侍郎文祥等。顾名思义，它是主管与外国打交道的，但又不止限于对外交涉，总揽了凡是涉及外国的财政、军事、教育、制造、矿产、交通、海防、边务等各方面的大权。后来有人说："凡策我国之富强者，要皆于该衙门为总汇之地。……故不独繁于六部，而实兼综乎六部矣。"实际上成了超越吏、户、礼、兵、刑、工等六部之上的另一个政府中枢，是中央负责领导洋务运动的行政中心。①

这个衙门又被朝野视为不祥之物，朝廷也宣称是临时机构。它的出现，既意味着天朝上国的传统观念遭到严重打击，不得不以平等的态度对待外国，以适应新的形势；同时也包藏着在武力胁迫下屈从的耻辱。

更重要的是，它的出现标志着洋务运动成为了大清帝国的国策，帝国将致力于从西方引进近代工业文明的成果，并期望以此来改变自己的命运。

洋务运动，或称自强新政，是清王朝衰败和帝国主义武力入侵形势下被迫采取的措施。

"通州烽火逼，仓皇幸热河。密云唯豆麦，宫禁满兵戈。"1840 年鸦片战争爆发二十年后，英、法帝国主义又一次用大炮轰开了紫禁城的大门，咸丰仓皇逃亡，堂堂大清帝国京师的城楼上飘扬着入侵者的旗帜，一把火将圆明园烧成了断壁残垣。创巨痛深，大清帝国岌岌可危，迫使一部分较为清醒的满族王公和汉族士大夫寻找新的对策和出路。正如《共产党宣言》在论述资产阶级时说过的："它迫使一切民族——如果它们不想灭亡的话……采用资产阶级的生产方式；它迫使它们在自己那里推行所谓文明制度，即变成资产者。"

清廷被迫签订《北京条约》两个月后，咸丰十年十二月三日，留在北京负责议和的恭亲王奕䜣，会同大学士桂良、户部侍郎文祥，上了一通《通筹洋务全局酌拟章程六条折》，第一条就是要在"京师设立总理各国事务衙门以专责成"。提出对待西方列强要"以和好为权宜，战守为实事"，但在步骤

---

① 转引自陈旭麓：《近代中国社会的新陈代谢》，上海社会科学出版社 2006 年版，第 116 页。

上强调，就今日之势，应以"灭发捻为先，治俄次之，治英又次之"。① 两周后，在《奏请八旗禁军训练枪炮片》中，进一步补充道：

> 窃臣等酌议大局六条，其要在于审敌防边以弭后患，然治其标而未探其源也。探源之策，在于自强。②

自强一词，源于古老的《易》："象曰：天行健，君子以自强不息。"奕䜣提出自强的目的，一方面是要消灭太平军、捻军，振兴清王朝，这是他的封建统治者的本性决定的；另一方面，站在国家民族的立场上，则是要振兴中国，抵御外国侵略者。他们意识到与外国侵略者的妥协换来的和好只是暂时的，还必须要有更积极更长远的政策，"亟宜力图振兴，使该夷顺则可以相安，逆则可以有备"。此时在奕䜣等人的心目中，外国侵略者已经是比太平军、捻军更难对付的敌人。1864 年攻下南京，1868 年消灭捻军后，与外国侵略者的矛盾实质上占据了更为突出的地位。

就在奕䜣提出上述自强的主张半年之后，畏惧洋人、躲在承德行宫不愿回北京的咸丰皇帝"驾崩"；又过了三个月，"辛酉政变"形成了两宫皇太后垂帘听政和恭亲王辅政的新格局，奕䜣实际上处于主持中央大计的地位，历史赋予了洋务运动自上而下推行、启动中国早期现代化的机遇。

胡林翼见洋船而呕血

这一年，曾国藩的湘军与太平军展开了具有战略意义的安庆争夺战。正当奕䜣与慈禧在热河避暑山庄秘谋发动宫廷政变之时，曾国藩攻下了安庆，控制了长江中游。

据薛福成《庸庵笔记》记载，在楚军围困安庆的时候，与曾国藩并肩作

---

① 《洋务运动》一，第 5—6 页。
② 《洋务运动》三，第 441 页。

战的湖北巡抚胡林翼到前线去视察。骑马登上龙山观察战局形势，很高兴地说："此处俯视安庆，如在釜底。贼虽强，不足平也。"随后又放马快跑到江边，忽然看到两只洋船开足了马力逆流而上，快得像飞奔的骏马，一阵风似的。胡林翼见了，立即变了脸色，半天也不说一句话。勒转马头回营，走到半路就大口呕血，险些从马上摔下来。胡林翼本来就有病，这时病势急转直下，不到几个月就死于军中。薛福成感叹道："盖粤贼之必灭，文忠已有成算。及见洋人之势方炽，则膏肓之症，着手为难，虽欲不忧而不可得矣！"[①]

胡林翼死于 1861 年 9 月，正是在英法联军入侵的背景下。他所看到的外轮，正是汉口、九江被迫开埠，开始进入长江的外轮。薛福成的记述着力突出胡之死于忧患，其实这种忧患也是包括薛福成在内的、务实而清醒的士大夫的共同忧患，也就是对于民族存亡的危机感。他们具体地感受到了西方军事力量的先进和强大，沉重地感受到了外国侵略者武力胁迫的紧迫和严峻。曾国藩、左宗棠、李鸿章等人也都有类似的心路历程。胡林翼死后不久，同年十月初二日曾国藩在日记中写道："四更成寐，五更复醒，念夷人纵横中原，无以御之，为之惊悸。"而李鸿章则多次以"数千年来未有"概括了列强武力威胁下形势的严峻：

> 今则东南海疆万余里，各国通商传教，来往自如，麇集京师及各省腹地，阳托和好之名，阴怀吞噬之计，一国生事，诸国构煽，实为数千年来未有之变局。轮船电报之速，瞬息千里；军械机事之精，工力百倍；炮弹所到，无坚不摧；水陆关隘，不足限制；又为数千年来未有之强敌。[②]

孟子曰："生于忧患而死于安乐"。孔孟之后，忧患意识经过历代文人的扩展，已经衍生出"忧道""忧民""忧天下"等多层面的内涵。"居庙堂之高，则忧其民；处江湖之远，则忧其君"，"保天下者，匹夫之贱与有责焉"。

---

① 薛福成：《庸庵笔记》卷一，商务印书馆万有文库本 1937 年版，第 15 页。
② 《筹议海防折》，载《李鸿章全集》二，时代文艺出版社 1998 年版，第 1063 页。

传统文化长期培育的这种强烈的社会责任感和历史责任感，在现实危机的刺激下，成为了一部分开明士大夫走向自强的内在思想动力之一。李鸿章说：

> 士大夫见外侮日迫，颇有发奋自强之议。……外患如此其多，时艰如此其棘，断非空谈所能有济。我朝处数千年未有之奇局，自应建设数千年未有之奇业，若事事必拘守成法，恐日即于危弱而终无以自强。①

曾国藩、左宗棠、李鸿章这些掌握地方实权的督抚们，在与西方资本主义周旋的过程中，接触到了一个传统文化之外的新的世界，开始了解西方，了解世界，思想逐渐发生变化，在被西方文明吸引和民族忧患意识的双重作用下，在被迫与列强妥协的同时，又希望通过学习西方以自强，阻止列强的进逼。在他们的周围，集中了一批勇于走出传统、勇于接受新事物的洋务知识分子和早期改良派。他们与恪守传统的封建顽固派之间出现了明显的分歧，逐渐从中国地主阶级中分化出来，成为了中国最早的洋务派。这些地方上的洋务集团与中央辅政的亲王相呼应，成为了推进洋务运动、组织实施中国早期现代化的中坚力量。

从强兵到富国

洋务运动的发生，是中国对西方侵略者武力入侵被迫作出的反应，用今天的话来说，是一种防御性的现代化。奕䜣、文祥也好，曾、左、李也好，他们对西方的认识，既不是来自国外游历的实地考察，也不是主要来自书本或传媒，而是来自战场上的武力较量，来自一次次血淋淋的惨痛的失败。他们对西方最直观的感受便是兵舰的迅速，火炮的威猛。1862年4月，李鸿章初到上海不久，便写信向曾国藩报告他亲眼看到洋兵与太平军作战的情景："洋兵数千，枪炮并发，其落地开花炸弹真神技也！"1863年5月4日，

---

① 李鸿章：《议复张家骧争止铁路片》，载《洋务运动》六，第149页。

他在致曾国藩信中进一步强调了向西方引进坚船利炮的必要性：

> 每思外国兵丁口粮贵而人数少，至多以一万人为率，即当大敌。中国用兵多至数倍，而经年积岁不收功效，实由于枪炮窳滥。若火器能与西洋相埒，平中国有余，敌外国亦无不足。①

并以日本、俄国为例，希望曾国藩率先提倡。

洋务派的自强活动就从购买洋枪洋炮开始，仿造船炮并着手建立自己的军事工业。咸丰十一年曾国藩在安庆设立了内军械所，李鸿章在上海设造炮局，随后又设苏州炮局，规模都较小。同治四年曾、李在上海建立江南制造局，成为当时最大的军火工厂；同年李在南京设金陵机器局，次年左宗棠设福州船政局，后年崇厚设天津机器局。这四大军工企业中，福州和上海主要造船舰，天津主要制火药，南京则专制枪炮。此外，各省还先后办过20个机器局，也都是兵工厂。这些企业，经费由财政提供，产品由政府调拨分配，既无利润积累，也无市场联系。但是它所引进的大规模机器生产却是中国前所未有的新的生产力；随着洋务企业的出现，诞生了中国工人阶级这一新的社会群体。

进入19世纪70年代，洋务派创办军工企业达到高潮。1872年，李鸿章在《筹议制造轮船未可裁撤折》中，针对财政问题顺理成章地提出解决之道在于"求富"。主张不仅要造兵船，还要造商船、创办民用运输企业，建立用大机器生产的煤矿、钢铁企业，创办民用企业来营利。

> 船炮机器之用，非铁不成，非煤不济。英国所以雄强于西土者，惟藉此二端耳。……此等日用必需之物，采炼得法，销路必畅，利源自开。榷其余利，且可养船练兵，于富国强兵之计殊有关系。②

---

① 雷颐：《李鸿章与晚清四十年》，山西人民出版社2008年版，第173页。
② 《李鸿章全集》二，第878页。

李鸿章提出"求富"的主张，标志着洋务运动从"求强"阶段深入到"求富"阶段，开始转向创办民用企业。先后创办的主要企业有：1872年创办的轮船招商局，主要经营长江、海洋运输，承担漕运。1877年该局收购了美属旗昌公司，船只增加到33艘，吨位突破400万吨，占当时在各通商口岸进出中外轮船总吨位的36.7%。1877年李鸿章檄派唐廷枢等筹办的开平矿务局，1881年已日产煤五六百吨，供各机器局及中外轮船之用。1880年创办的天津电报局，到甲午战争前，在东北、辽东半岛、长江中下游以及陕、甘的主要城市和边防要塞，大都架通了电报线。1881年建成了唐山到胥各庄的运煤铁路，1886年延伸到芦台，1887年成立天津铁路公司，1888年将铁路继续延伸到大沽和天津。这一时期，重要的企业还有兰州机器织呢局（1880年）、漠河金矿（1887年）等。

打开了传统文化之外的一个新天地

洋务运动的另一方面的重要内容，是突破了传统的封建文教体制，创办了一些前所未有的文化教育设施，引进了西方的科学技术和社会人文知识。

1862年，开设京师同文馆。这是一所培养外语翻译人才为主的学校，先后开设了英、法、俄、德、日等语种，又增设了天文、算学等科目。它是中国教育近代化的起点。其后在上海（1863年）、广州（1864年）设立同样性质的广方言馆。

翻译西方书籍。同文馆在30年中，翻译了外交和历史、地理、政治、法律等书籍约200部。1868年江南制造局附设翻译馆，着重翻译自然科学和实用科学方面的书籍。

派遣留学生出国学习。经容闳建议和组织，1872年到1875年，先后有120名幼童赴美学习；1887年，福州船政学堂派遣30余人至英、法学习制造和驾驶。这些留学生中出了不少人才，留美学生中有著名铁路专家詹天佑，清末任外务部尚书的梁敦彦，民国初年任国务总理的唐绍仪；留英学生中有翻译《天演论》的严复，学海军的刘步蟾、林泰曾、萨镇冰等人后来成了创建北洋海军的主要骨干。

创办培养军事和技术人才的专门学堂。如江南制造局附设的机械学校（1865年）、福州船政局附设的船政学堂（1866年）、天津电报学堂（1879年）、天津水师学堂（1880年）、上海电报学堂（1882年）、天津武备学堂（1886年）、广东水师学堂（1887年）、天津军工学堂（1893年）等。这些学堂以全新的教学内容，突破了传统儒学的限制，冲击了科举制度。后来又出现了以西学为主的自强学堂，有些旧式书院也开设了西学课程。

这些举措的最初动机，大都是围绕着"强兵"这一中心主题的；但是它为国人打开了传统文化之外的一个新天地，在社会变革中所产生的深刻影响，却远远超过了洋务派的预计。它不仅向中国人传播了声光化电和世界地理、国际知识，引进了新的教育内容和形式，冲击了鄙视科学技术的传统观念，开始改变几千年来中国读书人的人生道路；更带来了民权、议会、国际公法等新观念，孕育了改良变法的新思潮，哺育了一批要求深入变革封建体制的前驱者。

第一次海军梦的破灭

早在鸦片战争时期，林则徐就提出筹建近代舰队的构想，却被道光皇帝在他的奏折上斥责为"一片胡言"。

耽误了二十多年的时光后，60年代初，清政府急于剿灭太平军，病急乱投医，听信了英国人赫德的建议，打算购置舰船，筹建一支舰队，让在英国休假的李泰国经办。李泰国，英国人，1842年随其父来华，曾任英国驻上海副领事，参加过1858年中英《天津条约》《通商章程》的修订；后任中国海关的首任总税务司；一贯自居为"中国通"，态度粗暴傲慢。李泰国与英国外交大臣几经策划，组建了所谓中英联合舰队，由六艘炮艇、一艘供应船、一艘快艇组成，聘请曾经参加过两次鸦片战争的英国海军上校阿思本指挥。1863年1月16日，李泰国擅自代表清政府与阿思本签订了合同13条。这个合同无限地扩大了阿思本和李泰国的权力：

凡中国所有外国样式船只，或内地船雇外国人管理者，或中国调用官民所置各轮船，议定嗣后均归阿思本一律管辖调度。

阿思本只接受李泰国转交的中国皇帝命令，若由别人转谕，则未能遵行。如有阿思本不能照办之事，则李泰国未便传谕。[1]

总理衙门看到这个合同，才知道上了大当，明白了这个合同的实质是："一切均归阿思本、李泰国调度，而每年所用经费则以数百万计，并请将各关税务全归李泰国管理，任其支取使用，其意借此一举，将中国兵权利权全行移往外国。"总署表示拒绝接受合同，坚持中国要有指挥权。李泰国理亏词穷，不得不与总理衙门另行议定《轮船章程》五条，规定中国选派武职大员作"汉总统"，而由阿思本作"帮同总统"，归地方督抚调遣。曾国藩明白地告诉总署："悉由中国主持，窃恐万办不到，其势使然也"，"节制之说，亦恐徒托虚名"。李鸿章于同治二年六月二十二日致函总署，详细指出中国官员欲分其权有三难，"深知李泰国心术险诈，目前不愿中国人专权，将来不愿中国人接手"[2]。

1863年9月18日，阿思本率领船队到达天津。果然不出曾、李所料，阿思本与李泰国找到总理衙门，执意要推翻《轮船章程》，蛮横地宣布清政府如不在48小时内接受他们的合同就将舰队解散。英国驻华公使布鲁斯也公开支持阿思本。经过20多天的激烈争辩，最后这支舰队退回变卖，清政府承担价差和遣散费，白白损失了67万两银子。初次创建海军的梦幻，就这样可笑而又可叹地破灭了。

左宗棠与兰州织呢局的命运

在纺织工业方面，陕甘总督左宗棠从德国购买机器，于光绪六年（1880

---

[1] 雷颐：《李鸿章与晚清四十年》，第180页。
[2] 雷颐：《李鸿章与晚清四十年》，第177页。

年）创建了兰州织呢局，比光绪十六年李鸿章建上海机器织布局、光绪二十年张之洞建湖北纱布四局都走在了前面。

光绪三年，左宗棠在致胡光墉信中说，兰州制造局总办赖长"试制洋绒呈验，竟与洋绒相似"。这里羊毛、驼绒均易购取，煤也易得。命胡购办机器、雇请洋人。将来"此种机器流传中土必大有裨益"，是一"利民实政"。①

虽然考虑到运输困难，购买机器有意选择小型的，实际仍大费周章。机器由德国运到上海后，招商局的轮船拖运到汉口，再用木船溯汉水而上至龙驹寨，最后则凭牲口、大车和人力搬运。据西方在华媒体报道，"有些机器非常重，而且难运，所以锅炉得拆散了一块块地运，山路有时得开凿了然后才能把大件的机器搬过去。因此路上费掉了好几个月的工夫"。直到1879年10月，一部分机器才运到兰州；1880年5月才运完。②

光绪五年，左宗棠收到赖长有关验收机器的报告，极为兴奋，在他眼前展现了一幅光辉美好的前景，他在批文中写道：

> ……今日之学徒，皆异时师匠之选，将来一人传十，十人传百，由关内而及新疆，以中华所产羊毛，就中华织成呢片，普销内地，甘人自享其利，而衣褐远被各省，不仅如上海黄婆以卉服传之中土为足称也。③

在这里，他寄希望于兰州织呢厂，将它的历史作用和意义，与传播棉纺织技术的黄道婆相比拟。然而，西方在华媒体，却给他迎头泼了一盆冷水。1881年1月3日上海出版的英文周报《大清国》载文指出：

> 虽然努力建成了厂，但兰州织呢局的产品，不管在品质上或价格上，都比不上外国的呢布，因为把厂中产品运到各通商口岸，就比欧美

---

① 孙毓棠编：《中国近代工业区史资料》第一辑下，科学出版社1957年版，第893页。
② 孙毓棠编：《中国近代工业区史资料》第一辑下，第895、899页。
③ 孙毓棠编：《中国近代工业区史资料》第一辑下，第896页。

输入呢布要贵多了。①

光绪六年七月左宗棠奉召进京，七年正月入值军机处。此时左向朝廷报告，兰州织呢局已安设机器二十具，现开织者只六具，约计每年可织呢六七千匹。此后，西方媒体跟踪报导兰州织呢局，都是负面的消息。1882 年底，《字林西报》说兰州织成的呢无人购买。《捷报》1883 年 8 月17 日说，该局已由新任总督谭钟麟下令停办。同年 10 月 24 日《捷报》载文云：

> 这个企业，奋斗了五六年之后，证明完全失败。得不到充足数量的原料，运输道路的恶劣……还有产品没有销售市场，这些合起来，使得这企业无法成功。除了这些不利条件外，织成的呢绒品质很坏，几乎完全不能出售；于是这座工厂现在已经放弃了。②

也有另一种说法，停办是因为锅炉破裂，而德国匠师已遣送回国，无人修理。又据说兰州织呢局的经费，也是左宗棠从军费中挪用的。③ 人亡政息，正是晚清洋务运动的一大特点。

由于经济、技术基础落后，交通运输落后，由于税收不能自主而失去保护的屏障，弱小的、新生的民族工业难以抵挡外国商品的倾销，注定了它的生存是艰难的。

从未止息的庙堂之争

洋务运动所要引进的新事物，无论是轮船、大炮、电线、铁路，还是

---

① 孙毓棠编：《中国近代工业区史资料》第一辑下，第 899—900 页

② 孙毓棠编：《中国近代工业区史资料》第一辑下，第 903 页。

③ 陈真编：《中国近代工业史资料》第三辑，生活·读书·新知三联书店 1961 版，第274 页。

声、光、化、电之学，都是"祖宗成法"中所没有的，而且又是来自"夷人"，这就犯了大忌，为封建传统的卫道者所不容，遭到强烈的反对。每一种工业文明的成果，进入中国都极为艰难，一再重复着倡议、遭到反对、不幸夭折、等待时机再酝酿的曲折过程。从洋务运动发生之日起，至1889年津通铁路之争，30年来洋务运动不断遭到攻击，大清帝国的庙堂之上，洋务派与顽固派之间的争论从来就没有止息，概括地说，其中比较大的争论就有三次。

第一次是同文馆之争。同治五年十一月初五，奕䜣在与曾国藩、李鸿章、左宗棠、英桂、郭嵩焘、蒋益澧等地方大员反复函商后，奏请在同文馆内增设天文算学馆，并通过考试选录"科甲正途出身"的人员入学。奕䜣在奏折中说："因思洋人制造机器、火器等件，以及行船、行军，无一不自天文算学中来，若不从根本上用着实功夫，即习皮毛，仍无补实用。""倘能专精务实，尽得其妙，则中国自强之道在此矣！"[1]对自强的认识，从要学造船造炮到要学习基础科学，这是洋务派在认识上的一个进步；而要招收"科甲正途出身"者，则是要让学声光化电的也和学子曰诗云的同样做官，提高从事洋务者的社会地位来吸引人才，正如此前李鸿章曾建议的："欲觅制器之器与制器之人，则或专设一科取士，士终身悬以为富贵功名之鹄，则业可成，艺可精，而才亦可集"[2]。

奕䜣的奏折被批准后，顽固派反应之强烈，达到了后人难以想象的程度。山东道御史张盛藻、大学士倭仁、直隶州知州杨廷熙先后上疏反对，其中倭仁连上三疏，争论前后延续了半年之久。他们的理由主要有两条，一条是礼义为立国之本，学习算学、天文是舍本逐末。张盛藻认定：

> 朝廷命官必用科甲正途者，为其读孔孟之书，学尧舜之道，明体达用，规模宏远，何必令其学为机巧，专明制造轮船洋枪之理乎？若以自

---

① 《洋务运动》二，第22—23页。

② 转引自丁伟志、陈崧：《中西体用之间》，中国社会科学出版社1995年版，第64页。

强而论，则朝廷之强，莫如整纲纪、明刑政、严赏罚、求贤、养民、练兵、筹饷诸大端；臣民之强，则唯气节一端耳。①

倭仁则进一步高度概括为：

> 窃闻立国之道，尚礼义不尚权谋；根本之图，在人心不在技艺。②

一再申述，天文算学只是末艺，学不学无关紧要。

另一条则是猛烈地攻击洋务派是"师事夷人"，是可耻地"以夷变夏"。他们仍然死抱着清朝是"天朝上国"的虚骄心理，视西方为卑贱的异类，严守夷夏之大防。倭仁义愤填膺地指斥此举是要孔孟之徒师事夷人，"上亏国体，下失民心"。杨廷熙则竭力强调：

> ……延聘西人在馆教习，此尤大伤风教。夫洋人之与中国，敌国也，世仇也。……无论偏长薄艺不足为中国师，即多材多艺、层出不穷，而华夷之辨，不得不严；尊卑之分，不得不定；名器之重，不得不惜。③

在历次争辩中，华夷之辨、本末之辨都是顽固派的基本武器。他们是自觉地站在守护传统观念纯洁性的高度来反对工业文明的。在当时的社会环境中，这些论调在封建士大夫中还有很大的市场。这场争论的结果，表面看起来顽固派是失败了，朝廷并未接受他们的意见撤销同文馆，实际上招收科甲人员却遭到了有力的抵制。同治六年三月十九日奕訢遗憾地向慈禧报告："自倭仁倡议以来，京师各省士大夫聚党私议，约法阻拦，甚至以无稽谣言煽惑人心，臣衙门遂无复有投考者。"④

---

① 《洋务运动》二，第29页。
② 《洋务运动》二，第30页。
③ 《洋务运动》二，第47页。
④ 《洋务运动》二，第36页。

第二次是海防之争。它的前哨战是内阁学士宋晋于同治十年底和十一年二月一再上奏，要求停止造船。他的理由是财政困难，连年造船"糜费太重"；还说造船是用于制夷的，现在"早经议和"，造船反而会引起外国"猜嫌"，要求朝廷命令福州船政局和江南制造局停止造船。对此，曾国藩、左宗棠、沈葆桢、李鸿章先后致函总署或上奏坚决反对。李鸿章于同治十一年五月十五在《筹议制造轮船未可裁撤折》中指出：

> 士大夫囿于章句之学而昧于数千年来一大变局，狃于目前苟安而遂忘前二三十年之何以创巨而痛深，后千百年之何以安内而制外，此停止轮船之议所由起也。臣愚以为国家诸费皆可省，惟养兵设防、练习枪炮、制造兵轮船之费万不可省。①

直到六月，总署上奏，认为船厂事宜，未可惑于浮言，浅尝辄止，应如李、左、沈所议，慈禧才表态同意。

同治十三年，日本武力侵入台湾，清廷赔款求和，随即发动大臣探求强国御敌的对策。奕䜣等在"筹海防"的奏折中提出练兵、简器、造船、筹饷、用人、持久六条，交有关总督、将军、巡抚们讨论。李鸿章在《筹议海防折》中提出了要开源兴利求富和设"洋学局"求才。为了解决经费问题，他建议在国内开拓生计，增加财源，如设厂造耕织机器、开煤铁各矿、试办招商局等；在用人上，要改变文官仍然考章句、武官仍然考弓马的现状，"另开洋务进取一格，以资造就"，并在沿海各省设"洋学局"，培养精通西方自然科学和应用技术的人才，授予官职，"与正途出身无异"。② 但有不少督抚反对洋务派的造船械、用机器、开煤矿等措施。湖南巡抚王文韶便说："就六事而言，练兵、简器、造船、筹饷，其末也。用人、持久，其本也。至其大本，则尤在我皇上之一心。……大本既立，天心应之，亦复

---

① 雷颐：《李鸿章与晚清四十年》，第204页。
② 《洋务运动》一，第40—54页。

何难弗济，何为弗成"。强调君臣纪纲才是大本，从根本上反对洋务派学习西方以自强。①

光绪元年正月，决定将督抚们关于海防的意见全部交给在京的王大臣"悉心妥议"，参加讨论的范围扩大，要不要学习西方、靠什么自强的分歧进一步突出而争论激烈。二月二十七日，通政使于凌辰和大理寺少卿王家璧同时上奏，把矛头指向李鸿章等人在经济、文化上学习西方的主张。

他们斩钉截铁地说，洋器、洋船不必买，也不必仿造，王家璧说当年湘军打安庆、克南京也没有大炮、兵舰。

> 但就我所能办之炮台、轮船、洋枪、洋炮，参以我所常用之艇船、舢板、快蟹、长龙等船，劈山炮、子母炮、线枪、火弹、火箭、刀矛、弓矢及易得之铜铁各炮，练习不懈，训以忠义，水陆兵勇互相应援，即足以固江海之防矣。②

他们坚守封建的陈旧的"礼义"说教，强调"洋人之所长在机器，中国之所贵在人心"，而"师事洋人"是最可耻的事。于凌辰说："窃恐天下皆将谓国家以礼义廉耻为无用，以洋学为难能，而人心因之解体。其从而学之者必皆无耻之人，洋器虽精，谁与国家共缓急哉？"王家璧也说："且敌所畏者中国之民心，我所恃者亦在此民心……事事师法西人，以逐彼奇技淫巧之小慧，而失我尊君亲上之民心也。"③

他们对洋务派极为敌视、凶狠，一上来便杀气腾腾地罗织罪名。于凌辰说："李鸿章、丁日昌直欲不用夷变夏不止"。用夷变夏，就是把中国变成外国人的天下，这在当时是很严重的罪名。王家璧则说，"丁日昌、李鸿章……臣诚不解其生长中国，受恩深重，何为必欲竭中国之国帑、民财而尽输之洋人也"，同样是指丁、李为汉奸。王家璧还诬蔑讲求西学者"或恐不

① 《洋务运动》一，第81—82页。
② 《洋务运动》一，第134页。
③ 《洋务运动》一，第121、129页。

利社稷", 成为"乱臣贼子", 对丁日昌大肆进行人身攻击: "丁日昌曾以诸生充洋行雇用……故与洋人相习。""丁日昌矫饰倾险, 心术不正, 实为小人之尤", "闻丁日昌有'丁鬼奴'之称, 如此谋国, 诚不知其是何居心! ……几何其不为虎之伥也!"他们要求朝廷对"诸事夷人者, 立予罢斥, 俾小民知朝廷命意所在"。可说是刀刀见血, 必欲置之于死地。①

他们否定引进西方科学技术的必要性, 气势汹汹地质问洋务派:

> 自庚申变后, 讲求洋器已有年矣! 日本, 东洋一小国耳, 一旦有事, 委屈求和, 其效安在?
>
> 今欲弃经史章句之学, 而尽趋向洋学, 试问电学、算学、化学、技艺学, 果足以御敌否?②

在发动海防之议的时候, 奕䜣就说过:

> ……而迄今仍并无自强之实, 从前情事几于日久相忘。臣等承办各国事务, 于练兵、裕饷、习机器、制轮船等议, 屡经奏陈筹办, 而歧于意见, 致多阻格者有之; 绌于经费, 未能扩充者有之; 初基已立, 而无以继起久持者有之。同心少, 异议多, 局中之委曲, 局外未能周知; 切要之经营, 移时视为恒情, 以致敌警猝乘, 仓皇无备。③

这里显然有自我开脱的成分, 但大抵也还是实情。关键是这次海防之议依然是"歧于意见, 致多阻格", 其后又有第三次更为艰难曲折的铁路之争; 直到甲午之战, 面对面日本发动的侵略战争, 仍然是"仓皇无备"。

---

① 《洋务运动》一, 第 121、130、131、134 页。
② 《洋务运动》一, 第 121、129 页。
③ 《洋务运动》一, 第 26 页。

西学与中学结合的独特模式

自强三十年，是洋务派对西学认识逐步深化的过程，也是洋务派按照"中体西用"的指导思想逐步进行实践的过程。90年代前后，在它的内部也出现了对洋务活动的批评和对于中体西用的反省，暴露了这一思想体系的内在矛盾，出现了要求突破的呼声。

1861年，当奕䜣在北京城里筹划着在政治上如何以新的思路应对洋人的时候，身居华洋杂处的上海，冯桂芬则在思索着文化上西学与中学如何结合。他在《校邠庐抗议》中提出了一个新的命题：

> 以中国之伦常名教为原本，辅以诸国富强之术。①

此后，洋务巨头李鸿章、盛宣怀，身为外交使臣又是学者的郭嵩焘、薛福成，以及思想界的王韬、郑观应、沈康寿等，都曾以不同的语言表达了基本相似的观念，这种共识归结为"中学为体，西学为用"，最后张之洞以《劝学篇》对之进行系统的论述，产生了重大的影响。既有言论先导，又有洋务派的实践，更有对成败得失的反思和批评，"中体西用"可以说是洋务运动的指导思想。

"中体西用"是在特定的历史条件下，洋务派及其思想家为中西文化兼收并存设计的一种独特的模式。它以肯定中学的主体地位为前提条件，而确认引入西学的必要性，确认其富国强兵的价值。它在理论上突出了中学与西学有地位的区别，严格体用、主辅、本末、道器之分，而事实的重点却在于"用"，着重在引进西方近代文明的成果，以改变现状实现富强。陈旭麓先生在《近代中国社会的新陈代谢》中说：

---

① 冯桂芬：《校邠庐抗议》，中州古籍出版社1998年版，第211页。

在封建主义充斥的天地里，欲破启锢闭，引入若干资本主义文化，除了"中体西用"还不可能提出另一种更好的宗旨。如果没有"中体"作为前提，"西用"无所依托，它在中国是进不了门，落不了户的。①

它的主观目的，无疑是维护封建统治、维护传统的纲常伦理，但是它的历史作用却是为中国引入了资本主义的新因素，推进了早期的现代化。

作为"体"的中学，在他们的论述中，或说"伦常名教"，或说"四书五经"，或说"尧、舜、禹、汤、文、武、周公之道"，或说"四书五经，中国史事、政书、地图"，甚至扩大到中国所有的传统文化。其核心则为"伦常名教"。而作为"用"的西学，人们对它的认识有一个由浅入深、由表及里的过程。自鸦片战争到第二次鸦片战争前后二十余年间，沿海少数官员开始注视外部世界。林则徐的《四洲志》、魏源的《海国图志》、徐继畬的《瀛寰志略》是其中的优秀代表；大多数人心目中的西人"长技"还只是"坚船利炮"。60年代中叶初创江南制造局，到70年代各省相继设立机器局，是围绕军事技术摸索西学的时期。因为制器的需要，格致之学"藉制器以显"。70—80年代，洋务企业由求强至求富，由军工而转民用，对西学的要求也随之而扩展，视声、光、化、电为西学的精华。经过80年代的思索酝酿到了90年代，便由自然科学、应用技术推进到上层建筑的教育、政治体制。议院在中国作为政治主张提出，是认识西学、学习西方的突破点。至于更深入一层地介绍西方哲理，总体上则是19世纪末至20世纪初的事。

学习西方深入到政治体制问题，实质上就动摇了"中体西用"的原则界限，既突破了只学习西方技艺的浅层次，更冲击到中国的封建君主专制政体。公开发表这样言论的既有洋务大员，也有一直从事洋务活动的知识分子。李鸿章的幕僚、管理过招商局、《马氏文通》的作者马建忠，在1877年《上李伯相言出洋工课书》中就指出西人"学校建而志士日多，议院立而下情可达。其制造、军旅、水师诸大端，皆其末焉者也"。正面肯定议院的同

① 陈旭麓：《近代中国社会的新陈代谢》，第127页。

时，指出西学自有其本末，是否应当舍本逐末也就不言而喻了。① 说得更明白的是淮军大将、两广总督张树声，他在 1884 年病危时的遗折中说：

> 近岁以来，士大夫渐明外交，言洋务，筹海防，中外同声矣。夫西人立国，自有本末，虽礼乐教化远逊中华，然驯至富强，具有体用，育才于学堂，论政于议院，君民一体，上下一心，务实而戒虚，谋定而后动，此其体也；轮船、大炮、洋枪、水雷、铁路、电线，此其用也。中国遗其体而求其用，无论竭蹶步趋，常不相及，就令铁舰成行，铁路四达，果足恃欤？②

这番话，指出了教育、政治体制才是西学的体，尖锐地批评了洋务运动"遗其体而求其用"，明确地表示了寄希望于体制的变革。张树声在淮军中的地位仅次于李鸿章，署理过直隶总督，久在处理外事前沿的广东，这些观点当是在心中长期酝酿的结果，直到临死才郑重地说出来，自是希望清廷重视并采纳。无独有偶，在此数月之前，同是身在广东的郑观应，在《南游日记》中于闰五月十九日也写过与此内容一致、许多语言相同的一段话，后来又将张树声的这段话引进他的《盛世危言初刊自序》里，可见郑、张二人的观点是高度相通的。③ 终身从事洋务事业、曾经先后供职于江南制造局编译馆、湖北铁政局、武昌自强学堂的钟天纬，更是直言不讳地批评洋务派"不从大本大原处着手"，"终无救于存亡大计"，提出要建立一种"通民情、参民政"、"奉法而行"的政治制度：

> 统观欧洲各国，无不政教修明，民生熙皞，国势日臻富强，而究其本源，不外乎通民情、参民政而已。盖泰西通例，国之律法最尊，而君次之；若亦受辖于律法之下，但能奉法而行，不能权威自恣。而国之律

---

① 《洋务运动》一，第 428 页。
② 《张靖达公奏议》，文海出版社（台北），第 559 页。
③ 夏东元编：《郑观应集》上，上海人民出版社 1982 年版，第 967、234 页。

法，则集亿兆公议而定；君之威权亦本亿兆公助而成，是以君权虽有所限制，反能常保其尊荣。民情得以自伸，不致受困于虐政……此则国势强弱、民生休戚之大关键也。

乃中国事事与之相反，由于堂帘太隔，太阿独操……望君门如万里，则壅蔽日深；操政柄于一人，则民心日涣……如此则国势安得不削弱，君民安能关痛痒乎？①

难能可贵地把问题集中到：要想国家富强，必须变革中国固有的君主专制政体。

这些提出要在政治体制上突破、推崇议院的思想家，如郭嵩焘、马建忠、王韬、薛福成、郑观应等，后来被称之为早期维新派或早期改良派，视为维新运动的先导。甲午战败后，作为中国社会的主流思想，维新思潮便代替了洋务思潮。

时代呼唤着巨人，上台的却是侏儒

洋务运动进行了近四十年后，光绪廿五年九月初二，慈禧召见盛宣怀，问了一些大而无当的问题，如"时事艰难，外国人欺我太甚，如何是好？""练兵总要筹饷，如何是好？"当盛说到"臣迭次奉旨经手所办铁路、矿务、轮船、电线、铁厂、银行以及学堂，多想要详细奏明"时，慈禧突然发问："何谓学堂？"这一问，肯定是让盛宣怀意想不到，也打乱了他的思路，回答的言辞就有点慌乱："是教习洋务之学堂，曾经奏过在天津、上海两处开办的。"盛宣怀于光绪廿一年、廿三年先后创办了天津大学堂和南洋公学，都是经过朝廷批准的；这一年中国人自办的学堂已有175所，遍布于全国。而大清帝国的最高决策人，主持了洋务近四十年的慈禧，竟然还不知道"学堂"是什

---

① 钟天纬：《综论时务》，《刖足集·内篇》；转引自丁伟志、陈崧：《中体西用之间》，中国社会科学出版社1995年版，第165、166—167页。

么东西！此事见于盛宣怀当天的《奏对自记》，当是千真万确的事实，盛宣怀绝没有胆量也没有必要无中生有地把谣言造到慈禧的头上去。①

虽然洋务派所办的大事都要慈禧点头，但军机处拟的那些"上谕"并不能真正代表慈禧本人的观点，更不能代表慈禧对洋务的认识水平。《故宫博物院院刊》1998 年第 3 期《光绪帝朱批述评》为我们提供了一个极为难得的第一手史料。从光绪六年起，小皇帝开始学习在臣下的奏折上写批示，三年内留下了几十件朱批。因为这是练习性质，有少数几件是慈禧在后面又亲笔作了朱批，但一般观点基本相同，只是语气分寸不同。唯有一件两人的观点不同，而这一件朱批便让慈禧露出了本相。

光绪八年三月初六日，直隶总督李鸿章奏《为招商在上海试办机器织布局》折，小皇帝通篇用朱笔断句，批示道："机器织布事属创举，织成则天下受其利，不成则商民受其累，且贻笑于外国矣！尔其选妥员，觅巧匠，竭力经营之，至优给年限、宽免厘税，乃办成后之事，此时毋庸议及也。"此时光绪只有十一二岁，虽然是孩子学着说"官话"，态度却很鲜明，是支持中还寄以期盼。慈禧在其后又加批示，自然是重视此事，却不是支持，而是怀疑和反对：

> 蚕桑为天下本务，机器织布害女工者也，洋布既不能禁，奈何从而效之乎？此事当审慎。②

此处慈禧的口吻，和那些顽固派攻击铁路、机器"夺小民生计"的论调完全一样，流露出传统小农对机械化大生产的恐惧。这种思潮，正是引进新的生产力的巨大阻力。在此以前，《上海机器织布局招商集股章程》已刊载于光绪六年九月初十至十二日的《申报》，其中有一段话似乎是预先说给慈禧听的：

> 或谓纺织本系女红，恐夺小民之利。不知洋布进口以后，其利早已

---

① 夏东元：《盛宣怀年谱长编》下，上海交通大学出版社 2004 年版，第 655 页。
② 戈斌：《光绪帝朱批述评》，《故宫博物院院刊》1998 年第 3 期。

暗夺。本局专织洋布,是所分者外洋之利,而非小民之利。且厂局既开,需用男女工作有增无减,于近地小民生计不无少裨。事理灼然,无足疑者。①

关于慈禧与洋务运动的关系,或认为她是顽固派的首脑,或认为她在洋务、顽固两派之间搞平衡,也有的论文说慈禧"实际上是洋务运动的指挥者、决策者","是一个不折不扣的洋务派和洋务运动的首领"。②时至光绪八年,洋务运动已经进行了二十多年,创办民用工业也叫喊了好几年,慈禧仍然死抱着这样陈旧保守的观念,远远落在时代的后面,也落在洋务实践的后面。其实,上海织布局从光绪四年开始筹办,至此集商股、购机器、开工建厂等前期工作已初步就绪,生米基本做成了熟饭;李鸿章此时上奏不过是要朝廷确认十年专利和税收优惠而已。李鸿章创办开平矿务局、修建唐胥铁路、续建开平铁路等,以及后来的张之洞建铁厂,都是先斩后奏,报告朝廷只是补办一个手续。有的论者强调"这些大型军民用洋务企业都经过了慈禧的亲自批准,成为了中国近代工业的开端和基础",以此证明她对洋务运动的领导作用,似乎有些牵强。

洋务运动实质上是一个封建国家企图实现早期现代化的系统工程,必然是困难重重,步履维艰。它要求有一个远见卓识、雄才大略的决策层来领导,以坚定的信念、过人的胆识、顽强的毅力去冲破阻力。然而,时代呼唤着巨人,上台的却是侏儒。

慈禧26岁时以小皇帝生母的特殊身份,登上了大清帝国权力的顶峰,与洋务运动同时登上了历史舞台。在她长达半个世纪的执政生涯中,虽然批准、支持过洋务派提出的一些新措施,但大多是借风使舵、顺水推舟,从来不曾主动提出过如何适应新的形势变革祖宗的成法,基本上是凌驾于洋务派和顽固派之上利用矛盾操纵驾驭。纵观其一生,在立光绪、戊戌政变、利用

① 《洋务运动》七,第469页。

② 姜铎:《慈禧与洋务运动》,《历史研究》1991年第4期。

义和团、立宣统等重大关键决策上，一贯是以维护个人的绝对权威为其终极目的，既不顾国家利益，也不顾清王朝的安危存亡。她精于叔嫂斗法、母子争权的小权术，而昧于国际形势和历史发展的潮流，绝对没有纵观世界大势和总揽全国大局的战略思考，更没有吸纳西方文明的内心愿望和魄力，她仍然基本是一个深谙帝王术的传统型的守旧的封建统治者。

光绪十五年，恭亲王奕䜣已离开政坛在家"养病"。此前自咸丰十一年至光绪十年共执掌军机处和总理衙门二十多年。早期他是"外须和戎，内须变法"这一大政方针的制定者，也是洋务运动的主要推动者。辛酉政变后，太后听政与亲王辅政共同掌权的蜜月期仅仅延续了三年，权力均衡的天平便发生了变化。同治三年夏，湘军攻下了南京，次年三月奕䜣便遭到罢斥的折辱，失去了议政王的称号，也失去了进取的锐气，权力的重心愈来愈向慈禧倾斜。其间，慈禧纵容顽固派以抑制奕䜣，使洋务运动的进展受到一定程度的影响；奕䜣也日渐退缩，遇事不免模棱。同治十三年，因反对修圆明园，奕䜣再次受到罢斥的折辱，至同治死后慈禧立光绪为帝时，奕䜣已经无力与之抗争。光绪七年慈安暴亡后，慈禧一人专权的局面已经基本形成。光绪十年，慈禧为了完全彻底地实现个人的专权，也为光绪亲政后继续垄断权力预作准备，乘中法战争之机，突然将军机处大换班，把奕䜣赶下了政治舞台。此后任用的奕譞、世铎、奕劻，更是一蟹不如一蟹了。①

洋务运动的实践，从开始就是曾、左、李等地方督抚发动的。这一现象的背后，潜藏着晚清政局中权力下移、外重内轻的新趋势。为适应剿灭太平军、捻军的作战需要，清政府不得不作出让步，让兵权、行政权、财权、人事任命权都集中在地方督抚的手中，削弱了中央的控制力，形成了尾大不掉之势。因之，洋务运动在发展的过程中，也始终处于一种分散的、自发的、各自为政的无序状态。

由于清政府从来没有拿出一个统一的实施部署，也没有统筹全国的财力和资源、变革资源的配置方式，更没有制订统一的政策、动员社会资

---

① 参见龚书铎、黄兴涛：《读〈奕䜣慈禧政争记〉》，《历史研究》1991 年第 4 期。

源、激励新产业的发展，甚至也没有建立一个新的行政部门来负责协调管理经济发展事务。这种以地方为主体的体制在实际操作中必然产生许多问题：必然是带有浓厚的人治色彩，以督抚个人的意志为转移，往往是项目跟着人走，人亡政息。离开了左宗棠、沈葆桢，福州船政局就难以为继，左宗棠不做甘陕总督，兰州织呢局的锅炉坏了就没有人管；必然是上下左右的步调无法统一，各地互相扯皮，造成如李鸿章所哀叹的"朝令夕迁，早作晚辍"；也必然是各种活动孤立分散地进行，功能互不配套，难以形成效应。结果只能是"东一块西一块的进步。零零碎碎的。是零卖的，不是批发的"[①]。

清王朝还能撑多久？

曾国藩虽然是所谓"同治中兴"的头号功臣，但是在剿灭太平军的大功告成之后，他对清王朝的命运仍然是颇为悲观的。

据赵烈文《能静居日记》记载，同治六年六月二十日晚上，时任两江总督的曾国藩与赵聊天，忧心忡忡地说：

> 京中来人云："都门气象甚恶，明火执仗之案时出，而市肆乞丐成群，甚至妇女亦裸身无裤。"民穷财尽，恐有异变，奈何？

赵烈文则认为：

> 天下治安一统久矣，势必驯至分剖。然主威素重，风气未开，若非抽心一烂，则土崩瓦解之局不成。以烈度之，异日之祸，必先根本颠仆，而后方州无主，人自为政，殆不出五十年矣。[②]

---

① 陈旭麓：《近代中国社会的新陈代谢》，第114页。
② 转引自雷颐：《历史的裂缝》，广西师范大学出版社2007版，第3—4页。

大意是说，因为皇权的统治还很厉害，要不是核心先烂掉，暂时还不会土崩瓦解。按他的预计，将来的灾难，是中央政府先垮台，然后各地四分五裂。大概就是五十年内的事。最后，曾国藩无奈地说："吾日夜望死，忧见宗祏之陨。"害怕会亲眼看到清王朝覆灭。

那一段时间，曾国藩的心情是很复杂的，在他的内心深处，有时祈求清朝至少还能保持半壁江山，不至于被推翻；有时听说恭亲王为人聪颖，慈禧遇事颇有"威断"，又让他萌生些许微茫的希望。赵烈文则认为奕䜣"聪明信有之，亦小智耳"，慈禧的所谓威断反将使她更易受蒙蔽，如果没有体制性的根本变革，靠现在这样小修小补是无济于事的。

同治七年七月，曾国藩被任命为直隶总督，几天之内受到慈禧的四次召见。他终于有机会近距离地接触和观察清王朝的核心人物，也对王朝的内情和形势有了更深入的了解，随之而来的是更加彻底的失望：国家的颓败远远超过了他原来的预计，王朝内部根本没有力挽狂澜的人物。同治八年五月二十八日晚间，曾国藩与刚刚到来的赵烈文继续两年前的讨论，对慈禧、慈安、奕䜣、文祥、宝鋆、倭仁等，一一作了分析点评，结论是他们都不可能承担王朝中兴的重任。他坦承对时局、朝政已经失望，不得不同意赵烈文两年前的论断：清王朝已经病入膏肓，无可救药了。

第三章　体制性的腐败病入膏肓

一条灰色的官场"食物链" / 张之洞裁革的广东州县的规费负担 / 陋规的最后承担者 / 为什么有的官员怕进京？/ 8000 个和尚盯着 19 碗稀粥 / 官职七折八扣大拍卖 / "户部员外补缺一千年" / "部费"种种 / "投金暮夜，亦有等差" / 清朝亡于方家园

光绪十五年的官场，表面看来似乎波澜不惊。

翻检《光绪朝东华录》，这一年和已往一样，每月记载一两桩案件，全年也就是二三十件。其中有两个道员被斥革，一个亏短商款，一个亏欠盐课。武官里也有两名参将被革职，一个与提督不和、动用营勇为自己做私房，一个挪移款项。当年比较大的案件要算二品顶戴的前出使日本大臣徐承祖，奉命在日本购铜，浮冒铜价，浮开运费，仅铜价一项贪污银三万余两，被革职查封家产，交曾国荃严办。离奇而富于戏剧性的是正白旗满洲都统的印信被盗；吴江县的盐枭竟掳去了辑私的巡船，这真是老鼠捉了猫。还有御史余联沅上奏请皇上命令部院大臣们要上衙门去办公，因为有的几个月也不去一次。①

年轻的皇帝亲政不到一年已经感到了吏治问题的严重。十月二十日发了一道上谕，责备各省的藩台和臬台，除了谢恩和报告到任、卸任外，没有人

---

① 朱寿朋编：《光绪朝东华录》三，总第 2557—2702 页。

陈奏事件，要求他们对督抚进行监督。十一月十四日、十五日又连续发出两道上谕，要求各级地方官减轻百姓的负担、精简机构，节省财政开支。①

光绪每天看奏折，大多是一些官样文章，这几道谕旨里所列举的也只是一些表面现象，实际情况更不知要严重多少倍。这些旨意，口口声声要严查，要限期办理，发下去也只是一纸空文。像减轻老百姓的负担，精简机构，都涉及很多人的既得利益，哪里是发一个文件下面便会认真办理？

光绪十五年，年轻的光绪皇帝亲理政务，接受的一项重要的历史遗产，是一个数量恶性膨胀、来源复杂、素质降低、竞争激烈、陋规公行、从上到下贪腐之风无处不在的官僚集团。

一条灰色的官场"食物链"

在中国历代的各个王朝中，清朝对官员最苛啬刻薄，法定收入的菲薄史无前例。薛福成曾经感叹：

> 我朝颁禄，因明旧制，京员俸薄，不逮汉唐十分之一。又自耗羡归公之后，外官有养廉而京员无养廉。人情益重外轻内。……近日京员盼慕外放，极不易得。恒以困于资斧，告假而去，绝迹京华。其留者衣食不赡，竭蹶经营。②

按照《大清会典事例》，京官中官居一品的大学士每年的俸银才 180 两，另加禄米 180 斛；金榜题名，好容易成了七品的编修，每年俸银却只有 45 两，禄米 45 斛；外官贵为总督，年薪 120 两，说是供个人家庭消费；加上各种公费，包括蔬菜烛炭 180 两、心红纸张 288 两，案衣修宅什物 60 两，总共 648 两；基层的知县，年薪只有 36 两，各种公费包括心红纸张 30 两，案

---

① 朱寿朋编：《光绪朝东华录》三，总第 2666—2667，2679—2680 页。

② 朱寿朋编：《光绪朝东华录》一，总第 59 页。

衣修宅什物 20 两，迎送上司伞扇 10 两，总共 96 两。后来州县修宅什物这一项的 20 两取消了，实际只有 76 两，平均每月仅仅 6 两多一点。[1] 当知县的既要养家糊口，又要撑起一个县衙门办公，还得聘请几位刑名、钱谷、书启师爷，更不要说给上司们送三节两寿等规礼了。这 6 两银子买酒不醉，打醋不酸，他顾哪一项都不够，不打歪主意就得喝西北风。

雍正做了皇帝以后，为了解决普遍存在的挪用亏空库银、盘剥百姓、滥征耗羡等问题，来了个"耗羡归公"，把借口弥补储运中的损耗而加征的耗羡，统统收归国家财政，另给地方官员发"养廉银"。根据地区情况各级标准有所不同，以直隶为例，总督每年为 15000 两，知县也有 600 至 1200 两。[2] 总督增加了二十多倍，知县也增加了六七倍到十多倍，提高了外官的合法收入。这笔银子叫养廉，意思很清楚，该给的都给了，就不准再打歪主意，规规矩矩地做官吧。对京官则实行"双俸制"，发原官俸的两倍。虽然如此，地方州县仍然入不敷出；而京官更为菲薄，清代许多人宁愿到地方任职，也不愿留在京城。

翎顶补服的辉煌掩饰不了生活的困窘。嘉庆十九年，官居翰林院编修的林则徐在给朋友的信中透露，"现就一教书馆地"，还得兼做家庭教师来贴补家用。朱珪在嘉庆年间官拜大学士，是一品的大员，大年除夕有人去看他，问年办得如何，他诙谐地举起胸前的荷包："可怜此中空空，押岁钱尚无一文也。"身死之日，"卧处仅一布被布褥，其别舍则残书数箧而已，见者莫不悲感"。[3]

自太平军造反以来，雪上加霜。军费开销太大，财政要开源节流。开源要卖官，节流便扣官员的俸廉。太平军消灭了，又不断地向外国赔款，旧债未了又添新债，扣减官员的养廉银子便成了财政节流的一项基本政策。咸丰三年起各省文官从一品到七品养廉暂给六成，武官三品以上给八成。咸丰六年，皇上开恩，给各省文官一二品加到七成，三四品加到八成，五品以

① 申学锋：《晚清财政支出政策研究》，中国人民大学出版社 2006 年版，第 111 页。
② 申学锋：《晚清财政支出政策研究》，第 113 页。
③ 杨国强：《晚清的士人与世相》，生活·读书·新知三联书店 2008 年版，第 4—5 页。

下、七品的正印官、武官三品以上发九成。一直到光绪十二年，朝廷才给王公、京官们发全额，但外省仍然照扣不误。明扣已经受不了，实际上还有暗减。养廉不给你现银，折算成票钞或大钱。官方换算的标准永远落后于民间市值，遇上物价上涨更是大幅度贬值，实质上是变相扣减俸廉。折支之外，又有强制性的捐摊，又称扣廉、捐廉，由于出现了预算外的军需、河工等支出，由于有些必不可少的开支而财政又无法报销，便也从官员的养廉中扣除。此外，朝廷还奖励官员们"自愿"捐出养廉银子。经过种种名目的七折八扣，真正能落到官员手中的养廉银子就微乎其微了。据四川总督骆秉章同治元年二月向皇帝报告，一个知县照章应领的600两养廉银，经过扣减一成、再按银三钞七折扣，再加上许多我们看不懂的名目，这扣三成，那扣二成，最后实支只有40两5钱，还不到原来的7%。①

养廉的银子不能养廉。光绪元年，盛京将军崇实认为："奉省贿赂公行，已非一日，原情而论，出于贪黩者犹少，迫于贫困者实多。"如将军养廉银原定二千两，因财政困难，层层扣减，实数仅五百余金；府尹府丞实数不过二百余金，"借此从公，万难敷衍，不得已设为名目，取给下僚"。②同治二年，河南学政景其濬说得更为痛切激愤：

> ……于是各官无廉可领，甚至廉不敷扣。……道府以上计无所出，季规、节寿规、哨费、秋审费，种种名目，无一不取诸州县。州县计无所出，钱漕浮收之外，差徭繁琐，无一不取诸百姓……各官除俸廉外概属赃私，今俸已罚矣，廉已扣矣，使其不能办公，不能自存活，而犹奖其捐输，是勒令君子为小人也。③

"各官除俸廉外概属赃私"，这当然是大实话；"是勒令君子为小人也"，翻译过来，就是逼着官员去贪污。在这里，他还勾勒出了一条官场的"食物

---

① 申学锋：《晚清财政支出政策研究》，第114—115页。
② 朱寿朋编：《光绪朝东华录》一，总第115页。
③ 申学锋：《晚清财政支出政策研究》，第121—122页。

链"：道府以上通过各种名目的陋规取之于州县，州县则通过浮收、差徭取之于百姓。真正维持着各地官场运转的并非虚有其名、毫无实际的官俸、养廉银子，而是这条灰色的"食物链"。

吏治不仅是一个道德作风问题，更是一个政治体制问题。体制出了问题，必然普遍地滋生群体性的腐败。

张之洞裁革的广东州县的规费负担

景其濬一语道破了官场公开的秘密：府道以上无一不通过陋规取之于州县。陋规发展至晚清，已经达到极峰。从中央部院、各省督抚至道府州县无处不在，润滑着这个体制非正常地运转，又腐蚀着这个体制，最后促使其彻底崩溃。

光绪十五年十月，张之洞在离开广东的前夕，曾经上了一道奏折：《裁革州县规费各项加给公费津贴》，从这里我们可以看到广东的部分实际情况。①

所谓规费，也就是陋规。五花八门，种类繁多，各地不尽一致，无非是国家税收之外的乱收费、乱摊派，或是以送礼为名的变相贿赂。它长期在官场上普遍通行，取得了公开的半合法的地位，实质上是各级官员及吏役依仗权势巧立名目自上而下层层进行勒索盘剥。张之洞在当初任山西巡抚时，就曾经将全省的陋规和各部门摊派的捐费全部取消，改为按工作需要发给一定数量的办公费。光绪十年到广东后，在这个问题上，他没有像在山西那样大刀阔斧地一步全省到位，而是先从自己的衙门做起，"所有馈遗杂费，于到任日即已一律禁绝"，力惩贪风，习为俭约，以期转变风气。在光绪十三年为琼州府筹足公费，将陋规一律裁禁，也就是先抓了一个试点。十四年秋冬，他再次兼任巡抚后，事权集中于一手，命藩司花了几个月的时间将"公私各款逐一详查"，摸清了底细，然后采取了六条措施：革规礼，裁捐摊，

---

① 苑书义等主编：《张之洞全集》一，河北人民出版社 1990 年版，第 723 页。

省办差浮费，少派例差，筹发道府公费，津贴贫困州县。

张之洞查出来的规礼主要有十四种：如节寿、到任礼、季规、月费、油米柴炭、客案修金、盘查仓库费、秋审费、到任水礼、过山礼、乾修、修署、门包等，一律禁革。所谓捐摊，"乃本省需用而不能开销者，于是派之府厅州县，此百余年各省相沿之痼习，大缺在二千金内外，小缺亦在二百金内外"，其中藩司衙门有十二款：香蜡差费、高锡差费、小书工食、宪书三成、绥瑶厅、练勇经费、瑶目口粮、饷差盘费、清查无着拟款报、资塘兵饷、不敷火药价、草乌船经费；臬司衙门有三款：驿传房纸札饭食、传供饭食、司监加增药饵。摊派的这些银两，其实只有一小部分用于办公，大部分成为了有关人员的额外收入。张之洞也都全部裁免，其中有些必要的开支每年大约二万余两，由司局另外筹措。再是学政每年下去举行考试摊派的经费裁减三成，而最贫困的镇平、平远、感恩、昌化四县需要适当加以津贴。总账算下来，"计抵摊、公费、差事、津贴四项，通年共需银七万七千余两。"张之洞的办法是"于诚信、敬忠两堂商人捐款项下动支"。

张之洞算了几个月的账，算得很细，到底广东这些规礼、摊捐搜刮了多少银子，他没有说，想必是不便说，也许是说不清楚。我们只能从笔记里寻找一些蛛丝马迹。还是以广东为例，单说这"到任礼"就大得吓人。《南亭笔记》里说：

> 广东向有恶习，凡新任督抚到粤，则太平关馈银十万两，海关、运司各馈五万。督抚署任到粤，则太平关馈银五万，海关、运司各馈二万五。此非私囊之贿赂，盖习惯成自然，不啻可销公款矣。①

像张之洞光绪十年到广东，四月里是署任，七月里便实授，如果他收"到任礼"，仅此一项先后便有三十万两银子送到手！

陋规中最常见、最普遍的是节寿，即三节两寿的贺礼。依然是广东的情况：

---

① 李伯元：《南亭笔记》，山西古籍出版社1999年版，第355页。

自将军至道府，应送规礼七份，以每年节寿合计，应送规礼三十五份。每项一份，如金、玉、珠宝、绸缎、钟表之类价值七八千金。门包约数百金。虽厚薄不一，大概以尊卑为等级，而暗昧之苞苴尚不在此数。①

　　此番话，前半是从送礼人州县官来说的，从广东将军、两广总督、广东巡抚、藩台、臬台到本道、本府的顶头上司，至少有七个对象要送规礼，每人三节两寿要送五次，合起来一年仅节寿这一项就要送出礼金三十五份。后半是从收受者来说的，有的每次可以收到七八千两，一年下来，相当可观。而且这还只是大面上明摆着的，暗地里的贿赂还不在内。

　　张集馨做陕西粮道，专业是收放军粮，服务对象主要是满营八旗和绿营兵丁，不仅要侍候好总督、巡抚，还要特别侍候好西安将军和都统这些武官，其三节两寿便须从丰：

　　将军三节两寿，粮道每次送银八百两，又表礼、水礼八色，门包四十两一次。两都统每节送银二百两，水礼四色。八旗协领八员，每节每员送银二十两，上百米四石。将军、都统又荐人家人在仓，或挂名在署，按节分账。抚台分四季致送，每季一千三百两，节寿但送表礼、水礼、门包杂费。制台按三节致送，每节一千两，表礼、水礼八色及门包杂费，差家人赴兰州呈送。②

　　这些陋规成了地方各级官僚固定的灰色收入，其数量大大地超过了正常的年俸和养廉银。长期沿袭形成了官僚集团的既得利益，要想改变就很艰难。张之洞并不是向规费挑战的第一人，在他的前面，胡林翼抚湖北、曾国藩督两江、沈葆桢抚江西、左宗棠督闽浙、阎敬铭抚山东，都曾经有过同样

---

　　① 韦庆远：《明清史新析》，中国社会科学出版社 1995 年版，第 261 页。
　　② 张集馨：《道咸宦海见闻录》，中华书局 1981 年版，第 79 页。

性质的举措，但都逃脱不了人亡政息的命运。张之洞在广东对此慎重从事，不是没有原因的；他在奏折最后虽然也说"通饬各属永远遵守"，心里未尝不明白，一旦人走茶凉，遵守不遵守就难说了；再说那海关二十万两的到任礼，他可以不收，后任的李翰章收不收也很难说了。

陋规的最后承担者

陋规的最后承担者和最大的受害者，必然是庶民百姓。于是在征收钱粮时便永远地、普遍地、重复着冯桂芬笔下的一幕：

> 由来开仓，多派壮丁守护大斛，此古之道也。今则斛不必甚大，公然唱筹计数，七折又八扣（斛自五斗四升起，约六斗止，两次七折八扣，即一石变为三四五斗），而淋尖、踢斛、捉猪（仓役格外任取米数囊入仓，乡民拒之，声如猪，故曰捉猪）、样盘米、贴米（排除米色、不出私费，即讲贴米）等犹在其外。又有水脚费（定例每石五十二文，今则三四倍）、花户费、验米费、灰印费、筛扇费、厥门费、厥差费，合计约米值一二斗。总须二石五六斗当一石。道光初元，御史王家相疏云："官以其私征米一石当正供七斗，民不堪命。"不知三十年间何以遽增至此。①

正供七斗，浮收三斗，额外浮收的比例为近 43%；正供一石，浮收一石五六，则浮收的比例上升至 150%—160%。而在此前，嘉庆初年的洪亮吉便说过：

> ……外官大省据方面者如故也，出巡则有站规、有门包，常时则有节礼、生日礼，按年则又有帮费，升迁调补之私相馈赠者尚未在此数

---

① 《与许抚部书（癸丑）》，载冯桂芬《显志堂稿》第 5 卷，光绪二年校邠庐刊，第 36 页。

也。以上诸项无不取之于州县，州县则无不取之于民。钱粮漕米，前数年尚不过加倍，近则加倍不止。督、抚、藩、臬以及所属之道、府，无不明知故纵，否则门包、站规、节礼、生日礼、帮费无所出也。①

无所出的不止是督、抚、藩、臬、道、府的门包、节礼，还有京官们眼巴巴等着的炭敬、别敬。我们在前面所说的灰色"食物链"还在延伸，督、抚、藩、臬、道、府还要供养京官们。

为什么有的官员怕进京？

光绪十五年十一月十六日，有一个官员要求暂缓进京陛见，遭到上谕的批驳。

江西巡抚德馨上奏说，该省南赣镇总兵姚广武，三年任满，请求等候防务不忙的时候再来京叩见皇上。上面一查，这位姚总兵三年前上任的时候，也是请两江总督曾国荃上奏，没有来北京。现在冬天哪有什么紧急防务啊，明明是个借口。皇上很不高兴，下令："着不准行。姚广武即着来京陛见。"②

上北京去见皇帝，这是很荣耀的事情嘛！怎么有人不愿意去，一再地逃避呢？此无他，大概是花不起或不愿意花那份银子。不光是在吏部要交一笔不小的引见费，出京时的"别敬"更是一大笔非同小可的开支。

道光二十一年八月，翰林院检讨曾国藩在家信中说：

> 男目下光景渐窘，恰有俸银接续，冬下又望外官例寄炭资，今年尚可勉强支持。③

这里说的炭资，即是"炭敬"。拮据窘困的晚清京官，是把外官的孝敬

---

① 《洪亮吉传》，载《清史稿》下第 356 卷，上海古籍出版社 1986 年版，第 1276 页。
② 朱寿朋编：《光绪朝东华录》三，总第 2680 页。
③ 杨国强：《晚清的士人与世相》，第 4 页。

计算为比较固定的灰色收入的。同治七年，曾国藩由两江总督调任直隶总督，当年腊月进京，次年正月二十出京上任。他的日记中写得明白，十四、十五、十六连续三夜"核别敬单"，十九日早饭后"核别敬三纸"，二十日动身之前，还要"核别敬各单"。这位理学家，已是伯爵、大学士、直隶总督而位极人臣，对待"别敬"依然如此再三再四斟酌，唯恐稍有差池。①

外官出京有别敬，冬有炭敬，夏有冰敬，还有什么岁金、节敬、程仪、贽礼、赆仪、赙仪、贺礼等，名目繁多，各有不同的时机、不同的对象范围。大体上是首先要看对方的权势，同时要看彼此的交情。冰敬要在夏至之前，炭敬要在冬至后不久，派人送上请安信和银两。银两数量不能不说，但又不宜直说，要说得风雅，如果是附上梅花诗十韵、八韵，便是十两、八两；"毛诗一部"，便是三百两。有位贝勒爷闹过一次笑话，收到一个附上"千佛名经"的信封，不知道是什么意思，打开一看，只见是一千两的银票。②

其中较为普遍的是升官、调动、引见后告别出京的别敬。从军机处到六部九卿，从亲戚、朋友、世交到老师、同年、同乡，方方面面都不能疏忽，涉及的对象广泛而负担沉重。《道咸宦海见闻录》的作者张集馨是过来人，对此体会很深：

> 京官俸入甚微，专以咀嚼外官为事，每遇督抚司道进京，邀请宴会，迄无虚日。濒行时，分其厚薄各家留别。予者力量已竭，受者冀望未餍，即十分周到，亦总有恶言。甚而漠不相识，绝不相关者，或具帖邀请，或上书乞帮，怒其无因，闵其无赖，未尝不小加点染。是以外官以进京为畏途，而京官总以外官为封殖。

别敬、炭敬，其名曰敬，其实敬意有限得很。"专以咀嚼外官为事"，话

① 《曾国藩日记》，转引自任恒俊：《晚清官场规则研究》，海南出版社2003年版，第106页。

② 何刚德：《春明梦录》卷下，山西古籍出版社1997年版，第103—104页。

语里便充满着抱怨、嫌厌、鄙夷和无奈。清贫能磨砺清操，也能消蚀清操，长年奔逐，乞人施舍，有的京官便穷得卑微而猥琐。

张集馨曾经记下了他在道光二十九年出任四川按察使时送别敬的具体情况：

> 别敬军机大臣，每处四百金，赛鹤汀（按：赛尚阿）不收；上下两班章京，每位十六金，如有交情、或通信办折者，一百、八十金不等；六部尚书、总宪百金，侍郎、大九卿五十金，以次递减；同乡、同年以及年家世好，概行应酬，共用别敬一万五千余两。

而每调动一次，进一次京，都必须如此应酬一番，张集馨还有一笔总账：

> 陕西粮道出京留别，共费万七千余金。四川臬司出京留别，一万三四千金。贵州藩司出京留别一万一千余金。调任河南藩司出京，一万二三千金。而年节应酬，以及红白事体，尚不在其内，应酬不可谓不厚矣。①

花费得最多的是任陕西粮道，因为这是公认的肥缺；贵州藩司的品级虽高于粮道、臬司，但那里地瘠民贫，应酬也就可以少花一点。原来这"敬意"数量的控制，一方面要和对方的权势成正比，另一方面也要和他可搜刮的资源成正比。

姚广武官居总兵，是正二品的大员，江西南赣还不算十分贫瘠，进一趟京，不花一万，只怕也要花个八九千。如果他觉得自己没有过硬的靠山，再也上不去了，何必去见什么皇上，留着这笔银子养老，岂不更实惠？

---

① 张集馨：《道咸宦海见闻录》，第270—271页。

8000个和尚盯着19碗稀粥

上述历史弊端发展至晚清，已经是积重难返，无法消解。偏偏在镇压太平军的过程中又在官僚体制内种下了两个恶果，一个是保举，一个是捐纳。太平军虽然被镇压下去了，这两个肿瘤却继续蔓延，恶性膨胀。

保举，又称荐举，在清前期只是偶一为之，影响很小，而且在雍正朝举荐不当还要严惩。晚清保举大肆泛滥，是奖励镇压太平军带来的。《清史稿·选举志》说：

> 时军事方殷，迭饬疆吏及各路统兵大臣奏举将才。林翼举左宗棠予四品京堂襄办国藩军务，沈葆桢、刘蓉、张运兰命国藩、林翼调遣。他如塔齐布、罗泽南、李续宾、李续宜、彭玉麟、杨岳斌等俱以末弁或诸生拔自戎行，声绩烂然。[①]

光绪十五年时，全国八个总督中，就有直隶李鸿章、两江曾国荃、两广李瀚章、甘陕杨昌濬四位总督出自湘军集团。其中，李瀚章原是拔贡，曾国荃原是优贡，杨昌濬是诸生从军；李鸿章虽是进士出身，但他出任江苏巡抚这关键的一步，也是以幕僚的身份而得到曾国藩的保举。湘淮集团中，先后曾任总督或巡抚的如左宗棠、刘长佑、刘坤一、张树声、李兴锐、潘鼎新、刘铭传、杨岳斌、刘蓉、刘瑞芬、蒋益澧等，没有一个是进士出身，只有左、潘两人曾是举人，其他都是拔贡、廪生或诸生从军。这些人因军功而被保举，占据要津后又利用职权大批保举部下、亲信。军队打到哪里，官就做到哪里。湘军初期，军功保案按3%控制，咸丰六年攻下武昌汉口后，提高到20%，以后成为常例。同治元年一度降为12%。数十万大军转战十余年之久，保举不断增加，据曾国藩说，统计各省军营，武官保至三品以上的

---

① 《选举志四·制科·荐擢》，载《清史稿》上第109卷，第423页。

不下数万人。

清朝绿营的编制，三品以上的武官共计不过646员，其中从一品的提督19员，正二品的总兵56员，从二品的副将108员，正三品的参将152员，从三品的游击310员。而在战后以军功记名的提督已达8000人之多。8000名和尚盯着19碗稀粥，怎么分配也满足不了。据说曾国藩任两江总督时，有次在南京大街上遇到一个人挑着裁缝担子，扁担上挂着红顶花翎，沿街叫卖，故意出洋相。曾国藩把他叫来询问，原来此人是因军功保举到候补提督的，只得劝说了几句，花了一百两银子把他的红顶花翎买下来。[1]

保举的名目，后来也日见繁多。除军功以外，河工、漕运、边防有保，太后万寿、皇帝大婚等庆典有保，编书修志也有保。洋务兴起后，兴办各种厂局、各类学堂，筹办开矿、电报、铁路也有保，名目越来越多，几乎无所不保。徐承祖出使日本期间为朝廷采购铜，一次保举出力人员便达15人之多，光绪十四年年底因为购铜贪污案发，保案才撤销。光绪、宣统期间任过吏部主事、监察御史的胡思敬在《国闻备乘》中说到"保案之滥"，"一岁保数十百案，一案保数十百员。刁绅、劣幕、纨袴皆窜名其中，谓之案保"。有一次，数十名匪徒从广西流窜到贵州，抢掠了丙妹四寨，省里发兵去，匪徒的影子也没有看到，却虚报战功，开列了一百多人，"藩司邵积诚、袁开第，臬司全楙绩、贵阳知府严隽熙各援其子弟幕宾得官"。后来胡思敬询问普定县令邹炳文，得到的回答是："外省保案莫不如是，非独丙妹也。"[2]

科举考试要经过十年寒窗、层层筛选；捐纳要大把大把地花费银子；而保举只凭主官个人的意旨，一纸奏折，便可以升官发财。既无客观标准，更难讨得公道，往往使善于钻营奉承的宵小之辈得逞，更有不少是用巨额贿赂换来保举的。光绪九年，清流四谏之一的张佩纶尖锐地抨击道：

　　　　夫从军以摧锋敢死为上，而叙劳乃属文员；治水以负薪楗竹为功，

---

① 任恒俊：《晚清官场规则研究》，第38、40页。

② 荣孟源等编：《近代稗海》一，第256页。

而请奖不必工次。甚或一案累百人，少亦数十人，连名比牒，作福市恩，此何异于斜封墨敕哉。……实则凡保案中任劳者十之二三，徇情者十之七八，亦纠之不胜纠矣。若不亟挽其流，下吏生事以邀功，大臣植私以滥举，将若之何！①

直接指出保举的百分之七八十，是用来开后门、结党营私的。胡思敬甚至在《保举之滥》一文中说："近世保举之弊，十倍于捐纳，百倍于科举。"

官职七折八扣大拍卖

捐纳，又称捐输、捐班。说白了，就是朝廷订出牌价，公开卖官。早在秦汉时就已出现，以后的历代封建政权也无不开办捐纳，以增加财政收入。清代捐纳制度，起于顺治，完备于康、雍、乾三朝，咸丰同治以后更加冗滥。它与科举、保举、荫袭同为选拔官吏的重要途径。顺治初年，可以"纳粟入监"，用粮食或银子换个监生，但不能直接买得官职。后来被革职处分的官员通过付银子可以官复原位。康熙十三年，为平定吴三桂的叛乱，实行捐纳以弥补军费。出卖文官实缺，京官可以捐到郎中，外官可以捐到道员。三年内收获了银子二百余万两，卖出了知县的乌纱帽五百多顶。后来三藩是平定了，捐纳这个毒品却戒不下来，哪里要打仗，黄河决了口，什么地方要救灾，都要开捐例卖官，捐纳成了大清帝国临时补充财政收入的一个法宝。②

镇压太平军作战，把老底子都耗光了，咸丰二年财政亏银190余万两，三年亏银402万两。③清政府又祭起了捐纳这个捞银子的法宝，贱价拍卖官爵。而且权力下放、简化手续、巧立名目、以广招徕。除了中央的吏部、户部外，各省乃至军营的粮台都可以进行交易，而且地方上的价格往往还可以更加优惠；户部预先把盖好了大印的空白"部照"发给下面，随时都可以填

---

① 朱寿朋编：《光绪朝东华录》二，总第1474页。

② 《选举志七》，载《清史稿》上第112卷，第429页。

③ 郑学檬主编：《中国赋役制度史》，上海人民出版社2000年版，第621页。

发。总之，只要舍得花银子，什么都可以办到。

直到光绪年间，为了鼓励人们踊跃买官，仍然沿用了这种减成兑收大拍卖的政策。光绪十年因为中法战起，开设海防捐例；光绪十三年因黄河郑州段决口，开设郑工捐例；光绪十五年海军衙门要求为筹集海防经费再开海防新捐；一次比一次便宜，按前例再加大折扣，降价销售。乾隆卅九年，一个道员售价 16400 两，咸丰三年降为 9446.4 两，光绪廿七年降至 4732.1 两，约为三折。[1] 物价不断上涨，只有卖官的价格一降再降，财政没有收到多少银子，倒是卖掉了朝廷的最后一抹虚假的神圣光环，卖掉了官僚集团不能没有的尊严和廉耻，只卖得吏治腐败到无可救药。

极力反对捐纳的冯桂芬说得好：

> 捐途多而吏治益坏，吏治坏而世变益亟，世变亟而度支益蹙，度支蹙而捐途益多，是以乱召乱之道。[2]

最高统治者不是不知道捐纳的危害性。据张集馨在《道咸宦海见闻录》中回忆，道光皇帝在十六年、二十九年两次召见他时都说到捐班的危害：

> 捐班我总不放心，彼等将本求利，其心可知。
>
> 我最不放心者是捐班，他们素不读书，将本求利，"廉"之一字，诚有难言。我既说捐班不好，何以又准开捐？无奈经费无所出，部臣既经奏准，伊等请训时，何能叫他不去？这不是骗人么？[3]

"将本求利"四字，道破了实质，切中了捐班的要害。部臣曰曰，显系推卸责任。道光明明知道是毒药，但仍然继续坚持把它喝下去。

如此破坏政治秩序而造成社会秩序、经济秩序的破坏，恶性循环，形成

---

① 任恒俊：《晚清官场规则研究》，第 37 页。

② 冯桂芬：《校邠庐抗议》，第 102 页。

③ 张集馨：《道咸宦海见闻录》，第 22、119—120 页。

了一个怪圈，清王朝早已不能自拔了。

"户部员外补缺一千年"

保举也好，捐班也好，只是取得了一个任某一级官员的资格，真正要得到一个实缺，即具体的职位，走马上任，还有一个艰苦而漫长的排队等候的过程，这便是候补。

俗话说，一个萝卜一个坑。保举和捐纳在总量上都是没有限制的，而官员的编制却不能没有限制，每年因为病、死、退休、丁忧、革职开缺后空出来的编制也是有限的。粥固定只有那么多，等着要喝粥的和尚却漫无止境地增加，一年年积累下来，数量越来越庞大，矛盾越来越突出。同治年间，王凯泰说："近年军功捐纳两途入官者众，闻部寺各署额外司员少则数十人，多则数百人，衙门以内，司署为之拥挤，内城以外，租宅为之昂贵。"京城里官员的急骤增加，以致把房租的价格都抬高了。

到了光绪三十二年，《申报》爆出了一个惊人的消息，《官册最近之调查》报道：

> 吏部近日派各司纪录已经注册候补候选人员之衔名，共计二十五万七千四百余员，其未经注册者尚不在内。[1]

晚清时全国官员的总编制大约是四万人，也就是说，候补人员的总数竟达到了全国总编制的六倍多。假设候补人员不再增加，每年安排一万人，也需要26年才能安排完。按照当时的平均寿命，26年差不多就是成人后的一辈子了。而在当时情况下，每年要空出一万人即四分之一的编制来也是不可能的。

实际上候补的文官，多是州县到道员这一阶层的，品级越低，人数越多。清末南京候补官员之多为全国之最：候补道有300余人，知府、直隶州

---

[1] 《官册最近之调查》，《申报》光绪三十二年八月二十四日（1906 年 10 月 11 日）。

有 300 余人，州县 1400 余人，同知、州判、县丞等佐贰杂职 2000 余人。而江苏全省的编制是道员 7 员，知府 8 员，直隶州 3 员，厅 3 员，县 67 员共计 88 员。每一个道员的交椅后面，平均有 40 多人在排队，要等到什么时候才能坐上这个位置呢？①

队排得太长了，人人都想优先。这又为朝廷提供了生财之道。要优先吗？拿银子来！这就有了"捐花样"，即加捐优先的班次。最初只有知县可以捐"先用班""即用班"两个花样，从道光年间开始，花样加多，咸丰年间更是花样百出，先是开设"新班"，不久便有"新班尽先"，再不久又有"新班尽先前"。一种花样出来，捐的人多了，大家都想优先，结果是大家都不优先。失去了吸引力，便又推出一种新花样，永远是新出的花样比老的优先。到此新班已经不新了，因而又有超越各班的"尽遇缺先补"。接着又在交付饷票或现银上打主意，先后推出了"银捐新班尽先""银捐新班遇缺"和缴纳十足现银而压倒一切的"银捐新班遇缺先"。

清代各省官员的职位分为三类，一类是简放，即朝廷直接指派；一类是部选，即由六部挑选；一类是外补，由各省委派。虽然户部收了银子，一部分外官还得要交给各省的督抚们去分配安排。这又得找关系、托人写信、向地方当局推荐，找门路送银子运动、疏通。来的候补官儿太多了，督抚们应付不了，便纷纷要求上面停止分发。有的采取变通的办法，一碗粥分给几个人喝。一个知县的实缺出来了，并不派人去补缺，而是轮流署理，一人署理一年；或者委派一个临时的差事。虽然如此，有的还是十几年得不到差委，几十年不能署一缺。曾国藩曾经报告朝廷，对大量候补的武官采取了借缺补官的办法，高官任低职，实行官职倒挂，这就出现了从一品的提督去任从六品的千总或正七品把总的怪现象；千总、把总这样最低级的职位竟然都被候补提督们占去了，三品以下的武官就更没有位置了。②

外官补缺难，京官补缺更难。光绪二十五年张之洞给他的姐夫鹿传霖写

① 任恒俊：《晚清官场规则研究》，第 33 页。
② 任恒俊：《晚清官场规则研究》，第 40 页。

信，说起他的长子张权分到了户部：

> 即日日驱车入署，伏案点稿，亦须十五六年方能补缺。……且每年须赔贴资费千余金，此数十年之费，拙力岂能供之？[①]

一个清廉的总督竟然供不起一个候补的儿子。《越缦堂日记》的作者李慈铭，咸丰九年三十岁时捐了一个户部郎中，当时他的诗文就颇为著名了，但候补一候就是十二三年，毫无着落。同治末年他住在宣武门外的保安寺街，写了一副春联发牢骚："保安寺街藏书三万卷，户部员外补缺一千年"。又候补了六七年，幸亏他在光绪六年考中了进士，本来可以当翰林，当时他已经年过半百了，要求归本班补用，这才得了一个户部江南司郎中的实缺。

丁日昌在担任江苏巡抚时说过这样一番话：

> 在省候补十数载，贫苦已极，一旦得一署事，又仅一年，于是前十数载需次之费，皆在此一年中补偿，后十数载需次之费，皆在此一年中储积。此时如委群羊于饿虎之口，虽有强弩毒矢在其后，亦必吞噬而有所不顾。故今日欲求吏治，非先止捐纳不能也。[②]

儒学伦理一直是把百姓比喻为羊，而将亲民的州县官比喻为看羊的牧人，称之为牧民、牧令。晚清的官场体制却培养了一群群的饿虎去当牧人，老百姓纵然是驯服如羊便能活下去吗？朝廷还有希望吗？

"部费种种"

光绪十五年，张之洞在革裁广东规费的同时，还曾向户部的陋规挑战，

---

① 《张之洞全集》十二，第10299页。
② 任恒俊：《晚清官场规则研究》，第105页。

结果却摔了个大跟斗，让他记住了一辈子。

人们通常将"部费"也视为陋规，但它与节礼、炭敬之类有明显的区别。节礼、炭敬之类虽然是感情投资，但毕竟不是现买现卖的权钱交易；部费则是典型的敲诈索贿。自明代即已出现，清初至清末渐从隐蔽走向公开。各省与中央有审批权的部门打交道，要找户部、兵部、工部奏销军费，要请刑部审核秋审的案件，要请吏部批准保举、候补的名单，凡此种种，都得要送上一笔贿赂，统称为部费，供有关人员私分，否则事情就办不成。清前中期军需报销部费比例较高，道光以前"军需报销部费皆加二成"，如乾隆年间平叛，报销军费数千万两，所需部费竟至二百万两之多。① 据冯桂芬在《校邠庐抗议》中估算，仅户、工、吏、兵四部，每年部费就不下千万两。

干这种交易还有诀窍、有彼此默契的章程。据张集馨的《道咸宦海见闻录》记载，他在四川作按察使的时候，每年五六月份，刑部的书吏便分头四处收取部费，到省城找一位在刑部干过书吏的副职小官作中介，通过此人与按察司衙门接洽，一手交钱，一手交货。四川按察司付了六百两银子的部费，便可以买到一份刑部对该省上报案件审核意见的底稿，某案该实（同意执行），某案该缓（缓期执行），一一注明。照此上报，一路绿灯。如此双方皆大欢喜，一方收获银子，一方秋审顺利结案，收获了政绩。否则，纵然关系到案犯是否人头落地，还是要在鸡蛋里挑骨头，找几个案件，你定为实的部批为应缓，缓的批实，发回重审，反复盘诘，让你结案遥遥无期。②

清政府为了集中财权，规定各级地方政府逐级造送收支清册，按年交户部分省审查汇总奏销。发现有不符合"部例"的，户部有权责令地方限期答复，甚至重新造册。合不合"部例"由户部的员司、书吏说了算，如此银子便似流水滚滚而来。部费交足了，假账、不合理的开支也可以通过；部费不交足，合理的开支也会受到刁难。至此，中央用以控制地方的奏销制度已经徒具形式，成了户部的生财之道。

---

① 金诗灿：《清代的部费问题》，《清史参考》2014 年第 8 期。
② 张集馨：《道咸宦海见闻录》，第 115 页。

最麻烦、最头痛的是军费报销。数额巨大，部费往往是狮子大张口，反复讨价还价。权倾一时的曾国藩、李鸿章也曾为军费报销而受部费困扰。镇压太平军与捻军历经多年，军费浩大，报销时户部书吏索银 40 余万，曾、李只肯出 8 万，最后他们向慈禧上诉，得到御批："着照所请，该部知道。"才得了结。[1]

光绪十五年七月张之洞调任湖广，首先就考虑中法战争以来广东的 2500 万两军费报销要作个了断。八月初七呈报了《军需善后各案请开单奏报免造细册折》，请求按同治三年至光绪八年的办法造册报销，并以不愿同流合污的强硬态度，公开揭露暗中交易的黑幕：

> 其实近来各省办理报销，闻不免于正款之外提存另款巨数，暗给书吏。臣愚不知此项另款，从何而出。粤省财用如此艰难，岂能办此。即使有款可筹，以实用实销之款，因恐书吏作奸而为此请托之举，实非臣之所敢出也。[2]

据说，按照户部的潜规则，报销一百万两，要交四万两的回扣，二千五百万两军费的回扣就是一百万两，而张之洞只肯按每两一厘的比例另交二万五千两饭银以资办公。这封奏折送上去，简直是捅了马蜂窝。光绪批给户部，户部在复奏时大唱高调，说什么"何难详细造报"，"丝毫皆关帑项"，指责他"只图简便，不顾定章，任意陈请"，还采取狡赖的伎俩，要张之洞把勒索的书吏指出来，以便严办。十月二十二日光绪按照户部的复奏发了一道上谕，申斥张之洞"冀免造册，殊属非是"，"所请开单奏报之处，着不准行"。后来还是醇亲王奕譞出面给户部尚书翁同龢、军机大臣孙毓汶打招呼，把每一百万两的回扣降到二万才了结此事。且不说这桩公案涉及中央与地方的财权上收与下放之争，仅就部费而言，从慈禧、皇帝、军机处到户

---

① 袁伟时：《帝国落日：晚清大变局》，江西人民出版社 2003 年版，第 413 页。
② 《张之洞全集》一，第 690 页。

部，都是公然地包庇怂恿。①

"投金暮夜，亦有等差"

现代有人说别敬是礼仪与贿赂的合一。张集馨处在的道咸时期，别敬送军机大臣每人四百金，同一职位者一视同仁。《国闻备乘》的记载与此相似，光绪初年督抚进京，应酬军机大臣，每人不过三四百两，有的不接受；接受的回送貂袍一件，鹿茸两支，多少还残留一点礼尚往来的人情余味。光绪中期，世风更加浇薄，即使同是军机大臣，也要精细地衡量其被宠信的深浅，评估其实际影响力的大小，盘算其利用价值的高低，严格区分为不同的等级，毫不留情地拉开了投入的差距。

光绪十六年九月，张之洞的门生、著名的诗人樊增祥进京办事，给张之洞写了一封密信，汇报京城的景象：

> ……都门近事，江河日下，枢府唯以观剧为乐，酒醴笙簧，月必数数相会。南城士大夫，借一题目，即音尊召客，自枢王以下，相率赴饮。长夜将半，则趁筵次入朝。贿赂公行，不知纪极。投金暮夜，亦有等差。近有一人引见到京，馈大圣六百（大圣见面不道谢），相王半之（道谢不见面），浚长二百（见面道谢），北池一百（见面再三道谢），其腰系战裙者，则了不过问矣，时人以为得法。然近来政府仍推相王为政，大圣则左右襄赞之，其余唯诺而已。高阳与北池缔姻，居然演剧三日，习俗移人，贤者不免，仍今信之。②

信中大圣指孙毓汶，相王即军机处里的王爷指礼亲王世铎，浚长借《说文解字》的作者许慎曾任浚县长指许姓者，即许庚身。北池指张之万，时住

---

① 张达骧、李石孙：《张之洞事迹述闻》，载《文史资料精选》第一辑，中国文史出版社1990年版，第228—229页。
② 黄濬：《花随人圣庵摭忆》，第248页。

北池子。腰系战裙指满人额勒和布，时人说笑，以此作下联对额的姓氏。有一篇专论清代官场陋规的长篇论文，在引用这封信时说："首席军机孙毓汶所得竟比排在末位的'卷帘军机'张之万高出六倍"，"首席军机位尊势隆，故所得馈赠最厚，但却态度骄亢……等而次之，则因军机席次排列顺序不同，所得逐减……却反而礼数加隆"。① 此段文字似有疏忽，着眼于军机大臣的席次或是想当然耳。据《清史稿·军机大臣年表》和《清季重要职官年表》，当时军机大臣的排列顺序与论文作者所说完全相反：领班的王大臣，即首席军机，当然是礼亲王世铎。以下依次是：额勒和布、张之万、许庚身、孙毓汶。顺序的排列当与各人的官职、资历有关，当时额氏是武英殿大学士，张是体仁阁大学士，许是兵部尚书，孙原是工部左侍郎，十四年七月调吏部右侍郎，十五年正月才迁为刑部尚书。② 所谓的"卷帘军机"不是张之万，而是孙毓汶；但其中能量最大的确实是这位孙大圣。军机这个班子，依然是光绪十年慈禧罢斥奕䜣时换上来的班底，奕譞作为光绪的生父不便直接出面主政，孙毓汶便是奕譞在军机处的代表，每天把文件送到醇府看过后，再把奕譞的意见带上来，谓之"过府"；其中有些机要是其他军机大臣不得预闻的。许庚身曾长期任军机章京，熟悉政务。《清史稿·许庚身传》说，"时枢府孙毓汶最被眷遇，庚身以应对敏练，太后亦信仗之"。军机处里真正掌权的就是这两个人，而孙"其权特重"。至于张之万进了军机后，"治尚安静，故得无事"；额勒和布则是"木讷寡言，时同列渐揽权纳贿，独廉洁自守，时颇称之"，所以送银子就没有他的份。③ 当初慈禧选上了张、额二位，也许正是看中了他们的"安静""寡言"。《清史稿》的这些评述与樊增祥的观察可以互相印证。只有深入了解了这些内幕，了解了各位军机大臣的实际地位、作用及他们性格上的差别，我们才能领会那位暮夜投金者看人下菜、拿捏分寸的奥妙，他绝不是简单地只看表面的"席次顺序排列"。

樊增祥信中描绘的军机大臣们的另一道风景是以观剧为乐。所谓"酒

① 韦远庆：《明清史新析》，第 247 页。
② 钱实甫编：《军机大臣年表》，载《清季重要职官年表》，中华书局 1959 年版，第 49 页。
③ 《列传二百二十六 额勒和布 许庚身》，载《清史稿》下，第 1409 页。

醴笙簧"，"音尊召客"，就是大摆酒宴，大唱堂会。当时正是京剧刚进入成熟期，从宫廷到民间都极为狂热，慈禧本人便是嗜戏如命的超级京剧戏迷。在她统治清朝的四十八年里，除了咸丰、同治丧期和逃亡西安外，经常在宫内、中南海、颐和园看戏消闲。光绪十年五十大寿时，从九月二十二至二十八在宫内畅音阁演戏七天，十月初八至十六日又在畅音阁和长春宫同时演戏九天，每天达六七个小时。十月十日生日这天，慈禧坐在畅音阁大戏台对面的阅是楼正中，两旁是光绪及后妃，东西两厢是王公、大学士、御前大臣、军机大臣、六部尚书、内务府大臣等人，全都陪着她看戏。宫内太监的演出看腻了，便召外面的著名艺人，杨月楼和谭鑫培、陈德霖就是分别于十四年和十六年挑补进宫的。上有所好，下必甚焉。北京民间营业性的戏园如天乐茶园、广德楼、广和楼等有四十多处。达官贵胄、富户巨室，逢年过节、婚丧嫁娶，便在府第或会馆办堂会。这种专场内部演出往往是名角荟萃，指定演出某些拿手好戏。信中特地提到张之万与前军机大臣、礼部尚书李鸿藻（高阳）联姻，在家中大唱三天堂会，颇有微词。

现存京剧史料中还可以找到这位死后谥为文达的中堂大人的有关记录。《道咸以来梨园系年小录》载："光绪七年二月十七日，张文达等团拜，假西河沿钱行会馆正乙祠演堂会，用四喜班底，班主梅巧玲。"演出的剧目有辕门射戟、甘露寺、变羊计、打瓜园、二进宫、长坂坡、盘丝洞等。这主演盘丝洞的班主梅巧玲，便是梅兰芳的祖父。另一则是《道咸以来朝野杂记》云："当光绪十四、五年间，京师有一票房，人戏称为'韩票'者，为理藩院书吏韩秀长所创……张文达当国时，最喜听韩票，因之各大员及各名流多附合之。"看来张之万不止是一般的爱好，还是一位在菊坛影响时尚潮流的领军人物。①

据樊增祥的观察，每个月中有好多次军机大臣们都是放下酒杯直接上朝的。军机处入值至散值的时间一般为凌晨三点至七八点。六七十岁的老人，吃喝玩乐了大半夜，烈酒还在胃里翻腾，粉面朱唇还在眼前飘忽，彻夜未眠

---

① 马少波等主编:《中国京剧史》上，中国戏剧出版社 1990 年版，第 122、195 页。

的困倦一阵阵袭来，此时他们坐在隆宗门后的小平房里，还有多少精力考虑国计民生、军国大事？

清朝亡于方家园

王照在《方家园杂咏纪事》里转述了恭王奕䜣的判断："我大清宗社乃亡于方家园"。①

慈禧的娘家在朝阳门内方家园。仅就光绪中后期腐败加速以至国事不可救药而言，慈禧也是不折不扣的罪魁祸首。

光绪十年军机处大换班，用醇王取代恭王，李慈铭便讥为"易中驷以驽骀，代芦服以柴胡"。以处理国家大事的才能来说，奕䜣本来算不上是良骥，至多也只是中驷而已；但换上奕譞，便是换上了一骑劣马。这是当时士大夫和后世比较一致的看法。但慈禧用人的标准不同，她需要的是便于自己操纵的人，特别是在光绪成人亲政后，仍然对她俯首听命而有利于她继续巩固绝对权力的人。她掌握了奕譞致命的弱点，既挟制光绪以威逼奕譞，又控制奕譞以制约光绪，父子两人都捏在她的手心里。

此后，她运用帝王随心所欲的权力将礼王世铎、荣禄、庆王奕劻，一个个俯首贴耳的亲信奴才拉扯上首席军机的交椅，始终坚持任用一批批昏庸贪婪的权贵来处理国家大事。

礼亲王是清初世袭罔替的八大铁帽子王之一。世铎执掌军机十七年，却以"非礼勿动"而名声在外，意思是没有礼物在他那里就办不成事。他对老佛爷身边的太监特别客气，李莲英给这位王爷屈膝下跪，这位王爷也屈膝还礼，创历史地将亲王降低到与太监平等的地位。太后万寿时，世铎于正贡之外又奉上加贡，将一万两银子写成数百张零星银票，用黄封套封好，说道："这是奴才代老佛爷预备赏赐用的。"如此细心周到，果然博得了慈禧的欢心。有知情者大发感慨："以万乘而重万两，殊出意外。"

---

① 荣孟源等主编：《近代稗海》一，第1页。

荣禄自光绪二十四年入值军机就操其实权，二十七年正式代世铎为首席，前后计五年。费行简在《近代名人小传》中说他任军机大臣时的权力简直就像皇帝。只顾收受贿赂积累财富，和奕劻是一类的货色，只不过比奕劻稍稍明白一点。

奕劻自光绪二十九年荣禄死后入值，宣统三年军机处撤销后改任内阁总理大臣，直至清朝被推翻。他既不是近支，又没有军功，却长期执掌军机处并得到亲王世袭的最高爵位，这在清代近三百年中找不出几个来。徐一士鄙夷地说奕劻"以枢垣领袖当国，贪婪外无所知"[1]，但他讨好慈禧还是很有办法的。早年家贫通过为慈禧的弟弟照祥代笔写信问候慈禧，让慈禧留下了印象；后来又与慈禧的亲弟恩祥结为儿女亲家，成了老佛爷的亲戚[2]；再后来指使两个女儿进宫去陪老佛爷打小牌，一次几千两银子大把大把地输给老佛爷，讨得了老佛爷的欢心，也带回了不少宫中的机密信息。如此一路顺风，节节高升。官越做越大，受贿也越来越狠。听说奕劻要主持军机处，袁世凯派人一次送去十万两银票，说是供他发赏金，其后并将庆王府里一应喜庆大事的用度都包下来。袁世凯喂饱了奕劻，奕劻则听任其培植私人势力，直接断送了清朝政权。[3]

慈禧并非不知道奕劻的声名狼藉，据《国闻备乘》记载，她曾对人说过：

> 奕劻借朝廷势，网取金钱，是诚负我。今我夺奕劻位以畀他人，他人遂足信哉？[4]

这明显是托词，为纵容贿赂公行找借口；但也不打自招地承认在她的周围已经找不到廉洁可信的人了。王朝末日，无能为力，苟延残喘而已。

晚清的腐败是从统治集团的最高层腐败起，即赵烈文与曾国藩所说的

① 徐一士：《一士谭荟》，重庆出版社1998年版，第314页。
② 苏同炳：《中国近代史上的关键人物》下，百花文艺出版社2000年版，第707页。
③ 刘厚生：《张謇传记》，上海书店1985年版，第128页。
④ 荣孟源等主编：《近代稗海》一，第301—302页。

"抽心一烂"。慈禧自己就是一个捞钱的好手。不受制约的权力，必然纵容着私欲不受制约地恶性膨胀。慈禧"尤以卖缺增私蓄，供挥霍"，"万乘而重万金"，确是事实。

王照在《方家园杂咏》中指出：

> 凡太后所卖之缺，分为数类：一粤、闽、海、淮、崇文门、张家口、杀虎口、山海关各监督，宁、苏、杭各织造，此皆专为应卖之品，可以明挂招牌者也。一各省三品以上大员，此为帝心简在，公私不易分晰者也。此类买主多是旗员，汉大员不屑钻狗洞者十之九。然如袁树勋、丁宝铨等亦往往有之。……①

其中第一类是专收内地通过税的常关，关监督自然是头等肥缺，卖价也必然很高。清朝的官吏，凡由皇帝直接任命的叫"特简"，不受任何法律条例的限制，所以说"公私不易分晰"。但慈禧卖官必由太监经手。《翁同龢日记》光绪二十年十月二十九日，记慈禧在仪鸾殿召见枢臣，"谓瑾、珍二妃有祈请、干预种种劣迹，即着缮旨，降为贵人等因"。祈请，或乞请，是指为人谋求官职，干预是指干预政事。这都是很重的罪名。当时翁求情、请缓办，不准。因光绪不在场，翁便问皇帝是否知道，慈禧说这正是皇帝的意思。翁只得遵命下来拟旨。翁同龢在上述日记的同一页，空行内又以双行密书云：

> 鲁伯阳、玉铭、宜麟皆从中官乞请；河南抚裕宽欲营求福州将军未果。内监永禄、常泰、高姓皆发，又一名忘之，皆西边人也。②

"西边"者，慈禧向称西太后也。翁同龢在这里记下的四起乞请钻营都

---

① 荣孟源等主编：《近代稗海》一，第10—11页。

② 《翁同龢日记》五，第2754页。

是"西边人"经手。翁从小就教光绪读书，长期在内廷值班，是了解内情的，在日记里记下了这些事例，借以发泄心中的不平，留下了慈禧卖官的证据。

慈禧的卖官公司，是独家垄断企业，绝对不许有人另立山头，与其分庭抗礼。她手下那些充当经纪人的太监，为了自身利益也一定会不失时机地在她耳边吹风。所以王照说：

> 慈禧卖各色肥缺以为常事，珍妃曾一效之，遂立败。

有的书上说，慈禧曾经召珍妃当面询问，珍妃坦率地承认，并说："上行下效，不是老佛爷开端，谁敢如此？"使得慈禧大怒。如果珍妃胆敢如此当面顶撞，以慈禧的个性，恐怕她当时受到的惩罚就不止是降为贵人了；一年以后，慈禧也绝不可能下令恢复珍妃的名位。但这又是珍妃必然会有的思想活动，只是不会轻易说出来而已。

《方家园杂咏纪事》原书此处有作者"按"云：

> 珍妃信用王有，贻累主德，固应贬黜，但罪不至大辟也。[1]

又据商衍瀛《珍妃其人》一文，参照太监信修明《珍妃之死》所述见闻云，珍妃对宫中太监时有赏赐，太监得些小恩小惠，都奉承其大方。按内廷规章，皇后年例银一千两，妃、嫔分别递减为 300 两、200 两，分月例支。珍妃用度不足，又不能节省，亏空日多，遂想门路生财。商文并指系以珍妃胞兄志锜为主谋，以月华门南奏事处为机关，串通太监作中介并与之分赃。风声播扬，为慈禧所知，遂受惩处。[2] 看来珍妃学着慈禧卖官也是确有其事。珍妃是慈禧专制权欲与封建淫威的牺牲品，令人同情。从另一角度看，更值得深思。她入宫时年仅十二岁，应当是一个纯真无瑕的小女孩。五年的宫廷

---

① 荣孟源等主编：《近代稗海》一，第 10 页。
② 《文史资料精选》第一辑，第 158—159 页。

生活，耳濡目染，有慈禧这个榜样，有光绪的宠爱赋予的特殊权力和地位，十七岁受到惩罚时，她已经有意无意地在重复慈禧过去的故事。不仅是珍妃，摄政后的载沣的福晋，当了太后的隆裕，都有人走她们的门路，为时不久，便秽声远扬，何尝又不是想重复慈禧的故事？

一次次翻来覆去地重复过去的故事，显示的是体制和权力的腐蚀力量。

光绪十五年，十八岁的皇帝象征性地接过了大清帝国这部老爷车的方向盘，这部机器从发动机到各个部件已经严重锈蚀松散，它已经承载不起任何新的历史重负，已经不可能适应向近代化的道路运转。

第四章　财政：有限的银子用在哪里？

财政在严重危机中略有盈余 / 理财能手"丹翁" / 汉阳铁厂生不逢时 / 州县官平衡收支的奥秘 / 曾国藩向朝廷伸手要权 / 李鸿章的小金库富比国库 / 张之洞在湖北能控制多少财力？ / 浅浅的溪流养不了大鱼

光绪十五年，大清帝国的财政岁入为 80762 千两，岁出为 73079 千两，当年盈余 7 683 千两。

这一年的十二月廿六日，户部尚书翁同龢听了司员关于年底盘点库存的汇报，回到家中，灯下挥笔在日记上写下了这样的文字：

> 银库今日封闭，共银一千二十七万九千四十两零，各项统在内。[①]

户部银库年底积存的银两达到了一千万两，这在大清帝国的晚期，应该算是一件了不起的大事。

"大清帝国毕竟是个大帝国嘛！……潜力是无限的。"唐德刚在《晚清六十年》中说："甲午战前我们没钱买船?! 我们再买 5 条（定远级主力舰）10 条（吉野级巡洋舰），也游刃有余呢！"[②]

---

① 《翁同龢日记》四，第 2336 页。
② 唐德刚：《晚清七十年》，岳麓书社 1999 年版，第 212 页。

根据李鸿章的奏折，在英国建造的致远号和靖远号共合银 1697453 两，每艘大约 85 万两；另据张之洞的奏折，汉阳铁厂在官办时期共用银 580 余万两。以库存一千万两为例，正好可以办一个钢铁联合企业，再买 5 条致远号那样的兵舰。

但是大清帝国的银子也有另一种用途，乾隆给他的老娘做六十大寿，一次就用了三千万两，那是盛世；非盛世的同治讨老婆，户部拨银 450 万两外，"统计京外拨过银将及一千万两"。可怜的光绪不是慈禧生的，大婚的费用只有同治的三分之一，但也花了 550 万两，报销了一个汉阳铁厂。

晚期的大清帝国虽然陷入了严重的财政危机，财政潜力多少还是有的，但要看它的体制能不能动员和集中全国的财政资源，更要看最高决策者使用财政资金的意向和愿望。我们还要关心一下，当张之洞来到湖北的时候，他究竟能控制多少机动的财力。

财政在严重危机中略有盈余

《皇朝续文献通考》的作者认为，大清帝国的财政犹如一团乱麻。这一观点为美国学者芮玛丽在她著名的《同治中兴》中引用后，更加驰名海外。提起晚清时的财政，学者们无不认为是陷入了严重困境而又混乱无序。

清朝的财政，与历代一样，以土地为基础。政府收入以田赋为主，支出以兵饷、官俸为主。从康熙年间到鸦片战争前的一百八十年中，总的收支规模变化不大，正常年景，收入在 5 千万两左右，支出为 4 千多万两，略有节余。乾隆三十一年中央财政岁入达 4854 万两；到乾隆四十二年，国库存银达到 8182 万两余。[①]

鸦片战争的隆隆炮声打破了相对平静而停滞的局面。

道光三十年（1850 年），管理户部的体仁阁大学士卓秉恬对当时的财政

---

① 许毅主编：《清代外债与洋务运动》，经济科学出版社 2002 年版，第 15 页。

困窘有一个高度简练的概括："入款有减无增，而出款有增无减"。当年国库存银下降至 896 万两。[①]

近代以来，清朝财政支出大量增加，其中明摆着的、占第一位的是对外国侵略者的赔款。《南京条约》赔了英国 2100 万银元，第二次鸦片战争赔了英、法 1670 万两，后来越赔越多，《马关条约》赔了日本 2.315 亿两，《辛丑条约》赔了八国联军 4.6 亿两。[②] 粗略合计起来，晚清对外赔款的总额在 12 亿两白银以上。

其次是军费开支。为了镇压太平军、捻军、连续的各族人民起义，加上各省经常的军事开支和地方团练的开支，据彭泽益研究，大体在 8 亿 5000 万两左右；如果再加上抵抗外国入侵的军费开支，中法战争约 3000 万两，中日甲午战争约 5000 万两—6000 万两，总的数字就更加惊人了。[③]

在与太平军作战期间，咸丰三年银库结存实银共 11 万两左右；咸丰八年，库存实银降至 5 万多两。[④]

偌大一个大清帝国，国库里只有 6 万两银子，只够给前线一万湘军兵士发一个月的饷，真正是国穷财尽了。

晚清陷入了严重的财政危机，在总体上是无可置疑的。但在长达七十年的一个历史过程中，不同时期的形势有所变化，财政困难的相对程度也有所不同，需要具体分析。中法战争后，国内相对平静了近十年，清政府加紧搜刮，由于关税、厘金、盐税的增加，倒也大体维持了财政的平衡。从账面上看，自 1885 年至 1894 年每年都有所节余，最高年收入为 1891 年的 89685 千两，比起十九世纪中期，几乎增加了一倍。其中光绪十五年的岁入为 80762 千两，岁出为 73079 千两，当年盈余 7683 千两。虽说这账面上的数字还有会计方面的花样，不能全都当真，但户部库房里存了一千万两白花花的银子，却是沉甸甸而又实实在在的。因此，这一时期不仅可以应付传统

---

① 许毅主编：《清代外债与洋务运动》，第 24 页。
② 申学锋：《晚清财政支出政策研究》，第 84 页。
③ 申学锋：《晚清财政支出政策研究》，第 102 页。
④ 许毅主编：《清代外债与洋务运动》，第 24 页。

的支出，而且可以有一部份用于洋务事业，如兴建北洋水师、偿还数目不大的外国贷款。[1]

理财能手"丹翁"

要说，这户部库存达到一千万两也真不容易。这时候，翁同龢首先想到的是"阎相"，即他敬重的老上级、理财的好手阎敬铭。

阎敬铭字丹初，陕西朝邑人，道光二十五年翰林。咸丰四年任户部福建司主事，精明而严正，公事瞒不过他，贿赂打不动他，下面的书办们提起他来是又怕、又敬、又恨。因此，坐镇武汉指挥长江中游作战的湖北巡抚胡林翼赏识他，咸丰九年把他调去"总办湖北前敌后路粮台兼理营务"，从后勤上有力地支持了曾国藩、胡林翼对太平军作战。咸丰十年升郎中。咸丰十一年三月，胡林翼在给朝廷的报告中说："敬铭公正廉明，实心任事，为湖北通省仅见之才。自接任粮台以来，删浮费，核名实，岁可省钱十万余缗。"此时胡林翼已身染重病，自知行将不起，在报告中极力推荐阎出任布政使或按察使，日后接替自己出任湖北巡抚，"臣敢保其理财用人必无欺伪，湖北岁筹饷项实已不薄，接办得人……则于国计，诚有裨益"。四月，朝廷命阎以按察使候补，七月署理，九月实授湖北按察使，一举破格提拔为省级大员。一年后，同治元年十月，官拜山东巡抚。从正六品的主事到二品的巡抚，前后不过三年多的时间。[2]

阎敬铭理财，仍然是传统的开源节流，尤其重在节流。他厉害就厉害在当过中央户部的实权派，当过军队里钱粮总管，当过地方的封疆大吏，深知内情，财政上的种种积弊、花样都瞒不过他，一伸手就能抓住要害；他厉害更厉害在实心为国，斤斤计较，真刀真枪地实干，不怕得罪人。据《国闻备乘》记载：

---

① 严中平主编：《中国近代经济史（1840—1894）》上，人民出版社2001年版，第718页。

② 高阳：《同光大老》，华夏出版社2006年版，第64—67页。

敬铭为户部尚书时，每晨起入署，日晡而散，司员上堂取诺，穷诘再三，必尽其底蕴乃已。随身自备一册，视文牍要语伏案手自抄之。腹饥，市烧饼二枚，且啖且抄。勤劬耐劳苦，虽乡村老学究不逮。①

光绪八年，他到户部一上任就雷厉风行地搞整顿，查出了广东布政使姚觐元、荆宜施道董俊汉等"贿结前任司员玩法"，奏请朝廷将他们全部革职，把户部上上下下都镇住了，一下子打开了局面。当时财政上一大漏洞是领兵的大员冒领、侵占军饷。骄兵悍将，很不好对付。阎敬铭对此全力以赴，光绪十年二月，针对新疆的情况，提出了"定饷额""定兵额""一事权"的办法，就是新疆现有的五万多兵，除去空额，汰去老弱，实留四万人；一年给你四百万两包干，不准再去借债，也不准再向户部要钱；饷银由一个单位统一管理，全军按统一的章程发放。《清史列传》本传说他对于陕、甘、新、关内外各地的军饷俸饷，制造局、善后局的经费等，有的裁减、有的删除、有的归并、有的酌定数额、有的停止部垫、有的恢复原来的制度，"无不力求撙节，以裕饷源"。各省的藩司如果督催交代不力，延误了上交、调拨的饷项，他都要求朝廷给以处分，作为儆戒。②

那几年阎敬铭干得风风火火，也干得红红火火，光绪十年任军机大臣、总理衙门行走、晋升协办大学士；十一年授东阁大学士，仍管户部，"知遇之隆，一时无两"。据《春冰室野乘·阎文介遗事》记载，有一次在宫中议事，慈禧有一件事问恭亲王奕䜣，奕䜣回答说："这件事丹翁最清楚，太后可以问他"。慈禧就转过脸来对阎敬铭说："丹翁以为何如？"阎敬铭听了惶惶不安，赶紧取下帽子连连叩头。原来清代帝王对臣下极不尊重，不论年纪多大，名位多高，从来都是直呼其名的，哪里会用"丹翁"这样客气的敬称？慈禧此时索性把人情做到底，微笑道："你以为我是口误吗？我敬重你的德望，在宫中提到你，也未尝不是称你的字！"③

① 荣孟源等主编：《近代稗海》一，第224页。
② 《列传四三八阎敬铭》，载《清史稿》下，第1408页。
③ 李岳瑞：《春冰室野乘》，重庆出版社1998年版，第145页。

如此敬重阎敬铭的慈禧，不久竟也翻了脸。原因很简单，他卡别人花钱，太后是高兴的；如果卡到太后头上，太后就不高兴了。他得罪了别人，老佛爷可能会赞赏；他在太岁头上动土，得罪了老佛爷，就肯定没有好果子吃。问题还是出在修圆明园。《清史稿》本传说：

> 时上意将修圆明园，而敬铭论治以节用为本。[1]

两者的意向便发生了冲突。光绪十二年九月，敬铭说自己老了，要求退出军机处，只作为大学士管户部。这年的十一月，慈禧整顿钱法时，便借对敬铭的方案不满意，发作起来，加了一个"不能体仰朝廷裕国便民之意，饰词延宕"的罪名，"着交部严加议处"，将他革职留任；光绪十三年复职后，敬铭知道自己无法"体仰"老佛爷的意旨，再三称病要求退休，光绪十四年，慈禧也就放他走了。

阎敬铭退休前后，翁同龢时常去看他。光绪十四年四月四日的日记写道：

> 饭后访阎相剧谈，余三大愿不遂，激昂殊甚。三大愿者，内库积银千万，京师尽换制钱，天下钱粮征足。

同年十二月十八日，太和门火灾后访阎相，记道：

> 谒丹初相国，此老独居深念，谈时事涕泗横流，毕竟君子，毕竟读书人，吾滋愧矣！[2]

说他"激昂殊甚"，说他"涕泗横流"，不难想见此老壮心未已而又无能

---

① 《列传四三八 阎敬铭》，载《清史稿》下，第1408页。
② 《翁同龢日记》四，第2193、2246页。

为力的悲愤与郁闷。当内库积银至千万时，翁同龢说阎敬铭没有能够等到这一天，内中蕴含了许多无法说出的惋惜与同情。光绪十八年，这个为国计民生忧思不已的老人，在独居深念中默默地走完了人生的旅程。

汉阳铁厂生不逢时

阎敬铭被赶走后，光绪十五年初，换了体仁阁大学士张之万来管户部。张之洞的这位堂兄，是个好好先生，对慈禧一向是唯命是从；另一个户部尚书是宗室福锟，此人系老佛爷的亲信，又兼着内务府的差事，这样安排的出发点可能就是方便内务府向户部要钱，一只手从左口袋里拿到右口袋去；翁同龢虽然佩服阎敬铭，也向阎学了不少的东西，但学得并不到家，首先就是学不了阎敬铭的耿介执着。他一向是小心地周旋于光绪、慈禧之间，靠同时深得双方的信任安身立命的，有了阎敬铭的前车之鉴，他更加不敢在用钱上拂逆老佛爷的意旨了。

光绪七年慈安暴亡，唯一在名份上可以控制慈禧的人死了，慈禧从此在心理上肆无忌惮；光绪十一年，整体撤换军机处，赶走了恭亲王，终结了与这位当初的同盟者二十年的明争暗斗，慈禧的意旨从此在朝廷内畅行无阻；而扫清了阎敬铭这个障碍，慈禧从此花钱就随心所欲。

阎敬铭被赶走了，没有人再唱"节用"的老调子。如何讨得"归政"后的老佛爷欢心，光绪、奕譞、军机处、户部取得了高度一致的共识：大修颐和园、极力筹办圣母皇太后六十大寿庆典。

财政支出总是有重点的，非此即彼。银子只有那么多，既然要保老佛爷这个重中之重，北洋水师要买军舰，也就只有缓行；而张之洞要建钢铁厂，碰到这个节骨眼上，真正是生不逢时，注定非倒霉不可了。

州县官平衡收支的奥秘

康熙、乾隆年间，有个叫做徐世琏的小官，正白旗汉军人，笔帖式出身，曾做过户部云南司主事、安徽和州的知州。从雍正四年（1726）开始，至乾隆二十六年（1761）止，他写了一部《璞庵历记》，记录了他一生经历过的事情。其中，在他任和州知州期间，记录了乾隆二十四年（1759）州衙里一年的出入账目。

徐世琏的记录很实在，如他送了顶头上司凤阳道 80 两银子的奠仪，被下来检查蝗虫的委员敲诈了 13 两银子，每月给父亲二两银子二千钱零用，每天大厨房买多少猪肉、买了哪些菜，一笔一笔都记得清清楚楚。由此我们知道，当时作个知州大老爷，每年的俸银只有 80 两，养廉银却有800 两；而州衙的门子、轿夫一年是 6 两银子，合每月 5 钱。由此我们还可以知道，当时的物价，猪肉是 35 文铜钱一斤，豆腐是 1 文钱一块，韭菜则是每斤 4 文。

康、乾时期还无所谓地方财政的概念，但他的记录却为研究地方财政提供了极其宝贵的第一手资料。在账目前面，徐世琏写有一个说明。这一年里，总共支出了银子11900 两，其中从地丁、耗羡、耗米、粜价等四个正项收入内共报销了 6924 两，还剩下 5000 两无处报销，似乎是留下了一个亏空的大窟窿。但是，历来是上有政策下有对策，做官的还是有办法的：在他手上控制的征银、征钱、征米等三项的"余银"还有 3300 两，再加上库存的折封钱 1100 多串，又寅吃卯粮预支了下一年的俸工 400 多两，"虽犹抵之不足，然所亏无几矣。"他还说明，"是以和州一缺，每岁除养廉外，原有另项3000 余两，奈需用浩繁，至岁底尽归乌有"。

从账目中看到，正规渠道地丁、耗羡两项收入共 3510 多两，基本上用于大小官吏衙役兵丁的薪资；粜米、粜价两项收入共 3400 两，完全是用于公粮的收缴和储运。这是典型的紧巴巴的"吃饭财政"，谈不到发展地方经济，也谈不到社会公共事业。被列为"无款可销"的有八九类项目，这些没有经费来源而无法报销的支出，大体可分为三类，一是迎来送往的应酬接待，一是生活和办公费用，一是幕友的薪金。从制度上讲，幕友是徐世琏私人聘请的，应该由徐世琏个人支付薪金，总数额大体上与他的养廉银相当。也就是说，州官的养廉银如果支付了幕友的工资，每年 80 两银子官俸只够给上司家的婚丧送一次礼，自己的一家老小就只有喝西北风；实际上州里的、徐世琠个人的收入和支出都是统收统支，混在一起吃大锅饭，无所谓公私之分，他的账目也是这样公开计算的。

清代地方赋税的征收是定额包干，足额上交以后，留下来的由地方州县长官支配。乾隆年间正是所谓的太平盛世，安徽和州也不算是贫困地区。地方财政从账面上看，可以说是严重地入不敷出，异常困难；但是实际上，地方州县却又掌握着相当数量的机动财力。列为正规渠道的收入只占到六成，而可以公开的非正规渠道足足占了四成。大清帝国的事情，往往就是这样自相矛盾而又错综复杂地存在着。

最后还要饶舌一句：徐世琠说得好听的"余银"3300两，还有所谓的"另项"3000两，是从哪里来的？和州衙门大堂不种高粱，二堂不种小米，还不是向老百姓加征、摊派来的！羊毛终究要出在羊的身上。

《璞庵历记》写得虽然实在，却缺少了这"画龙点睛"的一笔。这才是和州财政的最大奥秘。①

曾国藩向朝廷伸手要权

专家们认为，清代的地方财政真正形成于咸丰、同治以后，这是洪秀全起义带来的副产品。两年的时间，太平军纵横大半个中国，攻下了南京，证明了八旗、绿营已经不堪一击。要组建新的武装力量，又拿不出钱来，于是清朝政府便只有"给政策"：一是号召各省自办团练，二是准许自筹粮饷，"以本省之钱粮，作本省之军需"。曾国藩从咸丰三年创立湘军，到同治三年攻下南京，与太平军作战十一年；在高峰期，由他直接发粮饷的部队多达十多万人，国库并没有给他调拨多少银两，军需粮饷主要是靠他自己动手筹集。初期主要是靠捐例，就是拿着盖了吏部、礼部大印的空白执照卖官爵、卖封

①　路工：《从徐世琠一生探测清代盛世》，载《访书见闻录》，上海古籍出版社1985年版，第47—84页。

082　苍凉的背影：张之洞与中国钢铁工业

典；中期是到处设卡子、收厘金，即商品流通税；晚期则是靠恢复两淮的盐税。最初几年，他在湖南、江西作战的时候，很不顺利，受了地方当权派不少的气。咸丰七年曾国藩回家守孝，皇帝却要他出山作战。他不满于朝廷只要他打仗拼命，不给他实权，便向咸丰皇帝讨价还价：要军权、要行政权、要财权、要钦差大臣的职衔。他郑重地表白：

> 臣细察今日局势，非位任巡抚有察吏之权者，决不能以治军；纵能治军，决不能兼及筹饷。[1]

强调管不了人家的乌纱帽，就不能带兵打仗；就是带兵也筹集不到粮饷，最终不免要贻误消灭太平军的大局。

咸丰十一年曾国藩官至钦差大臣、两江总督，管辖苏、赣、皖、浙四省军事，自巡抚、提、镇以下文武各官统归其调遣，他想要的全部都得到了；而朝廷则得到了收复南京、消灭太平军的胜利。然而，潘多拉的盒子一经打开，放出来的东西就再也收不回去了。自此，大清帝国"兵为国有"的定制被严重破坏，高度集中的财政管理体制受到严重冲击，清王朝高度集权的政治体制受到严重削弱，权力部分地从满族皇室为首的贵族手中向汉族督抚转移，地方督抚掌握了军、政、人、财的实权，逐渐形成了内轻外重的局面。

清代初期，沿袭明代的制度，每省设布政使和按察使，俗称藩台和臬台，作为行政长官。但不同的是，明代的总督、巡抚是专门为某项使命（如防御倭寇）派出的官员，一旦事情结束了，职位和机构就撤销；清代的总督、巡抚本来也是"差使"，却变成了固定的、常设的，他们又凌驾于布政使之上，形成了不伦不类、叠床架屋的畸形体制。

按照职责分工，督抚主要是防止内乱，镇压民间的反抗，维持社会治安；布政使则主管财政和考察吏治。在财政上，布政使经管全省钱粮的收

---

[1] 《沥陈办事艰难仍恳终制折》，《曾文正公奏稿》第九卷，第 78 页。转引自朱东安：《曾国藩传》，四川人民出版社 1985 年版，第 345 页。

缴、上解、保存、使用，直接对中央的户部负责。与太平军作战期间，火烧到了眉毛，实行"以本省的钱粮，作为本省之军需"的救急政策，领兵的督抚们不仅设立了一些新的地方财政机构，而且对布政使历来负责经管的田赋等钱粮也有了直接的支配权。布政使完全听命于督抚，成为了督抚的属员，地方财权就完全落到督抚的手中了。布政使掌握财权时，身边还有督抚的监督，是品级高的监督品级低的；财权转到了督抚手里，山高皇帝远，户部无从监督。地方上的藩台、臬台身价跌落为督抚的附庸，"自司道府以下，罔不惟督抚之命是听"，哪里能够监督自己的顶头上司？这就从制度上为督抚们为所欲为提供了一个缺口。

李鸿章的小金库富比国库

同治、光绪年间，地方上的督抚无不叫喊财政困难，仿佛地方财政都陷入了极度的危机。其实不然，里面藏了不知多少猫腻。同治初年，阎敬铭被任命为山东巡抚，走马上任时，藩库里只有几千两银子。阎敬铭狠下辣手，抄了153户的家，杀了几个作恶多端的书吏，赶走了十几个隐藏在幕后摇鹅毛扇的幕友，三四年的时间，山东藩库的积银就达到了500万两。

二十年后，同样的故事又在张之洞身上重演。光绪七年二月，山西巡抚曾国荃升任陕甘总督，由卫荣光接任山西巡抚；卫荣光在这个位子上还没有坐热，同年十一月又调任江苏巡抚，山西巡抚由张之洞继任。当时山西刚刚经历了一场遍及全省的大旱，是"丁戊奇灾"最严重的地区，民众生活极其困苦。不想就在这新旧交替之际，护理巡抚的原布政使葆亨和护理布政使的原冀宁道王定安，唯恐"有权不用，过期作废"，又以为张之洞是个没有地方行政经验的书生，有机可乘，葆亨竟抢在张之洞到任之前，于一天之内，放银六十余万两；王定安在位不过十天，也一天放银三十万两，两人上下其手，把山西库存的银两花了个干干净净。如果张之洞真的软弱可欺，忍下了这口气，远在北京的户部是很难发觉、究办的。张之洞勇敢地迎接了这场挑战，大刀阔斧地整顿吏治、清理财政，查出了葆亨、王定安侵吞救灾款、贪污受贿吃回扣的种种劣迹，将他们奏请革职，"一并发往军台效力赎罪"；前后花了几个月的时间，终于查清了山西三十多年来的糊涂账，全省实存银72万余两。[1]

曾经做过四川、两广总督的岑春煊说过：

> 各省旧习，库存外销之款，多为督抚挪用，甚至侵及公项。视其人权力如何，无能与抗。昔李文忠在北洋，积存历年洋商所缴购买船械回扣，达数百万。文忠去北洋日，移交后任。袁世凯据而有之，肆意挥霍，得以献媚宫廷，固结党援。[2]

这在当时已经是公开的秘密。隐匿地方收入，也是督抚们对付户部通用的办法；而有隐匿的收入，便有各种小金库。甲午战败之后，李鸿章被免去直隶总督的职务，在他离开经营多年的北洋老巢时，将小金库里的银两移交给接任的王文韶，竟有800余万两之多，此说流传甚广。[3] 前面我们说到户部积银至千万，阎敬铭为此奋斗了多年，翁同龢为此感慨不已；而李鸿章的小金库里不声不响地就藏了800多万两，真可谓富比国库了。李鸿章不是责怪翁同龢不给银子买军舰，才打不过日本吗？这800多万两不又可以装备一支舰队吗？更令人感慨的是，这笔巨款后来落到了继任直隶总督的袁世凯手里，作为了他内外行贿、交通王侯亲贵的特别经费，这恐怕就是李鸿章也料想不到的了。

张之洞在湖北能控制多少财力？

明朝时，将全国行政区划分为南北直隶和十三个布政使司，通称为省。其中湖广省下属武昌、长沙等十五府二州。清康熙六年（1667）将湖广一分

---

① 《特参贻误善后各员片》，载《张之洞全集》一，第110—113页。

② 荣孟源等主编：《近代稗海》一，第97页。

③ 姜鸣：《天公不语对枯棋：晚清的政局和人物》，生活·读书·新知三联书店2006年版，第30页。

为二，设立了湖北布政使司，从此确立了湖北省的建制。①

清代前期的财政，权力高度集中在中央，实行"悉数解司"和户部"奏销"的体制，湖北每年的财税实际收入要报户部审计，其中绝大部分运解布政使司，听候户部拨用，只有一小部分经审核后存留地方；存留部分的实际支出，也必须向户部奏报，稽核其使用是否合法。康熙七年，湖北财政收入中，起运82.3万两，占70.2%；留存35万两，约占30%。雍正七年，留存只有11万两火耗银，约占10%。② 由于地方存留的数额很少，如何使用又要听命于户部，督抚们在财政上就很少有实际支配的权力；加上他们秉承的是朝廷的意旨，代表的是满清朝廷的利益而不是地方的利益，也不可能指望他们承担起发展地方经济的职能。

在嘉庆、道光年间，湖北每年财税收入约为200万两，其中政府的实际收入在130万两左右，因为各地都有中饱与虚报，人民的实际负担应超出200万两以上。③ 胡林翼任湖北巡抚前后，对太平军作战积极而且主动，不仅打扫湖北门前的雪，还要管江西、安徽瓦上的霜，担当起了支援湘军在长江中下游作战的任务。据《湖北省志 财政》记载，咸丰十年绿营、湘军入皖作战，水陆兵马达到六万多人，月需要军饷40多万两。同治年间，湖北兵马仍有六万多人，每年拨付军费达600万两以上。由于军情紧急，也为了调动地方督抚们的积极性，清政府不得不搞了个权力下放，不仅让他们就地筹饷，还让他们搞"两本账"：一本是老账，就是旧有的收支款项，还是照老办法向户部奏报，当时称之为内销款项；一本是新账，在作战期间新增加的收支，由各省自行核销，事后只需将收支总数册报，当时称之为外销款项。在此期间，湖北的外销款项由百万两增至300余万两。为了集中财力，保证作战需要，胡林翼于咸丰七年设立了湖北总粮台，全面负责湖北的一切进款与开支。"就地筹款"与"外销款制"成为湖北地方财政的雏形，湖北

---

① 湖北省地方志编纂委员会编：《湖北省志 财政》，湖北人民出版社1995年版，第1页。

② 苏云峰：《中国现代化的区域研究（湖北省，1860—1916)》，"中央研究院"近代史研究所1981年版，第60—61页。

③ 苏云峰：《中国现代化的区域研究（湖北省，1860—1916)》，第58页。

总粮台也成为了战后湖北的地方财政机构。[1]

太平军失败后，清廷力图加强对地方财政的控制，但是大势所趋，木已成舟，已经难以恢复到战前的状况了。就湖北而言，恢复了对中央的解款，而且数额有较大幅度的增长，但是湖北的财政规模和财政权限也有了较大的变化，已经是今非昔比了。

据苏云峰研究，光绪中期湖北省的财税总能力，应是旧税与关税之和，其他杂税及官业盈余不计。旧税含丁漕南粮、牙厘、淮盐厘、川盐厘、土膏捐五税种；关税为江汉关、宜昌关、沙市关三处。张之洞至湖北上任之际，1889 年湖北旧税为 433 万两，关税为 218.8 万两，合计岁入 651.7 万两；1890 年旧税增长为 510 万两，关税为 205.9 万两，合计岁入 715.9 万两。至甲午战前，旧税均在 500 万以上，1894 年最高为 518.9 万两；关税则在 1895年达到 261.5 万两，当年岁入 768.2 万两。但海关收支湖北无支配权。在此期间，湖北每年向中央上解平均约 440 万两。苏云峰认为：

> 如果此期间之全部旧税岁入平均以 550 万两计，则解款占 80%，而留存地方者仅占 20%，约 110 万两而已。如果将此期间之海关收入（平均约 200 万两）一并计算，则留存款降为 15%。可见地方政费很少，难以支援张之洞的新政建设。[2]

就财政权限而言，首先是随着湖北财政收入的增长，地方留存的数额有了明显的增长；而且在完成了中央的解款后，对于湖北地方留存的数额和用途，户部不再过问，督抚可以自主支配；更重要的是，战时的地方财政机构和督抚们自主的外销款制度也都保存下来了。一般认为，此时湖北的内销款和外销款大体相当。湖北的总粮台后改为军需总局，1880 年又改为善后总局。张之洞督鄂后，1891 年对它加以整顿，要它专司上解中央以外的本省

---

① 《湖北省志 财政》，第 3、39 页。
② 苏云峰：《中国现代化的区域研究（湖北省，1860—1916）》，第 214—219 页。

财务开支，将内销款和外销款分别做账，更加明确了善后局作为湖北地方财政机构的性质，成为张之洞办洋务的财政后盾。同时，清廷为了分摊战争赔款和举办洋务，还不得不赋予督抚们一些实权，为了保证完成上解任务，可以在一定范围内增税加捐。1890年后，张之洞在原有旧捐的基础上，新增加了警察捐、房铺捐、赔款捐、江工捐等23种，仅赔款捐一项，年收入即达70万两—80万两，同时对旧税进行整顿改革，湖北厘金由每年征收200万串，至1909年增至征收统捐加上各项杂款，年近400万串。①

张之洞在湖北主政期间，充分利用这些财政权限，力图扩大地方财政的规模，施展尽了全身解数，使财政收入有了成倍的增长。依照光绪三十四年和宣统元年的岁入统计，湖北每年的岁入约在1500万两—1600万两之间。湖北地方财政的收入虽然成倍增长，但湖北新政的摊子铺得也大，财政支出的幅度增长更大。甲午战前，湖北岁出最多也不过是四五百万两，其后逐步增长，至光宣之际，已高达一千七八百万两，其中甲午战败赔款，各省分摊，湖北高居全国第二，每年摊还赔款近300万两，每年应解拨京饷、洋款、赔款、协款合计670万两。本省留用仅1100万两，严重地入不敷出。

据《湖北省志 财政》记载：

> 综计1908年（光绪三十四年），湖北财政岁入十四款，共银1654.52万两；岁出十三款，共银1852.14万两；收不敷支近200万两，并有1908年以前积亏400余万两。②

浅浅的溪流养不了大鱼

《剑桥晚清史》的作者指出：

---

① 《湖北省志 财政》，第5页。
② 《湖北省志 财政》，第6页。

如果讨论的出发点是经济发展……十九世纪后期的中国政府肯定是没有能力提供积极支援的。意识形态，传统的财政措施以及收支格局，都是对采取顺应形势的行动的障碍。

在明确指出保守的意识和财政体制阻碍着革新行动的同时，又进一步指出：

清末的经济有着一定的储备潜力，问题在于缺乏意识形态的支持和政治力量这两种因素去动员这一潜力进行生产性的投资。①

光绪十五年，大清帝国的中央政府已经没有能力对全国财政收入加强控制；他的最高决策者更是全然无有集中全国财力用于生产性投资和发展经济的主观意愿。

有限度的、各自为政的、分散在各省的地方财政，此时是一条条浅浅的小溪流；地方留存也好，外销款也好，只有那么大的流量；在这样的财政环境里，能生长出一条"近化代"的大鱼吗？

① ［美］费正清等编：《剑桥晚清中国史 1800—1911 年》下，中国社会科学院历史研究室编译，中国社会科学出版社 1985 年版，第 74、84 页。

第五章　思想先行者的探索：从洋务到变法

冯桂芬："以中国之伦常名教为原本，辅以诸国富强之术" / 郭嵩焘："当先究其国政军政之得失，商情之利病" / 王韬："盖洋务之要，首在借法自强" / 薛福成："西国所以坐致富强者，全在养民教民上用功" / 郑观应："讲求学校，速立宪法，尊重道德，改良政治" / 康有为："及时变法，犹可支持"

光绪十五年，介于中法战争与中日甲午战争之间，表面看来似乎相对平静。在思想界属于一个过渡时期，洋务思潮已由盛转衰，颇受质疑；维新思潮正在酝酿、聚集力量、等待时机。

活跃在 19 世纪 60 年代至 90 年代前期思想领域的先行者，可说是转型期的一代。他们深切感受到中国面临"千古变局"，继承和发展了前人"师夷之长技以制夷"的思想，力求在危机中"采西学"以自强。他们是洋务思潮的启蒙者，为洋务运动提供了"中学为体、西学为用"的基本方针和理论纲领，引导了中国早期现代化的启动。

他们又是洋务运动内部的批判者，也是维新变法的思想先驱。当张之洞准备在湖北大举开矿山、办工厂、修铁路的时候，思想先行者们关注的触角，已经由器物层面上升到制度层面，由经济领域拓展到政治领域，从要求发展资本主义工商业到探索变革国家政治体制。

思想先行者往往是寂寞而孤独的，这是他们先行于时代而不得不付出的代价。先行者的思想是"不合时宜"的，必然为流俗所不能容忍，从而受到摒弃、抨击和撕咬。思想先行者是属于未来的。

冯桂芬："以中国之伦常名教为原本，辅以诸国富强之术"

光绪十五年，曾经作过同治皇帝的师傅、现在仍然兼着光绪皇帝师傅的翁同龢，向他的学生推荐了一本书。在光绪正式开始所谓亲政的关键时期，翁师傅这一举措显然是大有深意的。

光绪把这本书带回宫中，放在案头，时时研读，深切地感到书中的议论"最切时要"，就将他认为最重要的几篇《汰冗员》《许自陈》《省则例》《改科举》《采西学》《善驭夷》等抄录成册，以备参考。①

原来在这本书中，作者以强烈的危机意识，针对19世纪清王朝在官制吏治、科举教育、财赋税收、水利建设、军事国防等方面日益严重的弊端提出了许多具体的改革方案。不仅发出了"制洋器""采西学"的呼吁，竟然还甘冒当时天下之大不韪，强调：

> 法苟不善，虽古先，吾斥之；法苟善，虽蛮貊，吾师之。②

继"师夷之长技以制夷"之后，要求通过向西方学习、改革制度，实现国家和民族的自强。作者在《采西学》中进一步提出：

> 夫学问者，经济所从出也。太史公论治曰："法后王，为其近己而俗变相类，议卑而易行也。"愚以为在今日又宜曰："鉴诸国。"诸国同时并域，独能自致富强，岂非相类而易行之尤大彰明较著者？如以中国之伦常名教为原本，辅以诸国富强之术，不更善之善者哉！③

---

① 冯桂芬：《校邠庐抗议》，戴扬本评注，中州古籍出版社1998年版，第2页。
② 冯桂芬：《校邠庐抗议》，第32页。
③ 冯桂芬：《校邠庐抗议》，第211页。

后面这句话便成为了晚清"中学为体，西学为用"思潮的先驱，这本书也被人誉为洋务运动的理论纲领。

这本书就是在中国近代启蒙思想史上有着重要地位的《校邠庐抗议》，它的作者是冯桂芬。

冯桂芬，字林一，号景亭，江苏吴县人，生于 1809 年。23 岁中举，是林则徐的门生。31 岁以一甲二名中进士，是为榜眼。作过翰林院编修、考官，总共不到十年，便退出了官场。太平军起，避居上海租界。是他定策说服曾国藩，实现了李鸿章率淮军解上海之围。"出入夷场"的经历，对西方文明的理解，火烧圆明园的屈辱，促使他反思时政的积弊，探索国家自强的道路，于是在咸丰十年写作本书。他对于自己呕心沥血之作的前途，并不乐观："明知有不可行者，有不能行者"。在上海图书馆收藏的《抗议》稿本上，《公黜陟议》篇的末段还有几行字句：

> ……及见诸夷书，米利坚以总统领治国，传贤不传子，由百姓各以所推姓名投匦中，视所推最多者立之，其余小统领皆然。国以富强，其势骎骎然凌俄英法之上，谁谓夷狄无人哉！①

然而，此处又有作者自加的批语："末行似不足为典。"并将"子""贤"二字涂去。显然是因为涉及封建体制的根本问题而有所顾忌。出于种种考虑，本书在他生前始终未曾正式出版。在他内心深处不可能不希望他的著作对现实产生影响，他也曾将书稿的抄本寄呈给曾国藩。这位总督大人虽然回信大加赞许，然而在日记里流露的真实想法却是："多难见之施行"。

冯桂芬的思想真正产生较大政治影响，要等到中日甲午之战惨败之后。严酷的形势，澎湃的维新变法思潮，使光绪又想起了这部书。戊戌年六月六日，光绪皇帝下令将《校邠庐抗议》印刷一千册，下发给军机大臣、大学士、六部九卿、翰詹科道、以及各省的督抚、将军，要求他们阅读之后，提出自

---

① 戴扬本：《冯桂芬与〈校邠庐抗议〉》，载《校邠庐抗议》，第 37 页。

己的意见。① 三十八年前呼吁改革的一部旧著，此时成了光绪及某些大臣们维新变革的设计蓝图。人们会发现，冯桂芬不但谈了要"制洋器"，还分析了"彼何以小而强，我何以大而弱"，首先是"人无弃材不如夷，地无遗利不如夷，君民不隔不如夷，名实必符不如夷"。他的《汰冗员议》其实就是一个清王朝机构改革的方案，难怪光绪皇帝被他所打动；人们还会发现，按照他的要求，洋务派实行了几十年的船坚炮利，只是一个半拉子工程，不仅"能造、能修、能用，则我之利器也"的标准远未达到，而且要求像对待科举一样使科学技术受到重视和奖励，"道在重其事，尊其选，特设一科……可以得时文试帖楷书之赏"，更是无从谈起。

冯桂芬没有福分看到《校邠庐抗议》奉旨印行的这份荣耀，他已于同治十三年四月病逝，终年六十六岁；当光绪十五年皇帝第一次读到他的著作时，他已经逝去十五年，"墓木拱矣"！

郭嵩焘："当先究其国政军政之得失，商情之利病"

光绪十五年，出生于 1818 年比冯桂芬小九岁的湖南人郭嵩焘写道：

> 虽使尧舜生于今日，必急取泰西之法推而行之，不能一日缓也。②

如此振聋发聩、甘冒天下之大不韪，在当时肯定是一位最具有争议性的人物。

他实际是湘军的创始人之一。在他去世后，李鸿章出来为他说话：当年曾国藩、左宗棠出山办团练对抗太平军，都是听了他的劝说和动员；是他创办厘捐解决湘军的兵饷，也是他主张练水师使湘军在长江流域占得主动，而"皆事成而不居其功"。他与曾国藩从青年时代起就是至交好友，和曾国藩、左宗棠又都是儿女姻亲。他被认为是偏激、好发牢骚，从来不曾受到曾国藩

---

① 戴扬本：《冯桂芬与〈校邠庐抗议〉》，载《校邠庐抗议》，第 63 页。

② 郭嵩焘：《养知书屋遗集 铁路议》，载《洋务运动》六，第 314 页。

的保举；倒是同治二年代理广东巡抚时，受到左宗棠的排挤而丢掉了乌纱。此后二三十年间，湘、淮军出身的巡抚、总督占据了大半个中国，他却始终游离在这个圈子之外。

咸丰年间，他就以熟悉洋务知名于世，后来又深受主持洋务的恭亲王和军机大臣文祥的赏识，然而历史却没有给他提供若干创建洋务实绩的机遇。他对当时世界的认识，特别是对西方文明的了解，远远超过了同时代人。他的思想突破了咸同时期大多数洋务派的水平。光绪元年他参加洋务方针的讨论，在《条议海防事宜》里，一反十余年坚船利炮之说，提出质疑道：

> 诚使竭中国之力，造一铁甲船及各兵船，布置海口，遂可以操中国之胜算，而杜海外之觊觎，亦何惮而不为之？……果足恃乎？果不足恃乎？此所不敢知也！

他认为正确的道路应该是首先学习西方的政治和经济：

> 窃以为中国与洋人交涉，当先究其国政、军政之得失，商情之利病，而后可以师其用兵制器之方，以求积渐之功。

他再三论述学习西方不能舍本求末，最典型的一段话是：

> 西洋立国，有本有末。其本在朝廷政教，其末在商贾、造船、制器，相辅以益其强，又末中之一节也。……舍富强之本图，而怀欲速之心以急责之海上；将谓造船制器用其一旦之功，遂可转弱为强，其余皆可不问，恐无此理。[1]

他是破天荒由大清国政府派出的首位常驻外国的使节。通过在英国两年

---

① 郭嵩焘：《条议海防事宜》，载《洋务运动》一，第141—143页。

多的实际观察，深知西洋各国"与辽金崛起一时，倏盛倏衰，情形绝异"，不能再以"夷狄"视之。他从国家制度、经济理论等方面探索英国富强的原因，认为英国是"君民兼主国政"，设议院"有维持国是之义"，民主选举市长"有顺从民愿之情"，而"中国秦汉以来，二千余年，适得其反。"肯定西方的民主制度而批判中国的封建专制。

始终坚持向西方学习的主张给他带来了悲剧性的命运。光绪元年八月，郭嵩焘以礼部左侍郎为出使英国的钦差大臣。任命一发表，立即使他成为众矢之的，讥笑唾骂如暴风雨袭来：京师编出联语，"未能事人，焉能事鬼？"愚昧地把出使外国看作是为洋鬼子效劳；湖南的秀才们则吵吵嚷嚷要砸了他的住宅。逼得他"七疏自陈病状，坚请放归田里"，最后是慈禧太后亲自出面做工作，才得以成行。不料临时又硬插进了一位著名的顽固守旧人士刘锡鸿充当他的副手，同样具有密折奏事的特权。这就使得郭嵩焘一出国门便处于随时被人监视而动辄得咎的境地，抵达伦敦不到两月，对他的弹劾就接二连三而来，他的《使西纪程》刚刚刊行就遭遇到"有诏毁版"的命运。

这是一个因为提倡西学而受到封建顽固派猛烈打击的典型事例。《使西纪程》是他遵旨以日记形式向总理各国事务衙门提交的公务报告，由总理衙门刊行。只是因为对英国的政治制度和基本设施说了一些赞扬的话，翰林何金寿给他戴上了卖国投敌的大帽子："有二心于英国，欲中国臣事之"。湖南的老友王闿运在日记里骂他"殆已中洋毒矣"；清流领袖、在家守孝的军机大臣李鸿藻更是"逢人诋毁"；京城名士李慈铭也在光绪三年六月十八日的日记中说，阅郭嵩焘《西使纪程》：

> 记道里所见，意极夸饰，大率谓其法度严明，仁义兼至，富强未艾，寰海归心。……迨此书出而通商衙门为之刊行，凡有血气者，无不切齿。……有诏毁版，而流布已广矣。嵩焘之为此言，诚不知是何心肝。①

① 徐凌霄、徐一士：《凌霄一士随笔》五，山西古籍出版社1997年版，第1841—1843页。

《使西纪程》毁版后，刘锡鸿又乘机对郭发动攻击，列举一些琐屑细节为"三大罪"："游甲敦炮台披洋人衣"、"见巴西国主擅自起立"、"柏金宫殿听音乐，屡取阅音乐单"。郭上疏辩解反击，而清流主将张佩纶上奏要求将他撤职：

> 《纪程》之作，谬轻滋多。朝廷禁其书而姑用其人，原属权宜之计。……今民间阅《使西纪程》者既无不以为悖，而郭嵩焘犹俨然持节于外……愚民不测机权，将谓如郭嵩焘者且蒙大用，则人心之患直恐有无从维持者，非特损国体而已。①

张佩纶强调问题的严重性，拔高到了不利于维持清王朝统治的高度。郭只得奏请因病销差。死后朝廷还说他"所著书籍，颇滋物议"而不许立传赐谥。

光绪十五年，郭嵩焘年逾七旬。自从光绪五年从英国经上海直接回到长沙，已经闲居整整十年了。但是他仍然关注着国家大事。在这一年里，他写信给李鸿章，表示赞同修津通铁路；对修卢汉路则不以为然，认为大举修路，有违国情，要谨慎从事。在这年的年底，他对张之洞就任湖广总督后大行西法的作为，总的是赞佩的，以为"有豪杰之风，而所行多切要便民"，但也指出，仅仅取法西洋技器世物，而不考究中外情势与本末以及轻重缓急之宜，仍非至富强之通途。他认为"泰西富强之业，资之民商"。也就是说，要依靠民间工商业的发展，只有政府单干是不行的。

他晚年的心境极其寂寞而悲凉。光绪十四年十二月初一，他在日记中写道："大势所趋，万事坏蔽，人心从之而靡，无可与共语者。"光绪十五年的元旦诗中，他吐露了心境："阴久如人无意绪，愁多视岁有乘除"。

两年后，光绪十七年六月十三日，郭嵩焘在无声无息中病逝。陈旭麓

---

① 《请撤回驻英使臣郭嵩焘片》，载张佩纶《涧于集 奏议》卷一，文海出版社（台北），第28页。

先生说:"综郭嵩焘一生,因赞成西学,倡办洋务,备受撕咬,终至抑郁而死!"①

王韬:"盖洋务之要,首在借法自强"

光绪十五年,当年轻的光绪在深宫灯下读着《校邠庐抗议》的时候,王韬正在上海格致书院里度过他潦倒多病的晚年。

王韬(1828—1897),原名翰,苏州人。这位终生不曾做官的民间学者,有着不同凡响的传奇式的经历。道光廿九年应英国传教士之邀,进上海墨海书馆协助翻译《新约》,并加入基督教。同治元年化名黄畹上书太平天国,遭清政府缉捕,流亡海外二十余年。其间,至苏格兰译书两年多,得以游览英、法等国,又曾至日本游历,实地考查了这些资本主义国家的政治、经济、文化现状,对他的思想产生了巨大的影响。

王韬最辉煌的时期是同治十三年在香港创办《循环日报》后的十年。《循环日报》是第一家完全由华人集资创办、主编和管理的中文日报,也是晚清第一家评论时政、鼓吹改革、提倡变法的日报。在此期间,王韬自任主笔,先后为该报撰文数百篇,成为名噪一时的政论家。

王韬继承了鸦片战争时期林则徐、魏源等人"师夷之长技以制夷"的思想,大声疾呼:"今日之所谓时务急务者,孰有过于洋务者哉?"一度也是"船坚炮利"的主张者和拥护者,以为"中国富强之机或基于此",与洋务派的观点比较一致,和丁日昌、马建忠、盛宣怀、郭嵩焘等洋务官僚有着密切的联系,实际上成为了洋务运动的发言人。

随着洋务运动的深入开展,洋务事业中的种种弊端开始暴露。王韬在他19世纪70年代的政论中,开始出现了新内容:批评洋务运动停留在练兵制器的低层面上,是"尚袭皮毛,有其名而鲜其实也",从而响亮地提出"盖

---

① 陈旭麓:《论"中体西用"》,载《陈旭麓学术文集》,上海人民出版社2011年版,第123页。

洋务之要，首在借法自强"，在《弢园文录外编》一些篇章中，强调"商富即国富""恃商为国本""与民共利""与民共治"、改革开放科举、造就有用之才；在一定程度上突破了"中体西用"的限制，向往设议院、君主立宪，英国式的"君民共治"的政治制度：

> 朝廷有兵刑礼乐赏罚诸大政，必集众于上下议院，君可而民否不能行，民可而君否亦不得行也，必君民意见相同，而后可颁之于远近，此君民共主也。[1]

认为"惟君民共治，上下相通，民隐得以上达，君惠得以下逮"。人称王韬是近代中国提倡君主立宪的第一人，成为戊戌变法的思想先驱之一。

光绪十五年，王韬已经年过六旬。五年前，他经李鸿章默许才结束流亡生活回到上海，三年前担任了格致学院的山长，推行西学教育；同时继续在《申报》《万国公报》上发表文章，评论时政。晚年收入微薄，经济拮据，常有衣食之忧。光绪二十三年年，在百日维新即将到来的前夕，王韬在"穷愁交集、贫病交攻"中卒于上海寓所"城西草堂"，享年七十。

薛福成："西国所以坐致富强者，全在养民教民上用功"

光绪十五年，年过五旬刚刚晋升为湖南按察使的薛福成，还没来得及去履新，又被任命为出使英法义比四国的使臣。这让他获得了走出国门实地考察西方富强本原的机会，跳出了洋务思想的窠臼，实现一次新的、也是最后的思想飞跃。

薛福成（1838—1894），字叔耘，号庸庵，江苏无锡人。父亲是进士仅官至州县。他从小苦读，写得一手好文章，却考不上举人。这倒成就了他转

---

① 王韬：《弢园老民自传》，江苏人民出版社 1999 年版，第 183 页。

向经世之学，进而研究海防洋务。同治四年上书曾国藩得到赏识，后成为曾门四子之一。由此开始在曾国藩、李鸿章麾下二十年的幕府生涯，使他积累了丰富的政治社会经验，成为了著名的洋务干才。钱基博的《薛福成传》便记载了他应对英人马嘉理案、抵制赫德攫取"总海防司"大权、定计迅速平定朝鲜内乱等上佳的表现。[①] 特别是在1884年中法战争中，时任浙江宁绍台道的薛福成，采取得力措施守卫镇海，多次击败了孤拔率领法国舰队的进犯，深受后世赞扬。

在此期间，他将早已传颂一时的著作《筹洋刍议》刊行问世。全书十四篇，主张"效法西人"，掌握西方的"富强之术"，已经突破了坚船利炮的框框，开始提倡商政矿务、考工制器、火轮舟车、兵制阵法，达到了洋务派所能达到的最高水平。

薛福成于光绪十六年正月离沪，二月抵巴黎，三月达伦敦。他本是有备而来，一旦踏入西方世界，为现实的西方文明所吸引，思想便不可避免地发生了新的变化。他在光绪十六年三月十三的日记中写道：

> 昔郭筠仙侍郎每叹羡西洋国政民风之美，至为清议之士所牴排。余亦稍讶其言之过当。……此次来游欧洲，由巴黎至伦敦，始信侍郎之说，当于议院、学堂、监狱、医院、街道征之。[②]

在出使期间，他一面深入观察社会现实，一面广泛阅读有关经济史、贸易史、科技史的书报，逐渐深化了对西方富强本原的认识。在光绪十九年六月十四日的日记中，他把"西国富强之原"用他自己的语言概括为：通民气、保民生、牖民衷、养民耻、阜民财五大端。所谓通民气，是指自由选举、议会制度、言论自由等；所谓保民生，是指保护私有财产、实行养老、社会保险等；所谓牖民衷，即打开民众心灵的窗户，是指普及教育、职业培训，报

---

① 钟叔河：《走向世界——近代中国知识分子考察西方的历史》，中华书局2000年版，第333—334页。

② 薛福成：《出使英法义比四国日记》，岳麓书社1985年版，第124页。

刊宣传等；所谓养民耻是司法制度、社会风气和公共道德等，阜民财是利用科学技术成果发展水利、农业、工业和金融等，实际包括了政治、经济、社会、教育各个领域的制度。最后他总结道：

> 有此五端，知西国所以坐致富强者，全在养民教民上用功。而世之侈谈西法者，仅曰"精制造、利军火、广船械"，抑末矣。①

明确地批评了洋务派的局限性。

薛福成思想上更深刻的变化还在于突破了自己原来"取西人器数之学，以卫吾尧舜禹汤文武之道"的制约，对于不同的政治体制进行了比较、批判。他在光绪十八年三月二十八日日记中论说道：

> 民主之国，其用人行政，可以集思广益，曲顺舆情；为君者不能以一人肆于民上，而纵其无等之欲；即其将相诸大臣，亦皆今日为官，明日即可为民，不敢有恃势凌人之意，此合于孟子"民为贵"之说，政之所以公而溥也。然其弊在朋党角立，互相争胜，甚且各挟私见而不问国事之损益；其君若相，或存五日京兆之心，不肯担荷重责，则权不一而志不齐矣。

> 君主之国，主权甚重，操纵伸缩，择利而行，其柄在上，莫有能旁挠者；苟得圣贤之主，其功德岂有涯哉。然其弊在上重下轻，或役民如牛马，俾无安乐自得之趣，如俄国之政俗是也；而况舆情不通，公论不伸，一人之精神，不能贯注于通国，则诸务有堕坏于冥冥之中者矣！是故民主君主，皆有利亦皆有弊。然则果孰为便？曰：得人，则无不便；不得人，则无或便。②

---

① 薛福成：《出使英法义比四国日记》，第803页。
② 薛福成：《出使英法义比四国日记》，第536—537页。

三天之后的日记里，他又继续这一话题，认为中国古代夏商周三代就是君民共主的模范，进而指出"迨秦始皇以力征经营而得天下，由是君权益重。秦汉以后，则全乎为君矣。……夫君民共主，无君主、民主偏重之弊，最为斟酌得中"。

他的日记是要报送上级衙门的，已经有了郭嵩焘日记毁版的前车之鉴。在这里抬出了三代来不啻是作为护身符，但已经掩饰不住"离经叛道"的思想轨迹，闪耀着对于中国君权专制的批判锋芒，实质是倾向于英国式的"君民共主"，具有鲜明的维新变法的色彩。

薛福成在欧洲生活了四年半，于光绪二十年七月回到上海。"未及二旬，即以积劳得疾，薨于出使行台"，年仅五十七岁。

郑观应："讲求学校，速立宪法，尊重道德，改良政治"

光绪十五年，郑观应在澳门"杜门养疴"，表面上过着恬淡平静的日子，内心深处却激情如火，思绪万千。他正在将自己的著作《易言》修改充实为《盛世危言》。

就是这本比较"中西利弊"，主张全面模仿"泰西立国"的《盛世危言》，从康有为、梁启超到孙中山都是它的忠实读者，深受其启迪；青少年时代的毛泽东也曾被它深深地吸引。1936 年毛泽东兴趣盎然地对斯诺回忆道，为了突破父亲的禁令，"在深夜里把我屋子的窗户遮起，好使父亲看不见灯光"，才将它读完。他还说："《盛世危言》激起我想要继续学业的愿望。"《毛泽东的早年与晚年》云：

> 《盛氏危言》这本书使他第一次接触到西方的政治、经济和社会情况，以及"中体西用"的改良主张，于是开始忧虑国家的现状和前途。以至三十年后，还能向斯诺讲述这本书的大要。[1]

---

① 李锐：《毛泽东的早年与晚年》，贵州人民出版社 1992 年版，第 2 页。

郑观应（1842—1922），又名官应，号陶斋，广东香山人。17岁到上海进入洋行服役，学英语，随后充当洋行买办。同治十二年任英商太古轮船公司总理，得以结识盛宣怀。捐道员，先后被李鸿章委派为上海电报局、招商局、机器织布局总办或帮办，成为洋务派中著名的干才。中法战起，他积极帮办军需，为抗法而奔走。郑观应既是出身于洋行的买办，又是投资于洋务企业的民族资本家；既是亲自主持工商企业经营管理的实业家，更是中国近代最早具有维新思想体系的思想家。他的曲折复杂的经历、多重的身份，呈现了时代的鲜明而突出的印痕。

郑观应著作的魅力，来自它的思想核心："富强救国"，也就是要通过社会改革，使中国由落后变为先进，由封建社会推进到资本主义社会，由贫弱走向富强。核心内容是在经济上要求大力发展近代工商业，在政治上要求变专制为民主。丰富的社会实践，特别是长期经营近代工商业的实践，使他逐步形成了自己的思想体系。在《盛世危言后编自序》中他写道：

> 有国者苟欲攘外，亟需自强；欲自强，必先致富；欲致富，必首在振工商；欲振工商，必先讲求学校，速立宪法，尊重道德，改良政治。①

在这里，攘外是救国的首要任务，振兴工商是富强的根基，而制订宪法则是达到富强的政治保障。

《盛世危言》出版于光绪二十年，当时正是中日甲午战争之际，清军的不堪一击，马关条约的丧权辱国，激起国人共愤。《盛世危言》的出现恰逢其时，立即引起轰动效应。礼部尚书孙家鼐、安徽巡抚邓华熙都向皇上推荐《盛世危言》。光绪读后，即令总理衙门印刷两千部，分发给大臣们认真阅读。这对郑观应当然是莫大的鼓舞，盼望着它的主张能付诸实施。于是一改再改，成为当时的畅销书，以至在维新运动的高涨时期，被张之洞誉为"统

---

① 夏东元编：《郑观应集》下册，上海人民出版社1988年版，第11页。

筹全局"的药方。——这些都是后话了。①

光绪十五年秋天,隐居中的郑观应到广州治病。四年前他曾经陷入一场与洋人的官司,太古公司借口他推荐的总买办杨桂轩亏欠四万余元,向香港当局提出控告,要他负责赔偿。因此他在香港羁留四个多月,直到五月才得脱身。受此打击后,他借口养病,闭门隐居,仿佛与世隔绝,实际上却时时在关注着现实,在结合现实进行深入的思考。这时张之洞调任湖广总督,正在筹办汉阳铁厂,其中遇到的种种问题,郑观应都看在眼里,一一写进了《盛世危言》……

康有为:"及时变法,犹可支持"

光绪十四年冬天,一个进京应顺天府乡试落第的读书人,做了一桩惊世骇俗的大事:上书当今皇帝。这在封建专制体制下,是一件很出格而又冒着生命危险的事,于是这上书者的姓名和文稿迅速流传开来,这便是康有为的"上清帝第一书"。

康有为(1858—1927),名祖诒,号长素,广东南海人。生于书香世家,十一二岁就广泛涉猎文史,爱读邸报却不爱做八股文,科场也不得意。光绪八年五月赴京应顺天府乡试再次落第,回乡"道经上海之繁盛,益知西人治术之有本,舟车行路,大购西书以归讲求焉"。光绪十二年,他通过好友编修张鼎华写信给时任两广总督的张之洞:

> 中国西书太少,傅兰雅所译西书,皆兵医不切之学,其政书甚要,西学甚多新理,皆中国所无,宜开局译之,为最要事。②

张之洞极为赞成,将此事交给他和文廷式办理,后来没有办成;张之洞

---

① 夏东元:《郑观应》,广东人民出版社1995年版,第91页。

② 康有为:《康南海自编年谱》,载中国史学会主编《戊戌变法》四,第119页。

又要聘请他掌教三湖书院学海堂，他都因故谢绝了。

光绪十四年，康有为再次赴京参加顺天府乡试，八月谒明陵，单骑出居庸关，登万里长城，出八达岭，九月游西山。他在《康南海自编年谱》中自述：

> 时讲求中外事已久，登高极望，辄有山河人民之感。计自马江败后，国势日蹙，中国发愤，只有此数年闲暇，及时变法，犹可支持，过此不治，后欲为之，外患日逼，势无及矣。①

基于这种紧迫感，他向朝中颇负时誉的三位权贵翁同龢、潘祖荫、徐桐分别上书，责成他们提倡变法，一时在京城引起轰动。此时奉天洪水成灾，淹了十余州县，清朝老祖宗的永陵也有十八座山峰发生崩塌。按照传统的天人感应观念，这些奇变是上天示警，当政者应当进行反省。康有为看到朝廷上下丝毫没有警觉振作的迹象，便于光绪十四年九月，满怀激情地撰写了《为国势危蹙祖陵奇变请下诏罪己及时图变折》，即"上清帝第一书"，直接向光绪上书，要求变法。

今天我们重读这篇奏折，感到最突出的是他对于列强环伺下中国处境的清醒认知，以及由此而产生的严重危机感。文章一开始，便对当前形势作了惊心动魄的概括：

> 窃见方今外夷交迫，自琉球灭、安南失、缅甸亡，羽翼尽翦，将及腹心。比者日谋高丽，而伺吉林于东；英启藏卫，而窥川滇于西；俄筑铁路于北，而迫盛京；法煽乱民于南，以取滇粤；乱匪偏江楚河陇间，将乱于内。生到京师来，见兵弱财穷，节颓俗败，纪纲或乱，人情偷惰，上兴土木之工，下习宴游之乐，晏安欢娱，若贺太平。……②

---

① 康有为：《康南海自编年谱》，载中国史学会主编《戊戌变法》四，第119—120页。
② 康有为：《上清帝第一书》，载中国史学会主编《戊戌变法》二，第123页。

这正是当时国内外危机四伏、形势日益危艰的真实写照。正是基于这种严重的危机感，康有为要求朝廷向西方学习，实行改革，提出"变成法""通下情""慎左右"三点建议。这些建议只是他在戊戌变法时期一系列变法方案的最初雏形；这一次上书也不完全是康有为的个人行动，而是在黄绍箕、沈曾植、屠仁守等京官中的有识之士参与下进行的。但是，这次上书第一次公开地、正式地发出了救亡图存、变法维新的呐喊，意味着在前人长期酝酿、探索的基础上，变法维新这一新的思潮开始登上了历史舞台，并转化成为一种政治实践行动。

康有为由此开始了他的政治活动生涯，积极地进行维新变法运动的鼓吹和组织。至甲午战败后，他代表锐意要求变革的维新思潮，超越和否定洋务派，走上政治舞台成为百日维新的主角。

第六章　朝堂争论的焦点：中国要不要铁路？

火烧太和门再次引起争论 / 蒸汽机和铁路的完美结合 / 外国人的试探及吴淞铁路的命运 / 一场以洋务派失败告终的争论 / 一条悄悄试办的铁路 / 反对借洋债修铁路的浪潮 / 铁路延伸到天津 / 津通铁路之争及一位主角的出场 / "轨道平铺瀛秀园"

中国要不要铁路？这早已不成为一个问题。

然而，在光绪十五年，当思想先行者的理性思维早已深入到比较各种政治体制的优劣时，朝堂上仍然在为中国要不要铁路而争论不已，至此已经争论了二三十年……

围绕这一争论，留下了许多历史文献，留下了一些意味深长的故事，也留下了许多奇文妙语，见证着铁路进入中国艰难曲折的历程，见证着当年各种政治力量之间的角逐，也见证着各种不同观念的激烈交锋……

火烧太和门再次引起争论

光绪十四年十二月十五日夜间，紫禁城内烈火熊熊，发生了火灾！

起火的地点在贞度门。恭亲王、醇亲王、御前大臣、军机大臣、总管内务府大臣闻讯纷纷赶来，督促官员、指挥兵丁扑救。隆冬腊月，风高火烈，缺少水源，大火延烧，不仅烧毁了贞度门，烧毁了几间库房，竟把太和门也烧毁了。

太和门是太和殿的正门，而太和殿是皇家举行各种典礼的所在。转过年来，光绪皇帝就要举行大婚大典、亲政大典，偏偏在这个时候宫里发生了火灾，偏偏在这个时候烧了要举行典礼的太和门，太后和王公大臣们的心里都好像灌了铅，沉甸甸的。

按照传统的迷信的说法，这些灾祸都是老天爷发了怒，在提出警告。是什么引起了天怒人怨呢？

十二月二十日，慈禧太后作出了反应：下令颐和园工程除了佛宇和正路殿座外，一律停止，以昭节俭。

同一天里，奉太后懿旨：

> 余联沅、屠仁守等、洪良品等奏请停办铁路折三件，徐会沣等折内请停铁路一条，着海军衙门会同军机大臣妥议具奏。①

在此之前，十月二十七日，总理海军事务衙门以醇亲王奕譞领衔上了一道奏折，报告新修的津沽铁路已经完工；因为铁路是"今日自强之急务"，打算同意李鸿章的建议，由中国铁路公司接着修造从天津至通州的铁路。半个月后，国子监祭酒盛昱、河南道监察御史余联沅、山西道监察御史屠仁守等相继上书反对修建津通铁路。火灾后，十八日屠仁守和户科给事中洪良品再次上书反对修建铁路，并要求将此事交"群臣廷议"。②

受到慈禧二十日懿旨的鼓舞，二十一日礼部尚书奎润等、户部尚书翁同龢等、仓场侍郎游百川、内阁学士文治等人同一天上奏反对修津通铁路。③

由此，延续了十余年之久的中国要不要修铁路的争论，再次掀起高潮。

洋务运动，是在晚清政府内部洋务派与顽固派之间不断碰撞、斗争的过程中逐步艰难推进的，三十年来大大小小的争论从来就不曾停止过，有同治

---

① 朱寿朋编：《光绪朝东华录》三，第 2552 页。

② 中国史学会主编：《洋务运动》六，第 199—200、200—207、208—210 页。

③ 中国史学会主编：《洋务运动》六，第 211—216 页。

六年北京同文馆招收正途出身学员的大争论，同治十三年制造船炮机器和筹备海防的大争论，其中争论得最激烈、影响最广泛、延续的时间最长久的却是要不要修铁路的争论。铁路在中国坎坷而曲折的命运，淋漓尽致地显示了保守派封建士大夫，对外部世界茫然无知却又心怀畏惧、竭力抗拒的心态，同时也暴露了洋务派自身的被动、软弱和涣散，集中地反映了中国早期现代化遇到的巨大阻力。

蒸汽机和铁路的完美结合

铁路是工业革命的产物，铁路又促进了工业革命。

铁路是气势恢宏的钢铁工业和煤炭工业结合的共同体，是资本主义工业和世界贸易发展最显著的标志。

光绪十五年，当紫禁城里的王公大臣们，还在为他们反对修铁路的奏折呕心沥血、绞尽脑汁的时候，铁路作为一个急剧改变世界的巨大动力，已经存在了六十年。1830 年英国利物浦至曼彻斯特之间的铁路通车，已经宣告了铁路时代的到来。

在有火车之前，人类的交通运输工具基本是两种，水上行船，陆地行车。车或用人力，或用畜力；船或用人力，或用风力。但人力弱小；畜力不能用于水上；风力不易控制，动力问题成为制约交通运输事业、并影响世界贸易发展的瓶颈。18 世纪中叶在英国发起的第一次工业革命，诞生了瓦特的蒸汽机，带来了新的动力，纺织业、钢铁、煤炭产量成倍甚至上十倍地增长，使世界工业发展速度和格局发生了地覆天翻的变化。商品激增，社会经济生活空前活跃，对交通运输的发展提出了迫切的要求。利物浦至曼彻斯特铁路的通车，意味着成功地将蒸汽机用于陆路运输，并与另一个重大的发明——用铁轨铺成的火车路完美地结合起来了。

在今天我们的观念中，火车和铁路是一个密不可分的整体。没有铁路，火车寸步难行；没有火车，似乎铁路也失去了意义。然而在历史的进程中，首先出现的却是铁路。西方有人把铁路的渊源，最早追溯到石器时期的马耳他人滚动石球的平行沟漕。更为可靠的起源，可以追溯到 16 世纪，特兰西瓦尼亚高低不平的矿井里，运煤的矿车在木头铺成的轨道上行驶，大大提高了运输的效率。英国于 17 世纪用类似的木轨路，把煤运到太恩河畔的煤仓。以后随着冶金业的发展，矿工们先是用铁皮把木轨包起来，然后又代之以完全的铁轨。到了 18 世纪中叶，英国这种铁路已经普遍用于将煤从矿井运到码头或煤仓，据说一个妇女或小孩，可以拉动一辆载重七八百公斤的货车，一匹马则可以拉动 22 匹马在普通道路上拉动的货物。

将蒸汽机与铁路联系起来，并于 1802 年造出第一辆蒸汽机车的是英国人特里维西克（1771—1833），他证明了光滑的金属轮子在光滑的金属轨道上完全可产生足够的牵引力，但是却遇到了动力不足、车轴车轨断裂、振动太大等一系列难题。斯蒂芬逊（1781—1848）继承了这一事业，1814 年他研制的蒸汽机车在达林顿矿区的铁路上试运行，火车开动时浓烟滚滚，火星飞溅，大有地动山摇之势。坐在车上的人烟尘满面，被颠簸得筋疲力尽，据说还有几位大人物摔伤了。令人欣慰的是载重量和速度都很理想。斯蒂芬逊毫不气馁，不断改进他的设计，在车厢下加上减震弹簧，用韧性的熟铁代替脆性的生铁，在枕木下加铺碎石、增加车轮来分散机车的重量，将锅炉放在车头后以防爆炸，等等。机车一步步趋向完善。

1823 年，斯蒂芬逊主持修建斯多克顿至达林顿之间的第一条商用铁路，将火车推向实用。1825 年 9 月 27 日，他亲自驾驶自己设计制造的"旅行号"试车。为了可靠，他还同时采用了马匹作为动力。机车牵动着 6 节煤车，20 节挤满旅客的客车，载重达 90 吨，时速为 15 公里。铁路两旁人山人海，有人骑着马跟着列车奔跑，欢呼这一奇迹。1830 年，他主持修建的第二条铁路竣工，这一次他驾驶的"火箭号"完全使用蒸汽动力，平均时速达到 29 公里，由利物浦顺利到达曼彻斯特。[①]

短短数年内，铁路支配了长途运输，它运送旅客和货物比水运和公路速度更快、成本更低廉。1838 年英国开始拥有 500 哩铁路，到了 1850 年已达

---

① 吴国盛：《科学的历程》下，湖南科学与技术出版社 1995 年版，第 682—685 页。

到 6600 哩，1870 年英国铁路飞跃到 15500 哩。①

铁路一旦出现，立即成为各个工业国家的宠儿。继英国之后，美国 1828 年修建了第一条铁路，法国于 1830 年、德国于 1835 年、俄国和意大利也都在 19 世纪 30 年代建成了本国的第一条铁路。此后兴起的铁路热，不到二十年，便使欧洲发达国家建成了遍布全国的铁路网。火车汽笛响彻欧洲大陆，宣告了第一次工业革命胜利完成。②

欧洲火车的风驰电掣，使世界认识到铁路运输的优越性。南美的巴西、亚洲的印度、非洲的埃及也都在 19 世纪 50 年代推出了自己的铁路。我们的东邻日本虽然起步较迟，也在 1872 年建成了东京到横滨的铁路。

直到此时，世界大国中，唯有中国还没有一寸铁路。

外国人的试探及吴淞铁路的命运

精明的外国商人并没有忘记中国这块未开垦的处女地。

最早提出在中国修建铁路的是英使馆汉语翻译梅辉立，1862 年曾从广州亲至粤赣交界的大庾岭踏勘，鼓吹修建一条从广州至江西的铁路。

同治二年（1863 年），清政府与太平天国的战事正在紧张进行，苏州尚在太平军占领下。怡和等英、法、美在上海的 23 家洋行，联合组成苏沪铁路公司，上书江苏巡抚李鸿章，要求按照各国通行办法，承办上海至苏州的铁路。李鸿章拒绝了。③

同年秋天，英国铁路工程师斯蒂文生爵士来华考察，广泛听取在华外国人和中国商人的意见后，他建议："一开始就决定一个综合的铁路系统计划，使所有的铁路都按照这个系统建造，这样，就可避免英国人由于缺乏这种铁

---

① ［美］斯塔夫里阿诺斯：《全球通史》下，董书慧、王昶、徐正源译，北京大学出版社 2005 年版，第 497 页。

② 吴国盛：《科学的历程》下，第 685 页。

③ 密汝成：《帝国主义与中国铁路（1847—1949）》，经济管理出版社 2007 年版，第 23 页。

路系统而发生的祸害。"并提出这些计划应该由清政府自行办理；以汉口为中心，用铁路干线把它和天津、上海、广州这四大商业中心连结；首先修建从北京至天津、上海至苏州、广州至佛山三条最有利可图的线路。这些建议被视为空中楼阁，没有引起任何反响。①

同治四年，英国商人杜兰德为了在中国推广铁路，于北京宣武门外建了一里来长的小铁路，作为示范的实例。他大概做梦也没有想到效果适得其反，火车竟被一些人看作是妖魔鬼怪，一时谣言四起，整个北京沸沸扬扬，差一点闹出了大事。负责京城治安的步兵统领衙门下令将铁路拆毁，才将事态平息。②

在华的外国人并不甘心。1872年，美驻沪副领事奥立维·布拉特福又开始筹划修建从吴淞口至公共租界的铁路。这次他们根本不打算得到清政府的批准，一开始就瞒天过海，宣称只是修筑"寻常马路"，骗购了铁路用地。后来因经费开支巨大，将工程转让给经济实力雄厚的英商怡和洋行。1876年怡和继续将铁路器材谎称为马路器材蒙混进口，以修好的马路作路基，铺上了铁轨。同年12月1日吴淞铁路全线通车，全长14.5公里，牵引小型客车，时速为24—32公里。

清政府发现英商擅自修铁路，一再抗议、交涉，令其停止，都没有起作用。后来改变策略，打算设法收回。光绪二年六月间火车压死行人，引起民众愤怒，铁路被迫暂行停驶。李鸿章派遣盛宣怀、朱其诏会同吴松太道冯焌光与英方谈判，于10月达成协议，以一年为限，出银28.5万两，将吴淞路买断。1877年路款付清，吴淞路收归清政府所有。

从1876年12月至1877年8月25日，吴淞路共运送旅客16万多人次，平均每英里每周可赚27英磅，与英国国内铁路的日利润率相当。铁路运输快、盈利多，中国人开始认识到铁路的好处。收回后如何处理？李鸿章主张交由华商集股经营，当时上海等地的商人145人曾向两江总督呈交公禀，请

---

① 密汝成：《近代中国铁路史资料》上，文海出版社（台北）1976年版，第5—6页。

② 李岳瑞：《春冰室野乘》，第232页。

求继续经办。时任南洋大臣、两江总督的是林则徐的女婿沈葆桢,他从维护国家主权的角度考虑,唯恐外商今后故伎重演,下令将吴淞铁路拆除。①

此事后来为人所诟病。实际情况是,"吴淞买回洋人铁路,甫一月即被人截去铁段,火车不能复驰。"②当时福建巡抚丁日昌正在筹划修建台湾铁路,将铁路器材全部买下,运到台湾高雄港。遗憾的是,不久丁日昌死于任上,这个计划未能实现,器材堆放在高雄海滩任凭日晒雨淋,严重锈蚀,终于报废了。③

一场以洋务派失败告终的争论

在中国,最早主张修建铁路并冲破阻力、付诸实施的是李鸿章。

同治十一年,俄国出兵侵占伊犁,边疆危机促使李鸿章思考铁路在国防上的战略意义。九月十一日他在《复丁雨生中丞》函中说:

> 俄人坚拒伊犁,我军万难远役,非开铁路则新疆甘陇无转运之法,即无战守之方。俄窥西陲,英未必不垂涎滇蜀。……否则,日蹙之势也。④

中国的国土辽阔,边疆山遥路远,强敌四面环伺,没有铁路,军队调不动,军用物资运不了,仗当然是没法打的。

同治十三年,日本挑起事端,企图侵占台湾,暴露了清政府的海防空虚。同年十一月初二,在《筹议海防折》中,李鸿章强调了修建铁路的重要性,用自己切身的体会说:

---

① 李占才主编:《中国铁路史(1876—1949)》,汕头大学出版社1994年版,第64—65页。

② 中国史学会主编:《洋务运动》六,第157页。

③ 戚其章:《对我国第一条铁路建成与拆毁的估价问题》,《山西师范学院学报》1981年第2期。

④ 《李鸿章全集》六,第3523—3524页。

……何况有事之际，军情瞬息变更，倘如西国办法，有电线通报，径达各处海边，可以一刻千里；有内地火车铁路屯兵于旁，闻警驰援，可以一日千数百里，则统帅尚不至于误事，而中国固急切办不到者也。今年台湾之役，臣与沈葆桢函商调兵，月余而始定；及调船分起装送，又三月而始竣。而倭事业经定议矣。设有紧急，诚恐缓不及事。故臣尝谓办洋务制洋兵，若不变法而徒骛空文绝无实济。①

然而，言者谆谆，听者藐藐，在大臣们会议时，没有一个人表示支持。更为严重的是这年冬天，同治皇帝去世，李鸿章去北京见奕䜣，极力陈说铁路的好处，奕䜣也认为他的意见是对的，但表示这样的大事，没有人敢主持。李鸿章请他找机会向两宫皇太后进言，奕䜣却说："两宫亦不能定此大计。"这一方面说明了阻力的强大，另一方面也显示了奕䜣等人的软弱。

光绪六年冬，中俄关系再度紧张，淮军将领刘铭传奉召进京，在李鸿章的支持下，于十一月二日上奏了由陈宝琛代为起草的《筹造铁路以图自强折》，指出：

自强之道……其机括则全在于急造铁路。铁路之利于漕务、赈务、商务、矿务、厘捐、行旅者不可殚述，而于用兵一道尤为急不可缓之图。……若铁路造成，则声势联络，血脉贯通，裁兵节饷，併成劲旅，防边防海，转运枪炮，朝发夕至，驻防之兵即可为游击之旅，十八省合为一气，一兵可抵十数兵之用……②

建议以北京为枢纽，北边东通沈阳，西通甘肃；南面一由山东至清江浦，一由河南至汉口，形成主干道。当前先修北京至清江浦一线。

慈禧把这个建议转给李鸿章和刘坤一，要听听他们的意见。李鸿章私

---

① 《李鸿章全集》二，第1073页。
② 中国史学会主编：《洋务运动》六，第138页。

下里对人说，刘铭传的奏折是说出了他想说而不敢说的话。现在说话的机会来了，十二月一日，李鸿章上了《妥议铁路事宜折》，洋洋洒洒，四千余字，完全支持刘的建议。他首先从"圣人"那里找依据，说造铁路和圣人造船、驯服牛马一样，都是"以利天下"，"此天地自然之大势"；然后分析国际形势，"四五十年间，各国所以日臻富强而莫与敌者，以其有轮船以通海道，复有铁路以便陆行也。"处在今天各国都有铁路的形势下，中国独独没有铁路，一有行动就必然要比别人落后。接着他不吝惜笔墨，正面详尽地列举了铁路有"九利"，在军事上、经济上都是自强的要图，并针对所谓铁路便于敌人来犯、使小民失其生计、有碍田庐坟墓等议论予以解释、驳斥。在具体方案上他支持刘的意见，在经费上同意借洋债但要防止丧失主权，并建议命刘铭传督办铁路。①

顽固派对此发动了猛烈的抨击。侍读学士张家骧、降调顺天府府丞王家璧、翰林院侍读周德润、通政使司参议刘锡鸿纷纷上奏，火药味极浓。王家璧一上来就扣政治大帽子，说他们是汉奸："但观该二臣筹画措置之迹，似为外国谋非为我朝廷谋也。""或有连合诡谋，使我四面受敌。"周德润和刘锡鸿则异口同声地说什么：机器"行之外夷则可，行之中国则不可""火车实西洋利器，而断非中国所能仿行也"。就是这个刘锡鸿，曾随同郭嵩焘任驻英副使并对郭进行诬陷。这次他宣称是驻外实地考察并广泛研究波斯、日本、土耳其等国的铁路，思考了两年得出结论：铁路在中国"不可行者八，无利者八，有害者九"。其中，诸如中国没有实力雄厚的大公司，国土辽阔要造的铁路多、花钱多，会使"山川之神不安"、发生水灾旱灾等，都是"不可行"的理由。还说什么"乾隆之世非有火车也，然而廪溢库充，民丰物阜，鞭挞直及五印度，西洋亦劢贡而称臣。"强调只要按着祖宗的老办法，"即可复臻强盛"，不必学习外国造铁路。他们恶狠狠地给李鸿章、刘铭传加上"直欲破坏列祖列宗之成法以乱天下"的罪名，要求朝廷"严行申饬，量予议处"。②

---

① 中国史学会主编：《洋务运动》六，第141—147页。

② 中国史学会主编：《洋务运动》六，第147—150、152—166页。

在闹得沸沸扬扬的一片反对声中，慈禧发话了。光绪七年一月十六日上谕："叠据廷臣陈奏，佥以铁路断不宜开，不为无见。刘铭传所奏，着毋庸议。"说是不用考虑，就是完全否定了。这场争论以洋务派失败而告终。[①]

一条悄悄试办的铁路

就在修建铁路遭到顽固派强烈抵制之际，一条煤矿的专用铁路正在悄悄地试办。

自光绪二年起，李鸿章派唐廷枢等筹办唐山开平煤矿。唐廷枢多次提出要在这里修一条铁路。如果沿用传统运输方式，用牛车将煤运至江边，再用小船运至天津，每吨煤计价六两四钱，比从日本进口的煤每吨六两还要贵。如果修建铁路转水运至上海，每吨成本才四两，一定能打开销路，解决轮船和军舰的燃料问题。李鸿章采纳了这个建议，却"先斩后奏"，在"疏通运道，渐有成效"之后才上报朝廷，并又有意含糊其词。在光绪七年四月二十三日上奏的《直境开办矿务折》中是这么说的：

> 惟煤产出海销路较广。由唐山至天津，必经芦台，陆路转运维艰，若夏秋山水涨发，节节阻滞，车马亦不能用。因于六年九月议定兴修水利，由芦台镇东起至胥各庄止，挑河一道，约计七十里，为运煤之路。又由河头接筑马路十五里，直抵矿所，共需银十数万两，统归矿局筹捐。[②]

又解释说是"当夫筹办之始，臣因事端宏大，难遽就绪，未经具奏"。这里所说的"马路"，实际就是铁道。而英国领事已从总工程师英国人金达那里得到了确切消息，在年度商务报告中说：

---

① 《德宗实录》二，卷126，中华书局1987年版，第815页。
② 《李鸿章全集》三，第1598页。

从矿厂至胥各庄已修成一条单轨的铁路，约长六英里半，轨距四英尺八英寸，最大斜度为百比一。……轨系钢轨。……在矿厂中已制成一个火车头。如果中国人不加反对，即可使用。目前拟先用马在轨上拉车。①

这里说到的火车头也是金达私下里设计制造的。它的锅炉来自一个轻型的卷扬机，轮子是作为旧货买进来的，车架则是用煤矿竖井的槽钢制成的。后来这个机车被命名为"中国火箭号"，中国工人却在机车两侧各刻了一条龙，又把它叫做"龙号"。

唐山至胥各庄铁路，自光绪六年秋冬兴工，其间，顽固派群起反对，说什么："轮车所过之处，声闻数里，雷轰电骇，震厉殊常，于地脉不无损伤。"清政府一度令其停工，李鸿章等"乃声明以骡马拖载，始得邀准"。龙号机车投入使用后，又遭到罪名更为严重的弹劾："机车直驶，震动东陵，且喷出黑烟，有伤禾稼。"东陵安葬着大清朝的列祖列宗，这个罪名谁也承担不起，朝廷下令查办，勒令机车停驶。此时中法战事一触即发，兵工厂、轮船都急需用煤，李鸿章一面利用战备形势指陈利害，一面指出东陵距唐山尚有200多里，火车的震动怎么会影响到东陵去呢？这样才争取到解除禁令，机车停火数月后重新恢复行驶，结束了在铁道上用骡马牵引列车的喜剧。②

反对借洋债修铁路的浪潮

光绪七年至十年间，不断有人谋划建造铁路，光绪十年五月十五日，慈禧曾一度表示"或可因地制宜，酌量试办"。顽固派对此却始终高度敏感，一有风吹草动，便纷纷上奏反对。

此时西方列强急于开拓中国市场以维持其本国钢铁工业的增长，试图通过中法战争来取得在中国修建铁路的权利。法国侵略者在谈判中蓄意要塞进

---

① 《英领事商务报告》1880 年，第 128—129 页。密汝成：《近代中国铁路史资料》上，第 124 页。

② 李占才主编：《中国铁路史（1876—1949）》，第 65—67 页。

有关铁路的条款，"法借银二千万，以一千购法船械及铁路料，一千现银借作整备海陆军及造铁路，限四十年分批还本息。"消息传来，九月十三日一天便有内阁学士徐致祥等十二人同时上奏，表示坚决反对。十一月以后，又有传闻将借款五百万修京城外西山铁路，御史文海、张廷燎等于十一月初七、二十三相继上奏反对。徐致祥也按捺不住于十一月二十五日再度上书，要求罢修铁路以治理黄河。朝廷认为徐致祥"不平心论事，肆口诋訾，交部议处"。虽然如此，十二月初一御史汪正元仍然继续上奏，论西山铁路有"六不可开"。①

这一时期反对铁路的议论中，除了继续强调铁路不适合中国，强调"用夏变夷则可，以华效夷则不可"外，很重要的一个新的焦点是指出借洋债的危害，反对借洋债修铁路。内阁侍读学士延茂说："夫中国之修建铁路与否，本系中国自主之权，他国何得干预？若任听法夷勒派借款修建铁路，法夷必有所藉口以据我铁路之利。"御史唐椿森则针对法国的条件指出："美其名曰'借'，实则受无穷之累。……况将兵船、枪炮、铁件、机器抵一千万两，价值之高低，由其所定，器用之利钝，任其所与；在我何疑何惧，而借彼之弃物耶？其余一千万两曰现银，又只为铁路等项之用，借用之监工、匠头等，复不知开销几许。名为现银，其实无有。"②由于西方列强采取威胁利诱的种种手法迫使清政府建造铁路，激起了一部分士大夫的反感和疑虑，铁路问题激化了保卫国家主权的民族情绪，更加复杂了。

这几年虽然没有两军对垒，正面交锋，但反对铁路的势力和舆论仍然十分强大。

铁路延伸到天津

中法战争结束后，光绪十一年五月九日朝廷发出上谕，总结教训，"惩

---

① 中国史学会主编：《洋务运动》六，第167—178页。
② 中国史学会主编：《中法战争》六，上海人民出版社2000年版，第38、34页。

前惢后，自以大治水师为主"，命李鸿章、左宗棠等人分别提出意见。左宗棠于六月十八日上奏《复陈海防应办事宜请专设海防全政大臣折》，提出应办七件事，其中一件是修清江浦至通州的铁路，"以通南北之枢"。① 李鸿章于七月初二上了《设立海军衙门折》，提出"或谓开源之道当效西法，开煤铁，创铁路，兴商政"②。九月初六朝廷宣布设立总理海军事务衙门，统一指挥调遣沿海水师，加快北洋水师建设。以醇亲王奕譞为总理，奕劻、李鸿章会同办理，善庆和曾纪泽帮同办理。经过奕譞与李鸿章的努力，清廷终于在光绪十二年同意由海军衙门兼领铁路矿务事宜。③ 听起来似乎不伦不类，但有了中央部门专管，便意味着铁路有了兴办发展的希望。

光绪十二年四月，奕譞与李鸿章至旅顺、威海卫、大沽巡视海防，两人商议铁路事宜。经过中法战争和这次巡视海防，奕譞对铁路在国防上的作用有了实际体会；也是这次亲历北洋，奕譞与李鸿章"决疑定计"，确定了从已修成的唐胥铁路入手，逐步扩展，建成北洋海防铁路体系的思路。在李的授意下，开平矿务局以"所开新河历年险阻，原修铁路止二十里，运煤迟滞，恐误各兵船之用"的理由，提出"从胥各庄至阎庄沿新河南岸接修铁路六十五里"需 25 万两左右。李鸿章重施先斩后奏的故技，先批准试办，等候办有成效再行陈奏。光绪十二年六月二十六日《申报》报道了这一消息。④ 李鸿章并将唐胥铁路从开平矿务局分离出来，另组开平铁路公司，负责修路管理事宜。这是中国自办的第一家铁路公司。第二年，这条长 32.2 公里铁路竣工，将唐胥路延伸到了芦台（阎庄），称为开平铁路。此时奕譞、李鸿章又趁热打铁，打算把铁路再度延伸到天津。

光绪十三年二月二十二日，海军衙门奕譞、奕劻、曾纪泽联名上奏：据天津司道、营员联衔禀称，开平矿务局接造的铁路已抵阎庄，"请将阎庄至大沽北岸八十余里铁路，先行接造，再将大沽至天津百余里之铁路，逐渐兴办，

---

① 密汝成：《中国近代铁路史资料》上，第 106—107 页。

② 中国史学会主编：《洋务运动》二，569 页。

③ 中国史学会主编：《洋务运动》三，第 5 页。

④ 密汝成：《中国近代铁路史资料》上，第 126 页。

若能集款百余万两,自可分起告成。津沽铁路办妥,再将开平迤北至山海关之路接续筹办。"① 经过他们共同商酌,同意天津举办,仍交开平铁路公司一手经理。朝廷批准了这个方案。虽然徐致祥于三月四日上奏反对,铁路工程仍然如期开工。此时开平铁路公司雄心勃勃地改名为中国铁路公司,对外招收商股一百万两,结果却很不理想,只招得 10.85 万两。又由中国铁路公司出面,以民间借贷方式,向英商怡和洋行借银 63.7 万两,向德商华泰银行借银43.9 万两,李鸿章垫出官款 16 万两。事先讲明,借款用铁路本身的利润逐年偿还,洋人不得借此干涉铁路事务,也不以铁路作抵押。铁路由中国自主建造,所需器材从英德进口。这条路从芦台经塘沽至天津东站,全长 75 公里,于光绪十四年 10 月完工。总造价 130 万两,其中外债占 82.7%,是中国第一条以借外债为主建成的铁路,也为以后的铁路建设提供了一种模式。②

自光绪六年唐胥铁路动工,为时八年,经历了三个阶段,终于将唐胥、开平、津沽三条铁路连成一线,开平煤矿的煤可以直接从唐山运到天津了。这里的原煤市场此前被日本煤所垄断,因为开平煤质量好、运费低、又有免税的优惠,竞争力较强,逐渐取代了日本煤,津沽路通车后,日本煤就不再进口了;有了铁路,天津与唐山之间人货往来便利而又快捷,唐山很快由一个只有 18 户人家的小山村发展成为工矿重镇;有了铁路,沿海一带的军队调动、军需粮饷的供应也都可以朝发而夕至。津沽铁路通车后,一些官府要员乘车验收,有了亲身体验,也都大加赞赏。在这种情况下,李鸿章考虑到京津之间客货流量巨大,如建成铁路必然赢利丰厚,可以用来偿还津沽路的外债,以路养路,便再接再厉地提出了修建天津至通州的铁路计划。

津通铁路之争及一位主角的出场

在开平、津沽路施工期间,就不时有反对铁路的奏折上报;津通路的计

---

① 中国史学会主编:《洋务运动》六,第 187 页。
② 李占才主编:《中国铁路史(1876—1949)》,第 68—69 页。

划出笼后，更受到顽固派密集的火力攻击。

光绪十四年十二月二十日慈禧命海军衙门对余联沅、屠仁守、洪良品等奏请停办铁路的折子"妥议具奏"后，第二天就有礼部尚书奎润联络了宗室亲贵等二十余人上书；光绪皇帝的老师、户部尚书翁同龢、仓场侍郎游百川、内阁学士文治等也在同一天里纷纷上书反对修建津通路；与此同时，体仁阁大学士恩承、吏部尚书徐桐也都致函醇亲王，要求停止修路。①

此前主要是一些御史、言官等出马，现在是一批重量级的高官上阵了。核心问题仍然是中国要不要修铁路！顽固派根本不知道外面的世界已经发生了什么变化，也根本没有意识到清王朝面临着怎样的命运，仍然抱着老皇历不放，说什么："中国自隆古以来政教修明，府库充溢，无所为铁路也。"仍然闭着眼睛高唱着靠"仁义道德"治国的老调子，"夫中国所恃以为治者，人心之正、风俗之厚、贤才蔚起、政事修明也。"虽然他们其势汹汹，连篇累牍地为铁路列出了许多罪状，但说来说去无非是那么几点：因为京通路离北京太近，一旦洋鬼子入侵，就可以顺着铁路从大沽口进入北京；因为京津地区人烟稠密，修路要拆民房，挖老百姓的祖坟，破坏风水，引起民怨沸腾；他们还说京师是水陆通衢，靠车船运输为业者及其家属有百十万人，一旦修了铁路，这些人失业就会到京城来造反。还有人攻击李鸿章："所称调兵、运饷各节，皆属假饰之辞，实则专为包揽漕运及往来商贾可获厚利起见。"历史已经证明许多意见荒谬无知和可笑：如有的说外国人少，所以要用机器，中国人多，不能用机器；有的说铁路"可试行于边地，而不可遽行于腹地"；有的说，外国的炮队车最厉害，却怕中国的丛林多、山沟多，修了铁路外国的炮车就会通行无阻；还有人甚至是"睹电竿而伤心，闻铁路则掩耳"；多次上奏反对修铁路的徐致祥说："如谓便于文报，查火轮车每时不过行五十里，中国驿递紧急文书，一昼夜可六七百里，有速无迟。"居然得出了驿马比火车还快的结论。

但是对于慈禧，北京的安全和老百姓会不会为此造反却是不得不考虑

---

① 中国史学会主编：《洋务运动》六，第210—216页。

的。十二月二十一日，慈禧再次将奎润等、翁同龢、游百川、文治等人的奏折交海军衙门"妥议具奏"。①

十二月二十二日，在这些巨大的压力下，奕譞电令津通路停止勘测，听候朝议。

同一天，李鸿章开始了反击的前哨战，以给奕譞复信的形式，对恩承、徐桐的错误观点和歪曲的事实予以驳斥，并请奕譞将此信转给恩承、徐桐及海署各同事公看。奕譞在转信时给恩、徐写了一封简短的复信，告诉他们津通路是海署和北洋一起议定、由他当面奏明的，并对之抱怨："不图局外匡助少而挑剔多，中国之所以难振大抵如是而已。""此路既废，海路恐难独存；一旦有事，设误戎机，则海署、北洋转觉卸过有辞耳！"②

这个春节，这几个王公大僚是在为铁路而忙碌中度过的。二十八日李鸿章写好了《议驳京僚谏阻铁路各奏》，长篇大论对那些奏折逐个地予以驳斥，并将海军衙门前后要求修建铁路的缘由作了回顾，供海署写复奏时参考。大年三十，曾纪泽在日记中记载，上朝回家，除了接待客人、剃头、祀祖，便是"拟折稿，海军将上疏言铁路之利，与公卿台谏之请停铁路者相辩难也。……（晚）饭后作折毕，缮清稿。"一直忙到"子正"才睡。大年初一，奕譞致电李鸿章，说是"昨自拟稿甫半"，就接到了来信，大有帮助，现在曾纪泽也在协助拟稿，并给李贺年。

忙到一月十四日，奕譞、李鸿章摆开了堂堂之阵，以海军衙门和军机大臣会奏的形式，对顽固派的攻击作了回答，宣称修津通铁路是"外助海路之需，内备征兵入卫之用"。奏折认为"诸臣折中所称铁路之害不外资敌、扰民及夺民生计三端"，对之一一作了驳斥，进一步阐明铁路调兵、海防、运输的好处，而中止铁路建设则主见不定，朝令夕改，必将失信于商民，也造成很大的经济损失。最后强调"防务以沿江沿海最为吃紧"，建议将两方面的奏折交给将军督抚们讨论。③值得注意的是，这次坚持修路的阵营以奕譞

---

① 中国史学会主编：《洋务运动》六，第216页。
② 密汝成：《近代中国铁路史资料》上，第150页。
③ 中国史学会主编：《洋务运动》六，第226—231页。

为首，以海军衙门和军机处这两个最具权威的中枢机构集体上阵，代表了协助太后和皇帝日常处理政务的主导力量的意向。

慈禧太后听从了奕譞等人的主意。第二天，正在欢度元宵佳节的盛京将军、沿海沿江各省的总督、巡抚等十三名大员，接到了军机处转来的关于津通路的懿旨，太后批阅了"会奏"，基本上表示肯定，但又说"事关创办，不厌求详"，在北京的官员平时对于海防毕竟研究得不够，"语多隔膜"，你们身负重任，守土有责，这事与你们颇有利害关系，现在要听一听你们的意见。

自一月底至二月，各位将军督抚纷纷复奏。他们的意见，大体上可以分为三种类型：两江总督曾国荃、台湾巡抚刘铭传、护理江苏巡抚黄彭年三人支持津通路的修建；湖南巡抚王文韶、江西巡抚德馨同意修铁路，但不同意修津通路，提议改为修陶成埠至临清、或由保定至王家营；其他大多数人都持反对的态度，有的借口"不敢凭空揣摩，附会其词"，避免明确表态；有的闪烁其词，侧面提出疑问；而抵制铁路最顽固的是湖北巡抚奎斌和浙闽总督卞宝第，一个大谈轮船行驶内地，"商民凋弊情形日甚一日"，由此推论，"铁路一旦获利，势必愈推愈广，则穷黎之失业愈多"，从而得出"铁路不宜办理"的结论；一个强调"京师为国家根本，则老成持重者所当计出万全也。""近畿地方添此无数游民，深为可虑"，不仅反对修津通路，而且认为铁路只宜于外国，中国"铁路行则失业者尤多"。

正当众说纷纭之际，一位主角最后出场了。两广总督张之洞在三月二日的复奏中独辟蹊径，提出了"请缓造津通铁路，改建腹省干路"的建议。在修建铁路的出发点上，他突破了奕譞、李鸿章片面强调军事国防作用的局限性，而着眼于发展经济，强调"今日铁路之用，尤以开通土货为急"：

> 苟有铁路，则机器可入，笨货可出，本轻省费，土货旺销，则可大减出口厘税以鼓舞之。于是山乡边郡之产，悉可致诸江岸海壖而流行于九洲四瀛之外。销路畅则利商；制造繁则利工；山农、泽农之种植，牧竖、女红之所成，皆可行远，得价则利农。内开未尽之地宝，外收已亏之利权，是铁路之利，首在利民。

在实施的方略上，他首先介绍了西方各国都是从干路开始的事实，强调要"首建干路以为经营全局之计"。以此为依据，他认为从轻重缓急来看，津通路有五点值得考虑，而主张先修从卢沟桥至汉口的卢汉铁路，并陈述了它的一些优点，如不近海口，不会为外国侵略军所利用；可以广开商旅；有利于促进煤铁开采、漕饷的调运；有利于调动军队等。在实施办法上，他还初步设想了分成四段、八年建成的方案。[①]

张之洞的这份奏折，坚持修建铁路而又不附合李鸿章，在思路上更为开阔，方案更为周详，合理而具有说服力，显然比其他督抚的回奏高出一头。在某些具体问题上，也吸收了一些反对派的意见，表面上具有折中的色彩，而避开了一些顽固派制造的障碍，因而受到慈禧的重视。四月八日，慈禧明确表态：

> ……而张之洞所议，自卢沟桥起经行河南达于湖北之汉口镇，划入四段分作八年造办等语，尤为详尽。此事为自强要策，必应通筹天下全局，海军衙门原奏意在开拓风气，次第推行，本不限定津通一路，但冀有益于国，无损于民，定一至当不易之策，即可毅然兴办，毋庸筑室道谋。著总理海军事务衙门即就张之洞所奏各节，详细复议，奏明请旨。[②]

以慈禧太后的名义发布的这道懿旨，不但肯定张之洞的建议，而且肯定了铁路是"自强要策"，要通筹全局，"毅然兴办"。至此，中国要不要铁路的争论，作为政府的决策，总算是有了一个明确的意见，基本上画了一个句号。

然而，此时上距世界上第一条铁路出现，已达半个多世纪；兴办洋务以来，也有三十年的岁月流逝了。

---

① 中国史学会主编：《洋务运动》六，第250—256页。
② 朱寿朋编：《光绪朝东华录》三，第2609—2610页。

"轨道平铺瀛秀园"

说到中国早期的铁路，还有一段紫光阁铁路的插曲，也并非是题外的话。

正当大小臣工们为津通铁路争论得十分激烈之际，在皇宫内院的西苑，却悄没声息地在建造着一条特殊的铁路。

李鸿章在筹办津通路的同时，授意直隶按察使周馥和候补道潘骏德，从法国兴盛公司德威尼订购了"坐车六辆，丹特火机车一辆，并铁轨七里余"。坐车中，"上等极好车一辆，上等坐车二辆，陈设华美，制作精工；中等坐车二辆，行李车一辆，亦俱材质光洁。"①十一月初运到北京，经海军衙门验收后，五辆送给了慈禧，一辆送给了奕谡。

据翁同龢的日记，十一月初六日记：

> 合肥以六火轮车进（五进上，一送邸）今日呈皇太后御览。今紫光阁铁路已成，未知可试否也，是为权舆，记之。

十一月十一日记：

> 因观新进之火轮车，约长三四丈。狭长，对面两列可容廿八人，凡三辆。又观机器车，不过丈余。此天津所进，三辆留西苑，三辆交火器营收，昨日甫到也。②

这条铁路是奕谡征得慈禧同意后，抽调原驻扎在西山的健锐营、火器营，在西苑内沿着太液池修建的，从中南海紫光阁起，经时应宫、福华门、阳泽门、极乐世界、龙泽亭、阐福寺、浴兰轩、大西天到镜清斋，长达

---

① 中国史学会主编：《洋务运动》六，第221—222页。

② 《翁同龢日记》四，第2236—2238页。

二千三百多米，又称西苑铁路。后来因慈禧常住在仪鸾殿，又把铁路延长到瀛秀园。铁路建成后，慈禧不知道是害怕机车的震动和响声破坏了皇家风水，还是害怕机车不安全，不准使用机车牵引，而是在每辆车前拴上绒绳，由小太监拉着走，把火车变成了人力车。车前还排列着仪仗队。慈禧每天上午坐在这座游动的宫殿里，赏心悦目地浏览着车窗外缓缓移动的四季风光，中午就在北海吃午饭。当时民间流传着一首《清宫词》："宫奴左右引黄幡，轨道平铺瀛秀园。日午御餐传北海，飚轮直过福华门。"①

李鸿章给慈禧送上如此新奇的一份礼物，当然是为了博得太后的欢心。但是为什么不送别的珍宝而送上"专列"，似乎也大有讲究；而且它到得也凑巧，正是顽固派对津通路发起总攻击的期间。李鸿章是不是还隐藏着让太后增加一点对铁路的感性知识、体验一下它的优越性的用心？是不是有一点曲线办铁路的味道？此事虽然也有御史不识相地大讲安全、大讲"崇俭"，提出劝阻，但慈禧毫不理睬。在她的个人生活中，从洋鬼子那里来的"奇巧之物"，不管是火车、轮船、电灯，还是自鸣钟表、照相、油画，只要是可供享乐，她都毫不犹豫地实行"拿来主义"。

光绪十四年的除夕之夜，翁同龢在灯下摊开日记本，回顾这一年时，心情颇为沉重、复杂，援笔写下了这样一段话：

> 今年五月地震，七月西山发蛟，十二月太和门火，皆天象示儆；虽郑工合龙为可喜事，然亦不足称述矣。况火轮驰骛於昆湖，铁轨纵横於西苑，电灯照耀於禁林，而津通开路之议，廷论哗然。朱邸之意渐回，北洋之议未改。历观时局，忧心忡忡，忝为大臣，能无愧恨。②

这里既有对洋务活动的抵触，又有对慈禧奢侈生活的不满，面对时局，内心则是一片迷惘、黯淡和无可奈何。

---

① 杨乃济：《太液池边的小铁路》，载郑逸梅等著《清宫轶事》，紫禁城出版社1985年版，第229—235页。

② 《翁同龢日记》四，第2248—2249页。

第七章 中外冶铁：手工作坊与自动化生产

张之洞："民间竞用洋铁，而土铁遂至滞销" / 铁矿石在美国是怎样变成钢轨的？ / 李希霍芬在中国所见 / 手工生产方式遇到了舶来品 / 中国古代冶铁业的辉煌 / 洋务运动搞的是无米之炊 / 青溪铁厂之谜

法国经济史学家保尔·芒图在研究 18 世纪产业革命发生和发展的历史时指出：

> 所谓冶金工业，首先应当指的是钢铁工业。它以前的优势是随着生铁、铁和钢的使用上的增多而逐渐扩大的。它今天还对我们因产业革命而形成的现代文明显示出一些最动人的客观外貌。它竖起了极其巨大的建筑物的骨架，它在最宽的江河上架了桥梁，它建造的一些像城市般住着人的船只飘流在海上，它把铁路网一直伸展到各大陆的尽头。它的历史不单单是一种工业的历史，从某种意义上说，它是整个大工业的历史。[1]

大量金属文物的分析和史料表明，中国古代钢铁冶金自成一套独具特色

---

① ［法］保尔·芒图：《十八世纪产业革命——英国近代大工业初期的概况》，杨人楩等译，商务印书馆 1991 年版，第 216 页。

的工艺体系，它大致形成于从春秋战国到东汉或稍晚一点的期间，在世界上长期处于领先的地位。

18 世纪工业革命以后，西方的钢铁工业突飞猛进，形势发生了根本的变化。当张之洞筹建汉阳铁厂的时候，西方已经实现了大规模、连续的、自动化的钢铁生产，而中国尚停留在手工作坊、小土炉的时代。

洋务运动进行了三十年，办了许多军工企业，却搞的是无米之炊，作为工业体系基础和支柱的钢铁工业依然是一片空白。

张之洞："民间竞用洋铁，而土铁遂至滞销"

光绪十五年八月廿六日，还在两广总督任上的张之洞，上了一道奏折要求筹办炼铁厂。他忧心忡忡地报告了广东省近年来铁货进出口的情况：每年"洋铁"从廉州、琼州、佛山、广州、汕头进口的共约一千三、四百万斤，而出口的都是一些"粗贱之物"，而且形势越来越不妙。数量最多的是铁锅，从佛山、汕头出口，销到新加坡、新旧金山等处，约八、九万口，还有从廉州出口到越南的约四万余口。此外，就是铁锤，运往澳门等地，每年约五六万斤；铁线早几年销到越南的约十余万斤，近来因为越南的关税太苛刻，已经停止出口了。

广东是如此，全国又如何呢？

> 查光绪十二年贸易总册所载，各省进口铁条、铁板、铁片、铁丝、生铁、熟铁、钢料等类，共一百一十余万担，铁针一百八十余万密力。每一密力为一千针，合共铁价、针价约值银二百四十余万两，而中国各省之出口者，铜、铁、锡并计，只一万四千六百数十担，约值银一十一万八千余两，不及进口二十分之一。至十三年贸易总册，洋铁、洋针进口值银至二百八十余万两，而此两年竟无出口之铁，则是土铁之行销日少；再过数年，其情形岂可复问？

形势之严峻、心情之沉重，溢于言表。

决定市场销售情况的是产品的质量和价格，这一点，张之洞也看得很清楚：

> 查洋铁畅销之故，因其向用机器，锻炼精良，工省价廉。
>
> 若土铁则工本既重，熔炼欠精，生铁价值虽轻，一经炼为熟铁，反形昂贵，是以民间竞用洋铁，而土铁遂至滞销。[①]

铁矿石在美国是怎样变成钢轨的

光绪十五年，洋务运动进行了三十年之后，中国的农业与轻工业与西方国家的差距固然不可以道里计，而作为重工业的基础和整个工业的支柱的钢铁工业差距则更为巨大，不啻是天壤之别。

1770年在英国开始的工业革命，最先发展的是棉纺织业。新的纺织机和蒸汽机的大量使用，需要大量增加钢铁和煤的供应，促进了采矿和冶金工业的一系列改进，早先熔炼铁矿石是使用树木烧制成的木炭，森林的大量消耗迫使人们去寻求新的能源，1709年，亚伯拉罕·达比发现煤可以变成焦炭，不仅和木炭一样有效，而且价格还便宜得多。后来，达比的儿子研制了一个由水车驱动的巨大风箱，进而制成了第一台由机械操纵的鼓风炉，大大降低了铁的成本。1760年，约翰·斯米顿用一个金属汽缸中装有四个活塞的泵，代替了达比用皮革和木头做的风箱。1784年，亨利·科特发明了"搅炼"法，把熔融的生铁放在反射炉里，通过搅拌，使环流其中的氧除去碳和杂质，生产出比生铁更有韧性的熟铁。[②]1856年8月4日，贝色麦在英国协会宣读了一篇论文：《不用燃料生产可锻铁和钢》，发明了把冷空气吹进熔融的铁水生产低碳钢，这种转炉炼钢法比搅拌法大为提高了炼钢的速度，又适

---

① 苑书义主编：《张之洞全集》一，第704—706页。

② 吴国盛：《科学的历程》下，第440—441页。

宜大规模生产，质量既稳定，价格也更便宜。[1]

经过工业革命以来 90 多年的发展，到了 1860 年清政府开始洋务运动的时候，英国的铁产量已经达到了 380 万吨；而到了 1890 年张之洞开始动工建设汉阳铁厂的时候，英国的铁产量已经跃升到 800 万吨、钢达到 530 万吨。与此同时，美国的铁产量超过英国，达到 1010 万吨，钢则紧随其后，达到 470 万吨；德国的铁和钢也分别达到 470 万吨和 320 万吨。

美国钢铁工业突飞猛进，得力于使用先进的机械设备，进行大规模的连续的自动化生产。美国历史学家斯塔夫理阿诺斯在《全球通史》中，曾经这样描述了工业革命第二阶段的美国铁矿石是怎样变成钢轨的：

钢铁工业在一个巨大的地区范围里发展了这种……连续生产……。铁矿石来源于梅萨比岭。蒸汽铲把铁矿石舀进火车车厢；车厢被拖运到德卢比或苏比利尔，然后进入某些凹地上方的码头，当车厢的底部向外翻转时，车厢内的铁矿石便卸入凹地；滑运道使铁矿石从凹地进入运矿船的货舱。在伊利湖港，这矿船由自动装置卸货，矿石又被装入火车车厢；在匹兹堡，这些车厢由自动两卸车卸货，倾卸车把车厢转到自己的边上，使矿石瀑布似地落入箱子；上料车把焦炭、石灰石和这些箱子里的矿石一起运至高炉顶部，将它们倒入炉内。于是，高炉开始生产。从高炉里，铁水包车把仍然火热的生铁转移到混铁炉，然后再转移到平炉，就这样，实现了燃料的节约。接着，平炉开始出钢，钢水流入巨大的钢水包，从那里，再流入放在平板车上的铸模，一辆机车把平板车推到若干凹坑处，除去铸模后赤裸裸地留下的钢锭就放在这些凹坑里保温，直到轧制时。传送机把钢锭运到轧机处，自动平台不断地升降，在轧制设备之间来回地抛出所需的钢轨。由此产生的钢轨具有极好的形状，如果有少许偏差，就会被抛弃。电动起重机、钢水包、传送机、自

---

① 德博诺编：《发明的故事》，蒋太培译，李融校，生活·读书·新知三联书店 1986年版，第 264—266 页。

动倾卸车、卸料机和装料机使从矿井中的铁矿石到钢轨的生产为一件不可思议的自动的、生气勃勃的事情。

钢铁大王安德鲁·卡耐基一针见血地点明了这种机械化大生产的经济意义：

> 从苏比利尔湖开采两磅矿石，并运到相距 900 哩的匹兹堡；开采一磅半煤、制成焦炭并运到匹兹堡；开采半磅石灰，运至匹兹堡；在弗吉尼亚开采少量锰矿，运至匹兹堡——这四磅原料制成一磅钢，这一磅钢，消费者只需支付一分钱。①

李希霍芬在中国所见

1870 年，一个名叫李希霍芬的德国人，在中国的山西省所看到的却是另外一种景象。

4 月 28 日，他离开河南，踏上了山西的土地，到了太行山脚下。他看到一条大概 5 米宽、全部铺着大石条、维护得很好的大路，上千的人和骡子在这条路上双向来往，他"粗略计算了一下，在中午时分，20 分钟内有 102 辆骡车、108 个背货的苦力经过""这一天我在路上遇到的货物总量可以达到 150 吨"，大多是一些铁制品，比如铁丝、钉子、铁锅、铁炉子、铁犁、车轮子和各种工具的配件。这些铁制品大约占五分之三，大块儿的无烟煤占三分之一。剩下的包括内蒙古的骆驼毛、高粱酒、陶罐、中药材等。

李希霍芬这位地质学家知道，山西自来就是中国产铁的地方，此处属于以潞铁而著名的潞安州，前面几个朝代就开始在这里开采铁矿、制造兵器和

---

① ［美］斯塔夫里阿诺斯：《全球通史》，吴象婴等译，北京大学出版社 2006 年版，第 415 页。

铁质用具。那时就是走这条从山上铁矿到平原地区最近的大路，然后再经水路把它的产品运往远方。但是，他听到当地人在抱怨，这条路已经赶不上以前的繁忙了。"因为英国产的铁已经对本地铁构成了巨大的竞争，并不是因为质量好——本地产的质量更好——而是因为价格便宜、因为英国铁以海港为出发点向内陆输入。当地人都在抱怨，他们的铁卖不出去了，也赚不了钱了。"他还看到，在这个曾经因制铁和采煤业繁荣而积累了巨大财富的地方，一些村落里建造精美的房屋里已破烂不堪，"因为他们的主人已经没钱了"。

经过实地考察，李希霍芬认为：

> 在中国，无论是挖煤还是炼铁都和现代工业不靠边：设备极其简陋，规模很小。我听很多人说过这里的煤矿，但真正到了这里，发现规模比我想象的小上百倍，和欧洲炼铁业高耸的熔炉根本没法比。炼铁的地点是一块稍有坡度的平地，大概长 2.5 米，宽 1.2 米。在两个长边垒着高1.25 米的土墙，第三条边，也就是位于地势稍高处的那条（边）是敞开的，第四条边上是一间低矮的小蓬子，里面有两个人负责拉木质的风箱。平地上铺着一层拳头大小的无烟煤，上面放着大概 150 个耐火的黏土制的坩埚，每个大概高 5 英寸，宽 6 英寸，里面是小块儿碎铁，所有空隙都被仔细地填满了无烟煤。第一批完成后还会放上第二批 150 个坩埚，重新加上无烟煤。煤堆被点燃后，那两个人便往里吹风。当所有煤都开始燃烧，温度达到很高的时候，就停止送风，烧着的煤可以保持一定的温度。如果是炼生铁，过一会儿就把坩埚拿开，把里面的铁水倒在模具里，冷却后得到一种白色的很纯的铁。如果是熟铁，那么首先得退火，然后用四天时间冷却，之后再把坩埚拿出来砸碎，得到一种半球形的熟铁。[①]

这就是社会化大生产与手工作坊的巨大差别，也是先进的现代资本主义

---

① ［德］费迪南德·冯·李希霍芬著，［德］E.蒂森选编：《李希霍芬中国旅行日记》上，李岩等译，商务印书馆、中国旅游出版社 2017 年版，第 397—399 页。

经济与落后的封建小农经济的巨大差别。

手工生产方式遇到了舶来品

直到此时，中国的冶铁业仍然是明代和清前期手工生产方式的延续。

明代以前，冶铁业实行官营，官府严格控制，不许民间私自采炼。明洪武二十八年下令罢停各处官矿，允许民间经营，采矿冶铁业得以顺利发展。清人入关后，一度对矿山封禁，而实际上民间私自开采从来就没有停止过，但严禁出洋。雍正十年七月庚戌上谕说：

> 楚南所属地方，山岭重复，产铁之处甚广，采取最易。凡农民耕凿器具与穷黎之衣食，皆借资于此。虽历来饬禁，而刨挖难以杜绝，但废铁出洋，例有严禁。……外来射利商贩，每于就近设炉锤炼，运赴湖北汉口发卖，或汉口转运两江递贩，以至出洋亦未可定，不得不立法查察，以防其渐。……务期民用有资，而弊端可杜，庶公私两有裨益。[1]

有的书上说，清乾隆八年，铁矿全面开放，冶铁业由此取得合法地位。从《清实录》零星记载来看，实际上似乎是时开时禁，仍由地方分别奏请批准。乾隆十一年六月乙酉户部议准浙江巡抚常安疏称："云和县向有产铁砂坑……但开采日久，或致藏奸，现饬封禁。"十六年十二月壬寅湖广总督阿里衮疏称"湖北横碛、汉洋二处铁矿砂炭已尽，应即封闭"都经乾隆皇帝同意。二十九年五月四川总督阿尔泰连续两次上奏，分别请求开采屏山县李村、石堰、凤村三处铁矿和该县利店、茨藜、荣丁三处铁矿，也都经乾隆批准。[2]

清代产铁比较集中的地区有广东、湖南、四川、江西、陕西、山西等省；炼钢业比较著名的地方有安徽芜湖、湖南邵阳、湘潭等地。当时的生产规模，

---

① 南开大学历史系编：《清实录经济资料辑要》，中华书局1959年版，第201页。

② 南开大学历史系编：《清实录经济资料辑要》，第201—202页。

四川总督阿尔泰于乾隆三十一年五月辛卯所上奏折给我们提供了一个例子：

　　宜宾县铁矿，试采有效，应设炉二座。每炉夫九名，每日每名可获砂十斤，煎铁三斤。除夏秋雨水浸硐不能开采外，春冬二季，可获煎生铁九千九百二十斤。

另据乾隆五十六年二月丙寅，前署四川总督保宁的奏折，当时的税收和折价是：

　　照十分抽二例，抽税一千九百四十四斤，每斤变价银二分，共银三十八两八钱八分。①

在生产技术上，此时的冶铁业基本处于停滞的状态，没有什么明显的进步。采矿仍然是用铁锤、钢凿等手工工具；冶炼的炉子，也仍然是沿用明末类似《天工开物》中描绘的那种型制：

　　凡铁炉用盐做造，和泥砌成。其炉多傍山穴为之，或用巨木匡围，塑造盐泥。穷月之力，不容造次，盐泥有罅，尽弃全功。凡铁一炉载土二千余斤，或用硬木柴，或用煤炭，或用木炭，南北各从利便。扇炉风箱必用四人、六人带拽。土化成铁之后，从炉腰孔流出。炉孔先用泥塞。每旦昼六时，一时出铁一陀。既出即叉泥塞，鼓风再熔。②

在生产组织上，许多地方，包括一些大的产铁区，采矿还处于分散的状态，由单个农民家庭进行。据湖南《辰溪县志》记载，那里山多田少，无田可耕的贫民很多，他们在农忙时为人雇工，到了秋后，就靠开采铁矿来养活

---

　　① 南开大学历史系编：《清实录经济资料辑要》，第201—202页。
　　② 宋应星：《天工开物》，广东人民出版社1976年版，第363页。

自己，全县这样的人数以千计。农民挖的矿土，经过淘洗，成为矿砂，然后卖给矿贩子或炉主。炼铁生产则处于季节性的状态。辰溪的炼铁作坊有客厂、乡厂之分：乡厂往往是本地的土著几个人共同修筑一个炼炉，各家都拥有一些矿砂、木炭，轮流用这个炉子来炼铁；各家的矿砂都不多，生产的时间也就不长。客厂则是外来的商人，一人独资或几人合伙，先期收购了矿砂、木炭，装运到临河便于开设炉墩的地方，每年秋凉后开炉，一直生产到第二年的春夏之交。生产出来的生铁装船沿河运到汉口，或由汉口转运到江浙发卖。每座炉子要用生产工人和挑运脚夫数十人，十座炉子就是数百人了。辰溪以此出卖劳力养家者，也以千计；另有烧炭的炭户、装矿的船户不下数百家。①

广东、山西、福建在明代就已经出现了采冶合一的综合性的矿厂，实行采矿、烧炭、冶铁、甚至制铁一条龙生产。到了清代，这种矿厂在一些地方继续发展，嘉庆、道光年间，陕西南部山区的铁厂多是这种综合性的，《三省边防备览》引用的一首诗作了很明白的描述：

> 当其开采时，颇与蜀黔异。红山凿矿石，块磊小坡岿。
> 黑山储薪炭，纵横排雁翅。洪炉两三丈，杰然立屃赑。
> 风箱推连宵，烛天红光炽。高匠看火色，渣倾液流地。
> 生板堆如屋，范模成农器。…… 一厂指屡千，
> 人皆不耕食，蚩蚩无业氓，力作饱朝糦。②

诗人告诉我们，这里的生产方式与四川、贵州不一样，包括了红山开矿、黑山烧炭、铸造农具等各个环节；它是用两三丈高的炼铁炉日夜不停地生产；已经出现了脱离农业生产以从事冶炼为生的工人，有的还是生产经验比较丰富的"高匠"。这种综合性的炉厂，总体上是常年开工生产的，已

---

① 道光《辰溪县志》第 21 卷，转引自许涤新、吴承明：《中国资本主义发展史》一，人民出版社 1985 年版，第 465 页。

② 《三省边防备览》第 14 卷，转引自方行等主编：《中国经济通史 清代经济卷》，经济日报出版社 2000 年版，第 762—763 页。

经不再是季节性的了。实际上，除了看炉炼铁的技术工人外，还有更多的人从事挖矿、烧炭和运输等。为保证一个炉座的正常生产，通常需要一、二百人，如果几个炉子同时开工，合计人数就可能要上千了。其中，有的是固定的，有的是流动的；在劳动报酬上，有的是计件，有的是计时。从资金上看，有的投资高达万元，大多是独资经营，投资者都是资本雄厚的商人。这类大规模的手工工场和雇佣劳动的出现，说明了当时的冶铁业在生产规模、产量、内部关系等方面都有了新的变化，学者认为这种变化正是资本主义的萌芽。

这种生长缓慢的资本主义萌芽，在被西方的炮舰轰开了国门后，遭到了长驱直入的舶来品的无情摧残，土法生产的冶铁业成为遭受严重冲击的行业之一。外国钢材进口逐年增长，1860 年为 27 万担，1880 年增长到 80.7 万担，二十年中增长近两倍，由沿海向内陆深入，市场很快被其侵占，铁线、铁钉、土针尽受洋货排斥。我国的土钢生产，历史悠久，形成了安徽芜湖、湖南湘潭、邵阳等生产中心。芜湖所产芜钢，明万历前即久负盛名，刀剑、剪刀、犁头等俱受称道，清嘉庆时至于极盛，"居市廛冶钢业者数十家"。同治时期，芜湖钢作坊尚有 14 家。光绪初年，芜湖辟为通商口岸，洋钢进口激增，土钢作坊渐次歇业，至光绪十年，仅存一家；到了光绪十五年，已全部消失，成为历史的记忆。[①] 湖南湘潭、邵阳土钢作坊原有 80 多家，它们的命运与芜钢基本相同，到了辛亥革命前夕，只残存 13 家，至 1930 年全部停产。中国的土钢业在汹涌的舶来品浪潮中，全部遭致灭顶之灾。[②]

中国古代冶铁业的辉煌

与晚清时冶铁业处于穷途末路形成鲜明对照的，是中国古代冶铁技术曾经光芒万丈的辉煌历史。

从考古发掘的成果来看，我国劳动人民早在公元前一千三百多年前的商

---

① 汪敬虞主编：《中国近代经济史（1895—1927）》下，人民出版社 2000 年版，第 1779—1980 页。

② 许涤新、吴承明主编：《中国资本主义发展史》一，第 730 页。

代，就开始认识了铁。1972年河北藁城县台西村商代遗址出土的一件铜钺，上面镶有铁刃，经科学鉴定，证明铁刃是用从宇宙天体中坠地的铁质陨石锻成，然后嵌镶到铜钺中去的。

目前发现的最早人工冶炼的铁器，有江苏六合程桥出土的铁条和铁丸。经鉴定，铁条是由块炼铁锻成，铁丸是白口生铁铸造的。这两件春秋晚期的遗物表明，我国至迟在公元前六世纪就掌握了冶铁技术。从冶金史的角度来看，值得注意的是生铁与块炼铁的同时出现，而国外从块炼铁到生铁器物的应用，其间经历了两千多年，欧洲一直到14世纪才成功地炼出了生铁，比我国晚了一千九百多年。①

我国古代炼铁炉型经历了由小到大、又由大适当变小的辩证发展过程。我国用煤作冶金燃料大体始于魏晋时期，北魏郦道元《水经注》卷十六引《释氏西域记》，是我国用煤炼铁最早的明确记载：

屈茨北二百里有山，夜则见光，昼日但烟，人取此山石炭，冶此山铁，恒充十六国之用。

焦炭在古代称为"礁""熟炭"等，至少在明代已用作冶金燃料，明末方以智的《物理小识》中有炼焦和用焦炼铁的记载：

煤则多处产之，臭者烧熔而闭之成石，再凿而入炉曰礁，可五日不绝火，煎矿煮石，殊为省力。

欧洲最早用煤炼铁是在18世纪，随后才开始炼焦和使用焦炭炼铁。我国是最早用煤和焦炭的国家之一，用煤和焦炭炼铁也早于欧洲。②

---

① 北京钢铁学院《中国古代冶金》编写组：《中国古代冶金》，文物出版社1978年版，第44、45—46页。

② 胡维佳主编：《中国古代科学技术史纲 技术卷》，辽宁教育出版社1996年版，第243—244页。

在鼓风技术上，元代王桢在《农书》中记载了木风箱的应用，比欧洲早500—600年；明代末年宋应星在《天工开物》中记载的活塞式鼓风器比欧洲早100多年。

我国生铁发明早，应用广，是中国冶金史上的一大特点，也是一大优点。生铁不仅可以用于炼钢，而且可以直接铸造机器，广泛应用于各个行业。在现代机器制造业中，使用的金属若按重量计算，生铁铸件在农业机械中占40%—60%，在汽车、拖拉机部件中约占50%—70%，在机床部件中，约占60%—90%，这些数字充分说明了生铁应用的广泛和重要。①

我国也是世界上最早生产钢的国家之一。文物和文献都提供了大量证据，证明我国春秋晚期已开始掌握炼钢技术，到战国时期广泛应用于制造兵器和工具。最原始的炼钢法是用块炼铁为原料，在炭火中加热渗碳而成。随着社会的发展，我国又先后创造了多种炼钢工艺，其中，百炼钢萌芽于西汉中期，东汉早期得到发展；炒钢可能产生于两汉之际；铸铁脱碳钢至迟在西汉开始发展，汉魏间已经有相当广泛应用；灌钢则在南北朝时开始有明确的记载。

大量金属文物的分析和史料表明，中国古代钢铁冶金自成一套独具特色的工艺体系，它大致形成于从春秋战国到东汉或稍晚一点的期间，在世界上长期处于领先的地位。只是到了18世纪工业革命以后，西方的钢铁工业突飞猛进，形势才发生了根本的变化。②

然而，在中国古代，给冶铁业提供的历史舞台，却是一个小农经济的社会结构，赋予它的历史使命是为农业生产和手工业服务，除了制作兵器外，主要用途是铸造农具和手工工具，如锄头、镰刀、犁，斧头、锯子、铲，等等。同时我们还发现，处于同样历史背景下的中国古代机械，动力机械如风车、水排、翻车等，工作机械如纺车、织布机等，都只是适应家庭或手工作坊的需要，长期停留在以木质为主的手工制作阶段，因而冶铁业与机械制造不能结合起来、互相推动，现代机器制造业迟迟得不到发展，既限制了生铁

---

① 胡维佳主编：《中国古代冶金》，第66、49页。

② 胡维佳主编：《中国古代冶金》，第70—71、105页。

的广泛应用，冶铁业的发展也失去了动力。

中国古代冶铁业服务于封建社会的需要、受到封建社会结构的制约，而西方钢铁工业的兴起是与欧洲资本主义的成长相伴随的，资本主义为冶金科技发展创造了研究、观察、实验的物质条件，也为它的应用提供了无比广阔的天地；中国古代科技具有极强的实用性，表现为直接满足封建王朝的需要，而近代欧洲科学领域继承了希腊数学化的科学遗产，使自然科学的发展在一个无限广阔的数学空间中进行，近代理论科学与应用科学密切结合、相互加速，科学与技术相互促进；明清帝王们为了维护自己的专制统治，在政治、经济、思想、文化上实行严密的控制，扼杀思想自由，而西方与资本主义生产方式相适应的民主制度，以及思想自由、言论自由、科学研究自由，解放了知识分子的创造力，为科学的发展扫清了障碍。作为工业革命的主要成果，西方钢铁工业的先进，本质上是资本主义社会制度和生产方式的先进；中国冶铁业从领先于世界到衰落，本质上是由于封建社会制度和生产方式的发展长期停滞。在生产方式落后的历史条件下，即使有比较先进的科学技术，也难以得到普遍的应用，难以发挥其应有的作用。

洋务运动搞的是无米之炊

从曾国藩、左宗棠到李鸿章，搞了三十年的洋务，造了三十年的枪炮船舰，一直到光绪十五年，都还是搞的无米之炊。江南制造总局、金陵机器局、福州船政局、天津机器局等军工企业建立起来了，军事工业赖以生存的基础——现代钢铁工业却还是一片空白。这种窘境，江南制造局的总办刘麒祥在光绪十六年九月要求"购机器试炼钢料"的报告中说得很明白：

> 惟造炮所需之钢料、钢弹，造枪所需之钢管，必须购自外洋，其价值运费已不合算，且平时购运往来虽尚称便，诚恐一旦海上有事，海程梗阻，则轮船不能抵埠，而内地又无处采买，势必停工待料，贻误军

需，关系实非浅鲜。①

　　这个道理，精明如李鸿章者，当然不会不知道。他早就极其精辟地强调了："船炮机器之用，非铁不成，非煤不济。"早在同治年间，他就在磁州筹办煤铁矿，无奈反复派人勘察，都认为矿产不旺，又离河太远，运输不便，不得不半途中止。光绪初年，他又派了盛宣怀到湖北创办了开采煤铁总局，忙碌了两三年，也没有一个结果。这一时期还派了唐廷枢去滦州开平镇察勘煤铁，带回矿样送到英国化验后，于光绪三年（1877）决定招商集股开采，后来据李鸿章说是"招股骤难足额，熔铁炉厂成本过巨，非精于铁工者，不能位置合宜，遂先专力煤矿，采煤既有成效，则炼铁可续筹也"。这个煤矿便是大名鼎鼎的开平煤矿，而开平的铁矿开采却再也没有下文。稍后的江苏利国驿矿开始筹划于1882年，也是宣称同时开发煤铁两矿，后受中法战争和上海金融风潮影响股金缴纳不足。由于钢铁工业比采煤建设周期更长，设备、技术要求更高，资金投入量更大，利国驿矿务局作出了与开平煤矿同样的选择：先行开发煤矿，暂停铁矿。实际结果是煤矿长期经营不善，更顾不上铁矿了。

　　光绪六年十二月，李鸿章为争取兴办铁路呈报了《妥议铁路事宜折》，文章的最后他特地加上一笔：

　　　　中国既造铁路，必须自开煤铁，庶免厚费漏于外洋。山西泽潞一带，煤铁矿产甚富，苦无殷商以巨本经理。若铁路既有开办之资，可于此中腾出十分之一，仿用机器洋法开采煤铁。即以所得专供铁路之用，是矿务因铁路而益旺，铁路因矿务而益修。二者又相济为功矣。②

　　道理是说得不错的，但也只是说说而已，真有人要办，他的调子就变

---

① 陈真编：《中国近代工业史资料》第三辑，生活·读书·新知三联书店1961年版，第63页。
② 《李鸿章全集》三，第1558页。

第七章　中外冶铁：手工作坊与自动化生产　　139

了。光绪九年秋天，任山西巡抚的张之洞有意于开矿炼铁，向李鸿章请教。李鸿章于九月十二日回信道：

> 另询铁矿一节，晋矿甲于天下，惟土法不精，远道多阻，是以远商裹足，前商局议用机器，开铁路，即如尊旨，由平定至小范四百余里，凿山架桥，连开矿工本，计需千万以外。华商断无此财力，若借洋债，更骇听闻。近因法越事久不定，谣惑甚多，沪粤市面大坏，股商歇业，集股无资。唐景星今春往西洋采探矿务、商务，约岁杪乃回。俟与筹商，或令开平矿师就近赴晋勘视，禀请示遵。铸铁机器锅炉均极笨重，似不得过四天门，至熔炼成钢，陆运出境尚可将就，但恐先不能仿洋法烹炼耳。敢贡所知，以备决择。[①]

在这里，他首先考虑的是资金问题，中国商人没有这样雄厚的资本，集股也有困难。信中只谈到商办，未涉及官办，显然是认为无论中央财政，还是地方财政，都拿不出这样大的一笔钱来。其次是交通运输问题，庞大沉重的冶炼设备无法通过崎岖不平的山路。也就是说，在李鸿章看来，当时的中国还不具备采用机器炼铁的条件。

青溪铁厂之谜

在中国近代，第一个创办现代钢铁企业的，既不是李鸿章，也不是张之洞，而是贵州巡抚潘霨和他的弟弟、曾经在左宗棠与曾国荃手下办理过上海、金陵制造局的候选道潘露。

潘霨（1815—1894），字伟如，江苏吴县人。历任天津知府，山东登莱青道，浙、鲁盐运使，山东按察使，福建布政使。同治十三年随两江总督沈葆桢赴台湾帮办海防事宜，后任湖北、江西巡抚，光绪十一年六月署贵州巡抚。

---

① 《李鸿章全集》七，第3852—3853页。

潘霨是个与洋务关系密切，愿干实事的能员。上任后即于同年十一月初一上奏云："黔省地瘠民贫，尺寸皆山，矿产极多，煤铁尤多。"拟开办矿务。

《贵州矿务札文》载，光绪十二年，"已有在思南府青溪县城外对河设立土炉熔炼铁矿者"，"土炼熟铁虽因式样难销，而铁质甚佳，经沪津机局试验，均称绵软而韧"，与洋铁相同，现议在该处立局，购机设厂。①

十二年十二月初二，潘霨与云贵总督岑毓英会衔奏调其胞弟潘露兼办贵州矿务。奏文称："查有候选道潘露，留心时务，洞悉机宜，曾经前大学士南洋大臣左宗棠派办金陵、上海两局制造事宜，疏称为奇才异能。"此前，潘露已经由南洋大臣曾国荃批准给假来黔，"经过青溪、玉屏等处，逐层勘明，铁质实系精良，水口亦甚便利"，确定了筹集资金，在青溪、小江口安设厂局。奏折并称："该道讲求西学三十余年，于开采、制造确有把握。"②此后，成立的炼铁总局，即统归潘露调度，并派候选通判徐庆沅为帮办，翻译祁祖彝副之。

光绪十二年十月间，已"由官商凑银八万两，派员自往外洋购办"机器。这次赴英购办铁厂设备并学习管理的人员共有潘志俊、徐庆沅和祁祖彝三人。同年十一月初八李鸿章致盛宣怀电称："潘志俊在英为黔购炼铁机炉，亲往各厂考较颇精。"③志俊是潘霨的次子，号子静。光绪二年举人，曾署山东登莱青胶兵备道兼东海关监督，在这个位置上，他既是子承父职，也是盛宣怀的前任，此后的职务也都与洋务有关，曾署直隶交涉使，任内阁中书，赴朝鲜办"甲申政变"善后，光绪十二年二月随刘瑞芬使英任三等参赞，故此时在英为青溪铁厂购置机器。④徐字芝生，后任职于汉阳铁厂，深受张赞宸赞赏并向盛宣怀密保。祁系1874年第三批赴美留学，12岁赴美，居洋十年，由金陵制造局来黔，与徐同被派赴英购机并任翻译。后徐在汉阳铁厂结

---

① 中国史学会主编：《洋务运动》七，第194页。
② 中国史学会主编：《洋务运动》七，第177—178页。
③ 孙毓棠编：《中国近代工业史资料》一，第683页。
④ 方一兵：《中日近代钢铁技术史比较研究：1868—1933》，山东教育出版社2013年版，第25页。

识负责炼铁的洋工程师吕柏，据吕柏回忆：

> 当徐祁两位年轻人在较短的时间里学会了关于铁厂建设、运营和管理等多方面知识后，他们带着许多先进的设备返回了祖国，在贵州巡抚潘敬如兄弟的领导下，第一次完全没通过外国专家的帮助，以自己所学到的西方冶铁炼钢知识开始了铁厂的运行。[1]

青溪铁矿向英国谛塞德公司订购全副熔铁炉，计英金6835镑；订炼贝色麻钢炉计1927镑；轧造钢铁条板机床计1 475镑；又订轧造钢铁条板所用汽机等件计2 373镑，总共12000余镑。[2]

光绪十四年九月二十八日、十五年八月六日，潘霨先后向朝廷报告，上年购办机器共重一千七百八十余吨，外洋分三批起运，由沪装船，自湖南常德而上，滩高水浅，又须按件起驳，节节转运，头批已于十四年八月中旬运到。十五年正月开工建厂，原拟八月内竣事，"因器具繁重，一路滩河船小不任多载，在高水溜挽运维艰""兼以运机船只又屡屡失事"捞摸艰难，费事费时。不意五月望后，大雨连朝，河水陡涨，冲坏起重码头和铁路石岸，所存砖灰焦炭木石等多有冲失。[3]

光绪十五年十月十六日，尚未到任的湖广总督张之洞，把关注的目光投向青溪铁厂，致电潘霨详细询问：

> 黔购炼铁机器早到，安设何县何村？距大河几里？现已开炼否？铁佳否？能炼钢否？每日出生铁若干，熟铁若干，钢若干，运至鄂价脚共若干？如铁佳而价廉，当为黔广谋销路。速示复。切盼。谏。

十九日，潘霨复电云：

---

① 方一兵：《中日近代钢铁技术史比较研究：1868—1933》，第24页。

② 薛福成：《出使英法义比四国日记》，第202页。

③ 中国史学会主编：《洋务运动》七，第179—181页。

厂在青溪，临河运鄂甚便。大局已就，俟小件配齐即开炉。承询各
节已飞询青局，到日即复。舍弟有铁路条陈，并能造成应用之螺丝、接
口、选垫等件，另函递鄂。素钦闳略又承代谋，铭感于心……①

　　看来潘氏兄弟目光远大，雄心勃勃，早把为铁路建设提供器材列入了青
溪铁厂的目标。
　　十一月二十九日，刚刚抵达武昌任所的张之洞又迫不及待来电询问：

　　青溪铁厂究竟何日开炉？能炼钢否？约计炼成钢后，水运到鄂，每
百斤需要银若干？该厂铁，据洋人云可供几年之用？该处煤佳否？多
否？每百斤烟煤价若干？炼成焦炭价若干？均祈速复。

　　十二月初一，潘蔚回复，当时新任云贵总督王文韶正在青溪勘验，各厂
即将开炉。"每日夜应出生铁二十五吨。炼钢现有贝色麻炉两座，每两刻能
炼钢一吨。炼熟铁炉设有八座，轨条机现备十三副，能轧四尺宽，长则随
便。至水脚自青溪至鄂，难以定数"，"愚见意欲力敌洋庄，收回铁利，此铁
向随洋铁为低昂"。同时强调"屯煤为第一要务"，所用瓮安县产的煤"恐日
久不敷"，听说湖南沅州一带价廉物美，想请湘抚派员确探。②
　　自光绪十二年上奏朝廷起，经过前后五个年头的惨淡经营，青溪铁厂于
光绪十六年"六月初一全局告成，开用机炉熔矿炼铁，一如西法，每一昼夜
得铁四万余斤"。
　　六月四日，潘霨在向朝廷报告开炉的同时，提出了严重的困难在于资金
不足。"截至六月开炉之日止，购机、建厂、运脚、工料并现积矿煤等项，
共用银二十七万六千余两，其中股款不敷，陆续挪用公项银十九万二千两。"
开炉后尚需经费六七万两。"现由该厂向法国泰来洋商息借规银三十万两，

---

　　① 《张之洞全集》七，第 5398—5399 页。
　　② 《张之洞全集》七，第 5410 页。

先将公款全数归清，其余作为该厂周转之资。"①

　　同年夏天，上海的报纸上出现了贵州机器矿务总局"招商集股、开办矿务"的公告。宣称经过朝廷批准，决定在贵州思南府青溪县城外对河购机设厂，先办铁矿。计划规模为"一炉所炼，日夜出铁约三百余担"，预计投资约三十万两。拟招三千股，每股一百两，合计三十万两。云云。实际招到股金多少，似未见记载。②

　　不料，事出意外。一个半月后，"总理江南制造局兼办贵州机器矿务"的潘露突然死亡，潘霨报告朝廷，青溪铁厂暂行停工。

　　青溪铁厂的失败与潘露的死，紧紧联系在一起，成为一团历史的迷雾。

　　据光绪十六年八月初三潘霨向朝廷报告的正式说法是：

　　　　忽据青溪局委员候补通判徐庆沅禀称：臣弟潘露心力交瘁，竟于七月十六日积劳病故……无奈欲仍开大炉而无人督理，终失机宜；欲承领洋款，而无力担当，恐伤信义。再三思维，惟有退还洋款，暂行停工。③

　　字里行间，似乎留下了一些令人疑惑之处：虽然定性是"积劳病故"，但未说明是何病症；根据情势推断，似乎是突然死亡，而不像是卧床久治不愈；何以潘露一死就立即树倒猴狲散，匆匆忙忙便作出了停工并退还洋款的决定？

　　当时张之洞听到的传闻却是"闻青溪厂炉塞停工"，好像是出了生产事故。潘霨立即于八月二十二日回电澄清："胞弟露积劳身故，大炉无恙。黔无妥员接手"。④ 但是，光绪十九年张之洞在一份谈到汉阳铁厂经营情况的奏折中再次提到："……若煤质稍杂，洗炼配合稍不得法，即至炉灰壅塞风

　　① 中国史学会主编：《洋务运动》七，第182—183页。
　　② 孙毓棠编：《中国近代工业史资料》一，下，第677—680页。
　　③ 中国史学会主编：《洋务运动》七，第183—184页。
　　④ 孙毓棠编：《中国近代工业史资料》一，下，第685—686页。

眼，铁汁不能下注，凝堵炉门，全炉损坏，贵州青溪铁炉覆辙可鉴"。[1]

又，光绪十九年正月二十日的《益闻录》报道：青溪铁矿"近以销售路远，资本回收多所周折，因之迟滞"。

郑观应在他的《盛世危言》"开矿（下）"里却说它："初用小炉试办，颇获利润；及用大炉，诸多窒碍。"这里的"小炉"是指土法；"大炉"是指洋法。什么窒碍，他没有细说。[2]

说得较为明确的是丁文江的《中国矿业史略》："旋以厂之附近无煤可供采炼，焦炭需采于湾水，距厂数百里，价值太昂。故虽先后派有总办，用款三十余万两，始终未能开厂，至光绪十九年，完全停办。"[3]

更有一个骇人听闻的说法是：由于用人不善，督察不力，数十万两官费亏空殆尽，总办畏罪吞金自杀！

近年来，方一兵在她的两部专著中，依据吕柏的回忆录，提供了新的线索：

> 高炉曾经在火灾中被烧毁，重新建造的新高炉在当地的居民为平息龙神的怒气而进行的 24 小时不间断庆典之后，又一次爆炸被毁。在高炉被毁之后，人们花费了许多时间进行重建。然而出铁口因此堵塞，炉渣出口也一样。人们尝试了许多办法，但最终所有方法都宣告无效。在此情况下，铁水和炉灶"凝塞炉窍"，铁水不能畅出，导致了高炉爆炸一次又一次的发生。铁石和炉渣直接接触高压喷射的冷却水，使得高炉内部火花四溅，直接引发爆炸。[4]

作者注明，吕柏回忆录中关于青溪钢厂的情况来自徐庆沅的讲述。这一

---

① 《炼铁全厂告成折》，载湖北省档案馆编《汉冶萍公司档案史料选编》上，中国社会科学出版社 1992 年版，第 109 页。

② 夏东元编：《郑观应集》上册，第 710 页。

③ 孙毓棠编：《中国近代工业史资料》一，下，第 686 页。

④ 方一兵：《汉冶萍公司与中国近代钢铁技术移植》，科学出版社 2011 年版，第 20 页。

出铁口堵塞的说法与张之洞相同，可能来源亦相同。吕柏的回忆录还进一步透露了出铁口堵塞，可能与燃料质量有关：

> 青溪铁厂所用的铁矿石在距离矿山约 20 里的地方，为铁含量 60%—62% 的赤铁矿和含铁 35% 的锰铁矿，通过一条窄轨铁路将铁矿石运送到设备所在地。燃料则需要从更远一点的地方运来。大部分采用的是无烟煤以及一小部分烟煤，烟煤通过最原始的方式被加工成焦炭，这些大杂烩便是高炉的燃料来源……另外，人们还经常使用木炭加入燃料混合物中。[1]

无论真相如何，青溪铁厂终究是夭折了。它预示着在中国开创现代钢铁企业将面临难以预测的惊涛骇浪，也预示着这一历史使命还要选择新的承担者。

---

[1] 方一兵：《中日近代钢铁技术比较研究：1868—1933》，第 27 页。

本编

『荆天棘地』

千秋业

光绪十五年，张之洞被任命为湖广总督，从沿海前哨的广东来到地处内陆中心的千湖之省，开始了他在九省通衢武汉长达十八年的人生旅程。

"昔贤整顿乾坤，缔造先从江汉始"。在这里，张之洞倾注了毕生主要的精力，将中国的早期现代化从沿海引入中部地区，使之异军突起，驾乎津门，直追上海，成就了湖北的崛起，也奠定了他作为洋务运动殿军的历史地位。

在这里，他独当大任，以愚公移山、精卫填海自励，于棘地荆天之中，冲破阻力，迎难而上，成就了他平生最卓越的事业，开发大冶铁矿、创建汉阳铁厂，领先亚洲，震惊世界，成为了中国近代钢铁工业的开创者。

张之洞曾经对僚属说过："自官疆吏以来，已二十五年，惟在晋两年公事较简，此外，无日不在荆天棘地之中。大抵所为之事，皆非政府意中欲办之事；所用之钱，皆非本省固有之钱；所用之人，皆非心悦诚服之人。"①

---

① 《抱冰堂弟子记》，载《张之洞全集》十二，第 10632 页。

所谓"荆天棘地"者，当以创办汉阳铁厂为最。然而百年来他的这一事业颇具争议。本书将立足于原始档案资料，通过对史料的发掘、梳理，探索历史事实的本来面目，如实勾勒张之洞创办汉阳铁厂的全过程；与此同时，对于评论张之洞办铁厂的某些流传甚广的说法，本着实事求是的原则，进行考证和辨析，用史料说话，以期去伪存真，清除长期因袭陈言、以讹传讹、积非成是的流弊。

下面，在我们进入正题之前，似乎有必要简略地回顾一下张之洞来到湖北之前的人生历程。

第八章　皇太后的门生

湖园召见上帘钩，年少探花已白头，各有伤心无一语，君臣相对涕横流。

《金銮琐记》中的这首诗，是高树追记光绪二十九年二月张之洞入京，
在颐和园觐见慈禧的情景。据在场的太监说，慈禧一见张之洞，便呜呜咽咽
地哭了起来，张之洞也哭得一把鼻涕一把泪，两人始终说不出一句话。

盖各有伤心，不知从何说起，惟有对泣而已。对泣已久，孝钦命休
息，乃出。①

看这光景，颇有些像是遭遇了大变故、心中有大委屈的老太太见了娘家亲
人的模样。有关慈禧的故事中，这大概是比较有人情味的一幕。这位当时年近
七旬的老太太，手握国柄、唯我独尊了一辈子，刚刚经历了八国联军进京这场
大劫乱，仓惶流亡长达一年半，跌入了人生的低谷；回到紫禁城，惊魂甫定，

---

① 荣孟源等编：《近代稗海》一，第53页。

陡然见到了多年未见的一个人，这个人勾起了她对四十年前执政初期辉煌的回忆，勾起了她颠沛流离时内心经历的种种惊恐、失落和屈辱，也触发了她四十年来国事家事种种挫折留在内心深处的伤痛。无可倾诉的长期抑制的情感积淀，突然遇到了一个宣泄的出口，于是便有了这君臣相对、涕泣横流的一哭。

这位老太太是权力和威严的化身，轻易不假人以颜色。能够成为激发她感情的触媒，成为她宣泄感情的对象，一定是在她的意识里感到亲近的人、可信的人，是能够理解她并与之共鸣的人。

知遇之恩

慈禧生于道光十五年，即公元 1835 年；张之洞生于道光十七年八月初三，只比慈禧小两岁。

咸丰十一年九月，26 岁的慈禧发动政变，开始实行两宫皇太后垂帘听政，正式走上了政治历史舞台；过了一年多，同治二年春，26 岁的张之洞参加殿试金榜题名，中了"探花"，开始了他的仕途生涯。

光绪三十四年十月二十二，三度垂帘听政的慈禧撒手人寰，终结了她的长达四十七年的权力之旅；十个月后，宣统元年八月二十一日，在秋风摇曳中，体仁阁大学士、军机大臣张之洞溘然长逝。

张之洞的政治生涯始终追随着慈禧，基本是与慈禧相始终。

张之洞可以算得是慈禧太后的得意门生。

科举时代非常重视师生关系。这里说的师生关系，不是韩愈所说的传道、授业、解惑的教学关系，而是科举考试时的主考、考官和门生的关系。一个秀才，通过三年一次的省级"乡试"，中了举人，主考官就是他的"座师"，负责阅卷、推荐试卷的是"房师"，其他的考官也都是"受知师"；而被录取的举人，就是考官们的"门生"。在清代，到大省去担任主考的都是二三品的大员，一般的考官，不是前程远大的翰林院的编修、检讨，便是内阁中书、各部的主事这些实力派。至于在京城举行的更高一级的"会试"，阅卷大臣的品级和职务就更加煊赫了。一个读书人一旦中了举人或进士，立

即便有一个巨大而复杂的关系网在等待着他。

清朝会试发榜后，照例由皇帝亲自担任主考，举行殿试。阅卷大臣们从中选出前十名，将卷子送给皇帝，由皇帝来亲自评定等级和次序，其中的一甲前三名，便是状元、榜眼和探花。张之洞中了探花，也就是俗话所说的"天子门生"；但此时的天子还年幼无知，实际上是由慈禧作主，所以说张之洞可以算得是皇太后的门生。特别是张之洞的这名"探花"来之不易，是在有很大争议的情况下，由慈禧力排众议，将他的名次大为提前的。这对于张之洞来说，就是有了"知遇之恩"；而在慈禧这方面，也免不了要另眼相看，把他划进"我的人"的圈子里。

原来殿试的"对策"，要求对朝廷求才、纳言、吏治等方面政策和执行情况，提出意见和建议。这本是官样文章，在试卷上写一些官话和套话也就是了。不想张之洞却动了真格，大胆地说出了自己对时政的真实看法，对科举、捐纳等一些现状进行了尖锐的批评：

> 今世士人，殚精毕世，但攻时文，一旦释褐从政，律令且不晓，何论致治戡乱之略哉？至于捐纳杂流，究其贻患甚于加赋，其害人人能言，其弊未可以卒革者，不过曰军饷所出耳。臣窃以为民穷财尽，来者益稀，徒受鬻爵之名，并无富国之实……①

张之洞的这份试卷，"不袭故套、指陈时政，直言无隐"，在阅卷大臣中引起了争议，大多数人认为只能录取在三甲的最后，只有军机大臣、户部尚书宝鋆十分赏识，主张取在二甲的第一名。

慈禧毫不理会大多数阅卷大臣的意见，比宝鋆更进一步，将张之洞提拔进入了三鼎甲的行列。②这对张之洞后来的发展关系极大：在一般情况下，三甲的进士，选不中庶吉士便只能分到各省、部候补，不知道何年何月才能

---

① 《张文襄公全集》四，中国书店 1990 年版，第 212 卷，第 4 页。
② 《抱冰堂弟子记》，载《张之洞全集》十二，第 10612 页。

补上一名知县或主事；而中了探花，不仅名满天下，而且照例是任翰林院的编修，将来有很多机会接近慈禧和中枢的决策，为他进入上层铺就了一条康庄大道。而慈禧这一行动的意义，除了表示对张之洞的赏识外，也可以看作是这位初握权柄的年轻统治者的一种施政的姿态：一种励精图治、革除弊政、整顿吏治的姿态；一种开放言路，表示愿意听真话，愿意让人家说话的姿态。这是封建社会里，每一个英明的君主或是想博得英明名声的君主，都应当有的姿态。

张之洞是咸丰二年参加顺天府乡试中的举人。当时他只有 15 岁，又是一举夺得解元（第一名举人），一时名噪京华。由此到中进士却经过了十一年的时间。据张之万的孙子张达骧在《张之洞事迹述闻》中说，"同治元年，之万奉差河南查办事件。临行之前，陛见慈禧太后请训，慈禧询问说：你的弟弟之洞颇负才名，怎么至今还没有入翰林？"[1] 如果这个说法可靠，那么慈禧早就关注着张之洞了。

对于慈禧的知遇之恩，张之洞至死犹念念不已，在他临终之前亲自口授的"遗折"中还说：

> 伏念臣秉性愚庸，毫无学术，遭逢先朝特达之知，殿试对策，指陈时政，蒙孝贞显皇后、孝钦显皇后拔置上第，遇合之隆，虽宋宣仁太后之于宋臣苏轼无以远过！[2]

立嗣风波

光绪五年，在张之洞的仕途中是颇为重要的一年。

这年的三月，安葬同治和他的皇后时，慈禧遇到了一件麻烦事，这给张

---

[1] 《文史资料精选》第一册，中国文史出版社 1990 年版，第 222 页。
[2] 《张之洞全集》三，第 1824 页。

之洞带来了一个感恩效忠和表现的机会。

原来有个吏部主事名叫吴可读的，参加葬礼后，在蓟州马神桥三义庙服毒自杀了。留下了一份遗疏，指责"两宫皇太后一误再误"，同治死后，只为咸丰过继了一个儿子——实际上是慈禧为自己过继了一个幼儿作儿子，以便继续垂帘听政——却不为同治过继儿子。要求太后作出决定，宣布将来帝位仍然归还给同治的继子。所谓"一误再误"云云，明显是反对慈禧立光绪作皇帝，但是已经成了不可改变的事实，便退一步来为同治的继子争将来的皇位，极力维护刚下葬的同治的正统地位。①

正在垂帘听政的慈禧是同治的生母，吴可读之死既是对她当初作主立光绪为帝、违反"以子传子"祖制的强烈抗议；也是对她一心贪恋国柄、全无母子之情的无情揭露。自己的儿子死了五年，按封建宗法制度看来如此至关紧要的后事，现在却由一个小小的主事提了出来，而且人家连命也不要了以死相争，这就让慈禧十分被动地处于尴尬的境地。面对此事，既不能置之不理，又不能大发雷霆、兴师问罪，便含糊其词地下了一道旨意，说是当初就已经宣布过，将来光绪生了儿子，就过继给同治作后代，和这次吴可读的要求是一个意思；并将吴可读的遗疏发给王公大臣们，要他们商议个妥善的意见。②

王公大臣们遇到了一个难题。为了防止皇子们谋夺皇位，雍正七年就明文规定，今后不许再立太子。如果光绪生了儿子，确定他过继给同治，将来继承皇位，实际上就是立太子。他们认为要不要立太子，由谁来继承皇位，都不是臣子们应该议论的。最后的结论也是含糊其词地附合太后的意见，认为吴可读的要求不必考虑。

会后，几位饱读孔孟之书的老臣礼部尚书徐桐、刑部尚书翁同龢、工部尚书潘祖荫等人觉得不妥，又联名上了一个折子：为了让天下的臣民都了解太后的心意，最好是公开宣布，将来选择谁来继承皇位，谁就是承继同治的

① 朱寿朋编：《光绪朝东华录》一，总第725—727页。
② 朱寿朋编：《光绪朝东华录》一，总第727页。

后代。这个折子很简明扼要，提出了解决的办法，却没有展开论述。①

真正把这个问题论述透彻、圆满解决的是张之洞。四月初十上奏的《遵旨妥议折》，洋洋洒洒近三千字，根据太后已经宣布了的"继嗣"，针对吴可读至死纠缠不休的"继统"，开宗明义便抓住"继嗣就是继统"来立论，反复阐明"从来人君子孙，凡言继嗣者，即指缵承大统而言"，"故继嗣与继统毫无分别"，为慈禧堵塞了漏洞。对于吴可读的遗折，他认为是"其于不必虑者而过虑；于所当虑者而未及深虑也"，也就是不该操心的瞎操心；该操心的却又没有操心，完全不在点子上。他认为如果只是肤浅地为同治作想，光绪生了皇子就明确为同治的继承人，势必形成预立太子的局面，隐伏下日后政局纷争的无穷后患。真正为同治着想，同时也是考虑社稷的安危，唯一正确的办法是，将来不必匆忙地在光绪的儿子中指定谁继承同治，等到选中了谁继承皇位，谁就是过继给同治的后代。在依据儒家礼制和《春秋》等经典从理论上剖析后，他又大胆地指出"承继承统之说，不过于礼制典册中存此数字空文"，更重要的是"君臣一德，共济艰难，此宗社之福而臣民之愿也"。②

张之洞的奏折抓住了问题的核心，思虑周详，论述精辟，办法切实可行，既符合儒家伦理，又遵循了清朝的家法，合情合理，显示了他解决实际政治问题的才能，在当时产生了重大的影响，其务实的文风被舆论称之为"卓然开风气之先"。

我们可以想象，慈禧读到这篇奏折，大概会觉得是"深得我心"，说出了她想说而没有说出的话，如释重负。在采纳他的意见的同时，也必然会对张之洞另眼相看，"恩宠眷顾"。

为东乡案平反

光绪五年，张之洞还为老百姓作了一件大好事：平反了四川东乡县的冤案。

---

① 朱寿朋编：《光绪朝东华录》一，总第741—742页。

② 《张之洞全集》一，第9—13页。

咸丰、同治年间，清政府为了筹集镇压太平天国的军费，在各地横征暴敛，增加了许多苛捐杂税。四川的东乡，本来就地瘠民贫，是个贫困县，当时各种捐税加起来，比清朝初年增加了十倍。光绪元年六月，活不下去了的农民们聚众请愿，要求清算钱粮的账目，减轻负担。署东乡知县孙定扬谎称是百姓聚众谋反，护理四川总督文格便下令"痛加剿洗"，提督李有恒率兵血洗东乡，造成了数百人惨死的大冤案。东乡的百姓们悲愤难平，便派人进京告状伸冤；一些四川籍的京官也站出来说话，联名参劾文格。经过两次进京告状，三次提出参劾，换了两任总督，三次奉旨查办，拖了四年，案情还是不明不白。①

东乡冤案发生时，张之洞正在四川作学政。当他按例到东乡县所属的绥定府去主持考试时，一些东乡的考生根本不按试题做文章，写的都是东乡的冤情，因此张之洞对真相比较了解。光绪五年五月十一日，已经回京担任国子监司业的张之洞，一天内连上三道奏折、奏片：《重案定拟未协折》《陈明重案初起办理各员情形片》《附陈蜀民困苦情形片》，指出此案审理不当，反映当地农民负担的沉重，要求平反，严惩首恶。奏折开头便指出案件的实质和关键所在：

> 伏思此案之查办，由于滥杀，滥杀由于诬叛请剿，诬叛请剿由于聚众闹粮，聚众闹粮由于违例苛敛。各禀各疏中所谓署东乡县知县孙定扬议派捐输，每正银一两，多加钱五百文是也。

随即直言川民负担沉重、官员肥己而滥杀无辜：

> 大率每地丁一两，合之津捐杂派，大县完多将近十两；中县完少亦须五六两……故东乡多收五百文，非勒捐富户也，乃加赋也。非为国家聚敛也，乃肥己也。……且东乡自同治八年以后，局中有巨万之征收，

---

① 朱寿朋编：《光绪朝东华录》一，总第 490 页。

无一纸之清账，乡民愤激清算，遂发兵以剿之，且举无数无干之老弱妇孺而屠戮之，此不得不为四川百姓痛哭流涕而诉之于天地父母者也！①

五月二十日，张之洞又再次上奏，要求追究当时四川总督文格的罪责。张之洞的奏折引起了慈禧的重视，两次就此下令，命刑部"核议具奏"，并令文格开缺来京听候部议。经过刑部重审，终于使冤案昭雪，肇事者受到了应得的惩处：首恶知县孙定扬、提督李有恒都被判处"斩监候，秋后处决"；两名知府、随同李有恒剿杀乡民的三名提督、一名总兵分别革职发往新疆、黑龙江充当苦差或发往军台效力赎罪；三名前任四川总督文格、丁宝桢、李宗羲均著交部分别议处。张之洞也更加声誉鹊起。②

修改条约 严惩崇厚

就在张之洞为东乡冤案上奏的同时，清廷派崇厚为全权大臣赴俄交涉，索还在阿古柏作乱时被沙俄乘机侵占的伊犁地区。崇厚在俄国的胁迫愚弄下，于1879年10月2日擅自签订了《交收伊犁条约》，除规定中国偿付兵费500万卢布（合白银280万两）外，还同意割让伊犁西境霍尔果斯河以西及南境特克斯河地区一带大片领土给俄国。收回的伊犁实际上成了一座北、南、西三面都被俄国包围的孤城。

条约内容披露后，朝野哗然，群情激愤，清流人士纷纷上书抨击崇厚丧权辱国的行径。光绪五年十二月初五，张之洞在《熟权俄约利害折》中，指出伊犁条约严重危害中国主权和利益，有"十不可许"；提出"改议之道"在于计决、气盛、理长、谋定。"立诛崇厚则计决"，"明示中外则气盛"，"缓索伊犁则理长"，"急修武备则谋定"。强烈要求修改条约，严惩崇厚，急修战备，抵制沙俄，在当时产生了重大的影响。③

---

① 《张之洞全集》一，第14—15页。
② 朱寿朋编：《光绪朝东华录》一，总第769页。
③ 《张之洞全集》一，第32—36页。

张之洞的奏折再次受到两宫皇太后的赏识。皇太后不仅召见了他，还让他获得了在王大臣与总理衙门研究这一问题时列席会议的殊荣。十天后，十二月十六日清廷将崇厚革职拿问，交刑部治罪。随后又改派曾国藩的长子曾纪泽为出使俄国钦差大臣，赴俄重议条约，终于收回了部分领土。这次改约活动中，张之洞自光绪五年底至光绪六年底，先后上奏二十来次，一方面就谈判必须坚守的内容和策略提出建议，一方面为朝廷如何部署防务、任用将领、筹集军饷、购置枪炮出谋划策。这些奏折正如张之洞所言："故臣始终意在以备为讲……然则力维和局，仍须实筹战计。"始终强调要加强战备，作好与俄作战的准备：

> 臣非敢迂论高谈以大局为孤注，惟深观世变日益艰难，西洋挠我权政，东洋思启封疆，今俄人又故挑衅端，若更忍之、让之，从此各国相逼而来，至于忍无可忍，让无可让，又将奈何？……不以今日捍之于藩篱，而待他日斗之于庭户，悔何及乎？①

他的一些建议，有的为慈禧所采纳，更多的是被军机大臣等视为"书生之见"，他一再慷慨陈词：

> 当此大局紧迫，臣是以苦口危言，不惮渎请，断宜审其缓急，权其轻重，勿再游疑，勿再延缓，勿再惜饷，勿再吹毛求疵而弃将才，勿再任听督抚推宕粉饰，勿再恃邻国调护遂存侥幸，勿再听敌国甘言遂懈军心。俄人见我实有战心，庶可早成和议。②

这些激愤的话语，吐露了他对国事的执着、急切和焦虑，也活画出了当政者的蹒跚、苟且和昏庸。

---

① 《张之洞全集》一，第35—36页。
② 《张之洞全集》一，第60页。

清流主将

张之洞为东乡案平反、弹劾崇厚，都不是孤立的行动，而是他作为清流派主将的一系列活动中的组成部分。所谓清流派，是晚清朝廷内部的一个政治派别，成员大都是都察院的御史和翰林院的翰林，其中最著名的是"枢廷四谏"：张之洞、张佩纶、陈宝琛和宝廷。攻击者把他们的首领协办大学士、军机大臣李鸿藻称之为"青牛头"，张之洞和张佩纶则是触人的"青牛角"。清流派标榜名节，弹劾权贵，上书谏事，评议时政，在内政方面抨击贪官污吏，要求整顿纲纪；在外交方面反对投降媚外，主张抵抗外国侵略，形成一股可以左右舆论的政治力量，对时政产生了一定的影响。他们弹劾的对象，上至亲王贵胄，内有尚书侍郎，外有总督巡抚。

张之洞和清流派的这些活动，没有慈禧的支持是不可想象的。清政府镇压了太平军以后，国内的政局相对稳定，吏治腐败的问题便突出了起来；在外事方面，出现了列强图谋侵占我国领土的危机；清流派的出现，正是适应了现实政治的需要。从最高决策核心来看，慈禧执政初期与恭亲王联手合作的政治蜜月已经成为过去，两人面临着此消彼长的权力再分配。慈禧从钦定张之洞为探花那个时期开始，似乎就在有意识地扶植一支舆论力量，作为制约恭亲王和权贵们的工具，于是清流派才得以脱颖而出，成为一个社会矛盾的平衡器，作为一个权力斗争的调节器，活跃地运作于政坛；张之洞才得以崭露头角，进一步受到慈禧的赏识。

慈禧不可能具有民主意识，但她懂得舆论是制约官员们的有力武器；巧妙而有效地操纵舆论，标志着她的统治技巧日益娴熟。比起一味害怕舆论、压制舆论来，似乎要略胜一筹。然而言路又是一把双刃剑，在发挥它的制约功能时，有时也不免要制约到使用者自身。

庚辰午门案

光绪六年发生的庚辰午门案，对张之洞和清流派是一次考验，对慈禧也未尝不是一次考验。

这一年的中秋节前夕，慈禧派了一个名叫李三顺的太监，给她的亲妹妹、光绪的生母醇王福晋送食品。李三顺带着两个小太监，挑着八盒食物出午门时，因为没有按照规定提前办理出门的手续，值班的护军不肯放行，发生争执。李三顺倚仗慈禧的权势，十分刁蛮，丢弃了食盒，回去向慈禧诬告。正在病中的慈禧，听信了一面之词，据说气得把药碗也摔了，派人把慈安太后请来，哭诉她被人欺侮了，说是不杀了这几个护军就不活了。这事交给刑部和内务府审办，就是一时轰动朝野的庚辰午门案；[1]但在当时的官方文书里，却是称之为"值班护军殴打太监"一案，由此可见其倾向性。[2] 前后历时三四个月，刑部和内务府三次上报的意见都被驳了回来。直到十一月二十七日，上面的意思还是要将护军杀头；军机大臣不能接受，反复申述。二十九日下来了旨意，强调护军"业经告知奉有懿旨，仍敢抗违不遵，藐玩已极，若非格外严办。不足以示惩儆。"说白了，就是慈禧要争回面子，出一口恶气。判决的结果是，三名护军仅仅保住了性命，有的充军到黑龙江服苦役，有的圈禁五年，护军统领交部"严加议处"；对于惹事生非的太监李三顺则不闻不问。[3] 如此处理，显然是大不公。一些大臣忧心忡忡，翁同龢在日记里写道："窃思汉唐以来貂珰之弊，往往起于刑狱大臣无风骨。事势渐危，如何如何。"心情既沉重，而又无可奈何。[4]

一周以后，突然峰回路转，十二月七日两位皇太后下令，减轻护军的处分，护军统领免交部议，并将李三顺打了三十大板。

---

① 徐一士：《一士谭荟》，重庆出版社1998年版，第360—375页。

② 朱寿朋编：《光绪朝东华录》一，总第966页。

③ 朱寿朋编：《光绪朝东华录》一，总第1017—1018页。

④ 《翁同龢日记》三，第1530页。

原来是左庶子张之洞和右庶子陈宝琛说话了，他们于十二月四日各上了一道奏折。

他们都兼有"日讲起居注"的官职，负有"拾遗补阙"的职责，清流派平时标榜的宗旨和他们一贯的作为使得他们不能不说话，但这话怎么说就大有讲究了。恰巧在这一期间，发生了一桩疯子刘振生从神武门混入了后宫的事件，张之洞和张佩纶、陈宝琛商议，主张把这两件事捏在一起，只就加强门禁和对太监的管理来作文章，希望慈禧自己能够醒悟；而不可对护军处理过重加以指责，唯恐在慈禧盛怒之下火上加油，反而无益有损。

按照这个思路，张之洞在《阉宦宜加裁抑折》中着重强调：

> 阉宦恣横，为祸最烈……惟是两次谕旨，俱无戒责太监之文，窃恐皇太后、皇上裁抑太监之心，臣能喻之，而太监等未必喻之，各门护军等未必喻之，天下臣民未必尽喻之。太监不喻圣心，恐将有借口此案，恫喝朝列，妄作威福之患。护军不喻圣心，恐将有因噎废食，见奸不诘之忧。天下臣民不能尽喻圣心，恐将有揣摩近习，谄事貂珰之事。

他举出一些管理松懈及其危害的事例后，又强调：

> 万一此后太监等竟有私自出入，动托上命，甚至关系政务，亦复信口媒孽，充其流弊所至，岂不可为寒心哉！①

与他同时上奏的陈宝琛说得更为明白：如果以后太监们出入都说是奉了旨意，不分真假，一律放行，其结果是：有护军和没有护军是一个样，有门禁和没有门禁是一个样。

这里还有一个插曲。陈宝琛按照张之洞的主意写好了奏折后，仍然写了一个"附片"，附在后面，要求减轻护军的处分。张之洞听说后急忙送去

---

① 《张之洞全集》一，第 74 页。

一纸短笺:"附子万不可服",借用药名作隐语,制止呈上附片。听说附片已上,他顿足大呼:"错了,错了!"等到结案后,张之洞高兴地对陈宝琛说,"我们这次上奏居然获得了良好的效果,请问你在附片中是怎么说的?"陈宝琛便背诵了几句,它的中心意思是:皇上过去是因为讲孝道、尊崇母亲而主张要严惩;现在太后却为了遵循祖制、防止流弊而格外宽大处理,更会光大圣德,受到臣民的称颂。——原来说得也很委婉,得体地给了慈禧一个下台的台阶。①

这次上疏,又是张之洞的得意之举。若干年后,他在《抱冰堂弟子记》里记述了这件事,还列举了恭亲王对他的表彰。就在此事的前两天,有两位御史因为奏折太琐屑而受到斥责。当时恭亲王拿着张之洞和陈宝琛的奏折对军机大臣们说:"彼等奏折真笑柄,若此真可谓奏疏矣!"②

一天云雾散去,显然是得力于张、陈两位的奏折写得好:角度选择得好,分寸掌握得好,对慈禧的心理揣摩得好。苦心孤诣的从门禁制度上立论,着眼点是考虑宫廷的安全,纯乎是对太后的一片耿耿忠心。——也许还有一个重要的原因,此时张之洞已深得慈禧的信任。如果换了一个慈禧觉得不顺眼的人,就是说同样的话,也未必有这样好的效果。

转过年来,光绪七年二月,张之洞由左庶子补翰林院侍讲学士;四个月后,一跃而升为内阁学士,官列二品,下一步就可以内升侍郎,外放巡抚了。这年的十一月,张之洞果然被任命为山西巡抚。一年之内,连升三级,由此而进入了封疆大吏的行列。看来慈禧提升他为内阁学士,就是在为外放巡抚作准备了。

治晋兴革

光绪七年十二月,张之洞怀着"经营八表"的雄心壮志赶在年前于

---

① 胡钧:《清张文襄公之洞年谱》,台湾商务印书馆 1978 年版,第 52 页。
② 《张之洞全集》十二,第 10612—10613 页。

二十二日到达太原。当时山西正是大灾过后，兼之巡抚调动频繁，"民生重困，吏事积疲，贫弱交乘"。

光绪八年正月，张之洞在山西任所致函张佩纶：

> 此间官场大患，州县则苦累太甚，大吏则纪纲荡然，非大加振作，求几于安静不扰之治，不可得也。州县之累，莫若摊捐，廉者亦必亏空。鄙人欲先去此病……
>
> 近来立定课程，丑正二刻即起，寅初看公事，辰初见客。行之多日，似乎稍有微效。微效者何，案无留牍，署无晏起……
>
> 晋缺虽苦，然已裁去陋规二万六千金矣。欲整吏治，不得不然，非矫廉也。然如此仍足自给。①

上任伊始，他便从整肃吏治入手，雷厉风行地惩处了一批贪赃枉法的文武官员，褒奖了知府马丕瑶等"循良之吏"。半年以后，制订了治晋方略，以《整饬治理折》上奏，提出要"抉去病根"，"培养元气"，"表里兼治"，列出了"务本以养民，养廉以课吏，去蠹以理财，辅农以兴利、重士以善俗，固圉以图强"等六个方面二十件要务。在养民方面他首先从清查地亩开始查出各地隐瞒土地近二十万亩；裁减差役，减轻了农民的负担。在养廉方面，他以身作则，"首将原议臣衙门公费一万九千五百五十两，共支卓饭银六千四百两，暨此外一应查库、门包等陋规全行裁禁"，严禁"馈送上司水礼之风"；设立清源局，清查多年未解决的"摊捐"积弊，有的免除，有的改为折色，有的在正税中开支。在理财方面，查清了三十多年的糊涂账，清出库存银七十二万余两，各种欠款一百五十二万余两。②

张之洞认为"晋患不在灾而在烟"，吸食鸦片者"吏役兵三种，几乎十人而十矣！"针对猖獗的吸毒之风，制订了方案，《札各属禁种罂粟》，在全

---

① 吴剑杰编著：《张之洞年谱长编》上，上海交通大学出版社 2009 年版，第 70—71 页。
② 《张之洞全集》一，第 101 页。

省严禁种植、吸食鸦片。对查禁无方、谎报不实的两个县令予以罢免；设立戒烟局，医治吸毒成瘾者。

这年冬天，他在致李鸿藻信中说，到山西已经是十个月了，"方略将全局看清，粗将线索寻着，可望渐入佳境"：

> 鄙人之志，惟欲在此稍久（至少亦须三年），意中欲办之事一一办成，已办之事一一见效，庶几心安理得，不虚此行。①

南疆抗法

就在张之洞治理山西取得初步成效的时候，南疆战云密布，光绪八年（1882年），法军占领河内，越南请求中国出兵，战事迫在眉睫。自八年四月至九年十一月，张之洞多次上疏，分析局势，敦促朝廷早下决心迎战，并一再提出具体的抗法战备建议。慈禧在朝野主战舆论的督促下，被迫准备迎战，于光绪十年三月十七日下令，命张之洞"来京陛见"。

光绪十年四月，慈禧先后任命主战的清流主将张佩纶、陈宝琛会办南洋、福建海疆事宜，张之洞署理两广总督。后来张佩纶因为马江战败，又追究他保举非人的责任，受到革职、充军的严惩，从此退出了官场；陈宝琛也受到降五级调用的处分而退归田里。论者一般都认为这是慈禧蓄意摧折清流人士；而张之洞独得无事，是慈禧对他的眷顾未衰。

慈禧对张之洞的眷顾未衰确是事实，但首先得张之洞能经受战火的考验，自身站稳脚跟。他是守土有责的方面大员，在战争中的责任比处在协助地位的"会办"更重大；他这个书生面对的情况也更为复杂：广东参战的部队淮、湘、粤三家各成派系；张树声、彭玉麟都是功成名就、军功煊赫的宿将而两人又严重不和；张树声既是开缺的前任两广总督，朝廷又命他留下来

---

① 吴剑杰：《张之洞年谱长编》上，第88页。

会同张之洞"办理广东防务"，同时又是彭玉麟、张之洞审察的对象，必然对张之洞深具戒心。虽然如此，张之洞却在中法战争中交出了一份极为出色的答卷。最为人所称道的主要有三点。

"以和衷联诸将"。大敌当前，必须和衷共济，团结对敌。在总体防御部署中，经过协商，他将内心所推重的彭玉麟从偏处琼州一隅改为负责防守以虎门为中心的前路，同时一碗水端平，请张树声负责防守以黄埔为中心的中路，自己防守西南，广州将军长善、广东巡抚倪文蔚防守广州城的水路和陆路。对于张树声的被弹劾，张之洞既不落井下石，也不顺水推舟，而是开诚布公地将朝廷转来的原奏件都交给他看，让他据实回复。后来张之洞与彭玉麟在联名回复朝廷时，对张树声予以回护，说该督"素行谦谨，久历封疆，刻意自爱。服官各省类皆孜孜求治"。不久，张树声病逝，张之洞又上奏为之请恤。经过如此一番协调，"目前在事诸臣毫无意见之参差，即湘淮粤诸军亦毫无畛域之间隔"①。

国事为重，"筹济军事，不分畛域"。在中法战争中，张之洞破除畛域之见，多方支援闽、台、桂、滇各地抗法作战。光绪十年六月张佩纶致电请援，张之洞派游击方恭率兵五营自汕头援闽；援兵正要开拔，马江已经战败，张之洞改派潮军两营，携大批军火赴闽。同年九月，法舰攻台湾，封锁海面，企图切断台湾刘铭传的补给线。张之洞主动与刘联系，千方百计先后支援刘部饷银三十万两。张之洞反复奏陈"牵敌以战越为上策，因越以用刘为实济"，主张授刘永福以官职，承认黑旗军的合法地位，在半年时间内先后给黑旗军拨银十五万五千两，并派唐景崧率军赴云南配合刘永福作战，唐军的费用均由广东承担。其时广东府库空虚，据《抱冰堂弟子记》云：

初到粤时，前任已借洋款二百万两。到任后，为本省海防借银二百万两，为协助滇、桂，越南刘、唐两军及台湾，共借五百万两，合

① 《查复张树声参款折》《敬陈海防情形折》，载《张之洞全集》一，第241—248，249—253页。

前任、本任共借洋款九百万两。先经奏明，分各省认还。嗣户部派广东筹还，乃独立认筹，分十五年还清，专取给于本任内新增洋药、厘金中饱一款。①

其中援滇 200 万，援桂 200 万，刘、唐 40 万，台湾 40 万。张佩纶对他的支援复电称："公忠私义，不愧经营八表矣。……使各省皆如公，法气必沮，惜哉！"云贵总督岑毓英也致电表示感谢："越事仰赖明公主谋，助兵助饷，始克有济。"

运筹决策，谅山大捷。在法军围困台湾之时，张之洞建议在海军敌强我弱的形势下，采用"围魏救赵"的策略，"援台惟有急越"。他分析形势：当前我军不可能很快地把法军从基隆赶走，法军也不可能消灭我军占领台湾。只有"力争越南，攻所必救"，就可以不让法军在孤岛台湾逞凶，而越南的领土逐渐恢复，台湾之围自然也就解除了。他主张分东西两路夹击越南的法军。西路由唐景崧入越，会同刘永福及滇军岑毓英所部，于光绪十年末收复越南大部失地，后又取得临洮大捷，击溃了西线法军。在东路，张之洞力主起用非湘非淮、饱受排挤而退休的老将冯子材。向朝廷上奏："该提督老成宿将，久官粤西，曾征越匪，威望在人，罢兵未久，旧部尚众。"命冯募兵十八营，由钦州出边入越。光绪十一年初，东路法军万人进攻谅山，广西巡抚潘鼎新不战而溃。二月十三日法军占领谅山，直逼镇南关，全线震动。潘鼎新诿罪于冯子材。张之洞查证后与彭玉麟合奏为冯辩诬，并电慰冯"以大局为重"，"将来破敌，终赖麾下"。法军进逼镇南关，张之洞令冯子材任广西关外军务帮办，负责镇南关前线指挥。冯临危受命，指挥士卒在关前隘处筑垒墙，跨东西两岭长三里，掘深堑，布置炮位。冯亲率主力守关前，以苏元春、陈嘉两部守侧后两翼，王孝祺部屯于后，成犄角之势。光绪十一年（1885）二月七日，法军二千余分三路来攻，扑向关前东西二岭，战至初更，法军败退。次日，法军主力向正面发动攻击，并分兵攻击两侧。双方激战，

---

① 《张之洞全集》十二，第 10615 页。

成胶着状态时，冯子材率先跃出长墙，持矛大呼冲入敌阵，将士纷纷一跃而起，与敌肉搏。此时正好王德榜率兵赶到，王孝祺、苏元春也率部从岭上冲下，法军仓皇败退。这天敌发炮弹不下千发，枪弹"积地盈寸"，被歼数百人。冯子材等乘胜追击，十三日克复谅山。[①]

镇南关、谅山大捷，一举扭转了中法战争的局势，洗刷了鸦片战争以来中国军队抵抗西方列强入侵屡战屡败的耻辱，张之洞称之为"自中国与西洋交涉，数百年以来，未有如此大胜者"。

转向洋务

张之洞任山西巡抚以后，思想发生了重要的变化，这反映在《延访洋务人才启》里。他认识到：

> "方今万国盟聘，事变日多，洋务最为当务之急"，"查中外交涉事宜，以商务为体，以兵战为用，以条约为章程，以周知各国特产、商情、疆域、政令、学术、兵械、公法律例为根柢，以通晓各国语言文字为入门。"[②]

在晋期间，他接触到英国传教士李提摩太，对他给前任晋抚曾国荃提出的以工代赈、开矿、兴学、筑路等建议颇为重视，聘李提摩太为顾问，请他为山西官员定期宣讲声、光、化、电等科学知识，演示磁石吸铁、氧气助燃等实验。他多次向总署要求开办山西铁矿，并与李鸿章探讨过创办铁厂的问题。光绪十年四月还制定了开办洋务局的计划，随即因调离山西，没有来得及推行。

经过中法战争之后，切身的体验使张之洞加速了向洋务派的转变。辜鸿铭在多年以后总结道：

---

① 胡钧：《张文襄樊公年谱》，第78—79页。
② 《张文襄公全集》二，第528页。

泊甲申马江一败，天下大局一变，而文襄之宗旨亦一变，其意以为非效西法图富强无以保中国，无以保中国即无以保名教。虽然文襄之效西法，非慕欧化也；文襄之图富强，志不在富强也。盖欲借富强以保中国，保中国即所以保名教。①

光绪十一年五月二十五日的《筹议海防要策折》，可以看作是张之洞在战后总结教训和在广东推行洋务活动的初步提纲。开头便说："自法人启衅以来，历考各处战事，非将帅之不力，兵勇之不多，亦非中国之力不能制胜外洋，其不免受制于敌者，实因水师之无人，枪炮之不具。"基于这种认识，他提出了一要"储人才"，"战人较战具尤急"，拟设水师学堂一所。二要"制枪械"，他以切身体验痛陈："去年各省设防以来，所购军火，不下数百万金，而良楛不齐，且损重费，甚至居奇抑勒，借口宣战，停运截留，种种为难，令人气沮。其运脚、保险、行用等费，扣至四五成不等。仰人鼻息，实非长策。"打算在粤设厂造枪、造雷、造火药，以及枪弹、雷艇等。三要"开地利"，"外洋富强，全资煤铁。"已在省城设立矿物局，招商试办。②

我们可以看到，张之洞的洋务思想，形成于反对侵略战争的实践；巩固国家边防，抵御西方列强入侵，是他洋务思想的重要内核。后来在致李鸿章的电报中谈到他想在粤开办织布局，是鉴于"洋布销流日多"，自己设厂"应可与洋货相颉颃"，也是出于抵制列强经济侵略的目的。他的洋务思想中的抵御列强侵略的基本要素，与他作为清流派一贯主战、反对屈膝求和是一致的，都带有鲜明的爱国主义色彩。

紧急关头，慈禧最信任的人并非张之洞

光绪二十四年（戊戌）三月二十九日，大学士徐桐上奏："请调张之洞

---

① 《张文襄幕府纪闻》，载《辜鸿铭文集》，岳麓书社 1985 年版，第 8 页。
② 《张之洞全集》一，第 307—312 页。

来京面询机宜"。翁同龢一见便心知肚明，在当天日记中简洁明白地记下了"徐桐保张之洞"①。

当时正是百日维新前夕，康有为已通过总理衙门多次递上了他的变法奏议和《俄彼得变政记》《日本变政考》等，各省也在酝酿开矿、修路、办新学，维新变法的呼声日益高涨。此时恭亲王奕䜣已经病重，军机处内翁同龢已趋向维新而权势独盛，其他几位军机大臣礼王世铎、刚毅、廖寿恒均难以与翁抗衡。一贯守旧的徐桐，与翁同龢、张荫桓等趋向维新而受光绪重用者，历来格格不入，此时如此建议，现代学者便认为是"以张驱翁"，即是将张之洞引入军机处以抑制或取代翁同龢。

光绪当日将徐桐的奏折呈送慈禧，三日后，闰三月初三，清廷发出电旨："张之洞著来京陛见，有面询事件。"不知底细的张之洞托词拖延受到责备，刚刚离开武昌，便发生了沙市事件。十九日日本领事住宅被烧；总署接到驻日公使来电，日本派两艘军舰往沙市，"必藉事要挟"。二十四日，光绪令尚在途中的张之洞折回，处理完此案再来京。②

茅海建指出："有迹象表明，翁同龢在此施展了手段，他不愿意张之洞入京。杨锐在后来的报告中明确说明：'公入对之举，前沮于常熟。'"③

同年四月初九，时任总理衙门总办章京的顾肇新致函其兄肇熙，透露了此事的内情：

> 香帅内召，原因东海相国疏荐，本有兼领枢译之说，旋因沙市闹事，谕令折回。似前议本非圣意，不过借以敷衍言者。凡事中无定见大率类此。④

四月十日奕䜣去世。二十七日，慈禧罢斥翁同龢，令荣禄署理直隶总

① 《翁同龢日记》六，第3115页。

② 《张之洞全集》三，第2126—2128页。

③ 茅海建：《戊戌变法的另面——〈张之洞档案〉阅读笔记》，上海古籍出版社2014年版，第67页。

④ 《顾肇新家书》，载《近代史资料》总138号，中国社会科学出版社2018年版，第162页。

督，命直隶总督王文韶、四川总督裕禄来京，后进入军机处。等到沙市案件处理完毕，军机处的人事早已安排就绪。五月二十七日军机处来电，说是湖北地方紧要，张之洞不用来京了。

如果不是沙市事件在此时偶然发生，张之洞进京出任军机大臣，以其稳健的"中学为体，西学为用"的理念，不同于康有为的激进、操切，而辅以缜密、老练、不失机敏的政治手腕，调和于慈禧光绪之间，此后的变法维新也许又是一番风景！

不到十天，张之洞再次声名大噪，为朝野所注目。六月七日光绪发下谕旨，称赞张的新著《劝学篇》"持论平正通达，于学术人心大有裨益"，令军机处给各省督抚学政各发一部，"广为刊布，实力劝导，以重名教而杜卮言"。一个月后，又下令总署排印三百部。①

此时百日维新渐渐进入高潮。康有为的激进议论及其力图进入政治中心的努力受到质疑和抵制；张之洞的"中学为体，西学为用"无论是在趋新或守旧的人士中更受欢迎；而王文韶和裕禄进入军机处后又都表现平庸，于是召张之洞进京的呼声再度高涨。

八月一日，奉召进京的袁世凯遇到张之洞的洋务幕僚钱恂，对钱透露打算在第二天觐见皇上时，当面建议召张之洞进京值军机处。此时京城已是阴云密布，险象环生。张之洞得报，八月初三急复电请钱"务望力阻之"，宣称"才具不胜，性情不宜，精神不支，万万不可"。②

从七月二十七至八月五日，档案显示先后有内阁候补中书祁永膺，户部候补主事闵荷生，日讲起居注官、侍读学士陈兆文，新任松江知府濮子潼，兵部职方司学习主事曾炳熿，教习知县广西举人李文诏上书请求召张之洞进京。这些人对政局内幕所知有深有浅，但几乎一致地不支持康有为等维新派，或赞扬张之洞"凡有建白，实出近日建言诸臣之上"，或称张之洞"较之不学无术徒事纷扰及年少新进之空谈无补者，相去万里"，更断言若用张

---

① 吴剑杰：《张之洞年谱长编》下，第553—554页。
② 《张之洞全集》九，第7654页。

之洞"断不如宋神宗之舍韩琦、富弼而误用王安石"。异口同声地认为张之洞是化解危机、收拾局面的最佳人选。①

八月初三，御史杨崇伊密请慈禧重新训政。初四慈禧从颐和园回西苑。初六慈禧重新训政。以上诸人的上书，八月四日以前的，光绪看后都呈送给慈禧；四日及以后的，光绪、慈禧是否看到没有记载。最后一个主张召张之洞进京的是张的好友、湖南巡抚陈宝箴，他在八月七日发出长电，请总理衙门代奏，极力建议将张之洞"特旨迅召入都，赞助新政各事务"：

> ……方今危疑待决，外患方殷，必得通识远谋，老成重望，更事多而虑患密者，始足参决机要，宏济艰难。窃见湖广总督张之洞，忠勤识略，久为圣明所洞悉。其于中外古今利病得失，讲求至为精审。……今沙案早结，似宜特旨迅召入都，赞助新政各事务，与军机、总理衙门王、大臣及北洋大臣，遇事熟筹，期自强之实效，以仰副我皇上宵旰勤求至意。②

此电八日总署收到，但一切为时已晚。这一天慈禧在勤政殿举行了盛大的第三次训政仪式。两天后，召荣禄进京。

历史事实是，尽管当时呼声甚高，但在紧急关头，慈禧最信任的人并不是张之洞。

① 茅海建：《戊戌变法史事考》，生活·读书·新知三联书店2005年版，第210—216页。

② 茅海建：《戊戌变法史事考》，第217页。

第九章　决策内幕（上）：李鸿章与
张之洞的一段纠葛

李鸿章为停办津通路憋了一肚子气 / 张之洞：剃头挑子一头热 / 把创建钢铁厂提上了议事日程 / 张之洞："愚公移山，有志竟成！" / 奕谟拍板："大冶下手，自是正办。" / 四方协商：铁厂移鄂 / 李鸿章：黄鹤楼上看翻船 / 笑到最后的是李鸿章

历史竟然如此吊诡。在近代，最先鼓吹兴办钢铁工业并筹备开发煤铁矿的是李鸿章，最早兴办青溪铁厂的是贵州巡抚潘蔚，然而真正完成缔造中国近代钢铁工业这一历史使命的却是张之洞。所以，毛泽东主席说，提起重工业，不能忘记张之洞。

当初，慈禧只是指派张之洞和李鸿章共同筹办卢汉铁路，并不曾指派何人兴办钢铁工业；结果，开创中国钢铁工业的是后起之秀张之洞，而不是识途老马李鸿章，这在很大程度上是取决于他们各自作了不同的抉择。

张之洞显然是在社会、经济、科技条件极不具备的情势下，冒着极大的风险作出这一抉择的；对于当时困难的情势，李鸿章无疑更加了然于心，他因此却作出了另一种不同的抉择。

李、张两人都坚决主张中国要修铁路，但是，应该先修哪条铁路，如何修铁路，却存在着根本的分歧。当他们共同领受慈禧指派的使命时，这些分歧更加凸显出来，实质上便蕴藏着是否要开创中国钢铁工业的不同认识和主张。

李鸿章为停办津通铁路憋了一肚子气

光绪十五年七月十二日，从隆宗门后军机处的小平房里传出了一道重要的人事任命：调两广总督张之洞为湖广总督。

二十天后，八月初二，大清国的最高决策者慈禧太后颁下一道懿旨，内容是：肯定了修建铁路的重要性，此事"造端宏远，实为自强要图"；采纳张之洞的建议，修建从卢沟桥至汉口的铁路，派李鸿章和张之洞会同海军衙门负责筹办。此外，不言而喻的是：从天津至通州的铁路停办。①

这道懿旨使延续了半年多的津通铁路之争画上了一个句号。在当时的人们看来，反对修津通路的守旧大臣们和主持修津通路的李鸿章是两败俱伤，唯一的胜利者是张之洞。

这一年，官居文华殿大学士、北洋大臣兼直隶总督的李鸿章六十七岁，涉足洋务已经近三十年了，堪称识途老马，只是也渐渐沾染了暮气；比他小了十五岁的张之洞，自从光绪七年出任封疆大吏以来，锐意进取，正雄心勃勃地要干一番大事业。

李鸿章是中国铁路事业最早的鼓吹者之一，早在 1874 年便在筹议海防时上书朝廷，建议要在中国修铁路。1880 年在《妥议铁路事宜折》中，着眼于巩固国防和便民利商，提出过一个宏伟的兴建南北铁路干线的设想。

李鸿章也是近代中国铁路建设最早的组织者和实践者。中国自办铁路从1881 年末竣工的唐山到胥各庄的铁路开始。这条运煤的专线，在李鸿章的主持下，又先后延伸成开平铁路和津沽铁路。至 1894 年甲午战争前夕，中国共建有铁路 400 公里，基本上是在李鸿章的主持和倡导下兴建的。

然而，对于筹建卢汉路，此时李鸿章的态度，实在说不上热情、积极。

此时，他正为津通路的停办憋了一肚子气。

在铁路兴建上，李鸿章很谨慎，很讲策略，耐心地一点点突破，循序渐

---

① 中国史学会主编：《洋务运动》六，第 262 页。

进地向前推进。上一年的九月，眼看津沽路就要竣工了，李鸿章提出把铁路继续向京城延伸，修建从天津到通州的铁路。京津之间，人口稠密，商贸兴旺，铁路建成后客货流量大，盈利必然丰厚。不想，又遇到了强大的阻力，搁浅了。这一年的四月初八，主持海军衙门、负责有关洋务事务的醇亲王奕譞给他打招呼，慈禧太后要采纳张之洞的建议，他的第一个反应就是向朝廷摊牌：修津沽路借的洋债怎么办？"今停津通，则沽路自养不给，何从归本？"甚至倚老卖老撂挑子，不干了："鸿章年衰力屡，万不能肩此重任，务求另派重臣督办，免托空言。"①

李鸿章肚子里的气至少有一半是冲着张之洞的。"另派重臣"云云，可能是对朝廷的一种试探，也可能是暗有所指。李张二人，一位是元老重臣，一位是外电报导的"政坛上冉冉升起的新星"，政见分歧却是常有的事，特别是涉及与列强的纷争，往往一个是主和派的代表，一个是主战派的中坚。前几年在中法战争中，张之洞出任两广总督，坐镇广州，殚精竭虑，调度指挥前线的大军打了个大胜仗，结果朝廷却采纳了李鸿章的主意，派李与法国签订了屈辱的《天津条约》。由此，两人之间的成见更深了一层。

那些冬烘先生们反对修津通路，大概不会使李鸿章特别感到意外。让他在意的是慈禧太后这位老人家。本来这事她是同意的，就是因为皇宫里不小心失火，烧了太和门，有那么几个人乘机一顿嚷嚷，说这是老天爷不让修铁路，发出了警告。她老人家就叫海军衙门和军机大臣"妥议具奏"；按她老人家说的办，和醇王爷几经磋商，把报告写好了，递上去了，她人家也没挑出个什么不是的地方，却说这是个新事儿，要多听听，在京城里的官儿们平常对海防的事不大上心，说的话究竟还隔着一层，把你们的这些折子发给各地的将军、总督、巡抚们看看，咱们听听他们有什么说道。

在指定发言的封疆大吏中，张之洞迟迟没有表态。李鸿章倒是估计他不会反对的，因为自从出任了山西巡抚以后，特别是经过了中法战争，张之洞已经越来越倾心于洋务了。令李鸿章没有料到的是：张之洞主张要修铁路，

---

① 《李鸿章全集》九，第5656页。

但不主张修津通路，提出了一个在中原修卢汉路的庞大计划；更令李鸿章没有料到的是，偏偏是张之洞的这个方案博得了太后老佛爷的青睐！这下子他似乎才明白：原来老佛爷并不怕修铁路，只是不愿意支持他李鸿章修铁路，而是要支持张之洞！四月二十日，不服气的李鸿章给从中和稀泥的醇亲王回信，提出了质问：

> 此路由汉口起手，轮帆如织，商贾如林，正与先从津通起手同一作用。且通州、卢沟同一近畿，未必通州则谣诼纷来，卢沟则浮言不起？……

明知此事是老佛爷拍的板，这话听来，就有点埋怨老人家处事不公、偏袒张之洞的味道了。而且这话也有点强词夺理，明摆着的是津通铁路通海口而卢汉路不通海口，对于京城的防御还是有区别的嘛！老佛爷奈何不得，对张之洞却咽不下这口气。李鸿章发话道：

> 至粤督所奏津通宜审五端，本拟逐条驳斥，继思芗涛之意不过调停言路，不值与之辩难。然津通之议，若非确有利益，鸿章断不能上欺殿下，殿下非见其确有利益，亦不能轻信鄙言，而以之上误圣听。一片苦衷，似宜揭示。倘竟置之不论不议，知者以为优容，不知者且以为认错，从此海署所奏之件，竟不足为轻重矣！故折底于其紧要处，仍略为声明，俾与前两次原奏吻合，初非好骋词锋也。①

弯来拐去，仍然是要和张之洞一较短长。在这里，强调津通路确有利益，更强调是经奕谡同意并上报皇上、太后的，所谓"海署所奏之件"，就是醇王和李鸿章共同商量的意见。如此措词，明显地把醇王和他绑在一起，多少有一些向醇王激将和挑拨的意味；同时也不禁流露出一股酸溜溜的味道：李鸿章感到他在老佛爷那里已经"不足为轻重矣！"

---

① 《详陈创修铁路本末》，载《李鸿章全集》七，第 4004—4006 页。

张之洞：剃头挑子一头热

七月二十日，张之洞在接到湖广总督的任命一周后，给李鸿章发去了一通电报，言词很谦恭，很客气，明显是想缓和关系，争取李鸿章的支持。首先说，我这次调任两湖，可能是为了创办铁路，昨天听到天津来的人转达了您对我的指教，知道这次调动是您的推荐，使我感到非常惶恐和惭愧。接着说，这次您的兄长李瀚章到南方来接替我，广东方面的事就有了依靠，我更是非常欣慰！套了半天的近乎，最后才绕到正题上来：这次修路的计划和办法，想来您已经筹划安排好了，接着便提出一系列的问题，希望早些得到明确、详细的答复："（卢汉路）拟分几段？期限几年？借款若干？如何分年归还？此外指拨何款若干？拟筹何款若干？直隶是否同时并举？鄂省是否由洞设局分办？"关注的焦点，一是经费来源，二是修路的分工和职权。

第二天回电来了，一副公事公办的冷冰冰的口气。李鸿章一开口就不领张之洞的人情，申明你的调动是醇王主持的，不是我的主意。对于张之洞提出的那些问题，李只说我原来计划由汉口往北修，王爷说是要两头分办，到中间再合拢。除了同意湖北应该另行设立机构召集公司外，其他借款、拨款等问题都推到开办时再商量。①

这样的答复显然不能使张之洞满意，过了三天，又去了一个电报。他认定李鸿章和海军衙门已经有了一个初步计划，急于要知情，急于要介入。"朝廷既令洞办此事，洞尤须作必可办成之想。细章虽未奏定，公意中必已拟有大概，海署亦必拟有规模。洞系在事之人，似可及早与闻。敬当悉心筹度，稍效一得之愚。"联系此后多年张之洞的所作所为来看，"洞尤须作必可办成之想"，也就是说，张之洞的一切想法都是围绕着如何把这件事一定要办成来考虑，的确说的是肺腑之言；自然也有唯恐被人撇在一边、不甘心被人任意摆布的成分。"此举筹款最要，务望速将所拟借款、办工日期办法，迅速

---

① 《张之洞全集》七，第 5360—5361 页。

明晰电示，以便筹酌奉商"。他还急着要利用在广东等着办移交的几个月时间，利用这里靠近香港的有利条件，及早地进行筹划。

急惊风偏遇着个慢郎中。李鸿章回电明确告诉他，海军衙门还没有正式提出报告，也没有另外议论过。对于他和醇王个别交换过的意见只字不提。只是一味地施展太极功夫：推给朝廷，不知道朝廷会怎样定；推给醇亲王，这事由王爷主持，他还有许多顾虑；推给将来，等朝廷定好了，等你到湖北去上了任，再一件件地商量。最后还告诉张之洞：你不要性急，我对你没有什么要隐瞒的。[①]

把创建钢铁厂提上了议事日程

慈禧太后八月二日的那道懿旨，三天后由李鸿章用电报原文照转给张之洞，没有附加一字一词。总理海军事务衙门关于此事的报告抄件，经过长途跋涉，于九月七日才到达广州。

九月十日，张之洞把自己酝酿的初步意见正式写成一份递交给朝廷的报告：《遵旨筹办铁路谨呈管见折》。

按照海军衙门八月一日上报的意见，卢汉铁路"拟暂购用外洋钢轨，以归省捷，俟干路既成，接造枝路，然后开采晋矿，运机炼钢，以为推广他省铁路之用"。在经费上，"当以商股、官帑、洋债三者并行，始能集事"，但考虑到商股"第非确著成效，富商断难信从……似需官帑接济"，"尤以洋债为挹注之贷"。八月十八日左副都御史黄体芳专题上奏，"以为洋款用之甚便，偿之甚难"。随即便有人响应，于是洋债成为铁路问题的一个焦点，海军衙门和北洋对此都拿不定主意。

张之洞在这份奏折里，否定了借洋款修路和从国外进口钢轨的意见：

若取之洋债洋铁，则外耗太多，且外洋之金镑日贵，前三五年止银

---

① 《张之洞全集》七，第5363—5364页。

三两七钱，今年涨至四两五六七钱不等，借款巨则年限远，十年以后更不知涨至几何矣！至洋铁现亦骤涨，若购之他国，法人必将执乙酉新约强思独揽，多滋唇舌；设竟专滋一国，彼垄断居奇，更不可问。是洋款洋铁两端皆必致坐受盘剥，息外有息，耗中有耗；臣前奏铁路之益，专为销土货、开利源、塞漏卮起见，若因铁路而先漏巨款，似与此举本意未免相戾。

他提出"宜以积款、采铁、炼铁、教工四事为先"，从筹集资金、开采铁矿、炼铁、培训人员做起，制订了一个修建卢汉路"储铁宜急、勘路宜缓、开工宜迟、竣工宜速"的"四宜"方针。其中一个核心问题，是"惟汲汲以开矿炼铁为先务"，把创建钢铁工业作为修建铁路的前提条件提上了议事日程。①

要采铁、炼铁，铁从哪里来？他这时的初步打算是以山西、广东和湖北三省之铁供铁路之用。他在山西当过巡抚，那里每年按例要给朝廷进贡铁；他已做了五年的两广总督，上个月还打了一个报告，准备在那里建炼铁厂；他即将去湖北上任，现在只知道"湖北大冶县，向来产铁，该县近省滨江"，他已经在八月二十六日电请湖北巡抚奎斌派人去密查，等他到了湖北再进一步详细了解。

张之洞："愚公移山，有志竟成！"

还没有等到张之洞去湖北，洋务运动的另一个重要人物——盛宣怀找上门来了。

湖北巡抚奎斌接到张之洞的电报后，向盛宣怀询问大冶铁矿的情况，九月二十二日，奎斌将盛的复电转告张之洞："顷接盛道宣怀电：'在京奉醇邸

① 湖北省档案馆编：《汉冶萍公司档案史料选编》上，中国社会科学出版社 1992 年版，第 66—67 页。

面谕查勘大冶铁矿。现派比国头等矿师白乃富赴汉'"。① 十月初一，盛宣怀又给广州的两广总督衙门发去了一封电报，告诉张之洞："湖北煤铁，前请英矿师郭师敦勘得，如果开办，仍请原经手较易。在京原荐主赫德面订保要请时再电英国。兹先派矿务学堂矿师白乃富先往复看，再行禀复。"②

张之洞接到盛宣怀的电报后，尚未对大冶特殊关注，暂时还没有从他那个"三省之铁"的思路里走出来。一个星期后，十月初八，听说朝廷中又有人叽叽喳喳地反对修铁路，张之洞给主管海军事务衙门的醇亲王奕𫍽发了一个八九百字的长电报，认为现在修铁路的大盘子已经定了，千万不可动摇，极力进行鼓动。据张之洞的后代回忆，张之洞对文稿的要求很高，即使是电报，也往往亲自动手。这份电报中有些文字，就很有个性。他认为：

> 度支虽绌，断无天下全力不能岁筹二百余万之理；中国铁虽不精，断无各省之铁无一处可炼之理。晋铁如万不能炼，即用粤铁，粤铁如不精不旺，用闽铁、黔铁、楚铁、陕铁，皆通水运，岂有地球之上，独中华之铁皆是弃物！筹款如能至三百万，即期以十年，如款少，即十二三年，如再少，即十五六年至二十年，断无不敷矣。愚公移山，有志竟成！③

今天读来，一方面是古文家的笔法，满腔炽热的情怀，一股不可动摇的决心，十分可爱，十分感人。另一方面又会发现，这份壮志豪情主要是建立在富国强兵的主观愿望上，是建立在单纯的逻辑推理上，还缺乏对实际的深入了解和具体分析。就创办钢铁工业而言，不仅对于他个人，即使是对于整个朝廷，整个大清国，也还是一个未知领域。他这个洋务活动的新手，还没有摸清水的深浅；他过高地估计了中央政府行政运作的效能，而对大清帝国衰朽的程度严重估计不足。不久，就是此刻侃侃而谈的财政拨款问题让他吃

---

① 湖北省档案馆编：《汉冶萍公司档案史料选编》上，第 78 页。
② 夏东元编著：《盛宣怀年谱长编》上，第 315 页。
③ 湖北省档案馆编：《汉冶萍公司档案史料选编》上，第 67—68 页。

够了苦头。而此时他甚至颇为轻松地说出了这样的大话:"炼机造炉,每分不过数十万,多置数处,必有一获。"

奕譞拍板:"大冶下手,自是正办。"

十月初九,也就是张之洞发出这份电报的第二天,和张之洞共同承担修铁路重任的李鸿章,就开矿炼铁问题表态了。

> 津通本可急办,试行有利,再筹推广,此各国铁路通例,仍因群言中止。鄂豫直长路,实自公发端也。尊论"四宜",只得如此。筹画开矿,炼成钢条,器款甚巨,岂能各省同开?粤既购机炉、雇矿师,似宜就大冶开办。黔铁难成而运远,断不可指。晋矿佳,惜无主人耳! ①

劈头就发泄对停办津通路的不满,第二句便判定张之洞倡卢汉路是罪魁祸首;对于张之洞的筹办方针,虽然表示同意,口气是无可奈何的,心里并不以为然。接着就以老前辈的口气毫不客气地教训张之洞,这位洋务的巨头老辣地三言两语便把"各省同开""三省论"推翻了,给张之洞指出了华山一条路:你在广东买了机器,请了矿师,就应该在大冶开办。

第三天,为了加重分量,李鸿章又把这个意见告诉了主持海军衙门的醇亲王奕譞:"窃思粤既购机炉,雇矿师,亟应就湖北大冶勘办。"这里的"粤",显然不是指代"广东"那个地方,而是做过两广总督、现在还没有离开广东的那个人。同时仍然强调"西洋开矿至炼成钢轨,节目甚繁,器款甚巨,岂能各省同时并举?多糜费,少实济。"

李鸿章有时候还是一言九鼎的,很快,这个意见就变成了醇亲王的指令。十月十五日,王爷回了张之洞一个电报:

---

① 《张之洞全集》七,第5391页。

> 阳电备悉，炼铁之论可佩，余均意见颇同。大冶下手，自是正办。①

开发大冶铁矿就这样定下来了。接着张之洞就致电海军衙门和盛宣怀本人，要求盛在他路过上海时，去上海与他面谈，详细介绍大冶的情况。

四方协商：铁厂移鄂

大冶铁矿此后一百多年的历史，它在亚洲钢铁工业中的地位，它对于新中国的重大贡献，无可争议地证实了当年李鸿章选择的正确性。然而，当时促使这位中堂大人如此抉择的，除了大冶的丰富资源外，似乎还有别的隐情。

老谋深算的李鸿章，面对开矿炼铁这等从未经历过的大事，不像张之洞那样只凭着良好的主观意愿一往无前，他先要掂量一下风险，掂量一下成败得失。关于炼钢制轨，他比张之洞要懂行一点，他曾经告诉过张之洞，山西的土铁修铁路用不上，铁轨不是铁而是钢；对于将要面临的艰难险阻也比张之洞估计得更为充分。在十月十八日给张之洞的一份电报里，他告诉张之洞：

> 惟炼铁至成钢轨、铁桥、机车，实非易事。日本铁路日增，至今工料皆用土产，惟钢轨等项仍购西洋，非得已也。粤既购采炼机炉，应运鄂试办。大冶铁质好而无煤，须由当阳运煤乃合用，虽滨江亦稍费事。此外各省产铁处距水太远，难收实效。且无款无人，从何下手？……鄙意并无参差，自愧年衰力薄，不获目睹其成耳。②

这封电报主要是摆困难的，从钢铁生产的复杂繁难说到日本建铁路的现

---

① 《张之洞全集》七，第 5390 页。
② 《张之洞全集》七，第 5398 页。

状，着重指出大冶无煤，要从外地运煤比较费事——这正是日后长期困扰张之洞、导致铁厂亏损的要害，此时就被李鸿章不幸而言中了。他还慨叹没有经费、没有技术管理人员，主要的困难都考虑到了。关键是他进一步作了明确的表态："粤既订购采炼机炉，应运鄂试办。"不仅主张在大冶开办，还同意把广东订购的设备运到湖北来。至于他自己，则准备置身事外，恕不奉陪了。但是话说得很婉转动听：我和你的意见并没有什么不同，惭愧的是我年纪老了，力量也很薄弱，不能亲自看到它的成功了！

李鸿章关于设备问题的表态，不仅代表他本人，实际上也代表他的老兄接任两广总督的李瀚章。这年的腊月二十七，海军衙门给张之洞转来了一份李瀚章的报告，他强调大炉需要很多铁矿砂，担心供应不上；又提出经费问题，建厂房至少要几十万两，将来厂建成后还要用很多钱，广东不可能长期垫付。"现在直隶、湖北创建铁路，如将铁厂量为移置，事半功倍。"请示这些机器设备应设于何处。李瀚章的意思，当然是移到湖北，提出直隶不过是作个陪衬。为此，海署征求张之洞的意见，铁厂可否移到湖北来办？这在张之洞自是求之不得。便于二十七日、三十日分别复电李瀚章和海署：

> 查此机粤既不用，自宜移鄂。

十六年正月初三，海署复电说：

> 部款岁二百万已奏准的项矣。粤订炼铁机器既可移鄂，本署即据入奏。

铁厂移到湖北就这样定下来了。①

叶景葵在《述汉冶萍产生之历史》中说："会盛宣怀以事谒张，谈及现

---

① 《张之洞全集》七，第 5416、5421—5422 页。

议炼钢尚无铁矿，盛乃贡献大冶铁矿于张，而移厂湖北之议遂定。"① 短短一句话，把几件事的真相都搞乱了。如前所述，史料提供的事实是：开发大冶铁矿主要是李鸿章向张之洞和海署建议，由奕譞拍板的；移铁厂到湖北是直隶李鸿章、广东李瀚章、湖北张之洞和海署四方面共同协商后确定的；下面我们还将谈到，是海署确定了要开发大冶，张之洞才要求要和盛宣怀见面，而不是和盛见面才确定开发大冶。兴办钢铁企业，在晚清朝廷是一件破天荒的大事，一些重大环节的决策，是代表中央政府的亲王等重臣与地方实力派的封疆大吏高层之间相互磋商的结果，当时只是一个小小道员的盛宣怀，根本不可能灵机一动便擅自拍板，更不可能由他说了算数。

李鸿章：黄鹤楼上看翻船

铁厂搬到湖北确定下来后，李氏兄弟之间有一番私房话。正月初四，李鸿章在给他老兄的一封电报里，对此评论道：

> 香复海署，抑扬铺张，欲结邸欢。即准拨部款，恐难交卷，终要泻底。枢庭皆知其大言无实也。②

香指张之洞，字香涛；邸指醇亲王，尊称醇邸。第一句是说张之洞给海军衙门的回电中大做文章，说得很好听，不过是想讨醇亲王的喜欢。字面上说的是王爷，是不是也包括王爷背后的老佛爷？想来李瀚章一看就明白，这是提醒他，张之洞有慈禧和醇亲王作后台。第二句是对事态发展估计：就是同意了由户部拨款来办铁厂，张之洞也完成不了任务，最后还是要掉底子。第三句是说中枢大员们对张之洞看法，实际上也是他本人对张之洞的基本估价：断定这个人只能说大话，办不成实事。进一步补充他对铁厂前途的

---

① 中国史学会主编：《洋务运动》八，第526页。
② 湖北省档案馆编：《汉冶萍公司档案史料选编》上，第82页。

估计。这些话实际是向老兄交底：张之洞有后台，正在走红，犯不着和他计较；铁厂不会成功，我们离远一点。后面的电文还直截了当地说："建厂设机须五六年，钢铁铸成更无日"，老气横秋地直斥"张（之洞）洪（钧）皆不更事"。

原来移厂湖北不过是中堂老大人的金蝉脱壳之计；甩掉了这个大包袱后便站在黄鹤楼上看翻船。

笑到最后的是李鸿章

李鸿章奉命筹办卢汉路一场，只干了两件事：建议开发大冶铁矿，同意把铁厂搬到湖北来办。

春节过后不久，此时东北边疆的形势出现了值得关注的变化：一方面是俄国加紧向朝鲜渗透，另一方面是朝鲜企图改变和中国传统的宗藩关系。原本不甘心津通路下马而又与张之洞存在着分歧的李鸿章，一心要加强北洋的防务，扩充北洋的实力，乘机提出了兴建关东铁路的方案。为此，李鸿章亲自到北京活动，争取总理各国事务衙门庆亲王奕劻的支持。光绪十六年闰二月初十，总理各国事务衙门（当时简称总署）报告了有关俄国和朝鲜的动态，请求采取六条措施加强东北的防务，其中一条便是"东三省兴办铁路"。慈禧命总署和军机处两次讨论关东的形势和对策。大家认为，当前形势直接威胁着满人老祖宗的发祥地，铁路宜"移缓就急"，先修营口至珲春，然后再修卢汉路；先将今年的 200 万修路经费给湖北开矿山、建炼铁炉，明年起就用于修关东路。在这一场暗斗中，李鸿章如愿以偿，夺回了他在中国铁路建设上的主导权，继续巩固了他的洋务巨头的地位。

光绪十六年三月初五，李鸿章告诉张之洞，关东路明年兴工，每年两百万造两百里；今年的两百万还是给你专办铁厂，节约一点，大概也够了。关东路很急，应该买西洋钢轨。将来你的轨造出来了，自然也可以用，但是要随拨随付款，划清界限。最后，他还没有忘记教训教训张之洞：

轨用钢，不可用铁，幸勿浑言铁也！①

　　这一次，笑到最后的是李鸿章。

　　回顾这段历史，有关文献资料告诉我们：在近代开发大冶铁矿的进程中，最早发现大冶铁矿开采价值的是盛宣怀，光绪十五年建议开发大冶铁矿的是李鸿章，决定在大冶开采的是醇亲王奕譞，具体组织开发的是张之洞。

　　开发大冶铁矿，是中国近代钢铁工业发展的起点，由此展开了它在中国现代化进程中艰难奋进、波澜壮阔的历史画卷。

　　开发大冶铁矿，也是黄石地区进入中国近代史的起点，它为黄石发展成为钢铁工业的摇篮，成为中华人民共和国重工业基地奠定了基础，确定了黄石地区在中国工业化进程和国民经济中的重要地位。

---

① 《张之洞全集》七，第 5472—5473 页。

第十章　决策内幕（下）：张之洞与盛宣怀的分歧

耀眼而又炙手可热的盛宣怀 / 盛宣怀勘查大冶铁矿 / 盛宣怀主动找上门来 / 张之洞向盛宣怀咨询请教 / 张之洞"提倡"，盛宣怀"赞襄"？ / 盛宣怀自说自话 / 张之洞：低调、冷处理 / 利国驿矿是个"烂尾楼" / 溯江而上，还是沿江而下？ / 张之洞亮出了他的底牌 / 盛宣怀与张之洞讨价还价

在中国钢铁工业的历史画卷中，盛宣怀的出场具有鲜明的主观能动性和巨大的热情；通俗地说，他是自己找上门来的。

盛宣怀虽然是李鸿章的亲信幕僚，此时在洋务领域里的活动必须禀承李鸿章的意旨，但在卢汉铁路和办铁厂的问题上，却有他自己的打算和主张，不可和李鸿章一概而论。

盛宣怀一开始就委婉含蓄地表达出有意承办卢汉路和铁厂，然而，一波三折，事态却并没有按照人们的预期发展……

耀眼而又炙手可热的盛宣怀

盛宣怀（1844—1916），字杏荪，号愚斋，晚年又号止叟，江苏常州府武进县人。父盛康，道光二十四年甲辰科进士，官至湖北盐法道。这位盛老太爷，官虽不大，也说不上有什么显赫的政绩，却为盛宣怀日后的飞黄腾达

创造了一个良好的条件——曾与李鸿章结为金兰之好。同治九年甘陕回民起义，大败清兵。二月，朝廷命李鸿章赴陕西督办"援剿"事宜。时年二十七岁的盛宣怀，以秀才的身份投入李鸿章的幕府，开始了从政的生涯。同治十二年，官居直隶总督兼北洋大臣的李鸿章创办轮船招商局，仅仅在他身边工作了三年的盛宣怀受命充当"会办"，相当于今天的副总经理，从此走上了以官员身份从事工商实业的独特道路。光绪五年秋间，盛宣怀建议李鸿章仿照招商轮船公司的办法创办电报，设计了一套方案，先由北洋垫款架设天津至上海的陆上电报线，然后招商设立电报局，由商人分期缴还资本后即归商人收费经营。翌年十月，清廷批准了李鸿章的申请，在天津设立电报总局，并架设电报线。光绪七年十月，上海至天津的电报线落成，十一月电报开通。八年，津沪电报总局改为"官督商办"，后又改称"中国电报总局"。在此过程中，主持电报局的"总办"一职，也就顺理成章地落入盛宣怀的手中。九年底，盛宣怀又夺得了主持轮船招商局的督办大权。至此，无论是在李鸿章的北洋集团，还是在新兴的洋务领域，盛宣怀都上升到了一个耀眼而又炙手可热的地位。

盛宣怀勘查大冶铁矿

盛宣怀勘查大冶铁矿，是光绪三年的事。早在光绪元年的十二月，直隶总督李鸿章、两江总督沈葆桢、署湖广总督湖北巡抚翁同爵等联名建议朝廷，委派盛宣怀办湖北矿务。当月成立了湖北开采煤铁总局，设在广济的盘塘。光绪三年六月七日，受盛宣怀委派的英国矿师郭师敦从阳新回来报告，认为阳新龙港的矿脉"皆从大冶而来"，要求去大冶进一步勘察。盛宣怀查阅了地方志，知道大冶之北的铁山、白雉山一带产铁，便同意了。六月十三日郭师敦及其副手谭克、派克等人，乘船到黄石港上岸，至铁山勘察，取了矿样，八月到宜昌进行化验。十一月十三日，盛宣怀亲率郭师敦等，在大冶知县林佐的陪同下，复勘大冶铁山铁矿，考察了水路，并在黄石港、石灰窑沿江一带踏勘建厂安炉的地基。当时曾有将铁厂设在"黄石港东首半英里外"

的设想，并派人购得铁山铁门坎潘姓的山地。①

光绪四年，盛宣怀开办大冶铁矿、创建铁厂的方案未能得到批准，这事也就不了了之，一拖就是十多年。

这两次勘查，留下了郭师敦于光绪三年十二月十二日在武昌写成的大冶铁矿有史以来的第一篇勘矿报告。报告肯定了三点：一、初步估算它的储藏量约有五百余万吨，如果用两座炼铁炉生产，"足供一百余年之用"；二、经过化验，矿石含铁量为 60% 至 66%，平均含量为 63%；三、矿石"净质内并无硫磺杂质"，"足与英美各国所产上等铁矿相提并论"。②

盛宣怀主动找上门来

筹办卢汉铁路，李鸿章在复奏附片中选定的人员，一个是直隶按察使周馥，一个是清河道潘骏德，本来没有山东登莱青道盛宣怀的什么事。光绪十五年八月中旬，盛宣怀为了俄国电报线路的事进京，于八月十九日致电张之洞，极为关切地透露了朝廷的旨意、中枢的意向及京城反对借洋债的动态，并毛遂自荐写了一篇洋洋数千言的禀文，主动表示赞同张的方案：

> 谒庆邸，皆以洋债为虑。黄漱翁封奏，专止洋债，海署毫无成算，北洋亦无妙策。管见不借洋债，不买洋铁，八年亦可一气呵成。禀数千言即函陈。初二寄谕，著李张会同海署将一切应行事宜妥筹开办。枢意深盼到京会商，如请陛见必准。③

庆邸指庆王奕劻，黄漱翁即前面说过的左副都御史黄体芳，初二寄谕指八月二日慈禧关于卢汉路的懿旨，枢指军机处。如此眼观六路，耳听八方，

---

① 陈旭麓等主编：《湖北开采煤铁总局 荆门矿务总局》，上海人民出版社 1981 年版，第 280—282 页。

② 陈旭麓等主编：《湖北开采煤铁总局 荆门矿务总局》，第 278—280 页。

③ 夏东元编著：《盛宣怀年谱长编》上，第 314 页。

可见盛宣怀的能量。卢汉路分成四段八年建成是张之洞的初步方案，并经慈禧肯定过的，盛宣怀在这里说他认为不借洋债、不买洋铁也可以办到，口气不小，颇有把握。遗憾的是，我们现在未看到盛宣怀的这篇禀文。像张之洞这样的封疆大吏调动之际，是可以请求觐见皇上的，也不知道为何张之洞没有采纳盛的建议要求进京陛见。

盛宣怀在此期间施展通天本领，见到了主管海署的另一位王爷奕谟，并从他那里拿到了查勘大冶铁矿的"金钺令箭"，由此便插足进来，成为了这一事件的当事人之一。张之洞于八月二十六日致电湖北巡抚奎斌密查大冶铁矿情况，奎斌电询盛宣怀，盛于九月二十二日复电，大模大样地宣称：

> 在京奉醇邸面谕查勘大冶铁矿。现派比国头等矿师白乃富赴汉，已抵镇江，到日请派员送往。①

有的学者颇惊异于盛宣怀的神速："盛氏致奎斌的电报甫发出，而白乃富已抵镇江，可见盛宣怀行动之敏捷，心情之急迫。"敏捷、急迫云云，都是不错的，但其中还有点缘由。一年之前，盛宣怀就考虑再次进行五金矿藏和煤矿的勘查，于光绪十四年八月二十二日致电李鸿章，请求通过在英国的李经方聘请一位"头等曾经办矿之矿师"，来中国"择尤钻探，核估酌办"。同年十二月底，矿师请到了，此人便是比利时头等矿师白乃富。② 盛宣怀得到奕谟勘查大冶铁矿的指令时，白乃富已在上海，负责轮船招商局的马建忠原准备派他去池州，因此便由冯庆铺等人奉盛之命陪同他改道折往湖北。白乃富来得如此之快，更重要的是盛宣怀早有准备。③

十月初一，盛宣怀又给广州的两广总督衙门发去了一封电报，告诉张之洞：

---

① 夏东元编著：《盛宣怀年谱长编》上，第314—315页。
② 夏东元编著：《盛宣怀年谱长编》上，第302，3015页。
③ 陈旭麓等主编：《汉冶萍公司》一，上海人民出版社1984年版，第3页。

湖北煤铁，前请英矿师郭师敦勘得。如果开办，仍请原经手较易。在京原荐主赫德面订保要请时再电英国。兹先派矿务学堂矿师白乃富先往复看，再行禀复。

粗粗一看，这"原经手"当然是指郭师敦；细细琢磨，似乎也包括盛宣怀。在这里，是不是委婉地向张之洞表示他愿意承办呢？①

张之洞向盛宣怀咨询请教

自从光绪十五年十月十五日张之洞接到海军衙门"大冶下手，自是正办"的电令后，便一再致电盛宣怀，询问大冶的有关情况，探讨有关炼铁的问题。

十月二十一日，张之洞看到李鸿章十八日的来电中提出"大冶铁质良好而无煤"，从当阳运煤费事，便致电盛询问，还极其外行地问能不能用木炭炼铁。隔了一天，盛的回电内容超出了询问的范围，主动地提出建议，扼要地说明了好几个问题。最值得注意的是，他虽然奉命查勘大冶铁矿，却与李鸿章不同，对于大冶提出了保留：

本年派比国矿师白乃富，遍寻近水煤铁相连之矿，本不拘于大冶。因奉邸谕，开鄂矿办汉路较便，复派白乃富赴兴国一带勘煤并勘沿江煤铁，约年内勘完，拟比较地质，选定一处，详细具禀。……可否请缓数月，容矿师查毕，有无比冶、当合算之处，算拟切实条款，禀请核夺。②

他这里所说的"近水煤铁相连"的、比大冶和当阳更合算的地方，后来

---

① 夏东元编著：《盛宣怀年谱长编》上，第315页。
② 夏东元编著：《盛宣怀年谱长编》上，第316页。

事实表明即指江苏徐州的利国驿。

在这封电报里，他还提出了两条建设性的意见，一是"机器均须因地因质"，"西法办矿断无不先定矿地办法而后照图购器者"，批评了颠倒程序的错误作法；更重要的是，他认为"中国用洋铁少，集资本难，目前只可专注一矿"，应当"计久长，策远大，但期利稳，不虑本重"，一定要先筹集好资金，开煤炼铁一气呵成。在具体问题上，他回答了当阳的煤虽然路远，却是白煤，不必再炼焦；须造小铁路数十里。再一次提出"如开冶，当应仍请郭师敦，事半功倍"。也说明了了木炭贵而供应不上，炼钢仍应用煤。

电报再次显示了盛宣怀的态度是积极主动的，与李鸿章的冷漠、应付、别有用心明显有所不同；显示了盛创办实业的宏观思路清晰，善于抓住要点；也显示了有关钢铁工业的知识积累、创办企业具体操作的实践经验，盛宣怀都胜于张之洞；而在选择矿山问题上则预示了两人之间存在着根本的分歧。

张之洞"提倡"，盛宣怀"赞襄"？

与盛宣怀几番电报往来后，十月二十三日，张之洞提出："阁下能来沪面商铁事甚好。……缘海署来电，注重先办大冶。"所谓"来沪面商"，是张之洞即将离开广州去武昌上任，准备走水路经过上海，借此时机两人见面详谈。①

当时盛宣怀的正式官职是山东登莱青兵备道兼东海关监督，与作为湖广总督的张之洞没有隶属关系，未经批准，是不应擅自去上海与张正式会见的。为此，十月二十九日张之洞又报告海署并电告李鸿章，根据开发大冶铁矿的决策，考虑到盛宣怀曾经对大冶的铁矿资源作过考察，并且又了解湖北煤矿的情况，"拟请代为转奏，令该道至沪一晤，俾得询商大冶铁矿并开煤设厂一切事宜，实于公事有益"。

---

① 《张之洞全集》七，第 5403 页。

十一月初五，海署的复电同意将此事报告给皇上；等皇上的旨意下来了，会再告诉你。张之洞当天便将二十九日致海署的原电发给山东巡抚张曜，通报此事并请转告盛宣怀。①

张之洞出任湖广总督、修卢汉铁路、开矿炼铁，无一不是当时朝廷内外关注的焦点；处于焦点中心的张之洞又如此迫切地要与盛宣怀见面，如此大张旗鼓地函电交驰；加上盛宣怀又拿了醇亲王奕譞查勘大冶铁矿的令箭，大摇大摆地调动官府。十分敏感的北京城里种种小道消息，便混合着人们的臆测沸沸扬扬地不胫而走，甚至曾国藩的长子曾纪泽，这位海军衙门帮办、洋务圈内的重量级人士，也在致盛宣怀的信中提及此事，或谓："我兄统筹全局，成竹在胸"，或谓"幸得芗帅提倡，我兄赞襄"，俨然这次是由盛宣怀"赞襄"张之洞而负责筹办湖北的铁政了。②

三年后，光绪十八年十月十五日，张之洞在致李鸿章信中说："三年前，初议建设铁厂时，盛道曾条上一禀，有慨然自任之意。"说明他当时早已觉察到盛宣怀的意图并留下了深刻的印象。③

在我们今天看来，张之洞要开发大冶铁矿，盛宣怀似乎也应当是合作者的首选。

盛宣怀自说自话

情况却似乎在朝着与人们预料相反的方向发展。

接到张之洞转发的海署复电后的第三天，十一月初七日，盛宣怀收到了正式命他到上海面商铁矿事宜的电令，于十五日抵达上海，接着便是"连日蒙湖广督宪张传询铁矿情形"。

这是一次期待已久的会谈，关于大冶铁矿和湖北煤矿的情形，张之洞无疑会问得很详细；关于筹办铁矿应如何进行，盛宣怀也一定是有备而来。然

---

① 《张之洞全集》七，第 5404—5405 页。
② 陈旭麓等主编：《汉冶萍公司》一，第 8—9 页。
③ 陈旭麓等主编：《汉冶萍公司》一，第 30 页。

而，种种迹象表明，两人似乎是话不投机，并未谈拢。

张之洞前脚刚离开上海，盛宣怀便于十一月二十三日就地呈递了一份正式的报告。题目是《筹拟铁矿情形禀》，就筹办铁矿提出了四条纲领性的意见：

一是"责成"，先行奏派大员一人督办。二是择地，除了大冶外，又提出江苏徐州利国铁矿、煤矿，并要将大冶、武昌的铁矿，当阳煤矿，与利国矿一起"均归该局开办"。三是"筹本"，在分别阐述了官办和商办两种办法后，明确提出主张商办。估计开办资本至少需银180万两，拟招集华商股银80万两；并请户部借拨银80万两，五年后分十年归还。四是"储料"，为修造卢汉路，应先购置制铁轨的机器，但必须落实经费和期限。

这份报告直接提交给北洋大臣，即李鸿章。开头便说"接奉北洋大臣、山东抚宪电饬，海军衙门奏令赴沪面商铁矿事宜"云云，最后还请他审核之后，与海军衙门"会奏施行"。

这份报告同时也提交给湖广总督张之洞一份。[①]

值得注意的是，此事本来是奉命与张之洞商谈，报告中却只以"连日蒙湖广督宪张传询铁矿情形"一语带过，至于商谈的内容、张的意见、商谈结果均只字未提，纯然是单方面表述个人的主张，典型的"自说自话"。

这份报告，我们可以理解为盛宣怀明白无误地表明了一种姿态，他是李鸿章的属下，只对李鸿章负责。同时，是不是也可以理解为他还明白无误地表明了，在如何筹办铁矿的问题上，他将坚持自己独立的见解，不为张之洞所左右。

张之洞：低调、冷处理

对于这次会见，对于盛宣怀的这份报告，张之洞也许是上任后忙于处理总督衙门里千头万绪的事务，采取了可以认为是低调的、冷处理的态度。

---

① 夏东元编著：《盛宣怀年谱长编》上，第319—320页。

光绪十五年十一月二十五日，乘船溯江而上的张之洞，抵达湖北省城武昌，早有大大小小的文武官员簇拥在汉阳门码头迎接，旌旗招展，号炮齐鸣，锣鼓喧阗，好不威风。二十六日，武昌府知府李有棻、督标中军副将受前任湖广总督裕禄的委派，送来了湖广总督关防、王命、旗牌、文案卷宗，张之洞恭设香案，向北叩头谢恩，正式上任。二十七日，照例向朝廷发出谢恩的折子。二十九日，便从各种繁琐的礼仪、应酬中抽出身来开始处理开矿炼铁这件大事。当天，他在致海军衙门的一通电报中，除了报告他二十六日已接过了湖广总督的大印外，开头便说："盛道宣怀到沪，连日晤谈，详加考究。"晤谈的情况如何？也没有下文。接着话头一转，便去说他十分关注的派洋矿师勘探煤矿的问题：据白乃富说，大冶的铁好而且多，只是当阳的煤少，只够用几年，因此和盛宣怀商量，派白乃富再去湖北省，沿江上下勘查别的煤矿。接下来便点明他的方针："管见总以煤铁矿距鄂较近者为宜"。这份电报同时也发给了李鸿章；只有这一句就够了，李鸿章一看就明白：张之洞不考虑开发利国矿。①

利国驿矿是个"烂尾楼"

江苏徐州利国驿煤铁矿，是光绪八年开始筹划的。最初计划集资 10 万两，同时开发煤、铁两矿。与洋行商购机器，共需银约 30 余万两。当时的主持者胡恩燮决定集资 50 万两，并声言"不请官本"。开始时认购十分踊跃，不想遇上中法战争和随之而来的上海金融风暴，实际收到的股款不及原预订的三分之一。矿务局决定暂停炼铁，先行开发煤矿。几经波折，尽管时任两江总督的左宗棠表示过关注，又曾扩充资本，终因资金不足，运输困难，订购的机器也不能取回，长期陷入困境，成了一个"烂尾楼"。

光绪十三年，该矿的主持人胡碧澄到天津找李鸿章，要求他接收该矿改由海署办理。李鸿章看到利国矿藏量丰富，煤质优良，便有心接手。1888

---

① 湖北省档案馆编：《汉冶萍公司档案史料选编》上，第 70 页。

年 12 月 24 日《申报》载，李鸿章曾特电上海轮船招商局总办马建忠，询问能否立即派矿师到徐州去勘查。随即此事又转到了盛宣怀的手上。①

就在张之洞电邀盛宣怀到上海面商开发大冶铁矿后，光绪十五年十月二十八日，在一份有关盛与俄国交涉线路的电报后面，李鸿章突然没头没脑地泼了盛宣怀一盆冷水：

> 大冶铁持论甚是。香未必电海署奏调。②

香当然是张香涛，即张之洞。这句话的意思应当是：张之洞未必会电请海署报告皇上把你盛宣怀调到湖北去主持大冶铁矿和铁厂的筹办。这句话很厉害，从此盛宣怀一百八十度大转弯，放下大冶铁矿，千方百计要转向利国矿。

十一月初八，李鸿章在盛宣怀赴沪见张前夕电授机宜：

> 海署电到，何日赴沪？或谓熔铁一吨，用煤三吨。设炉之地，宜就煤不就铁。大冶铁石能运荆当就煤较省。利国驿白乃富往勘若何？煤与铁相近合用否？……据称要岁出铁十万吨、钢轨七万吨，须用熔矿大炉六座、别色炼钢炉四座，他项机器称是约价三百万金，黔无款购，炉甚小，只可试办。兹事理大物博，务与香帅妥筹之。③

李鸿章主张"就煤"，要把大冶的矿石运到当阳去炼铁，这显然不是什么好主意。除关心铁厂设备投资大之外，李也在关注利国驿。说明盛宣怀在白乃富复勘大冶铁矿后，又将他派往利国驿勘查，正在为开发利国矿作准备。

在张之洞复电李鸿章，明确表示"总以煤铁矿距鄂较近者为宜"后，盛

---

① 严中平主编：《中国近代经济史 1840—1894》下，第 1384—1385 页。
② 《李鸿章全集》十，第 5704 页。
③ 《李鸿章全集》十，第 5705—5706 页。

宣怀于十二月十一日致电李鸿章：

> 矿师复勘利国二层煤可制焦炭，煤铁相近，自比当煤冶铁近便，据前办利矿之胡光国面议，须给五万两方能了结旧股，移交另办。已派经元善、钟天纬带同华工匠前往估价，俟估议定妥再禀请核夺，以免开办大冶。忌者谓我存私，更免调鄂，诸多为难。惟香帅不甚愿，现又电调白乃富赴鄂矣。①

《盛宣怀年谱长编》收录的这份电文很重要，系上海图书馆藏李鸿章未刊稿的附件。它说明盛宣怀不仅是在《筹拟铁矿情形禀》里自说自话，实际上他从上海会谈后已经真刀真枪地在利国矿大干起来了，既请了矿师勘探，又找了原办矿的负责人当面谈条件，还派了两员大将实地调研。经元善此行，不止是电文所说的评估原有资产，实际是制订利国矿全面开发的整体方案。电文还告诉我们，他之所热衷于利国矿这座烂尾楼，目的是要用它来取代大冶铁矿，或者说是要把大冶铁矿保留下来；同时也透露了他的行径已经引起了议论，还有人指责他是为了避免调到湖北去而作梗，使他感到很为难。

李鸿章当天就作了回答，简短地复述了张之洞上述十一月廿九日电文内容，并点出要害：

> 香帅电：海署以煤铁距鄂较近为宜，故令白乃富及粤募英德矿师分查鄂省沿江上下。彼既不愿利国，尔俟估议定妥禀夺。开矿以筹款第一要义，巨款从何指拨，海署必不肯分认两处也。②

意思是说，等你估价协商好了把报告送来再确定这只是顺着来电的口气说说而已；其实李鸿章的意思已经很清楚了，他已经摸清了海署的态度：铁

---

① 夏东元编著：《盛宣怀年谱长编》上，第326页。
② 《李鸿章全集》十，第5711页。

路专用资金是只认张之洞，不会再认你盛宣怀，你断了念头吧！

盛宣怀虽然打着"商办"的旗号，说得很好听，其实还是打的铁路经费的主意。利国矿这座烂尾楼有多大的吸引力，能征集到多少商股，李、盛心里不可能没有数。盛宣怀在《筹拟铁矿情形禀》里说"华商股银八十万作正本"，股银从哪里来？盛宣怀在这里估计办矿的经费高达180万两，已经是利国矿原计划50万两的3倍多；此前官办、或官督商办的煤矿等企业，最初创办的资本都很有限，轮船招商局是47.6万，直隶磁州煤矿不到20万，台湾基隆煤矿14万，安徽池州煤矿10万，直隶开平煤矿20万，电报局官办时期7.9万，官督商办时期50万。如果有80万官本到手，比此前的哪一家都阔绰好多倍，还谈什么商办！

没有官本，盛宣怀寸步难行。奉命去利国矿的上海电报局负责人经元善，经过认真调查，于光绪十年提供了一份比较详细的开采利国驿煤铁矿建议书，就建炉厂、验煤层、修水道、建铁路、造船只、浚运河、通电报、免税厘、开钱庄、买客煤等十个方面，提出了具体的建议，看来头绪纷繁，工程浩大。[①] 盛宣怀虽一直有心开发，想与张之洞唱一唱对台戏，但始终游移不决，迟迟不敢动手，后来终于选择了接办汉阳铁厂。

溯江而上，还是沿江而下？

十二月下旬，张之洞在广东聘请的矿师英国人巴庚生，德国人毕盎希、司瓜兹，盛宣怀派来比利时人白乃富，以及从广东来的铁路工程师德国人时维礼，先后到达武昌，张之洞和他们分别详谈。其中，白乃富已于一个多月前去过大冶、阳新等地，进行了实地勘察。此时他对张之洞说：

> 大冶铁佳；以理论之，附近百里内外必有煤。如沿江上游宜昌以下有煤，大冶铁亦可炼。

---

① 严中平主编：《中国近代经济史 1840—1894》下，第 1385—1386 页。

随后，张之洞便派人陪同这些洋矿师先去大冶，然后溯江而上，沿途至宜昌，专程找煤；同时又委派高培兰、欧阳炳荣、杨湘云、杨秀观等一批候补知县率人进入湖南、贵州，至宝庆、衡州、辰州、青溪等地查勘煤铁。

忙忙碌碌，转眼便是年终。这年的除夕，在武昌城内此起彼伏的迎春接福鞭炮声中，张之洞致电海军衙门和李鸿章，比较详细地通报了十二月下旬以来他与洋矿师们晤谈的情况，以及在大冶及湖北、湖南继续查勘的部署安排，表明了他的想法是"如大冶实无煤，或用湘煤炼冶铁，或用湘煤炼湘铁，或参买黔铁"。最后，他告诉李鸿章：

> 至徐州利国监煤铁，曾与盛道及白乃富议及，矿均可用，但距鄂远，且冬春运河浅涸，似可稍缓，俟鄂必不能炼再议。

话说得很委婉，但是明确而坚定地再次表示了拒绝。同一天，张之洞也发了一份简短的电报，把这个意思直接告诉盛宣怀："现派员赴冶，溯江勘访"；"利国矿诚佳，但远鄂，且运河多涸。"[①]

利益所在，关系重大，盛宣怀的念头岂是三言两语改变得了的。李鸿章的表态，张之洞的拒绝，都无济于事。光绪十六年正月初三，盛宣怀致电张之洞，要求让白乃富到下游去找煤矿，又说："闻英德矿师已到，可否令复勘冶、利两矿，早为定议。"奕譞、李鸿章、张之洞三方早已定议"大冶下手，自是正办"，他认为尚未定议，仍然不愿放弃利国矿。初四又致电张：应先勘大冶，说湖南运输不便、民情顽固，反对去湖南。[②]

因为接到张之洞关于要派白乃富继续查勘的电报，因为还有一封曾纪泽的来信须要转给张之洞，盛宣怀在正月十二日又给张之洞写了一封信。

盛宣怀首先从上海之行说起，"备蒙教诲"，"感恋交萦"等等，客套了一番；因为还在新年里，接着又说了一套拜年祝福的话；然后又解释回到烟

---

① 《张之洞全集》七，第 5419—5420 页。
② 《张之洞全集》七，第 5433 页。

台后，因为突然死了一位如夫人，自己的肝病又时常发作，几次要写信都未写成。转入正题后，盛宣怀着重回顾了他在光绪二三年间督促和率领郭师敦亲自查勘的情况：

> 下游至广济、兴国，上游至归、巴等处，所见煤矿甚多，煤质无一可炼铁者。宜昌以上，运道尤难，即有佳煤，运费断不合算。况当阳煤质无须改制焦炭即合烹炼之用，无有佳于此者。只因淯溪河驳运繁费，运至大冶，每吨约合银五两，比煤铁生在一处者，每吨煤价须多费二三两，每年约用煤十六万吨，十年计之，多费银子三四百万。

他在这里说的都是实情，计算运输成本也很有眼光，但说来说去，落脚点是突出"煤铁同在一个地方"的好处，仍然是要张之洞考虑利国矿。最后又建议：

> 宜昌之上以及湖南采办，恐更不止五两之价，应请宪台饬白乃富等只须在沿江寻觅，似不必拘定鄂界。凡不通水路处，纵有好煤亦不足取。

又再次提出要求：

> 职道深知武昌上游沿江并无好煤，可否准令白乃富先勘九江下游。①

一个要溯江而上寻找，一个要沿江而下；一个要"距鄂较近"，一个坚持"似不必拘定鄂界"。两人仍是两股道上跑的车，无法一致。

正月十四日，盛再次来电，又换了一个花样，这次不提利国矿，却提出了池州："大冶一带无好煤，池州、铜陵一带必有好煤"，"运大冶甚便"，要

---

① 陈旭麓等主编：《汉冶萍公司》一，第9—10页。

求让白乃富去大通，或者让英德矿师去勘查上游，"腾出白勘池州"。盛有千方百计，张有一定之规。第二天，正月十五日张复电："池煤开采有年，闻多而不佳，似可从缓。""白乃富自宜同勘鄂境。"①

这一阵子，白乃富成了香饽饽，两人争来抢去，一个要，一个不放手。实际上白乃富只是一个外在的象征。真正争夺的焦点，在于盛宣怀极力要把煤矿连同将来的铁厂，定点在张之洞直接管辖之外的长江下游；而张之洞则极力要把它抓在自己的手里，限制在湖北境内。

张之洞亮出了他的底牌

究竟张之洞对于盛宣怀筹办铁矿的报告有哪些看法？他们之间究竟存在哪些分歧？这个谜底终于由张之洞自己揭开来了。

上海会谈三个月后，光绪十六年二月二十二日，李鸿章致电张之洞，收到了湖北运送的淮饷表示感谢，同时表态说："盛道前禀利国矿事，拟暂缓议，候鄂信。"还顺便告诉他"鸿廿五起程赴京"。张之洞预计他一定会与海军衙门和朝廷研究炼铁的问题，便同时致电海军衙门和李鸿章，亮出了他的底牌。

在二月二十六日致李鸿章的电文中，开门见山便说道：

> 盛道前在沪具一禀，所拟办法与鄙见不甚同。商股恐不可恃，且多胶葛，与现在情形亦不合。……现决计以楚煤炼楚铁，取材总不出两湖，利国矿只可缓议。所拟奏派督办大员一层，尤可不必。②

致海军衙门的电文，除了汇报了进展情况外，同样阐述了他与盛宣怀在方案上的分歧。内容与致李鸿章的电文一致，只是文字上大同小异。

张之洞所列举的三点分歧，其一商办还是官办，属于采取何种方式的问

---

① 《张之洞全集》七，第5434、5433页。

② 《张之洞全集》七，第5454、5453页。

题。他不同意商办，包含三层意思：一是怕靠不住，也就是能否征集到民间的资金。二是有很多麻烦，"且多胶葛"，不仅是盛的方案本身很复杂，并不是纯粹的、真正的商办，也是官督商办；名为商办，实则要投入大量的官款；更重要的是户部是否同意拨款，是否会受到御史们的攻击。三是现在铁路已经奏准官办，海署已经同意用铁路经费办钢铁，所以说与现在情形不合。这些都是当时的实际情况。正是因为主张官办，张之洞在20世纪80年代以来改革开放的历史背景下，在批判计划经济、推进国有企业体制改革的时代浪潮中，饱受学者的责难，有的著作并提高到主张官办还是商办是决定企业成败的关键。"最好的办法是商本商办，'官不过问'，官仅仅'助其经理'，这就一定能'有利无弊'，因为盈亏'商自任之'，'必能辛苦经营'的'节浮费、审实效'"。① 如果笼统地只看旗号，只从概念出发，不顾实际的历史情境，不作具体分析，先验地把晚清洋务运动中，一切主张商办都看作是代表资本主义的、进步的，把一切主张官办都看作是封建主义的、落后的、错误的，是不是把复杂的历史现象简单化了呢？

另外两点，是不是在湖广总督管辖的地区办，要不要另派督办大臣，就直接涉及张之洞的职务权限了。徐州利国驿距武汉和卢汉路施工甚远，交通运输又不便。那里既是南洋大臣、两江总督的辖区，又是北洋大臣、直隶总督李鸿章的势力范围，在那里办钢铁，张是客人而不是主人，必然是鞭长莫及，呼应不灵；夹在两位大佬的中间，送上门去做小媳妇，哪里还有他的发言权？再说盛宣怀胃口也实在是太大，既要"奏派一人督筹铁矿"，以后的"用人立法"都由此人随时禀商李鸿章夺定，又要"将湖北大冶、武昌铁矿，当阳煤矿，江苏徐州利国铁矿、煤矿均交该局开办"，公然把手伸进张之洞的地盘里来抓权并把张架空。慈禧明确地下令让张之洞和李鸿章共同筹办卢汉铁路，张之洞如果不愿放弃他在铁路、钢铁事业上的雄心壮志，如果不甘心做任人摆布的傀儡，他就绝对不会接受、也不可能容忍盛宣怀的方案。

接到了这份电报，无论是海军衙门的总理醇亲王和会办庆亲王，无论是

---

① 夏东元：《洋务运动史》，华东师范大学出版社1992年版，第294—295页。

李鸿章和盛宣怀，心里都会雪亮：张之洞在办铁厂、开铁矿的问题上，不只是与盛宣怀存在着意见分歧，而且湖广总督张香帅的卧榻之下，是不欢迎他人来酣睡的。

闰二月初二，海署来电对张之洞表示支持，对盛的方案作了宣判："盛道管见，应毋庸议。"①

盛宣怀与张之洞讨价还价

此时，太后老佛爷和李鸿章关注的焦点已经转移到对付俄国和修建关东铁路上来了。三月初三，一封由奕譞和奕劻共同署名的海署来电，对张之洞来说不啻是五雷轰顶：他们告诉张之洞，最近朝廷两次开会研究关东的局势，都说"铁路宜移缓就急。先办营口至珲春，续办卢汉"。又有的说"此时先将今年二百万归鄂，经理炉矿等，明年改归东路"。奕譞等认为卢汉路可以缓办，但建厂炼铁不能停止，问他有什么主意，经费怎么办。同时还告诉他，作为铁路经费的新海防捐，户部收的归海署支配，各省上交的先给北洋还七十多万的津沽路外债。湖北要求将上交的留下来办矿，必须取得北洋的同意。这就是说，修建铁路和支配经费的全权都被李鸿章夺走了，卡住了张之洞办铁厂的脖子。②

隔了一天，盛宣怀上门来讨账，索取提供大冶铁矿的补偿。致电张之洞说：

> 今冶矿既归官办，商人垫款屡向宣索，只得具禀请示乞恩。开矿以得地为难，既得佳矿，不患不获大利，西洋有糜巨款而始觅到者，中国亦然。宪台大气包举，为公收利，想亦不肯使商人受累。③

---

① 《张之洞全集》七，第5454页。
② 《张之洞全集》七，第5468—5469页。
③ 《张之洞全集》七，第5472页。

所谓商人索债，当然是托词。此时卢汉路被搁置，铁厂、枪炮厂的经费没有着落，关东路用轨李鸿章一直不松口，张之洞还要找盛宣怀接通湖北到长沙一带的电报线路。挨到三月二十九日，焦头烂额的张之洞让盛宣怀开价：承认他发现大冶铁矿的"首功"，"拟每年酌提余利若干以为酬劳，尊意拟如何办理，望密示。"

四月七日，盛宣怀回电，先叫了一通苦：说自己为在湖北办矿"徒抱苦心十五年，空赔公款十五万"，用了多少不能奏销，又倒账了多少，甚至宣称"以此败家"。接着公开透露了为什么要商办和开发利国矿的缘由：

> 招劝华商出资接办，拟每吨煤、铁酌提若干弥补此项，俟弥补毕，仍提捐助赈。嗣奉电谕改归官办，只得议开利国以图补救。华商仅能凑本八十万，又未敢轻动，且虑两矿自相倾轧，不能彼此联络，踌躇未决。伏蒙下询，如可于荆煤按吨提银一钱，冶铁按吨提银三钱，代为弥补垫赔官本……①

盛宣怀的这些话虚虚实实，有虚有实。所谓华商八十万，很可能是虚张声势，未必是落实的；商办他可以从中取利，而张之洞力主官办他便不能从中取利，这大概是实话；因为张之洞主张官办，逼得他要开发利国矿，这可能是部分实话，但不是全部实话；至于"自相倾轧"云云，既是表白，也隐含着威胁要挟。盛宣怀的厉害，由此可见一斑。

第二天，张之洞回电还价。按铁厂年产六万吨计算，每吨提两钱，每年一万二千两；如果产量在五万吨以下，每年提一万两。"立案永远照办，不拘年限。"②

盛宣怀说张之洞是"为公收利"，不知道是恭维还是讽刺，但却是实情；而盛宣怀办企业却是要追求个人财富增殖的。无论是封建社会，还是资本主

---

① 《张之洞全集》七，第5488—5489页。
② 《张之洞全集》七，第5493页。

义社会，经营企业，将本求利，天经地义，无可厚非。问题在于盛宣怀亦官亦商，个人财富增殖是否都是光明正大、"按照经济规律"行事，那就很难说了。盛宣怀身后遗产约一千三百多万两，富可敌国；而张之洞身后却连丧葬费用都凑不齐。这也是两人主张官办或商办的区别之一。

不论是封建社会，还是资本主义社会，不论是计划经济，还是市场经济，身为国家高级官员，为了国家民族呕心沥血，廉洁奉公，一尘不染，总是应当提倡和受到尊敬的。

第十一章 铁山运道：黄河以南的第一条铁路

历史悠久、资源丰富的大冶铁矿 / 喧宾夺主的工程预算 / 铁山运道：有意地含糊其词 / 水路、陆路运输之争 / 铁山运道胜利竣工 / 大冶铁矿顺利投产 / 铁山运道的历史地位 / 外电报导中的铁山运道 / 抗日战争时期的厄运 / 融入全国铁路网 /

张之洞开发大冶铁矿，和任何矿山一样，主要包括两个方面的内容：如何先把铁矿挖出来；再把矿石运出去。

在一般情况下，第一位的工作当然是开矿。然而，由于大冶铁矿是露天开采，当时使用的机械并不多，主要是人工开采，矿山建设的工作量并不大。著名作家陈荒煤1986年3月在为大冶铁矿撰写的《今日矿山更销魂》一文中回忆：

> 童年时代，我于1925年春至1926年夏在大冶象鼻山居住过一年。当时矿山都是露天开采，用铁镐挖掘矿石，然后用小斗车运载下山。①

相对来说，如何把矿石运到汉阳铁厂去就要繁重复杂得多。因此，张之

---

① 武钢大冶铁矿矿志办公室编：《大冶铁矿志1890—1985》第一卷上，内部发行，1986年版，第3页。

洞当年开发大冶铁矿的工作重点就不是建设矿山，而是建设铁山运道。从近代化的角度来审视，大冶铁矿的先进性，在当时也主要体现在铁路运输上，而不是主要体现在机械开采上。

历史悠久、资源丰富的大冶铁矿

张之洞创办的大冶铁矿位于长江中游南岸，现属湖北省黄石市铁山区。西距武汉约 80 公里，东距黄石市中心城区约 25 公里，东南距大冶县城约 15 公里。

这块热土在夏商时为荆州之域，周为楚地，秦属南郡，汉隶鄂县。三国魏黄初二年（221 年），孙权迁都于鄂（今鄂州市），改鄂为武昌。《晋书地理志》载：武昌郡辖七县"武昌、柴桑、阳新、沙羡、沙阳、鄂、官陵"。隋唐为永兴县地。宋乾德五年（967 年），著名词人、南唐国主李煜在此设县，取"大兴炉冶"之义，命名为大冶。此后至黄石市建市前，铁山均属大冶县。

大冶铁矿矿区北界鄂州市白雉山、铁山垴、四峰山，东接黄石市下陆区，西南与大冶县毗邻，全区面积为 25 平方公里。处于著名的长江中下游铁、铜多金属成矿带的西部，由西向东有铁门坎、龙洞、尖林山、象鼻山、狮子山和尖山等六个矿体一脉相连。除尖林山外，其他矿体都露出地表。矿石品种主要为赤铁矿、磁铁矿、混合矿等。

大冶铁山的铁矿何时开始采掘，现已很难确切考证。已知历代明确的记载如：南朝齐梁时陶弘景（456 年—536 年）《古今刀剑录》云："吴王孙权以黄武五年（226 年），采武昌铜铁，作千口剑、万口刀，各长三尺九寸，刀方头，皆是南铜越炭作之。"《晋书地理志》载："武昌郡，鄂有新兴马头铁官。"《隋书食货志》载："十八年诏汉王谅，听于并州立五炉铸钱。是时，江南人间钱少，晋王广又听于鄂州白雉山有铜矿处，锢铜铸钱，于是诏听置十炉铸钱。"据现代地质勘探，今之白雉山并无铜铁矿藏，古代所称白雉山地区，当包括盛产铜铁的铁山矿区。《太平寰宇记》载："唐天祐二年（905 年），武昌节度使秦裴在永兴设置青山场院。"《宋史地理志》载：大冶"有富民钱监及铜场、磁湖铁务"。《明史食货志四》载："铁冶所：洪武六年置江西进贤、新喻、分宜，湖广兴国、黄梅，山东莱芜，广东阳山，陕西巩昌，山西吉州二、太原、泽、潞各一，凡十三所。岁输铁七百四十六万余斤。"

民间相传，唐末黄巢曾在铁山安营扎寨，炼制兵器；南宋岳飞驻鄂时，曾炼铁锻剑，用于与金人作战。

铁山之南，从得道湾至土桥一线，古代遗留的炉渣多有累积。1971、1972 年间，仅在铁门坎一处，就回采古代炉渣 16.48 万吨，由此不难想像古代开采时间之长，冶炼规模之大。[1]

光绪十六年正月，盛宣怀的侄儿盛春颐陪同比利时矿师白乃富勘查了大冶铁矿，回来后二月五日写信向他叔父报告：

> 铁苗极旺，铁质亦佳，据洋人云，即在上面开采，每日二百吨，可取五十年，实有百年之利。南宋开过三十年，明季开过二十年，铁渣尚存，大约因树材不足而中止。[2]

后面的这些话，可能是得自当地的传闻。中国古代炼铁用木炭，需要就近砍伐大量的木材，所以有这样的推断。

喧宾夺主的工程预算

张之洞当年开发大冶铁矿的工作重点不是建设矿山，而是建设铁山运道，这反映在张之洞向朝廷申报的工程预算上。张之洞《咨呈海署约估筹办煤铁用款报明立案》（光绪十六年十一月初九日）中，共开列了十八项费用。其中"开矿项下"的全文是：

---

[1] 武钢大冶铁矿矿志办公室编：《大冶铁矿志 1890—1985》第一卷上，第62—63页。
[2] 陈旭麓等主编：《汉冶萍公司》一，第11页。

　　　　大冶运矿修造铁路至黄石港入江，绕道避坟，约长七十里；每里约费五千两，共约银三十五万两。查每日约需运矿五千担，长途往返，需人太多，诸形窒碍。必需建设铁路，方能运速而费省。大冶运矿分局房屋杂费约银五千两。黄石港修筑木码头一座，约银一万二千两。兴国运锰铁分局房屋杂费约银五千两。开矿机器约银一万两。大冶铁矿、兴国锰矿买山、修路、买地各费约银六万两。共约银四十万二千两。[①]

　　首先，我们注意到，预算中插入了为什么要修建铁路的简要说明，强调运输量大，必需要建铁路。在这四十四万多两的开矿预算中，修建铁路的经费占了四分之三以上，显然是工程的重点所在；而购置开矿机器的经费仅一万两，只相当于当时一公里铁路的造价。

　　还值得注意的是，兴国即阳新的锰矿有关经费也包括在内。由此看来，当时大冶铁矿与兴国锰矿的关系是比较密切的。

铁山运道：有意地含糊其词

　　光绪十六年十月，张之洞开始着手办理开采大冶铁矿的有关事宜。

　　此时已经确定了在汉阳大别山下兴工建厂，为了解决将矿石运到汉阳的问题，十月二十一，张之洞发出了文件《札张飞鹏等开采大冶铁山文》，其中决定：

　　　　铁山至黄石港江岸应修运矿宽平大路一条，约宽五丈为度，以便车马驰骤往来无碍。查候补知县张飞鹏熟悉大冶情形，应即委派兼办铁山运道事宜，会同地方官妥为开办。并饬派候补同知施启华、候补州同沈

---

　　① 以上引文查检《张文襄公全集》卷97，《洋务运动》七第258页，《汉冶萍公司档案史料选编》第87页，皆是如此。其中六项费用合计数，应当是44.2万两；从全部预算总额为246.8万两来逐项推算，也应是44.2万两。原文"共约银四十万二千两"疑是脱漏了一个"四"字。

鉴、候补经历倪涛，带同洋员时维礼，前往会同张令勘办。①

同时还责成大冶县协助这一工程，负责"将民间应购田庐，一面妥速购买，以便刻日兴工"。

札文中所说的铁山运道，就是一条运矿石的专用铁路。二十来天后，在给大冶县的一份批文里，就明确点出了"是否能修造铁路运道"。札文之所以含糊其辞，并说什么"约宽五丈为度，以便车马驰骤往来无碍"，我以为张之洞是有意隐瞒真相，避免在当地引起巨大的反响，以延缓修铁路的阻力，稳定社会秩序。

张之洞这样做，绝不是偶然的心血来潮、故弄玄虚，也不是孤立的行为。早在上一年的七月，刚刚得知自己调到湖广是为修卢汉铁路，张之洞就致电李鸿章，约定此事要秘密进行，对外不可说是创办铁路，只说是为解决漕运和黄河水患，"开办陆路运道"。并强调，这是中国的办法而不是西方的办法。②

同年八月二日，慈禧太后在懿旨中提出，铁路现在刚刚开始创办，难免大家有些疑问，指示直隶、湖北、河南各督抚要"剀切出示，晓喻绅民，毋得阻挠滋事"。对此，张之洞也提出了不同意见："盖民间不知铁路为何事，汉口游民甚多，会匪尤众，况山东水灾甚广，流民四出。此时开办尚早，即不宜骤为宣示，致令莠民地棍造谣煽惑，别滋事端。"同年十月初八致海军衙门电中，张之洞提出"民情惊疑，此为最要"，强调要选择好的地方官和负责的人员，防止干扰；要给失业的人以出路，"以消梗阻"。十二月三十日致电李鸿章时，谈到勘测路线问题，他打算宣称是造湖北至河南的电话线路，还打算让德国工程师时维礼换上中国人的服装，"以免惊疑"。光绪十六年二月，拟派人至湖南勘查煤铁时，张之洞考虑到"湘省民情，洋人断不能往"，特地通过海军衙门去调南洋大臣属下的中国专家徐建寅和徐华封。凡

---

① 湖北省档案馆编：《汉冶萍公司档案史料选编》上，第78—79页。
② 湖北省档案馆编：《汉冶萍公司档案史料选编》上，第65页。

此种种，都为我们提示了那个时代特殊的历史背景，以及修铁路所面临的社会阻力，提示了张之洞所承担的风险及其内心如履薄冰的一个侧面。①

水路、陆路运输之争

树欲静而风不止。修建铁山运道的阻力还没有在民间爆发，却从内部反映出来了。

张之洞先是接到了德国矿师毕盎希的报告，负责修建铁路的德国工程师时维礼，到了铁山要进行勘测，受到了署理大冶县令陆佑勤的阻挠，说是如果造成了民众闹事，他负不了责任。不久，张之洞就接到陆佑勤的报告，这位县太爷既未与张飞鹏、时维礼等人商议，也未禀告铁政局总办蔡锡勇，径自提出要求改变方案，不走陆路而改走水路，也就是不同意修铁路，而主张用船运。

曾经参加过铁山运道勘测的钟天纬，当时写信对他的恩师盛宣怀汇报，"铁山之运道，人人言由水路为便"，"香帅因樊口之筑坝酿成大案"，"且畏武昌县绅士势力之大"，所以才决定开铁路至黄石港。钟天纬认为，"陆令惑于浮议，又知樊口一路帅意决不欲行，故倡议改由漳源湖水运"。②

此处的"樊口筑坝大案"或是此前十来年的近事。光绪二年、四年武昌县绅民一再自行修筑樊口大坝，皆被湖广总督李瀚章派兵强行摧毁；朝廷命曾统帅长江水师的兵部侍郎彭玉麟调查，彭走访民情，上奏支持筑坝，湘淮两位大僚针锋相对，影响很大。张之洞当时任职于翰林院，曾撰有《樊口闸坝私议》一文，论述过全局水利安全与局部经济利益的矛盾，故钟天纬有此看法。③

大冶县署理知县陆佑勤是特地从沔阳州调来的，前月初旬奉到指令充当

---

① 湖北省档案馆编：《汉冶萍公司档案史料选编》上，第65—67、71—72页。

② 陈旭麓等主编：《汉冶萍公司》一，第24页。

③ 杨国安：《樊口闸坝之争——晚清水利工程中的利益纷争与地方秩序》，《中国农史》2011年第3期。

铁政局帮办，提调办理大冶采铁、开煤、修路等事宜。二十日接县印任事。二十一日张之洞派遣张飞鹏、施启华等开采铁山，勘修运道。二十七日施启华等与德国铁路工程师时维礼到达黄石港镇。十一月一日陆令亦到黄石港，与之会集询商。六日至铁山探验两日，复至金山店等矿山验视煤层。十六日便提出一个仍然坚持走水路的修正案，经内港、南湖、从下游的漳源口出江。他在报告中说：

> 惟是由港入山，崎岖特甚，崇冈峻坂，忽高忽低，或两面溪河，或两山夹路，宽衹数尺，仅容人行，更有峭壁悬崖，下临深壑，肩舆有碍，侧足蚁旋，似此二十里有余。过樟树岭等处，山势方为展拓……若樟树岭下至港镇江边，则鸟道羊肠，较黔蜀山程，更为窄狭。①

张之洞看了陆佑勤的报告大发雷霆，在报告上加了一个长长的批文，严加申饬。

黄石地处江南丘陵，这条铁路至今仍保持着初建时的基本走向，大体上是沿着绵延的黄荆山脉的山麓修造的，其中靠近石灰窑的十来公里，则是在山脚和湖岸之间穿行，今天已是黄石市区。所谓"崇冈峻坂""鸟道羊肠"，显然是夸大其词。在此之前，张之洞曾派钟天纬带同洋匠初步勘察过一次，知道当地并无险阻之处，"若就山路兴修，去高填低，施工较易"。前任县令孙克勤也曾报告过："民情均属相安，初无异议。"现在陆佑勤却突然把铁山到黄石港这段路说成比起以艰险著称的黔蜀山路更为危险狭窄；又自相矛盾地说当地人烟稠密，"炸药攻山，惊骇物情"。张之洞在批文中，对此一一驳斥，措词十分严厉：

> 乃该署令既不讨论事理，又未测量道路，忽称鸟道羊肠，较黔蜀山程更为险窄，炸药攻山，惊骇物情等语，危言耸听，遽行具禀，阻挠大

① 《张之洞全集》四，第 2738—2741 页。

局，摇惑众听，诚不解是何居心。且山路既云崎岖，人烟何得稠密？炸药最多用至数两，仅止炸去碍路顽石数块，并非将青山全行炸裂，何至惊骇物情？点放系用电线远引，何至稍有伤残？即如该署令所禀，漳源口水道，亦可通行，而每日能运矿若干？冬春能否通行？漳源闸口能否无阻？若须盘坝，劳费无算，如何可行？此等处，全未计及，疏略已极。……总之，铁山运道无论由陆由水，均须详切测量，妥议办法，方可定局。该署令心粗气浮，一味自是，全不讲求。

批文对陆佑勤严加申饬，仍责成他会同张飞鹏等，对水陆两路分别测量绘图后，来省面陈。最后发出警告：如果今后发生什么事端，那就是你纵容煽动的，"阻挠大局，定即撤参不贷"。[①]

这场纷争，是被张之洞运用行政权力压下去的。有的人仍然在背地里嘀嘀咕咕。钟天纬在给盛宣怀汇报的信中说："天纬愚见，铁山运矿出换绦桥，只须造铁路十五里。而樊口亦不必挖深，即改用能装十余吨之小船，亦未尝不可出江，何必如此大举乎。"并把他写的水陆两种方案梗概寄给盛宣怀看。

这个水路方案实际是当年盛宣怀亲自踏勘的，见于光绪三年十二月十九日盛宣怀上李鸿章禀：

　　旋率大冶林令及矿师履勘水陆运道。陆路至换绦桥十五里，至古塘堤十二里，皆可达水口。由三山湖长港一百七、八十里出樊口入江，运赴炉场。据土人云："春夏水涨时，载二三百石船只可畅行无阻。[②]

钟天纬的这种说法在当时也许有一定的代表性。现在看来，既要修铁路，又要在换绦桥（现名还地桥）与樊口两次用船只装卸转运，显然不是什么最佳的方案。从历史的经验教训看，在此之前的开平煤矿，当初曾经又是

---

① 《张之洞全集》四，第2741—2742页。

② 陈旭麓等主编：《湖北开采煤铁总局 荆门矿务总局》，第281页。

开运河，又是用大车，最终运煤还是不得不靠铁路；萍乡煤矿的煤，曾经长期也是走水路，盛宣怀接办汉阳铁厂后也不得不借债花费巨资修铁路。所谓"人人言水路为便"，有的是囿于小农经济的传统观念，对于近代西方的工业机械化大生产，所知甚少仍至是茫然无知，少见也就难免多怪了。至于钟天纬本人，则又当别论，明显是贬低张之洞以取悦于乃师盛宣怀，投其所好。从这一事件中，我们也看到了盛宣怀影响的潜流。

铁山运道胜利竣工

到了光绪十七年三月，铁山运道已经勘定，由铁山脚下至石灰窑沿途经过的地方，以及长江岸边的码头，都经过了详细测量绘图，铁轨及运矿火车也都一一订购。三月初五，张之洞下文任命补用知县林佐"专办铁山运道事宜"，会同大冶县署理知县陆佑勤负责施工兴建。工程技术问题由时维礼负责，另外又派候补知县李绍闳、候补直隶州州判王树藩专管银钱收发。

铁山运道原计划在当年的腊月底竣工，"铲山填湖，买地绥民，亦极费手"，后来又增加了接通王三石煤矿的铁路十多里，直到光绪十八年的五月尚未完工，张之洞又委派宜昌府知府存厚"前往督催，务期早日竣工"。

到了八月，除车站、平厂、报房、局屋、及码头等相关工程继续施工外，"铁山运道、桥沟、堤路、安轨、铺板"等主体工程相继胜利竣工。①

建成的铁山运道全长60里，全部铺设德国制造的84磅钢轨，有桥梁、涵洞50多处，沿途有支路6条，设铁山、盛洪卿、下陆、石堡四个车站，下陆并设有机车修理厂。

大冶铁矿顺利投产

光绪十六年夏，张之洞把曾任大冶知县的林佐和李增荣调来，驻扎在铁

---

① 湖北省档案馆编：《汉冶萍公司档案史料选编》上，79—80页。

山铺负责征购矿山用地。购地一般给官价，业主也可以土地入股，由官府发给凭证，每年领息。三年一派花红。

由于凭借了官府的力量，购地进展顺利，很快购得了铁门坎、铁山寺、纱帽翅、大冶庙、老虎坳、白杨林等矿区。

随后，矿局在铁山修建了办公室、机房、电报房、宿舍等。

光绪十九年七月，汉阳铁厂基本建成，即将进行试炼之时，传来了大冶铁矿工程进展迟缓的消息。主要是根据洋工程师世瓦而兹的设计，为了方便采矿，需要开通两条横路，而当横路开到深处时，一些工匠便不肯深入。张之洞随即责成候补知县李增荣，务必实力督催，早日开通横路，确保每日采矿 200 吨，以供炼铁需要。[1]

《大冶铁矿志》记载：

> 光绪十九年（1893 年），大冶铁矿正式投入生产，当年出矿约 3000 多吨。开采地点为铁门坎，系露天分层开采，矿山采矿机械设备很少，钻眼多用钢钎铁锤，手工作业。[2]

铁山运道的历史地位

皮明麻的《洋务运动与中国城市化、城市近代化》一文，用相当的篇幅论述了开发大冶铁矿对黄石城市发展的影响。其中，指出铁山运道是"湖北省境内的第一条铁路"。后来一些志书和媒体沿用了这一说法，有的文章介绍大冶铁矿历史时，也称铁山运道是湖北省的第一条铁路。[3]

如果仅仅从湖北省的角度来审视，说铁山运道是它的第一条铁路，当然毫无疑义。我们是不是还可以扩大视野，放眼全中国，从中国铁路发展史的

---

① 湖北省档案馆编：《汉冶萍公司档案史料选编》上，第 80 页。
② 武钢大冶铁矿矿志办公室编：《大冶铁矿志 1890—1985》第一卷上，第 65 页。
③ 皮明麻：《洋务运动与中国城市化、城市近代化》，《文史哲》1992 年第 5 期。

角度来考察呢？在 1892 年铁山运道竣工通车的时候，湖北邻近的省份河南、陕西、四川、湖南、江西、安徽有铁路吗？没有。大陆上东南沿海地区有铁路吗？广东、福建、浙江、江苏也没有。上海倒是有外国人于 1876 年擅自修过一条十多公里的吴淞路，不到一年，就被清政府买下来拆毁了，也不存在了。

张之洞在大冶修建铁山运道时，中华大地上已经完工的铁路只有从胥各庄经唐山、大沽口至天津的铁路，自 1880 年动工，1888 年修至天津，系李鸿章主持，其建设过程在本书第六章已作叙述；正在修建的有台湾铁路，系刘铭传主持，比铁山运道早三年，于 1887 年 6 月动工，1893 年修至新竹时因经费不足而被迫停工。就兴建时间而言，铁山运道是中国兴建的第三条铁路。其时在建的还有关东铁路，比铁山运道稍晚几个月，于 1891 年 9 月动工，自津唐铁路向东北延展，经山海关、锦州至沈阳附近的绥中县时，1894 年 1 月奉令暂停修建，资金移作慈禧六十庆典之用。[1]

甲午以前，中国最早兴建的上述四条铁路，台湾铁路孤悬海外，其他两条都在黄河以北；而黄河以南辽阔的大半个中国，唯有大冶铁山运道一枝独秀。因此，我们完全可以说：铁山运道是中国人自己在黄河以南修建的第一条铁路。

铁路是工业文明的标志，是实现近代化的报春鸟。铁山运道的兴建，意味着这里在中部地区小农经济的汪洋大海中异军突起，率先踏上了走向近代化的艰难征程。

外电报导中的铁山运道

铁山运道和唐胥路一样，虽然只是一条运矿的专用铁路，却从开始兴建起，便引起了国内外的关注，不仅是关注铁路本身，更关注大冶铁矿丰富而优质的矿藏。

---

① 李占才主编：《中国铁路史（1876—1949）》，第 70—72 页。

外国人在华主办的外文周刊《北华捷报》，1891 年 4 月 17 日非常及时地报道：

> 英国煤铁最富。然而，湖北省所雇用的外国矿师则认为中国的铁矿比英国尤富。大部分的铁很纯，只要加工，即可制成器物与铁轨。大冶铁矿现已开采。当地人并无反对迹象。并且已决定修一条铁路，从矿区直达江边，约六十里，用以运输矿石。这工程估计将于年内完成。

同年 7 月 24 日，《北华捷报》再次报道：

> 大冶铁路的建设工程正在推进。路已勘查，铁山车站与江岸码头正在迅速建造。……路已开始铺轨，估计在十二个月内，至黄石港的约六十里铁路即可竣工使用。据说大冶的铁矿异常丰富。[1]

光绪十九年（1893）正月二十三日的《益闻录》，在报道铁山至石灰窑的铁路已于近期竣工时，还对铁路这个中国大地上的新事物作了一些具体描述：

> 自江口沿石灰山麓至铁矿，凡五十里……其路横木以铁代之，排作雁齿，铁轨即钉横铁之上。[2]

1950 年前后，少年时的笔者经常在这条铁路上踏着"横铁"步行。所谓"横铁"，即钢制轨枕，每条上面都铸有"德国制造 1892"等中外文字。一百多年来，这条铁路的轨枕已经经历了三代革新，先是钢枕被枕木逐渐代替，后来又全部改用水泥轨枕。如有个别的钢枕能保留到今天，也是历史文物了。

值得一提的是，在这篇报道中，涉及正在开采的煤矿时，特地介绍了官

---

① 孙毓棠编：《中国近代工业史料选辑》第一辑下，第 799 页。
② 孙毓棠编：《中国近代工业史料选辑》第一辑下，第 800 页。

方的一项举措，公开宣示每月有两天对公众开放，准许民众进入煤矿各处参观。从这里，我们也可以看到张之洞为了消除群众的疑虑，积极普及现代工业知识的苦心孤诣。

抗日战争时期的厄运

在中华民族陷入苦难的抗日战争时期，铁山运道也经历了一场厄运。

1938 年 2 月 2 日，在日寇步步向华中进逼的紧张局势下，国民政府经济部与军政部兵工署在武汉联合成立钢铁迁建委员会，以拆迁汉阳铁厂、大冶厂矿等处的设备，打算到重庆兴建新的钢铁厂。1982 年有新华社记者至重庆钢铁公司采访，发现大轧分厂有两台蒸汽机还是张之洞从英国引进的，从机器的铭牌上可以清楚地看到，一台是 7500 马力，1905 年造；另一台 6400 马力，1887 年造。正是 1938 年迁建使这两个庞然大物从武汉运到重庆，成为轧钢机的动力，新中国成立初期，为修建成渝铁路作出了重大贡献。到了 80 年代，它们虽然很破旧了却还在运转，见证了中国的改革开放，现已成为国家重点保护的工业遗产。

钢铁迁建委员会运输股于 1938 年 4 月 25 日派吴玉岚驻大冶厂矿，主持拆迁。7 月 14 日开始抢运设备器材。7 月 20 日交通部派专员刘孝勤率粤汉铁路工务处工务员杨荣及铁路工人 44 人来大冶，拆除铁山至石灰窑运矿铁路的钢轨。拆轨工程至 8 月 21 日完成，共拆铁路 33.97 公里，计钢轨 7434 根，钢枕 19764 条，鱼尾板 12914 块。此时设备器材尚未抢运完毕，日本侵略军已逼近石灰窑，并用空军封锁黄石港上游江面，抢运物资的船只无法通过，仅运出钢轨 414 根；除了 1913 条钢轨、565 条钢枕被驻守的炮兵征用作工事外，其余全部投入江中，并将下陆至铜鼓地一段 7.5 公里的路基炸毁。日军攻陷石灰窑前夕，国民政府军撤退时又炸毁了铁山运道的全部桥梁、十多辆大矿车和码头上的大小趸船。[①]

---

① 武钢大冶铁矿矿志办公室编：《大冶铁矿志 1890—1985》第一卷上，第 235—239 页。

1938 年 10 月 20 日，日本侵略军占领铁山，大冶铁矿落入日本制铁株式会社之手，成立了"日铁"大冶矿业所。年底即从长江中捞起钢轨、钢枕等器材，并从大冶厂矿驻武汉保管处找到了有关图纸资料，立即着手恢复这条铁路。1939 年 4 月 3 日，铁山运道再度通车。自此，在抗日战争期间便源源不断地将矿石运往日本，制造枪炮以屠杀中国人民。[①]

融入全国铁路网

中华人民共和国成立后，铁山运道得到了新的更大的发展。

20 世纪五六十年代，适应工业发展的需要，在铁山运道的基础上延伸，建设了武大线。第一期工程为自武昌北站至黄石铜鼓地与铁山运道接轨，全长 96.29 公里，自 1956 年 4 月动工，至 1957 年 10 月竣工。自此，大冶铁矿的优质矿石源源不断地通过铁路运至新建的武汉钢铁公司。第二期工程为自黄石新下陆至大冶铜绿山，自 1965 年 5 月动工，至同年 12 月竣工。自此，铜绿山铜矿的优质矿石源源不断地运往大冶有色金属公司冶炼厂。1968 年 9 月 1 日，经过桥梁涵洞改造、试运行后，正式通车营运，开通了武昌至黄石的客运。

20 世纪 80 年代进入新时期后，武大线进一步发展，兴建了大沙线，由大冶至江西九江的沙河街，全长 129.35 公里，自 1983 年 5 月 18 日动工，至 1889 年 6 月 1 日全线贯通。1990 年 10 月 1 日，武大线与大沙线接轨，改称武九线，随后客车开始营运。

晚清政府兴建的、黄河以南的第一条铁路——饱经沧桑的铁山运道，今天在继续为矿冶工业服务的同时，生命力不断扩张、升华，已经完全地融入了全国铁路网络。

---

① 武钢大冶铁矿矿志办公室编：《大冶铁矿志 1890—1985》第一卷上，第 243 页。

第十二章　百年冤案：张之洞订购炼钢炉的真相

且从山西时期说起 / 订购炼钢设备的是刘瑞芬 / 有人遗漏了"炉须兼能炼有磷者" / 张之洞亲手创办化学学堂 / 张之洞不懂矿山需要勘探化验吗？ / 当事人薛福成有日记为证 / 叶景葵关于张之洞购炉的记述是一桩大冤案 / 李维格炮制冤案的三部曲

百年来，对于张之洞办钢铁的批评，最多最猛烈的是他向英国订购炼钢炉这一事件。

国内曾经影响很大的名家名著《从鸦片战争到五四运动》中写道：

> 他向英国定购炼钢炉，人家告诉他，要先化验铁砂，才能决定用什么样的炼钢炉。他答复说："中国之大，何处无煤铁佳矿，但照英国所有者购买一份可也。"结果买来的三座炼钢炉中的两座酸性转炉，不适合于后来汉阳铁厂所用的含磷较多的大冶铁矿，影响了所产铁轨的质量。[1]

自 20 世纪初以来的百余年中，"中国之大"云云，成了张之洞的"名言"，不胫而走。以此为依据，有的批评张之洞无知和缺乏管理近代企业的经验，

---

[1]　胡绳：《从鸦片战争到五四运动》上，上海人民出版社 1982 年版，第 408 页。

有的批评他沉浸在虚骄情绪之中，有的认为是将按长官意志办事表现得淋漓尽致，有的则认为是冒昧建设的典型，甚至认为这是汉冶萍公司失败的根本原因。

"中国之大"云云的要害是：张之洞根本不懂得开发煤铁矿藏还需要进行勘探化验，才不屑于取样分析，才会那样口出狂言。

张之洞对于他历尽艰辛而为之奋斗的事业，真的是如此无知而冒昧吗？

根据《张文襄公全集》《张之洞全集》《汉冶萍公司档案史料选编》及薛福成的《出使英法义比四国日记》等提供的原始史料，张之洞购办机炉及其有关筹备工作的真相并非如此，完全是另一番景象。

且从山西时期说起

张之洞办钢铁的念头萌生于他任山西巡抚时。

英国传教士李提摩太在《亲历晚清四十五年》中多次回忆了他与张之洞的交往。"上任山西巡抚一开始，张之洞就大力采取富民措施，预防灾荒。在太原府的衙门旧档里，他发现了我给前任巡抚曾国荃提的一些关于修筑铁路、开挖矿藏、开办工业和制造厂等方面的建议"，张之洞曾经派人邀请李提摩太来参与这方面的工作。"从 1880 年到 1884 年，我花了将近 1000 英镑用于购买书籍和仪器"，"在三年的时间里，我每月都要应官员和学者们的要求做一次演讲"，传授天文、化学、机械、电学、光学、医学知识，现场实验，演示电磁铁吸住铁砧，铁丝在氧气里燃烧等。据说李提摩太还曾经给张之洞介绍过"别西默在钢铁冶炼方面的发明所引发的工业革命，建议在山西引进炼钢的设施设备"。李提摩太还认为后来张之洞在湖北建铁厂、修铁路、开办各种工业和学校，"这些都是我在山西向他提议的"。[①]

光绪九年秋天，张之洞有意在山西开矿炼铁，询问李鸿章。李于九月

---

① 李提摩太：《亲历晚清四十五年》，李宪堂、侯林莉译，天津人民出版社 2005 年版，第 150—151、137—141、168 页。

十二日回信否定了：

> 晋矿甲于天下，惟土法不精，运道多阻，是以远商裹足。前商局议
> 用机器，开铁路，即如尊旨，由平定至小范四百余里，凿山架桥，连开
> 矿工本，计需千万以外。华商断无此财力，若借洋债，更骇人听闻。[①]

在广东亲身经历了中法战争后，光绪十一年五月二十五日，张之洞在
《筹议海防要策折》中，从军事技术层面上对这次战争进行总结，认为"自
法人启衅以来，历考各处战事，非将帅之不力，兵勇之不多，亦非中国之力
不能制胜外洋。其不免受制于敌者，实因水师之无人，枪炮之不具。"基于
这种认识，他提出了储人才、制器械、开地利三项对策，要求在广东设水陆
学堂、设厂造枪、造水雷、造火药，并设立矿物局，开挖煤铁，试炼钢铁：

> 兹拟访求外国专门矿师三人，或搜求地塪，或化分矿质，或煎炼成
> 器，各专其责。搜求得地，再考化分，化分有质，则归煎炼。倘能炼铁
> 成钢，其用尤大。至炼生铁，宜用高炉、汽机风具。炼熟铁，宜用砂
> 炉、气锤。炼钢铁，宜用毕士买炉、西门马丁炉。缘中国铁质多夹磷
> 硫，皆须先炼出磺、强水，再入炉冶，始成纯质。[②]

从这份奏折来看，他初步具备了一些有关钢铁工业的理性知识，已
经认识到"搜求地隔""化分矿质"即勘探和化验都是其中必不可少的
环节。文中之"毕士买炉"即贝色麻炉。
这份奏折，朱批"留中"，不置可否。这个试炼钢铁的计划也暂时放置下来。
对于张之洞来说，这些酝酿的过程，也是一个学习考察、由不知到知、
由知之甚少到知之渐多的逐步积累知识的过程。

---

① 《李鸿章全集》七，第3852页。
② 《张之洞全集》一，第311页。

订购炼钢设备的是刘瑞芬

光绪十五年三月初十日，时为两广总督的张之洞分别致电出使俄、德、奥、荷四国大臣洪钧和驻英、法、意、比四国公使刘瑞芬：

> 请查开铁矿机器全副需价若干？炼铁厂将生铁炼熟铁、将铁炼钢，兼造钢板、铁板、铁条及洋铁针，并一切通用钢铁料件，需用机器约价几何？粤拟设炼铁厂，请详询示复。洞。蒸。

经过一番了解，同年五月初八，刘瑞芬给张之洞回电道：

> 东电悉。询明炼铁厂炼熟铁、炼钢、压板、抽条机器、炉具各件，价共需英金二万五千十九磅，运保费在外，十二月交清。每礼拜出铁二百吨。芬。齐。①

五月二十六日，张之洞经过询问得知英国钢厂一炉每周出铁六百吨后，感到每周二百吨，"所差太远"，请刘瑞芬与英厂商谈，"或添数炉，或改较大，以何为宜？"

五月二十八日，刘来电说，已问过该厂，每周出铁六百吨最合适，"炉再添配"；又问张"应炼熟铁暨钢各几成"和"铁条方圆大小尺寸"。六月初二日，张复电确定要提高未来钢铁厂的生产能力："请与订每日百吨以上，炼熟铁及钢各半。"对于铁条方圆尺寸，他的回答是："即查外洋历年来华多销式样照订，能兼备铁路用者尤佳。"作为一个原则性的意见，这样说应该是不错的，既有市场观念，又是"杜漏卮"。②

---

① 《张之洞全集》七，第5334、5347页。
② 《张之洞全集》七，第5353—5334、5356页。

在受命调往湖北后，张之洞一度考虑在山西设厂，七月二十七日去电询问机器能不能走山路运到山西；同时更加注重铁轨的生产，八月一日去电询问所订机器生产铁轨的能力和铁路每里需要铁轨多少吨。

在此期间，刘瑞芬与张多次电报往返，还涉及代请洋匠、厂房图样、炼钢铁与机器制造需各自设厂等问题，大多是张提出问题要求刘调查、解答，再作决定。函电交驰，张之洞不厌其烦，堪称细致、耐心，毫无虚骄狂妄的表现。但未见涉及化验矿石和炼钢炉的炉型。

有人遗漏了"炉须兼能炼有磷者"

从现已出版的函电中我们看到，曾经提出过炉型问题的，既不是刘瑞芬，也不是薛福成，而是《孽海花》中的女主角赛金花的丈夫洪钧。

同年八月，突然发生变故，英国厂家先是提出加价的要求，后又表示不愿制造。张之洞一面请刘瑞芬继续与英厂商谈，一面于八月二十三日致电在德国的洪钧："请订熔铁大炉二座，日出生铁一百吨，并炼熟铁、炼钢各炉，压板、抽条、兼制铁路各机器，一切配全。"

九月初八日刘瑞芬竟然已与英厂谈妥，电告张之洞：

> 连日与该厂研磨，仍照原议，不另加价。现已订合同付定银，厂名谐塞德公司。①

就在此时，洪钧提出了炉型问题：九月十六日电告张之洞：

> 炼钢二法：曰别色麻，曰托麦旅，视铁质内磷之多寡，炉亦异制，祈迅饬取晋铁试验。

---

① 《张之洞全集》七，第5372页。

1856年贝塞麦（即别色麻）发明转炉炼钢法，向转炉中的铁水吹空气，使铁水中硅、锰、碳等元素含量迅速降低，同时产生大量的热能，使液态生铁炼成液态的钢。转炉炼钢是冶金史上最杰出的成就之一，是创造性地将物理化学的热力学和动力学应用于冶金生产工艺的典范，从此开始了炼钢的新纪元。

托麦旅又译作托马斯。为了克服转炉炼钢不能除磷的弱点，扩大炼钢原料来源，托马斯和吉尔克里斯特依据磷在渣和钢中平衡分配这一物理化学原理，采用碱性炉衬、碱性造渣，并根据具体情况进行多次扒渣以促进去磷。

洪钧电文所谓的"炼钢二法"，都还是转炉炼钢；实际上另有一种冶炼原理和炉体型制完全不同的平炉炼钢法，它是西门子和马丁发明的，在1864年投产。这种方法可用废钢作原料，采用蓄热室使炉温显著提高，在冶金炉热工方面是继高炉采用热风之后又一项重大突破，可以利用高磷铁矿石冶炼优质钢。贝炉和马丁炉在19世纪下半叶先后问世并被广泛采用，促进了世界钢铁生产的飞速发展。

对于洪钧的电报，张之洞作何反应呢？《张文襄公全集》电牍十二与河北版《张之洞全集》都记载得很明白，洪钧此电系"九月十八日子刻到"，张之洞当日"亥刻"便发出了回电：

> 炼铁各件必需速购，炉须兼能炼有磷者，请确询定价早复。……晋铁取送太迟，千万勿候。①

遗憾的是，这两份电报长期不为人知。中国史学会编的《洋务运动资料丛刊》，孙毓棠编的及陈真等编的两部《中国近代工业史资料》，均遗漏未收。如果只依据这些后期经过编辑的资料，而没有细读张之洞的原著，必然也就遗漏了这条重要的证据。

---

① 《张之洞全集》七，第5380页。

张之洞亲手创办化学学堂

在筹办铁厂的过程中，张之洞把创办化学学堂作为一个重点环节，亲自作了大量工作。

首先，是从搜罗学生入手的。他听说福州船政学堂裁撤学生，便于光绪十五年五月十九日致电福州船政大臣：

> 船政学堂因节省经费裁撤学生，闻所学多已就绪，弃之可惜。粤设水陆师学堂，正需人学习。请择材堪造就、学经四五年者，咨送三四十人来粤。可否，望电复。效

六月初七，接到对方回电，已经从驾驶、管轮两班中选了三十名学过了三年的学生准备送来。七月十八日，张再次致电福州船政裴大臣：“前拟调英文学生三四十人，请饬来粤。此外，英文学已就绪者尚有若干人，能否多调？请示复。”人家在裁撤，他却在搜罗，而且是韩信将兵，多多益善，突出地反映了他对培养人才的重视和对人才的爱惜。

聘请外国教师。七月十八日张之洞同时致电刘瑞芬：

> 粤设西艺学堂，考究矿学、电学、化学、公法律学、植物学共五种。请延洋教习五人……啸。①

九月初二张之洞为此催促刘瑞芬：“西学格致，实自强要图，啸电五种，相需尤殷。粤有英文学生，收功较易，望公留意速觅，薪资不妨从丰。洞抵鄂后仍当筹款，协助成斯美举。”九月十一日又再次催刘：“五学教习务请速觅，拟于交替前具奏”，要赶在离开广州前将此事办好。九月二十五日张之

---

① 《张之洞全集》七，第5352、5360页。

洞察觉到这位等待上任的广东巡抚对此并不积极，再次催促，并表态将带到湖北去办学，不会让刘将来背包袱：

> 化学、矿学、电学、洋律学、植物学五种教习，想已觅得，务请将五人全数延定，速订合同电复。如上等难觅，中等亦可。鄙人交替在即，必须出奏。此事关系中国制造军火、开辟利源、交涉邻邦诸要政，实为自强本源，急须设学储才，故欲在粤倡之。如尊意或虑经费不继，洋教习不能久留，鄙人到鄂后当延往，将来断不至为难。切恳盼复。①

奏报朝廷。十月十八日张之洞向朝廷呈报《增设洋务五学片》，开头便说："有矿学、化学、电学、植物学、公法学五种，皆足以自强而裨交涉。"论及化学的重要性时说道：

> 提炼五金，精造军火，制作百货，皆由化学而出。今各省开局制造之事甚繁，而物料之涉于化学不能自制自修者，仍必取资外洋；且不通其理，则必不尽其用，此化学之宜讲也。②

这表明此时张之洞对西学的引进已经从应用科技深入到自然科学的基础理论和社会科学层面。

他要求五种专业各招30人，共150人，除从福建调入外，"更就上海广方言馆及广东同文馆考校录取，以充斯选，可以事半功倍"。后来这化学学堂便办在了湖北。

落实经费。光绪十六年十一月他向朝廷申报"约估筹办煤铁用款"时，其中包括：

---

① 《张之洞全集》七，第5385—5386页。
② 《张之洞全集》一，第733页。

化学学堂两年经费约银一万两。购买洋书图画仪器约银五千两。化学馆常用药料器具约银五千两。①

张之洞不懂矿山需要勘探化验吗？

早在山西时期，张之洞曾询请李鸿章推荐矿师勘测山西铁矿。光绪九年十二月二十八日李鸿章复信云："开平系煤师，非开铁好手。津沪膺鼎更多，不敢滥荐。"须同唐廷枢商议如何选派。信末又再提及：

> 顷，接唐廷枢电复呈览，西洋铁矿师三年辛俸、来回水脚须二万金，若尊处专用，即令发电往邀，否则仅察勘可否大办，似不值先縻巨款，或届时令开平矿师往勘。乞酌示。②

光绪十五年，张之洞在致电驻英、德大使打听机炉的同时，从徐润那里捕捉到一点信息，便筹划趁机勘测两粤矿山。四月十三日，张之洞致电李鸿章，要求借矿师哲尔：

> 广、韶、惠、琼矿产甚富，开办已久，因未得法，徒虚劳费。闻热河募有矿师哲尔者，工夫甚好，并闻徐道润云，拟于八月间禀请借来粤勘大屿山矿，拟并奉借遍勘两粤矿山……

李鸿章没有同意，以"在热河开矿正忙，一时未能分身"为辞拒绝了。③

历史事实是，张之洞虽然没有在订购设备之前勘探矿山，但他并不是不知道需要勘探，而是急着要勘探的，只是当时他的身边还没有探矿的人。

---

① 湖北省档案馆编：《汉冶萍公司档案史料选编》上，第87页。
② 《李鸿章全集》七，第3857页。
③ 《张之洞全集》七，第5343—5344页。

同年八月二十六日尚在广州的张之洞，致电湖北巡抚奎斌：

> 大冶向来出铁，近来民间有无开采？出产多少？请详询曾任大冶、兴国一带州县，或遣人密查。①

十月十五日海军衙门来电发出了"大冶下手，自是正办"的指示，张之洞奏请朝廷批准在赴武昌途经上海时会晤了盛宣怀，"询商大冶铁矿并开煤设厂一切事宜"；十二月下旬，比利时矿师白乃富、英矿师巴庚生、德矿师毕盎希等先后到鄂，张之洞赶在这年的农历除夕下达札文，命令他们再次查勘大冶铁矿：

> ……再往确切详勘，钻取铁砂，分化成数，详求矿苗层次，占地几何，分绘细图，禀缴察阅。并于大冶沿江一带，距水道不甚远之处……详查煤矿，并取煤样分化考验，确查所含炭质若干分，煤层厚薄，能否烧作焦炭，足供大冶铁矿之需。②

在光绪十五年冬至十六年春，张之洞派出了大量人员至湘鄂及邻近地区勘察煤铁。其中十二月二十日一次就派出了高培兰、欧阳炳荣等八名官员，分为四组，分赴宝庆、衡州及江西萍乡、辰州、贵州青溪等地，要求他们：

> 务须躬亲履勘，详查各该处所有煤铁矿坐落何山？何年开采？矿深几何？占地几亩？每日各出煤铁若干担？矿夫若干名？炉灶几处？如何煎炼？如何销售？价值几何？距水道若干里？脚费几何？用船载运能否畅行无阻？沿途所经有无应纳厘税？开采之处与附近村庄坟墓有无窒

---

① 《张之洞全集》七，第5374页。
② 《札札勒哈哈里等查勘大冶煤矿文》，载《汉冶萍公司档案史料选编》上，第72页。

碍？……逐一详查，绘图禀复。并将所查煤矿式样呈缴来辕，以凭饬发考验，是为至要。①

这里所说的"分化成数"就是分析化学成分，"分化考验"就是化验分析，"煤矿式样"就是样品。

光绪十六年二月二十六日张致电海军衙门称：

> 湖北、湖南两省煤铁样各已取到十余种，须用化学机器煎炼，方能确定等差。洞去夏即向外洋访募得化学教习骆丙生，并购化学机器。骆昨日始到鄂，机器已到沪。专待化机到，即可炼试。②

张之洞不仅创办了化学学堂，聘请了化学教习，还购置了化学机器，建立了自己的化验基地。面对这些确凿的原始档案资料，我们还能相信那些流言蜚语吗？还能认为张之洞不懂得矿山需要勘探化验吗？

当事人薛福成有日记为证

刘瑞芬出使三年的任期在光绪十五年初即已届满，并被任命为广东巡抚。空出来的驻英使臣，几经周折，由尚未上任的湖南按察使薛福成继任。薛于光绪十六年正月离开上海，三月初四到达英国伦敦。他敬业而精细，每至一处使馆便利用公暇查阅历年的文卷，四月初二日记：

> 查旧卷，前任刘大臣代张芗帅在英伦柏辣德公司订织布、整花、纺纱、提花各机器……又在谛塞德公司定购炼铁炼钢机器，共价英金八万二千四百九十八磅。③

---

① 《札高培兰德培查勘湘黔煤铁矿文》，载《汉冶萍公司档案史料选编》上，第71页。
② 《张之洞全集》七，第5453页。
③ 薛福成：《出使英法义比四国日记》，第134页。

薛的日记再次证实，为张之洞订购机器设备的是刘瑞芬，薛到任时已是木已成舟。

光绪十六年四月，张之洞为了争取关东铁路使用汉阳铁厂将来生产的铁轨，致电李鸿章：

> 询据各矿师，均称造轨只须贝色麻法即合用。现购之炉，贝色麻、西门士两法具备，若以最精之法炼之，当无不合。[①]

在此期间，张之洞曾电薛福成添置炉机，扩大钢轨的生产能力，并拟派工人至英厂学习。

薛五月十日致电张，涉及煤铁化验问题。六月二十七日张致电薛：

> 炼铁厂基已勘定兴工，拟赶制钢轨，请饬谛塞厂将贝色麻炼钢炉及辗轨机应配各件，先行寄来。

七月初四张收到薛电：

> 钢须铁炼。请示知铁矿之磷质、硫质有无、多少，做炉方免爆裂。

八月二十五日薛电又曰：

> 谛厂又云"铁矿磷质多难炼钢，另觅佳矿尤妥。"[②]

此二电唯见于河北版《张之洞全集》。这时已是刘端芬与英厂订立合同十个月之后，此前已有两批机器运往中国；按十二个月的交货期计算，距离

---

① 《张之洞全集》七，第5496页。
② 《张之洞全集》七，第5517—5518、5523页。

最后交货期限只有两个月了；按照交易的普遍规律，凡订购大型机器设备，必先确定品种、规格、型号，方能议论价格、交货日程，双方取得一致后才会签合同、付定金。英方厂家迟至付定金十个月后才提出要化验磷、硫成分，明显不合常理，是否与选择炉型有关，据此无法断定；此"炉"是否即是炼钢炉？何以含磷会使炉"爆裂"？是否涉及耐火砖的材质？等等，也都只能存疑。至于后一封电报提出要"另觅佳矿"更为离奇，远不止是炉型问题了。

但张之洞处理此事的态度却是十分明确的，九月二十九日薛福成日记有如下记载足以为证：

> 张芗帅来电云：大冶铁矿极旺，磷仅万分之八；贺伯生等称，加孟铁尽可炼钢，附近兴国州，即产孟铁甚旺。又云：矿石系海麦太德（即铁养，其色红）与麦泥太德（即吸铁石之类）相和之质，内含硫磺一百分一百分之六（即一百分之六厘），磷光一百分之一百分之十二（即一百分之一分二厘）。又电云：矿铁每百分计六十三分半，磷金每百分计一百分之八，非是磷酸。又电云：大冶矿详细考验，每百分中得铁六十四分，磷百分之八，硫磺百分之三，红铜百分之二十七，中国熟谙机器者，谓可炼贝氏麻钢。[①]

薛福成在这里一连记下了张之洞四次来电，但未注明日期。其中两电并见于《张文襄全集》电牍十四和《汉冶萍公司档案史料选编》，九月八日复电云：

> 大冶铁矿极旺，磷仅万分之八，贺伯生等称，加锰尽可炼钢。附近兴国州即产锰铁甚旺。

九月二十电云：

---

① 薛福成：《出使英法义比四国日记》，第236页。

大冶矿细分如下，详细测化，得铁六十四分，磷八毫，硫三毫，铜二厘七毫。矿师皆云宜用贝色麻法。①

在所谓张之洞购炼钢炉这宗公案中，当事人一方是张之洞，一方是薛福成。由薛福成记录的张之洞的答复，应当是最直接、最重要的证据。上述薛福成日记里，完全没有"中国之大"云云的记载，甚至找不到任何张之洞反对化验的蛛丝马迹，便是张之洞没有说过那些话的一个直接而有力的证据，也是"中国之大"云云的真实性值得怀疑的直接证据。如果张之洞说过那样的话，认为没有化验的必要，他就不可能连续四次通报化验结果；而薛的日记证实，张之洞既没有置之不理，也没有口出大言，甚至也不是化验一次敷衍了事，而是不厌其烦地四次复电，告知再三化验结果，充分证实他对铁矿含磷的问题是认真而慎重的。

我们还注意到，张之洞一再声称：当时贺伯生等洋矿师都认为大冶矿石可以用贝色麻法炼钢。暂且不论这意见是否正确，对这个问题我们似很难再指责张之洞是按长官意志办事。

叶景葵关于张之洞购炉的记述是一桩大冤案

《从鸦片战争到五四运动》批评张之洞说"中国之大"云云，注明转引自吴杰的《中国近代国民经济史》；吴杰书中的引文实际来自丁格兰的《中国铁矿志》，而丁格兰的这段话又是根据叶景葵的《述汉冶萍产生之历史》编写的。追根溯源，近百年来对张之洞购炼钢炉的指责，来源于叶景葵的《述汉冶萍产生之历史》。

叶景葵在《述汉冶萍产生之历史》中说：

前清光绪初，奕䜣柄国，创自修卢汉铁路之议。时张之洞为两广总

---

① 《张之洞全集》七，第5523—5524页。

督，谓修铁路必先造钢轨，造钢轨必先办炼钢厂，乃先后电驻英公使刘瑞芬、薛福成，定购炼钢厂机炉。公使茫然，委之使馆洋员马参赞，亦茫然，委之英国机器厂名梯赛特者，令其承办，梯厂答之曰：'欲办钢厂，必先将所有之铁石、煤焦寄厂化验，然后知煤铁之质地若何，可以炼何种之钢，即可以配何样之炉，差之毫厘，谬以千里，未可冒昧从事。'薛福成据以复张，张大言曰：'以中国之大，何所不有，岂必先觅煤铁而后购机炉，但照英国所用者，购办一分可耳。'薛福成以告梯厂，厂主唯唯而已。盖其时张虽有创办钢厂之伟画，而煤在何处，铁在何处，固未遑计及也。……

而汉厂所炼之轨，前含磷太多，实为劣品，惟所带零件，又系极佳之钢。再四考求，始知张之洞原定机炉系用酸法，不能去磷，而冶矿含磷太多，适与相反。①

许多学术著作，包括前引《从鸦片战争到五四运动》在内，正是或直接或间接引用了这些记述，依据这些记述来批评、评价张之洞办钢铁的。

在这里，我们要进一步打破砂锅问到底：既然大家以叶景葵为依据，那么叶景葵的记述可靠吗？他又有什么依据呢？他的记述如此绘声绘色，历历如画，他是亲历亲闻的现场目击者吗？

遗憾的是，叶景葵的文章并不是学术论文，丝毫没有交待他的记述有什么依据、出处。

叶景葵生于同治十三年，杭州人，在《卷盦题跋》中自述"十六岁应童子试"。也就是说，光绪十五年张之洞在广州订购炼钢炉的时候，叶景葵只有十六岁，正在杭州老家考秀才。当时两人相距千里，年齿悬殊，地位悬殊，风马牛不相及，叶景葵绝对不可能亲历其境。

证人不在现场，证词又来历不明！

---

① 中国史学会主编：《洋务运动》八，第526、528页。有关叶景葵《述汉冶萍产生之历史》的版本源流及其影响，请参看本书第24章。

叶景葵这段记述的要害是：张之洞根本不懂得煤铁矿需要分析化验，才不屑于取样，故而说出那样外行而又轻狂的话。上述原始资料证实，早在订购设备的四年前，张之洞在他的奏折中已经将勘探和化验列为与冶炼同等重要的、不可缺少的一个环节，对此已经具有一定的理性认识；事实还进一步证明，在订购设备的同时，张之洞已经亲自身体力行，千方百计、不遗余力地建立起了自己的化学学堂和化验基地。一个把别人裁撤的学生搜罗来学习化验的张之洞，一个再三再四敦促刘瑞芬从国外聘请化学教习的张之洞，一个不惜花费两万两银子建化学学堂和化验基地的张之洞，一个派人四出探矿谆谆叮嘱要取样呈缴化验的张之洞，一旦遇到英国企业请他送矿样去化验，竟然会反感而不屑、无知而蛮横地那样回答吗？

原始史料更提供了确凿的证据：当洪钧提出化验矿石和炉型问题时，张之洞立即作出了明确而坚定的回答："炉须兼能炼有磷者"。当薛福成转告英厂询问"磷质硫质有无、多少"时，张之洞先后四次不厌其烦地复电，详细告知了大冶矿石包括磷、硫在内的各种成分，与叶氏的记述截然不同。

综合上述，既然叶景葵不可能亲历亲闻，又没有提供任何依据；既然有大量的史料证实张之洞确实是高度重视矿山化验，千方百计亲手创建了化验基地；又有确凿的、直接的证据证实张之洞曾经四次将化验结果告知薛福成，与叶景葵所言截然不同；基于史实，我们可以得出结论：叶景葵的记述是不可信的，不应作为依据，历来将汉阳铁厂的失败归罪于张之洞购错了炼钢炉，应是一桩大冤案。

李维格炮制冤案的三部曲

叶景葵关于张之洞订购炼钢炉的记述，不仅是他自己并未说明出处、来源，我们在《张文襄公全集》、河北版《张之洞全集》、薛福成《出使英法义比四国日记》，以及《汉冶萍公司档案史料选编》等原始资料中都找不到踪影。张之洞幕僚中许多文人留下了有关的著作，清末民初的笔记野史中也多有涉及张之洞，如跟随张二十多年的辜鸿铭的《张文襄幕府纪闻》，其后继任湖广总督的陈夔龙的《梦蕉亭杂记》，以及胡思敬的《国闻备乘》、刘成禺的《世载堂杂忆》、黄濬的《花随人圣庵摭忆》等，其中对张之洞批评甚至是抨击并不少见，但至今尚未发现与此相同或可以证实叶氏记述属实的记载。

认真梳理现有档案史料，我们发现最早公开提出大冶铁矿含磷多而不宜用贝色麻炉炼钢的，并非叶景葵，而是与叶氏交往甚密、曾任过汉阳铁厂总办的李维格。

李维格对此的说法，有一个发展变化的过程。

早在光绪三十年，盛宣怀为了振兴汉阳铁厂，奏派李维格出洋考查钢铁工业，采办机炉，选雇洋匠，于本年二月二十三日启程，历时八月，于十月二十一日返沪。十二月十二日李维格正式呈报了长篇报告：《出洋采办机器禀》，其中在"乙、钢质"项下说道：

> 炼钢有酸法碱法之别，酸法不能去铁中之磷，惟碱法能之。汉厂贝色麻系酸法，而大冶矿石所炼之铁，含磷过多，以致沪宁铁路公司化验轨样后，不肯收用。……员司博访周谘，并从史戴德之议，决定废弃贝色麻而改用马丁碱法，成效昭著，似无疑义。且改用碱法后，现所剔除之磷重矿石，均可取用，亦一有大裨益处也。[①]

这里重点是强调贝炉不能去磷，所以要改用马丁炉。但有两点值得注意：一是说"大冶矿石所炼之铁，含磷过多"。铁中含磷，可能是矿石所致，也可能另有原因。仅仅化验钢轨是无法确定含磷原因的，它只能确定含磷的数量，而不能显示磷从何而来。此处似乎暗示"含磷过多"的原因在于"大冶矿石"，但却又并未直接说出，遮遮掩掩，用语是含混模糊的。二是"所剔除之磷重矿石"的存在。既有被"剔除之磷重"者，必有未剔除之磷轻者；它们是怎样剔除的？被谁剔除的？这些地方，一般人可能看不懂，想必只有盛宣怀才心知肚明。

---

① 湖北省档案馆编：《汉冶萍公司档案史料选编》上，第168页。

四年之后，汉冶萍公司建立。李维格于光绪三十四年十月初一日在汉口商会发表演说，动员商界踊跃投资入股。为了打消听众对汉阳铁厂长期亏损的疑虑，他大力宣扬盛宣怀接办后的成就：萍乡煤矿用机器开采，新建的马丁炉告成出铁，以及运煤铁路建成后的美好前景。在回顾当年出洋考察决策时说道：

> 据验汉厂造轨之钢，炼不合法……钢中最忌有磷，大冶之铁石含磷适多，而旧时炼钢系用贝色麻酸法，背道而驰，宜其凿枘……遂改马丁碱法之炉，以去磷质。此十余年未解之难题，一朝涣然冰释者也。①

与出洋考察禀文的曲折含糊不同，此处直接了当地坐实了"大冶之铁石含磷适多"，而且感情色彩十分强烈地慨叹，以"十余年未解之难题"与"一朝涣然冰释"作鲜明对比，强调了李维格亲自出国考察一举解决了含磷问题，意义重大而深远。

民国三年6月，因汉冶萍公司陷入困境呈请官商合办，国务院、农商部派员来调查，李维格撰写了《汉冶萍公司历史说略》一文，分析公司"困难原因"，提出"补救方案"。在回顾"创办概略"中，对此的说法又有了新的重大变化：

> （张之洞）初未知有大冶铁矿，盛公交送，实于无意中得之也。惟冶炼钢铁，须视原料之质性何如，以配合炉座，当向英厂订购机炉时，驻英薛叔耘公使一再言之，须将原料寄英化验，而未从其请，以致机炉与原料两相凿枘，所制钢轨不合准绳。②

此时已是民国，张之洞早已去世，李维格无所顾忌，进一步将质量问题明确归咎于张之洞：根子在于他没有听从薛福成的意见，错购了贝炉，"铸

---

① 湖北省档案馆编：《汉冶萍公司档案史料选编》上，第243页。
② 湖北省档案馆编：《汉冶萍公司档案史料选编》上，第315页。

成大错"。

至此，李维格终于完成了将钢轨质量从开始归咎于贝炉，再到归咎于大冶矿石，最终归咎于张之洞的三部曲。

将李维格上述这些文字与叶景葵《述汉冶萍产生之历史》相对照，不难发现，叶景葵的记述，其中事实、观点都来自李维格，甚至许多文字都相同或近似。在这里，李维格所谓薛福成"一再言之"而张之洞"未从其请"，只是干巴巴的一句话；而到了叶氏的笔下，便幻化出戏剧性的一幕：公使、参赞们如何茫然，英厂如何回答，张之洞如何大言，衍生出了"以中国之大，何所不有……"那样一段奇文。

李维格系光绪二十二年四月盛宣怀接办时被委派为铁厂总翻译的，此前并未参加汉阳铁厂的创建与生产。自光绪三十年出洋考察归来任铁厂总办，负责扩建工作，至1908年汉冶萍公司建立兼任公司协理，这一时期他是盛宣怀的主要助手，参与了重大决策并负责执行，对公司的经营负有重大责任。为此，受到股东的责难和舆论的压力，以至后来"颇有人倡议，谓李君办厂不善，可取而代之者"。1911年叶景葵写这篇文章，并发表在《时事新报》上，正是为李维格进行辩护。李维格在此前后的一些说法，便隐藏着为盛宣怀和自己开脱的成分，有些是掩盖真相的不实之词。对于早年张之洞如何订购炼钢炉，所谓薛福成"一再言之"而张"未从其请"，从何而来？有何根据？我们无从得知。证据显示，张之洞至少是前后四次将化验结果寄给薛福成，怎么能说是"未从其请"？显然是不实之词。

窃以为，所谓的张之洞订购炼钢炉失误，是一桩至今查无实证的莫须有的冤案。李维格是炮制者，叶景葵充当李维格的传声筒又以主观想象予以渲染、广泛散发，扩大影响；某些学者不察，以叶氏所说为依据，辗转相传，致使这一冤案持续百年之久！

至于汉阳铁厂的钢轨质量问题，大冶铁矿是否"含磷适多"？李维格为何要废弃贝色麻炉？这是不是"十余年未解之难题"？又是一件大公案，涉及开发萍乡煤矿的决策，更涉及对日借款及出售矿石所掉进的陷阱，下面另有专章探讨。

第十三章　在煤的困扰背后

踏遍青山：张之洞寻找煤矿之年 / 从两条腿走路到三管齐下 / 当阳煤矿：量少运艰，不宜机器开采 / 重点开发王三石和马鞍山 / 毁灭性的一击：水淹王三石 / 马鞍山煤矿：从屑多质脆到灰多磺重 / 萍煤虽好，路远难运，质量难保 / 根本问题是中国近代煤炭工业发展滞后

民国初年，叶景葵在记述汉冶萍公司历史时批评张之洞："盖其时张虽有创办钢厂之伟画，而煤在何处，铁在何处，固未遑计及也。"由此而推断张之洞"对冶炼工业毫无经验，也缺乏知识"。后来学者们一再据此而批评张之洞，并引伸为汉阳铁厂失败的原因：

> 汉阳铁厂开工时，铁矿来源虽然有了，炼焦煤却尚无着落，仍在到处寻找。在湖北境内找到了两处可用的煤，但储量很少，又没有机器开采。由于煤供应不上，生产时常陷于停顿，以至只好高价购买北方开平煤矿的煤和外国进口的焦煤。这是汉阳铁工厂失败的一个原因，虽然还不是主要的原因。[1]

也有的著作认为，"煤矿供应，问题更大。官办汉阳炼铁厂最后经营失

---

[1]　胡绳：《从鸦片战争到五四运动》上，第408页。

败，这是致命伤所在"①。

这里实际上牵涉到相互联系而又有所区别的两个问题：一个是先建厂后找矿，属于建设程序先后颠倒的错误；一个是造成了"煤炭供应不上"的后果。前者固然在一定程度上对后者有所影响；但煤炭供应长期未能解决却有着更为深刻而复杂的原因。

踏遍青山：张之洞寻找煤矿之年

筹办铁厂伊始，有铁无煤，确实严重地困扰着张之洞。当初海署决定从大冶下手时，李鸿章便说过，"大冶铁质好而无煤"，要从当阳运煤来，比较费事。与盛宣怀在上海会谈后，张之洞进一步了解到"当阳煤少，仅敷数年"，便不得不采取措施，派出一组组人员，分头寻找可供炼铁的煤矿。光绪十六年，是张之洞的寻找煤矿年。

光绪十五年的腊月三十，张之洞在广东生活了五年多以后，来到湖北过第一个除夕。这一天总督大人仍然在忙公务，文案、签押房、电报房的有关人员也都小心地侍候着，顾不得回家去与亲人团聚。就在这天，张之洞签署了公文，委派补用知府扎勒哈里、候补同知盛春颐、候补通判易象、员外郎衔翻译委员辜汤生（即辜鸿铭）等，陪同白乃富、毕希盎、巴庚生等，复勘大冶铁矿，并在大冶附近沿江一带寻觅煤矿，重点是大冶、武昌、兴国、广济、蕲水等地。如果附近无煤，就溯江而上，至宜昌、归州、巴东一带，直到与四川交界止。②

这一路人马还未出发，三位不同国籍的洋人却闹起了矛盾。俗话说"一个笼子里关不了两个叫鸡公"，何况是三个，而且还是"洋"的。白乃富便向派他来的老东家盛宣怀打小报告。张之洞了解到的情况是，白乃富怀里揣着个小九九，怕和英国人、德国人一起干话，显不出他的本领，功劳被别人抢去了。总督大人少不得又要安抚一番，亲自承诺，无论在哪里有了收获，

---

① 冯天谕、何晓明：《张之洞评传》，南京大学出版社 1991 年版，第 116 页。

② 湖北省档案馆编：《汉冶萍公司档案史料选编》上，第 72 页。

头功总是白乃富的。

至于到湖南、贵州去勘查，在此十天之前，张之洞就安排了四路人马：高培兰、王天爵到宝庆所属各处；欧阳炳荣、欧阳棽去衡州一带、攸县、醴陵及江西萍乡接界处；杨湘云、庄允元去辰州所属辰溪、浦市等处；杨秀观、张福元去贵州青溪。在当时，既无地质勘探设备，又无专业技术人员，派出的大都是候补知县、试用典史之类的文职人员；所谓的勘查，不过是到已经开采的矿山去实地看一看，了解一下开采、生产、运输的一般情况，再取一些样品回来化验。同时还要了解"开采之处与附近村庄坟墓有无窒碍？"特别提到要避开坟墓，这正是当时的一大时代特色。①

从光绪十五年冬天到十六年春天，张之洞还先后多次指派人员到湖北境内的郧阳、兴山、巴东、当阳、京山以及邻省的汉中、兴安、夔州等处勘查，其间一度考虑在湖南用机器开采以降低成本，又派山西省补用道陈占鳌前往山西勘查泽州和潞安。

与此同时，张之洞还积极网罗人才，请求海军衙门从江南制造局调来了"长于矿学"的徐建寅和徐华封，又通过福州船政局先后调来了曾经出洋学习的矿学生、船政学生张金生、池贞铨和游学诗等人。

函电交驰、水陆并进、往来奔波，结果却并不如意：几位矿师复勘的结论是大冶的铁"佳而且多，惟附近有煤而不合用"；"荆煤太薄，不能大举，岁产有限"。十六年二月廿六日张之洞致海军衙门电称："南北两省，煤确有数种可用，已分遣矿师委负复勘。"同日回复李鸿章："现决计以楚煤炼楚铁，取材总不出两湖"。牢牢将它控制在自己的势力范围之内。②

从两条腿走路到三管齐下

到了光绪十六年的秋冬，张之洞采取了两条腿走路的措施，一面开采、

① 湖北省档案馆编：《汉冶萍公司档案史料选编》上，第71页。
② 湖北省档案馆编：《汉冶萍公司档案史料选编》上，第72—73页。

转运湘煤和收购民间的煤，一面勘办大冶王三石等煤矿。

经过前段勘查，湖南以宝庆的煤质最好，灰分又少；从转运条件来看，衡州和江西萍乡较为方便。但是各个煤矿的情形不一样，有的需要用机器开采，提高产量；有的地方需要设点收购转运；有的需要增加人力和船只。根据这些情况，张之洞缩短战线，突出重点。八月二十四日，指派徐建寅、欧阳炳荣、欧阳梦到衡州所属的清泉、耒阳、常宁；矿务委员、守备池贞铨和高培兰、王天爵到宝庆所属的邵阳、新化，分别负责开采转运。要求他们"须于距水较近之处，煤苗宽厚之区，审定一二佳矿，堪以施用机器，大举开采，使出煤多而转运易。"这里所说的机器开采，主要是抽水和起重两个方面。开采的形式也强调要灵活多样：有力量的窑户可以劝说他们自购机器试办；也可以由官方出资置办机器租给窑户使用，还可以由官方或租或买下山场自行开采。至于江西萍乡和湖南其他地方，这次张之洞都没有派人去办理，只打算出个布告，"劝令自行设法广为开采"。①

到了十月，张之洞更是三管齐下，大力抓煤矿。

首先，总督大人亲自出面与民间进行对话。在金秋十月的阳光下，一份以湖广总督张之洞署名的告示，遍贴在湖北、湖南以及邻近的四川奉节、巫山、江西萍乡等产煤区。告示中宣称，本部堂总制两湖，奉旨开办炼铁事宜，是为中国开辟利源的要政；决定"一概不用洋煤，尽量采诸内地，以期增广民间生计"。经过前段调查，这些地方的煤可供炼铁及轮船之用，但是目前零星开采，不敷需要，因此号召民间采用机器，广开多采。并公开承诺，只要是上好的烟煤、白煤，"本部堂总能为尔等筹销路"。告示还号召邻省奉节、萍乡等地把煤运到汉口来，将"一体收买"。②

其次是派人去大冶进一步勘查王三石等煤矿。这时已经在大冶发现几处煤矿，一是王三石地方有石煤，但"煤质尚欠坚结"，需要进一步深挖；一是明家湾"烟煤极佳，惟煤层稍薄，须用探地机器探试"；同时还在金山店、

---

① 湖北省档案馆编：《汉冶萍公司档案史料选编》上，第75页。

② 湖北省档案馆编：《汉冶萍公司档案史料选编》上，第75—76页。

胜山寺也发现了煤矿。这无疑给困境中的张之洞带来了极大的希望，便决定组织人员，加强力量，重点勘办。考虑到原来开办王三石煤矿的张鹏飞，此时正兼办铁山运道事宜，十月十九日又加派候选州判王树藩和矿学生游学诗去王三石会同张鹏飞办理；另派候补知县黄建藩和候选县丞敖开郁去勘办金山店和胜山寺煤矿；同时派出毕盎希和柯克斯先去王三石勘查确实，然后再去胜山寺开挖煤窿；至于明家湾，则要等到钻探机运到后再派人去办理。

第三招是指定专人筹办荆门、当阳的煤务。

当阳煤矿：量少运艰，不宜机器开采

十六年正月，盛宣怀来电曾一再强调，湖北"除当阳无好煤"，"无过当阳"。张之洞于正月二十日复电时不无反感地回答道：

> 阁下在沪屡言："当阳煤据洋师云，只可供二十年；若两炉，仅供十年，不宜开。"既如所云，似难以巨本轻试。且作闸蓄水，陆开铁路，所费亦巨，仍止运半年，似非计。[1]

他把希望寄托在发现新的更好的煤矿上，暂时将当阳搁置一边。

扎勒哈里、盛春颐陪同白乃富等沿江勘查至兴山、归州后，于闰二月九日到达宜昌，十日向张之洞发电报汇报："归、兴山高路远，煤薄质亦平常。"这才按照张之洞的电报指示，于十二日再到当阳观音寺复勘煤矿，同时考查水陆运输，是否可以疏通河流或修建铁路。这次勘查的结果，从盛春颐于三月二十一日写给盛宣怀的信来看，与原来掌握的情况基本一致。

> 河系沙河，发源不广，全仗山水，开之无益。陆路至荆二百余里，兼有三十里山路，如修铁路，工程不小。当煤虽佳，惜煤层太薄，至厚

---

① 《张之洞全集》七，第 5439 页。

不过尺许，洋法开采，势所不能。①

　　他的看法是，与其花费巨大的投资用机器开采，不如用优惠的价格收购，刺激当地的土法生产。这年的四月，盛宣怀曾来电请求张之洞关照他的侄儿盛春颐，让他署理大冶县令，后来张之洞却让他去当阳署理知县。这年的十月初十日，下令指派他"专务荆当一带煤矿"，所有开采事宜责成他这个地方官一手办理，并指定窝子沟、大林堡、宁家湾、双河口四处出产白煤，"质坚灰少，炼铁最为合用的煤矿"，由盛春颐负责"督劝商民，集资采运，开挖新隆，疏通运道，招徕船夫"运到汉阳。还要求他"须以此事为当务之急"，详细确切地筹划好每月能交卸多少吨，每吨运价多少，报告给张之洞审批。也就是说，当阳煤矿最终仍未实行机器开采，只是加强了倡导、收购工作。②

重点开发王三石和马鞍山

　　光绪十六年很快就过去了，张之洞找煤的任务却没有完成。

　　十七年三月初五，在下令由林佐接替张飞鹏负责修建铁山运道的同时，张之洞已购置了三套开采煤矿的机械，命张飞鹏、游学诗专办大冶的煤矿，在王三石、钩儿山、明家湾、道士洑、八角井等地，"择其煤层最厚、水运最便而又离铁山较近者，勘定三处"。这年的五月，又发现了江夏县的马鞍山、龙王庙等处产油煤，张之洞赶紧又派高培兰和池贞铨去勘办。③

　　这年的四月里，发生了武穴教案；五月湖南澧州民众焚毁电杆木料，电报线路工程受阻；七月，宜昌数千民众焚毁教堂，打伤教士，西方列强将军舰开至武汉、宜昌施加压力。处理这些事件，占据了张之洞的主要精力，但他仍然密切地关注着煤矿的进展。九月四日致电游学诗、张金生："日来明

---

　　① 陈旭麓等主编：《汉冶萍公司》一，第13页。
　　② 湖北省档案馆编：《汉冶萍公司档案史料选编》上，第76页。
　　③ 湖北省档案馆编：《汉冶萍公司档案史料选编》上，第76—77页。

家湾、王三石等处煤窑情形若何？张令已赴王三石否？即电复。以后务限十日一禀铁局，勿违。"①

此后，开发煤矿工作转入了采用机器重点勘测、开采大冶王三石和江夏马鞍山。

毁灭性的一击：水淹王三石

经过多年的艰苦经营，就在汉阳铁厂建成急须用煤之时，王三石煤矿突然被水淹没。这一特大事故和灾难，对于张之洞和他的钢铁事业，无异是一次毁灭性的打击。

张之洞曾寄以厚望却遭遇没顶之灾而不幸夭折的这个煤矿，似乎没有留下比较完整的资料，我们只能将零散的有关记录甚至是只言片语连缀起来，尽可能地对它作个大体的了解。

光绪十六年十月，张飞鹏从王三石带了矿样回省化验，炭灰在十分以内，可以用来炼铁。虽然煤质不够坚结，也只能是把希望寄托在深挖下去，可能有坚结的煤。张之洞于十月十九日下令，添派候补州判王树藩、矿务学生游学诗，会同张飞鹏专门办理王三石煤矿的事务；并派矿师毕希益、柯克斯往王三石勘察，对于如何开采，使用什么机器，如何与铁路连接等，要他们提出设计方案。显然是把它作为重点来抓。其实，他的心中还是没有底。他在同年十一月初六向朝廷汇报时，只透露了目前还是试用土法开采，购买的钻地机器尚未运到，将来深入数层后，煤质是不是会有所改变，"尚无把握"。对此没有把握的，不仅是张之洞，大概也包括那些洋矿师。

光绪十七年三月初五，委派张飞鹏和游学诗设立分局，首选的用机器开采的对象便是王三石煤矿。②

光绪十八年二月二十四日，张之洞向朝廷申报追加的工程预算，因为

---

① 《张之洞全集》七，第5616页。
② 湖北省档案馆编：《汉冶萍公司档案史料选编》上，第76—77页。

"大冶王三石煤苗甚旺"，要求添造王三石至铁山的铁路 8 公里，造价 10 万两。三个月后，五月二十四日，张之洞委派宜昌知府存厚督催铁山铁路工程，其中包括接通王三石煤井添设的十余里。

同年十月十五日，张之洞致函李鸿章，其中谈到煤矿情况：

> 大冶属王三石，油煤三层，共厚四丈二尺；江夏属马鞍山，油煤两层，共厚一丈八尺。均试过可炼焦炭。地段、煤脉均极广阔，在十里以外，将来可开井多处。现已用西法开大井三处，明年六月竣工，可共出煤每日六百吨。除铁厂自用外，可销售与华洋商民轮船等用。若再多开数井，其利无穷，百年不尽。①

张之洞对这两个煤矿充满信心，寄予厚望。信后附有一份《湖北铁政局所置机器厂屋、各项工程清单》，其中"大冶王三石煤矿"专列一项：当时初步勘定王三石的矿藏为油煤三片，分别厚 24 尺、14 尺、4 尺。已有大小煤井各二处，配备了开煤机器全套、凿石压气机全副、金刚石钻地机两副、起煤机两副，特别引人注目的是抽水机有大机器两副、小机器五副。除了局屋、洋匠房、和打铁房、木工厂等辅助设施外，储运设施共有：储煤堆栈三所、运煤铁路十里、运煤铁车 30 辆，运煤码头一所，石灰窑卸煤码头一所、卸煤趸船一只。已经是一个具有相当规模的、全部运用机械开采和运输的煤矿了。②

随着工程大规模地展开，王三石出现了惊人的"滥支糜费，任意浮开"。煤局每月日常支出中，"滥用司事，多立名目，浮支薪资"，"重复开支、离奇已极"。其中"各房点灯洋油月用十箱，窿工食盐月一千斤，日食三十三斤有余"，搬运工"日用长夫 60 多，散夫随时添雇"，"挑钱、挑杂物月需钱 70 串"，骇人听闻至极。十八年十一月三十日张之洞对此专门下文严加申

---

① 陈旭麓等主编：《汉冶萍公司》一，第 28—29 页。

② 陈旭麓等主编：《汉冶萍公司》一，第 87—88 页。

饬。①

此时王三石煤矿已引起国际舆论的注意，《益闻录》于光绪十九年正月二十三日报道铁山至石灰窑铁路竣工时，同时提到：

> 其中湖北煤矿，一曰捣石甫，一曰黄山寺。捣石甫离口岸百八十丈，产无烟、有烟两煤，煤苗甚薄；其黄山寺煤苗有三层，已开一井，所采之煤愈深愈妙。②

捣石甫和黄山寺，其实就是道士洑和王三石。另一方面，煤井愈深则愈为艰巨。张之洞同年二月二十五日上奏《预筹铁厂开炼成本折》，向朝廷申请开炼钢铁的生产流动资金，同时也汇报了大冶王三石、江夏马鞍山的情况：

> 至开煤矿一事尤极艰辛，访寻两年有余，试开窿口数十处，始得此两处堪炼铁之煤，须用西法凿坚石数十丈以下，乃得佳煤。既开直井，又开横窿，又须开通气之井及开煤之巷，出煤乃多。又须购制钻地、压气、抽水、起重、洗煤、挂线、运煤各机，又须造炼焦炭炉数十座……"③

光绪十九年三月，《周景勃上张之洞论铁政书》曾谈到他当时所见的王三石煤矿："察其煤质坚洁，内含宝光，火力之胜，比美开平。虽未得大龙，然探至三槽，煤层甚厚。若符洋师所言，共挖三十余丈，即有煤龙，厚二丈有四，亦换大机取，能供用分支铁道，运以火车，甚为便速。"似乎是大有希望。④

就在汉阳铁厂建成急须用煤之时，王三石煤矿遇到了致命的难题。张之

---

① 湖北省档案馆编：《汉冶萍公司档案史料选编》上，第77页。
② 孙毓棠编：《中国近代工业史资料》第一辑下，第800页。
③ 湖北省档案馆编：《汉冶萍公司档案史料选编》上，第99页。
④ 陈旭麓等主编：《汉冶萍公司》一，第54页。

洞在光绪十九年十月二十二日既向朝廷报了铁厂建成之喜，附带也报告了煤矿的进展和王三石煤矿之忧："江夏马鞍山煤井，横窿两道，均已开通，陆续出煤。大冶王三石煤井二处，石质极坚，暗水太多，工程过巨，其横窿开通尚需时日。"实际情况更为严重得多。在此之前，张之洞接到湖北铁政局的紧急报告，已于八月十四日《札委袁敏功赴王三石帮办煤务》：

> 查王三石煤务，南新井钻工，东巨井抽水，均系目前急务，应即责成该倅饬工匠迅将东巨井机器气钢接就，轮班抽水，昼夜不得稍有间断。该倅应即驻工监视数昼夜，察看井内之水能否抽干？并会同张令妥商洋匠，赶将南新井钻机安就，即日开钻，祗（只）候本部堂亲莅查勘一切。①

十天之后，八月二十四日张之洞果然来到大冶铁山，视察大冶铁矿矿山工程和王三石煤矿，又亲自布置了一番。这些努力都无法挽救王三石的厄运。《华北捷报》1894年6月1日汉口通讯报道：

> 大冶王三石煤矿的开采工作已停止。王三石煤矿的开采原为供应汉阳铁厂炼铁之用，该矿前后经营了三年，化费了大约不下50万两——还不包括运煤的铁路和剥（驳）船的费用。停采的原因是矿中积水过多，短期内使该矿生产足够的煤炭已属无望。汉阳铁厂工程虽然已将竣工，掌管各厂的外国技师35人都已到厂，但是总督对于如何经常能弄到足够的煤炭，仍是茫然。从醴陵和萍乡采买来了一些煤……此外又输入了一些外洋焦煤；但这点煤看来是无法维持那样庞大的一个炼铁厂的。②

光绪二十年七月二十四日，张之洞在《请添炼铁厂用款片》中，不得不

---

① 孙毓棠编：《中国近代工业史资料》第一辑下，第805页。
② 孙毓棠编：《中国近代工业史资料》第一辑下，第805—806页。

正式报告了王三石煤矿的命运终结:

> 王三石煤井三处,开至数十丈,已费尽人工机器之力,煤层忽然脱节中断,外洋办法,必仍就其处追寻,另行开井办理。而重辟一井,非巨款不办,现在实无此财力。若非马鞍山煤井有成,则全恃湘煤,所费更巨。此则事局变迁,多费用款,均非意料所及者也。[1]

他在这里含糊其词说的是煤层"忽然脱节中断",回避了有关地下水的情节。

《黄石市志》记载,据地质队调查,清嘉庆四年大冶保安竹墩岩民营煤井,因穿水淹死 18 人,官府曾勒碑禁止开采;又,道光四年知县齐伟曾亲往李士墩封押,勒令永禁在此挖煤。《清代民营煤矿表》所列自光绪十四年起建井的九家矿井中,除一家矿井是因农民反对,二家原因不明外,其他六家都是因水大而停工。可见在当时大冶的煤炭生产中,水害是一个普遍而突出的问题。[2]

煤矿的水害防治,涉及矿区水文地质勘探和矿井水文地质工作,是一项很专业的理论和技术问题。一般突水事故可归纳为两种情况,一是突水量小于最大排水能力,地下水形成稳定的降落漏斗,迫使矿井长期大量排水;另一种是突水量超过最大排水能力,造成矿井或局部采区被淹没。从该矿原来就配备有较多的排水设备,张之洞在停工前半年多曾大力组织井下排水来看,王三石的水文地质情况比较复杂,经历了一个由前一种情况突然向后一种情况转换的过程,确实不是张之洞意料所能及的。

王三石煤矿被水淹没,前功尽弃,投入的数十万两银子付诸东流;原本就没有把握的煤炭供应留下了一个巨大的缺口,后来急病乱投医,被迫采购过少量洋焦,仰给于开平焦炭,杂用湘煤、萍煤,东拼西凑,都不能维持正

---

① 《张之洞全集》二,第 924 页。

② 孙永平等主编,黄石市地方志编纂委员会编纂:《黄石市志》,中华书局 2001 年版,第 22 页。

常的钢铁生产，成本增加，亏损扩大，更加重了铁厂的危机。

马鞍山煤矿：从屑多质脆到灰多磺重

江夏县南乡的马鞍山煤矿发现最晚。它离汉阳不远，条件比较有利；在王三石被水淹没后，便是汉阳铁厂内部供应焦炭的唯一希望。然而，它的情况却更是复杂多变，无法把握。

光绪十七年五月二十九日张之洞下令："照得江夏县属南乡马鞍山、龙王庙等处产有油煤"，委派候补知县高培兰、矿学生、守备池贞铨勘查煤层厚薄，择定一处开采。

十八年二月，张之洞向朝廷请求添购机炉、拨借经费时，便将马鞍山与王三石相提并论，打算开采它们以代替从湖南购进白煤。说是由于经费困难，只打算分别开挖小井。

同年十月，他在致李鸿章的信中，极力宣扬王三石，对马鞍山煤矿也寄以厚望。[①]

十九年二月，他向朝廷申请铁厂开炼的成本，同时向朝廷报告："计七月内江夏马鞍山一处大井可以先成"。

同年十月，在报告炼铁厂全厂竣工时，并宣告"江夏马鞍山煤井，横窿两道，均已开通，陆续出煤"，只是"煤巷较少，工徒未熟，出煤尚未能多"。报告还透露，马鞍山煤矿已经安装了炼焦炉。[②]

二十年七月，张之洞再向朝廷报告时，马鞍山的大洗煤机和挂线均已竣工，现在打算进凿第三层横窿。

就在此时，出现了极为不利的情况。负责铁政局的蔡锡勇听洋矿师一再说，这里的煤，粉末多，性质脆，炼出的焦炭不坚实；百法尺以下，不换机器不能深挖；又怕煤不多，很快会挖完，责怪以前的洋矿师把炼焦设备放在

---

① 陈旭麓等主编：《汉冶萍公司》一，第28—29页。
② 湖北省档案馆编：《汉冶萍公司档案史料选编》上，第109页。

这里太冒失，将来一定是得不偿失，造成极大的浪费。蔡锡勇听了，心中万分焦急，此时王三石已被水淹，马鞍山成了一根独苗，哪里能够再出问题！只盼着三层横罅打通以后会出现转机。

二十一年五月十日，远在南京署理两江总督的张之洞心中挂念着马鞍山煤矿，去电向蔡锡勇问了一连串的问题，责备"办事太延迟，用费无所底止。"十一日，蔡锡勇汇报，"马鞍山生煤日可出百二十吨"，同时也透露了"上两层多粉"之忧。第二天蔡与时任汉黄德道台的黄遵宪，同到马鞍山亲自察看。十五日，黄、蔡两人以无比兴奋的语气报告，喜悦之情，溢于言表：

> 职道等同下井，亲见第三层煤厚九法尺，比十日前所见更厚更佳，质坚块大，洋匠谓胜萍矿，迥非上两层之比。尤幸者，煤系坚块，洗煤机无须更改，可省半年功夫。现井深一百法尺，已兼安王三石机器，可无水患。察看此煤形势，愈深愈厚。洋匠现拟办法，不从直井加深，就横罅百法尺煤层内，再开深百法尺，约八个月可成。照此法求速求省，约需三万八千两。……今同见煤厚质佳，众口同称，实喜出意外。所炼焦炭甚佳，质松而坚，能受压力，以炼生铁极合用，胜于萍煤，与欧洲正同，尤为大局欣幸。①

虽然如此，产量却仍是不足。这年的六月份，马鞍山的三十六座炼焦炉，只能开十八炉，日出焦炭约三十吨，而汉阳铁厂的化铁炉日需焦炭六十吨，差了一半。到了十月，勉强将炼焦炉全开，三层出的煤不够，便掺一些二层的煤，结果"炼焦炭多碎"。② 如此苦苦支撑了半月光景，开平的焦炭又不来，十月十九日蔡锡勇只得向张之洞报告："今日封炉留火，候炭到再开。"③

这还只是产量多少的问题，不久又反映了更严重的质量问题。光绪

---

① 湖北省档案馆编：《汉冶萍公司档案史料选编》上，第113页。
② 孙毓棠编：《中国近代工业史资料》第一辑下，第807—808页。
③ 湖北省档案馆编：《汉冶萍公司档案史料选编》上，第118页。

二十二年的正月里，正在盘算着接办汉阳铁厂的盛宣怀，从湖北回到上海的外国商人们口中听说："鞍山煤质不好，只有二十万余吨可取"。①

盛接办铁厂后，立即着手寻找新的煤矿。五月六日他在致湖南巡抚陈宝箴的信中便肯定地指出："马鞍山煤质灰多磺重，不合化铁。"八天后，郑观应致信盛宣怀进一步证实，马鞍山"焦炭不佳，非但出铁少，又坏炉（查初开熔炉时能出铁七十吨，因用马鞍山焦炭，以致大减）"。②

此时马鞍山焦炭积有万吨之多，而开平焦炭只敷十日之用，便在五月二十九日于开平焦炭中掺入十分之二的马鞍山焦炭用于炼铁，不想到了三十日早上七八点钟，因炉渣过多，汽机不灵，铁板水箱突然爆裂。郑观应在当天将此事报告盛宣怀时，对于马鞍山焦炭作了宣判：

> 今后马鞍山焦炭不用最妙；万不获已，只可掺十分之一。③

萍煤虽好，路远难运，质量难保

有一种说法，萍乡煤矿是盛宣怀发现的。此说可以追溯到李维格1908年10月25日在汉口商会为汉冶萍公司招股的演说词。

事实并非如此。萍乡产煤早已进入张之洞的视线之内，光绪十六年曾经派欧阳炳荣等人去勘查过。但是，张有一段时间对它的态度却显然与湘煤有所不同，并未派人去专办，更没有打算在那里兴建煤矿，只是在告示中号召对方把煤运到汉阳来。张之洞的这种区别对待，我们很容易会和他的"以楚煤炼楚铁"的决策联系起来，显然是因为萍乡已经不在他的行政权力范围之内。我们与其把它看作是受一种观念的制约，不如把它看作是受制约于督抚分权、各自为政的体制。

---

① 陈旭麓等主编：《汉冶萍公司》一，第66页。
② 陈旭麓等主编：《汉冶萍公司》一，第79、84页。
③ 陈旭麓等主编：《汉冶萍公司》一，第106页。

两年以后，汉阳铁厂亟需开炉试炼，而马鞍山、王三石两处煤井正在赶办之际，张之洞于光绪十九年六月初六的《札委欧阳炳荣等前往萍乡等处采买油煤焦炭》中，要求他们进行调查，提出方案，并帮助当地提高焦炭的质量：

> 兹查长沙醴陵交界之江西萍乡县，向产油煤，所炼焦炭亦胜他处。……应即派员前往萍乡采买油煤三百吨，务于八月中旬以前，由该处运到铁厂交收，价银、运费至多不得过三两，方能合算。每月能运几次？共运若干吨？应如何雇备船只，源源转运不穷之处，即由委员体察情形，妥议办法，分晰详禀。其土炼焦炭，向多粗疏，不甚合用，应如何设法精炼，并由委员选带铁政局化学生前往，与该处工匠讲求炼法，先炼焦炭一百吨运鄂试用。①

后来在采购萍煤的实际运作中又有所谓官办和商办。官办即官运，大体是铁厂派人去萍乡收购然后雇船运回，结果有的煤是积压的陈货，品质降低，燃烧的热力不够；有的好煤在途中被船户搀杂柴煤，用来炼焦的效果都不好。所谓商办是由销售焦炭的商号包运，据说保证无搀杂。蔡锡勇认为，商运实际要比官运好，然而一撤销官局，商号就会抬高煤价，所以还是官商并运。盛宣怀接办汉阳铁厂时在给湖南巡抚陈宝箴的信中谈到，一到湖北就听说采运萍煤有很大的漏洞，奸商以贱价购下等煤搀杂，串通铁厂的经办人员不按标准验收，而且还以少报多。移交的账本上存煤不少，而化铁炉却停工等煤。现场一看，都是下等的坏煤，登报变卖都无人问津。他痛下决心、狠施辣手，将原有人员全部撤换，从招商局、电报局另调两人来专门负责收煤。然而，在此后的二十天里，所到的煤仍然很多搀杂，"竟无一船全好之煤。船户搀杂，无法挽回"②。

与船户搀杂相联系的是萍乡距武汉千里有余，运输困难。萍乡至湘潭

---

① 湖北省档案馆编：《汉冶萍公司档案史料选编》上，第77页。
② 陈旭麓等主编：《汉冶萍公司》一，第82页。

一百八十里，无论修铁路、公路或挂线路都不是一个小工程。当时萍乡煤炭外销主要是通过两条水路：一条是从长潭里、湘东萍水起运，经醴陵的渌江转入湘江，运往长沙、岳阳、汉口；一条是从芦溪、宣风起运，经袁州、新余的袁水转入赣江，运往南昌、九江。[①] 其中到长沙的这条水路，从萍河到渌口有300多里，全是溪流，河道浅窄，而且有土坝100多座，只能行驶很小的船，装载很少；出了渌口，进入湘江，也有很多浅滩，每到干旱季节，滩干水浅，不能畅行，运输相当艰难。如需运往武汉，还要经过洞庭湖，再入长江。为了解决运输问题，后来盛宣怀不得不借洋债投入巨资修了长达近百公里的株萍铁路。他在回顾这段艰苦历程时感叹道："……越洞庭而得萍矿，始愿仍偿。初用土法，终之以机炉；初用小舟，终之以铁道。不知几费经营，克底于成！"[②]

根本问题是中国近代煤炭工业发展滞后

光绪二十二年正月十九日，正在盘算着接办汉阳铁厂的盛宣怀，在致恽祖翼的信中说：

> 迭据英、法、德、奥商人由鄂回沪，皆言马鞍山煤质不好，只有二十万余吨可取；湘煤土挖质杂不一，难用。当阳、长阳有白煤而炉不合……总之，钢铁非推广大举不能为功，而推广炼炉非另筹佳煤无可为力。

同年三月下旬，盛在《招商章程八条》中宣称：

> 开拓之法，必须先寻煤矿。[③]

① 江西省政协文史资料研究委员会编：《萍乡煤炭发展史略》，内部发行，1987年版，第9页。
② 湖北省档案馆编：《汉冶萍公司》三，第92页。
③ 陈旭麓等主编：《汉冶萍公司》一，第66—67页。

时过七八年，历史兜了一个小小的圈子又回到了原处，盛宣怀不得不又从寻找煤矿开始，并以此为首要任务。

综合上述，历史事实是：在汉阳铁厂官办期间，张之洞组织大批人员，在两湖地区勘查两年之久，先后开采了几十个窿口，才确定重点用机器开采王三石和马鞍山，同时派出专人分别采运当煤、湘煤和萍煤，结果仍然无法解决汉阳铁厂的煤炭供应。这原因似乎不能简单地只是归结为张之洞事先没有勘查好煤矿。

我们作为后人冷眼旁观，即使张之洞推迟一两年，在对两湖煤矿进行一番勘查后，再考虑创办钢铁厂的问题，他是否就能彻底排除煤炭供应的困扰呢？

张之洞遇到煤炭供应的困扰，从根本上说是中国近代煤矿工业发展滞后，当时煤炭生产的手工业方式不能适应近代钢铁工业机械化生产造成的。

如所周知，现代钢铁工业的发展离不开雄厚的采煤工业作为支撑。在工业革命时期的英国，1770年铁产量为5万吨时，煤产量为600万吨；1800年铁产量增长到13万吨，煤已增长到1200万吨；1861年铁上升至380万吨时，煤已飚升至5700万吨。

张之洞所面对的煤炭生产是什么情况呢？

中国的近代煤炭工业是1874年海防之争后，开始在磁州和台湾试办的。严中平主编的《中国近代经济史》指出：

> 综观甲午以前近代煤矿的发展情况，人们不难发现，在20年的发展历程中，惟有在七八十年代之交出现一段短暂的兴盛时期，到80年代后期，惟有开平煤矿略见成效，而基隆煤矿却已衰落不堪，其他利用私人投资开采的中小型煤矿几乎无一不苦于资本亏蚀，（处于）无力继续开发的状况。[1]

---

[1] 严中平主编：《中国近代经济史 1840—1895》下，第1375页。

张之洞所面对的仍然是土法煤窑、手工生产的汪洋大海。这里以著名的产煤区、后来成为汉冶萍公司组成部分的江西萍乡为例。据《萍乡煤炭发展史略》记载，清朝初年当地出现了具有一定规模的私营土窿，利用土镐挖矿、油灯照明、竹筒抽水等原始方式进行简易开采。一旦遇到窿道垮塌，或地下积水等灾害，就只好放弃，另开新窿；遇到断层也毫无办法，只得关闭。到了清朝中期，由一家一户发展为几家集股，或由乡绅出面利用宗族关系联合起来，土窿生产的规模有所扩大，有的达到数百人之多。据光绪年间记载，土法开采的商井就有 260 多处，最深的达 130 多米，垂直达 80 多米。一般是聘请挖煤多年的老工人，凭仗多年实践的经验，根据山势、岩层走向，选定井口的位置；既无勘探的资料图纸，又无机械设备，只是凭借山势的标高，利用平峒、斜井搞阶梯式的开拓。运输全靠肩挑背驮，极少数地势低洼的小井也采用木轮手摇车。井下通风大多是在巷道的一边用木板或片石建一条小风沟，用手拉木风箱或脚踏木风车鼓风；有的则是在通向山岭高处开一道风眼，上砌一烟囱，燃烧木柴，利用火力上冲的惯性带动井下通风。由于通风不足，井底瓦斯经常爆炸，造成井毁人亡的惨剧。①

光绪十六年二月二十七日，张之洞在《委员查勘山西煤矿札》中说道：

> 惟机炉炼铁炼钢，专以煤为紧要关键。其需煤之数甚多，大约一大炉每日用煤十三四万斤。若各属产铁之区，产煤不佳，或佳而不多，亦不足以济用；或煤洞距铁矿太远，脚价较贵，亦多窒碍。②

其中已经比较明确地提出了质量问题、数量问题和运输成本问题，透露了现有土法开采的小煤窿不能适应需要。在同年十月的告示中，更明白指出了"若仅照目下零星开挖，所出之数，不敷甚巨。"钟天纬在光绪十六年十二月二十九日致盛宣怀的信中也说过：

---

① 江西省政协文史资料研究委员会编：《萍乡煤炭发展史略》，第1—2页。
② 湖北省档案馆编：《汉冶萍公司档案史料选编》上，第73页。

若用采买之法，则煤之成色不一，不能炼出佳铁，且事经委员、司役经手，徒令利归中饱，而煤价更贵于外洋。①

萍煤的质量始终无法保证就是一个很有力的证据。

出路在哪里？张之洞已经意识到必须引进机器开采，他在指示徐建寅时强调，"要在切实劝导，使民间晓然于机器之妙用"。他不仅在告示中提倡，而且专派徐建寅、盛春颐等分别开采湘煤和荆煤，在当地率先推广机器，便可以看作是动员民间资本、改造煤炭生产方式、发展煤炭工业的一番努力。这种努力，当时似乎效果不大。在一个小农经济的国家里，一个广大地区内要实现一个重要产业的技术升级换代，显然不是依靠这样的行政方式就能解决的。这里有一个民间投资能力和投资意愿的问题，主观上要受民间工业资本积累的制约，客观上要受煤炭工业发展条件的制约。光绪二年二月二十日，盛宣怀在致李鸿章的信中，根据自己的实际体验，总结了创办用机器开采煤铁矿有"十难"，涉及方方面面，其中一条是：

土法开挖，无须厚资，得利无多，亏本亦有限。西法如气运不佳，有费许大工夫，历一二年开挖无效者。②

当时弱小的民间资本根本承担不了这样的风险。

此路不通，张之洞不得不使用创办铁厂的财政拨款来创办煤矿，"而开煤所费几与炼铁相等"，也就将开发煤炭工业的成本和风险转嫁到开发钢铁工业的头上，极不合理地成倍地加大了本来就很高的钢铁工业的成本和风险。这与西方工业化的进程由煤炭工业为钢铁工业提供支撑完全相反，从规律来讲，这便违背了工业发展的基本规律。但是，张之洞能够等到近代煤炭工业高度发展起来了再办钢铁厂吗？

---

① 陈旭麓等主编：《汉冶萍公司》一，第 25 页。
② 陈旭麓等主编：《湖北开采煤铁总局 荆门矿务局》，第 64 页。

汉阳铁厂煤炭供应遇到的困扰，也是中国近代交通运输业发展严重滞后，现有的道路等运输条件不能适应钢铁工业机械化生产的矛盾的体现。钢铁企业运输量大，现代大型钢铁企业生产1吨钢铁，需要运输5.5吨原料，一般原材料输入量占总运输量的73%—83%，需要交通运输业提供运力的支撑。交通运输条件对汉阳铁厂的制约，突出地体现在煤炭运输上，当煤、湘煤、萍煤莫不如此；萍煤质量始终无法保证也是交通运输业落后的直接恶果。中国近代钢铁工业在它的创始期，不但要承担创办煤炭工业的成本，还要承担发展铁路等交通设施的成本，如此沉重的负担压在它的头上，它的经济效益好得了吗？

煤炭供应的困扰，也有不受人们主观意志支配的自然资源条件的制约。光绪二、三年盛宣怀勘查，光绪十六、十七年张之洞勘查，光绪二十二年盛宣怀再次勘查，前后三次，兴师动众，大规模的勘查寻访，都没有在大冶铁矿邻近的地区发现适宜炼铁的煤矿，不得不远距离地从萍乡运煤来。这种情况一直延续到20世纪40年代。日本学者君岛和彦在他的论文《日本帝国主义对中国矿产资源的掠夺过程》中，分析了对于华中铁矿石即大冶铁矿的掠夺，他在结论部分说：

> 在中国，因为存在着煤炭产地与铁矿石产地之间距离遥远的现实情况，所以炼铁工业难于发展。日本帝国主义很早就确定了使华中成为向日本钢铁工业提供铁矿石的基地的方针，日中战争发生后，这一方针仍在继续执行。[1]

抗日战争期间，日本帝国主义违背战时"节约海上运输力"的方针，从日本预制了自动卸矿装船设备安装在石灰窑江边，加紧掠夺铁矿石，宁可运回日本炼铁，却不修复大冶铁厂的炼铁炉，煤炭路远难运仍然是一个重要的原因。

---

① ［日］君岛和彦：《日本帝国主义对中国矿产资源的掠夺过程》，宋绍柏、邹南星译，载中国社会科学院近代史研究所《国外中国近代史研究》编辑部编《国外中国近代史研究》第六辑，中国社会科学出版社1984年版，第113页。

第十四章　张之洞为什么不把铁厂建在黄石港？

张之洞没有把铁厂建在出产铁矿石的大冶，而建在了既不出铁、也不出煤的汉阳。

为此，他与李鸿章、盛宣怀之间一再出现争议。

为此，一百年来，张之洞饱受责难。20 世纪 90 年代以来评价出现了变化，但至今尚未取得一致。

张之洞不把铁厂建在黄石港，是多种因素复杂地交织、相互作用的结果。

近代钢铁工业史上第一人

接到"调补湖广总督"的上谕一个半月后，尚在广州的张之洞，于光绪十五年八月二十六日，仍然以两广总督的身份，向朝廷上了一道奏折，要求在广东"筹设炼铁厂"。①

这封奏折其实是先斩后奏。对朝廷他并不讳言，从这年的三月起，他与出使英国的使臣刘瑞芬函电往返，筹商数月，已经在英国预付了定金，签订了合同，订购了机器。显然是他将离开广东了，这件事必须要报告朝廷，作一个交待。

虽然这次他奉旨调到湖北是筹办铁路，订购的机器也考虑到了建铁路的需要，在这封奏折里并没有将办铁厂的作用仅仅局限于修铁路，而是从宏观上着眼于"开辟利源，杜绝外耗"。他认为这是"自强"的首要问题，也是筹办铁路的宗旨。他指出洋铁"向用机器，锻炼精良，工省价廉"，所以畅销，导致了"土铁之行销日少"，近两年"竟无出口之铁"。因此，"必须自行设厂，购置机器，用洋法精炼，足杜外铁之来。"在汇报了前期的准备工作后，他还强调，"臣愚以为华民所需外洋之物，必须悉心仿造。"雄心勃勃地要推行进口替代战略。在中国近代史上，高度认识创办近代钢铁工业对于振兴经济、富国强兵的重要性和紧迫性，并身体力行地付诸实践，张之洞是第一人。

当时他选择的厂址，是在广州"省城外珠江南岸之凤凰岗地方"。

光绪十五年十二月二十七，醇亲王奕譞询问："炼铁厂可否移置鄂省？"三十日，张之洞回复时，已经透露了有设在省城的初步意向：

> 将来大冶煤便，即置大冶；若大冶煤艰，湘煤、湘铁尚合算，即设武昌省城外江边。②

高规格的湖北铁政局

光绪十八年正月，张之洞在武昌水陆街旧营务处公所设立了湖北铁政

---

① 湖北省档案馆编：《汉冶萍公司档案史料选编》上，第65页。
② 《张之洞全集》七，第5420—5421页。

局，开始筹办。张之洞聘请的外籍工程技术人员，包括矿师白乃富、毕益希、巴庚生化学教习骆丙生，工程师时维礼以及洋匠等，也都到铁政局参加筹建工作。

四月十六日正式宣布，"总办局务"的领导班子由湖北的布政使、按察使、粮道、盐道和候补道蔡锡勇五人组成，而由蔡锡勇任驻局总办，具体负责筹办工作。这个班子包括了全省民事财政、司法监察和主要经济部门的首脑，把巡抚以下主要的实缺大员都请进来了，既抬高了铁政局的规格，以减少官场上的阻力；又有布政使、粮道、盐道这些财神爷，日后好筹款、调度资金。此外，张之洞还另有深意，后来他自己作了说明。①

蔡锡勇，福建龙溪人，同治六年广东同文馆毕业，后入总理衙门天文算学馆学习，曾任驻美国、西班牙、秘鲁等国使馆翻译、参赞。以西方知识和自强思想受到时任两广总督张之洞的赏识，光绪十二年受聘并于该年创办鱼雷学校，十三年创办水师学堂，十四年建立造币厂等，是张之洞奏请随同调来湖北的少数重要幕僚之一。来武昌后，长期总办洋务文案，在负责筹建汉阳铁厂的同时，还先后负责创立湖北枪炮厂、织布局、造币厂、缫丝局、自强学堂、武备学堂，成了张之洞从事洋务活动的主要助手和执行者。

因原来的地方狭小，张之洞决定铁政局迁移至城内宝武局公所办公。

这时初选的炼铁厂厂址，是在省城武胜门外塘角地方，近江处所，便于转运。

选择厂址的第一次交锋

筹建伊始，在选择厂址问题上就费了许多周折，张之洞与李鸿章、盛宣怀仍然谈不拢，再次产生分歧，双方前后有过三次交锋。

第一次是李鸿章与张之洞交锋。光绪十六年三月十日，张之洞致电海署和李鸿章，要求调拨轮船给湖北运煤。十五日李复电：

---

① 《札蔡锡勇筹办煤铁事宜文》，载湖北省档案馆编《汉冶萍公司档案史料选编》上，第74页。

铁矿运远煤，费用更巨，或谓西洋多以铁石就煤，无运煤就铁者。炉厂似宜择煤矿近处安设。①

当时钢铁厂的煤耗一般是铁的三到四倍，如何降低运输成本是应当考虑的，早期钢铁工业的布局一般倾向于煤产地附近，但也并非绝对如此。参照上年十一月初八李鸿章给盛宣怀的电报，他所说的"就煤"，实际是要把大冶的矿石运到当阳去，这是张之洞不能接受的。

三天后，三月十七日张之洞回电，多少有点针锋相对的味道：

详询矿师，外洋有移煤就铁者，但视所便，不拘一格。此间铁聚而煤散，铁近而煤远，铁逆水而煤顺水，且煤在鄂省上游及湘省内河，若运铁石往炼，炼好又须运下武汉，是煤一次而铁两次矣，故鄂事以运煤就铁为宜。从前博师敦勘议，亦拟运荆煤就冶铁也。且距省城近，经理较便。②

李鸿章主张移铁就煤，说的是一般原理；张之洞主张移煤就铁，是从湖北的实际出发，综合考虑。当阳的煤储量不足，张之洞还必需考虑湘煤。当时湖南连安电报线杆都反对，建炼铁厂恐怕很难办到；即使建成了，诚如张之洞所说，把大冶的铁矿运到那些地方，再从那里把铁轨、钢锭运出来，也未必合算。

这封电报及其前后的电报，张之洞主要是不同意把铁厂建在煤矿附近，笼统地说"就煤""就铁"；所谓"就煤"或"就铁"，都是距离相对较近的意思，至于打算建在何处，张之洞并未明确宣布。但明显感到他是站在省城的角度考虑问题，所谓"铁近而煤远"都是相对武昌而言的；最后，张之洞又加了一句："且距省城近，经理较便。"窃以为便是流露出了建在省城附近而不是

---

① 《张之洞全集》七，第5477页。
② 《张之洞全集》七，第5480页。

建在大冶的意向。黄石港距武昌水路两百多里，按照当时的交通条件，在当时人的观念里，大冶是算不得"距省城近，经理较便"的。所谓"经理"，就是对企业经营管理。如果张之洞认为大冶"距省城近，经理较便"，他就不会强调要设在省城了。

三月十八日，李鸿章回电："鄂事运煤就铁，势非得已，但船运费多耳！"口气是无奈的、有些遗憾的、不屑争辩的，仍然保留自己的意见。①

选择厂址的第二次交锋

张之洞何时内定在湖北省城附近设厂的？窃以为至迟是在这一年的三月初。

盛春颐在三月二十一日致盛宣怀信中说：

> 白乃富拟在武汉设厂炼铁，帅意颇以为然。缘铁总须运出，且一分铁、三分煤，煤多于铁也。②

此信透露张之洞拟采纳白乃富的方案，打算在武汉设厂。后半句话当是转述白乃富的观点，系比较省城与大冶设厂而言。从水运路线看，当阳、湖南的煤都要经过武昌才能到大冶，大冶炼成的铁又要运到武汉，所以说在省城建厂，就这段距离而言，可以只运一倍的铁矿石而少运三倍的煤及钢铁成品，比大冶合算。盛春颐这封信是在湖北崇阳写的，信中说"侄于初五禀辞，初九就道，十六抵崇"。信中涉及厂址的语气肯定，说明在他三月初九离开武昌以前，形势已经明朗；但他又未提供在何处设厂的具体信息，可见尚未勘查确定。

盛宣怀倒也是主张移煤就铁的，他在光绪三年亲率洋矿师郭师敦在黄石

---

① 《张之洞全集》七，第5480页。
② 陈旭麓等主编：《汉冶萍公司》一，第14页。

港勘测过厂基，初步选在黄石港东边一里许的吴王庙。他接到盛春颐的来信后，于四月七日致电张之洞，对在武昌设厂提出不同意见，这便有了盛宣怀与张之洞关于厂址的交锋。

> 白乃富云武昌设厂，是铁石、灰石皆须逆运，恐运费太巨。郭师敦原勘在黄石港近灰石山处，觅定高基，安置机炉，荆煤下运黄石港与武昌，运费必不相上下，此系二百年远计，似宜从郭不从白。宣凡有所见，必直陈宪台，事后必知宣心无他，宣言皆实。①

对于黄石港的吴王庙和运费问题，张都有不同的看法，此外还有更深入的考虑。隔了一天，张之洞于四月九日洋洋洒洒回复了一封六百字的电报。权衡利弊，列出了七条，详细阐明了他的观点，为什么不能设在黄石港，而要设在省城附近。从这七条看，张之洞在省城附近建厂经过了反复考虑，不可动摇了。②

有的专著强调张之洞是四月七日接到盛的电报后，"四月八日放弃大冶，转向武昌""四月八日张之洞电文，即为张氏决定放弃大冶时对盛宣怀所作的解释"，"不过是特定政治环境下的一篇'官样文章'。殊不足以说明历史真相"。③本章上引史料反映的基本历史事实是，张之洞早已打算在省城建厂，盛得知可靠信息才来电阻止；而不是因盛四月七日来电，张才临时考虑放弃大冶，变更厂址。张之洞确实要加强对铁厂的控制，但对付李鸿章和盛宣怀既不是他唯一的、甚至也不是最重要的出发点。窃以为张之洞四月九日所说的七条，考虑得很深入，涉及范围很广，不大可能是接到盛电后，当天临时编出来应付盛宣怀的。以当时张、盛两人的身份、地位和关系，张不同意盛的意见，在电报中，三言两语就可以应付，何必劳神费力编一大篇"官

---

① 《张之洞全集》七，第5489页。
② 《张之洞全集》七，第5493—5494页。
③ 袁为鹏：《聚焦与扩散：中国近代工业布局》，上海财经大学出版社2007年版，第85、88页。

样文章"呢？年前张之洞不同意盛宣怀筹办铁矿的方案，给海署和李鸿章的电报不就是都只有一两句话吗？这份电报如此条分缕析，一来是他已经考虑成熟了；二来也是回应盛宣怀的表白，也许这就是儒家的君子之道吧。

选中了汉阳大别山下

武胜门外的塘角，因为为地势低洼，此时已放弃了；张之洞告诉盛宣怀，现在选的建厂地址是省城东南二十里汤生湖边的金鸡垸。——不料后来又生波澜，原来金鸡垸与大江一水可通，但常年通行轮船要疏河建闸，工程不小；特别是要拆除一座桥，遭到当地人士的激烈反对。不得已，张之洞再次派人选址，才选中了汉阳大别山（即龟山）下。

到了五月，负责勘地的蔡锡勇向张之洞报告，新到的"洋匠头"贺伯生提出来，汉阳这地段虽然可以填起来建厂，终究不如实地好，希望能在黄石港到省城之间，另找一块高地，不必拘定省城。张之洞虽然认定"除汉阳外必无善地"，为了消除众人的疑虑，还是派船专程送贺伯生"速往沿江一看。"①

七月二十二日，张之洞致电海军衙门报告：

> 铁厂地沿江上下数百里，遍觅难得。大冶黄石港早年盛道暨郭师敦寻无善地，禀鄂有案。兹复叠派洋工师多人暨徐道等各员生详往测绘，滨江皆被淹。一高阜仅三十余丈，有坟七座。……今择得汉阳大别山下有地一区，长六百丈，广百丈，宽绰有余。南枕山，北滨汉，西临大江，运载极便，气局宏阔，亦无庐墓，与省城对岸，可以时常亲往督察。又近汉口，将来运销钢铁货亦便。惟须填筑地基九尺，则盛涨不淹，沿汉亦须增堤数尺耳。筑地虽费，较之他处筑闸开河，所省尚多。外洋各工师佥以为宜，洞亦亲阅可用。②

---

① 湖北省档案馆编：《汉冶萍公司档案史料选编》上，第101页。
② 《张之洞全集》七，第5517页。

张之洞还宣称，现在已和北洋商定，就在这里建厂，枪炮厂也一并放在这里。

选择厂址的第三次交锋

张之洞宣称"与北洋商定"，李鸿章也于七月十七日表示过："铁厂拟设大别山下，自为得地"，其实并不认同在汉阳建厂，这就有了第三次交锋。[1]

这年的九月十八日，盛宣怀的学生钟天纬写信告诉他的老师，炼铁厂在汉阳大别山下购地筑堤已经花了三万缗，在江边晴川阁下建一码头，又花了一万缗，看这形势厂址已经不可能再改变了，"嗣后吾师来信可勿提此节矣。"[2]

盛宣怀却不甘心，从徐建寅的来信中得知大冶明家山发现有煤，见自己说不动张之洞，便致电李鸿章出面来干预：

> 大冶江边明家山，得上等烟煤矿，煤样合炼焦炭，煤铁锰矿与白石均在一处，天生美利，如在江边设厂，百世之功。惜在大别山下，转运费力。屡谏不从，将来迁徙不易。

十月十六日，李鸿章把盛的电文转给张之洞，问他在大别山下动工了没有？能不能尽早地考虑？

十月二十日，张之洞再次对李鸿章断然回绝，说明"大冶乃碎煤，不能炼钢"，黄石港也没有地方建厂。其不便有七，七月份我给您的电报已经详细说明了，请去查一查。他又强调，即使在大冶建厂运费可以省四五万，但将来的浪费一定不止一二十万。他还指出，盛宣怀是不知道大冶的煤质，又没有把布厂、枪炮厂等通盘考虑。[3]

---

① 《张之洞全集》七，第5517页。
② 陈旭麓等主编：《汉冶萍公司》一，第20页。
③ 《张之洞全集》七，第5527—5528页。

十一月初六，张之洞正式向朝廷递上了《勘定炼铁厂基暨开采煤铁事宜》的奏折，重点阐述了选址问题。他首先报告了重新派徐建寅和外国矿师去黄石港勘查的情况：那里长江沿岸的平地都容易被水淹没，高地只有数十丈宽，绝对放不下这样的大工厂，并引用徐建寅的报告说：

> 须将山头开低数丈，仍留山根，高于平地三丈，再将平地填高始可适用，劳费无算；山麓兼有坟数十冢，碍难施工。

奏折报告了汉阳大别山下厂基的位置和形势，在此前回复盛宣怀、李鸿章所列七条的基础上进一步将它的优势归纳为"六便"，综合考虑了运输成本，便于销售外运，人才可以"通融任使"，矿渣可以用来填湖防洪，以及便于加强监督管理等。①

就在张之洞发出了这封奏折之后，盛宣怀仍不死心，又于十一月十六日致函庆亲王奕劻："可否请钧署托为西洋熟习矿务者之言以讽之，或尚及挽回。"也就是要求奕劻以海军衙门的名义出面干预，假托是西洋矿务专家的意见，以制止张之洞。这封信后来好像也没有下文。②

对于选址的评价有了新变化

张之洞为什么不把铁厂建在黄石港？

近百年来，对于这个问题的评价，一般都是批评张之洞的。在一些研究著作中，往往将张之洞办洋务的失败归咎于他的决策失误，或曰缺乏科学知识，或曰不懂得经济规律，瞎指挥造成了严重的后果，其中炼铁厂设在汉阳便是典型的例证之一；有的洋务运动史专家还以此证明张的"刚愎自用、官气十足"，等等。

---

① 湖北省档案馆编：《汉冶萍公司档案史料选编》上，第102页。
② 陈旭麓等主编：《汉冶萍公司》一，第22页。

直到 20 世纪 90 年代，对于选址问题的评价才发生变化。武汉大学代鲁先生一再在论文中认为，张之洞选择在省城设厂是有一定道理的，"关于厂址远距大冶铁矿石产地，不符工业布局的经济原理之说……显然系似是而非。"他依据张之洞所开列的"六便"指出，即使从经济原则来看，设厂武汉"显然比单从'就铁'一说更精细，也更节费"；"是着眼于企业的经营管理方面，特别强调对技术人才的使用和对一般'员司'的监督"，完全符合当年的国情；同时还指出当年定点"是经过多处勘查比较才最后选定的，而决非贸然决定或仅凭个人意志专断行事"；至于因汉阳地势低洼而填土筑堤受到指责，他认为"按当年的技术条件，削平山丘较填充洼地恐费时费资更多"①。

谢放的《张之洞传》也认为：

> 张之洞列举的这六条理由并非没有道理，看来，他不单考虑一个钢铁厂的问题，也希望通过建立这个钢铁基地，并充分利用武汉三镇既有的经济和人才优势，来带动其他的产业的发展。以现代经济理论关于工业投资须考虑"关联效应"、"市场效应"以及"城市聚集效益"的观点来看，这一决策不能说没有可取之处。②

2000 年以后，袁为鹏陆续发表论文将汉阳铁厂选址纳入汉冶萍公司厂矿布局的系统命题进行研究，提出其有宏观决策（由粤移汉）、中观决策（弃大冶就武汉）、微观决策（定址于汉阳）、及后期厂址调整（再布局）等不同阶段。"而张之洞之所以最终放弃在大冶铁矿附近设厂的计划，其主要原因则是他同李鸿章、盛宣怀诸人为争夺铁厂控制权，明争暗斗的结果。"③

李江在《百年汉冶萍公司研究述评》中认为袁为鹏"运用跨学科的理论

① 代鲁：《对张之洞办铁厂几条指摘的辨析》，载苑书义等主编：《张之洞与中国近代化》，中华书局 1999 年版，第 266—275 页。
② 谢放：《张之洞传》，广东高等教育出版社 2004 年版，第 204 页。
③ 袁为鹏：《聚集与扩散：中国近代工业布局》，第 96 页。

与方法，综合考察经济、政治、社会、自然因素等多种因素对于汉阳铁厂（汉冶萍公司）厂矿布局的制约，较之单纯研究个人素质对汉阳铁厂选址的影响，在方法上无疑是一个较大的进步……也为进一步深入研究汉冶萍的其他问题提供了借鉴"。但又认为"厂设大冶在经济上更为有利，在扩大洋务运动的声势、促进区域经济、文化发展和城市化进程方面未必就不利。从这个角度讲经济效益又是评价汉阳铁厂厂矿布局的唯一标准和尺度了"①。

然而，也有不少的新作，仍然在沿袭旧说。

"大冶江边无适宜之地"是不是实情？

这个问题是论文《政治与经济之间：张、李之争与汉阳铁厂之厂址决策》（以下称《厂址决策》）② 提出来的，这是一个需要澄清的基本事实，是评价厂址之争的前提。《厂址决策》认为张之洞所说的"黄石港地平者洼，高者窄，不能设厂"不是实情，主要有三点：

首先，论文引用了《郭师敦勘矿报告》：

> 寻觅安置熔炉之地，沿江一带类皆低洼，惟黄石港东首半英里外基地一方为合式。该处土下原系坚石，正可就其培筑安炉。地近江滨，而基址颇高，较诸左近各处高下相去约有数尺，虽江水涨时亦不致有浸淹厂所之虞。再，灰石矿山在该处东首一英里，以供化铁尤为近便。而装运应用机器及煤觔矿石，无不皆便。③

所引《郭师敦勘矿报告》，原注标明系载陈旭麓等主编："盛宣怀档案资料选辑之二"《湖北开采煤铁总局 荆门矿务总局》，上海人民出版社 1981 年

① 李江：《百年汉冶萍公司研究述评》，《中国社会经济史研究》2007 年第 4 期。
② 袁为鹏：《政治与经济之间：张、李之争与汉阳铁厂之厂址决策》，《中国历史地理论丛》2000 年第四辑。
③ 陈旭麓等主编：《湖北开采煤铁总局 荆门矿务总局》，第 280 页。

版，第280页。据此，《厂址决策》得出结论：

> 显然矿师勘测的结果与张氏说法正好相反。

查张之洞《奏勘定炼铁厂基暨开采煤铁事宜折》中，自"据禀"以下，自"周历大冶县属"起，至"即求如前勘黄石港东基地，亦不可得"止，即"等语"以上为引文，其中关键的吴王庙部分是：

> 寻觅安炉基地，或狭小，或卑湿。再三相度，仅有黄石港东吴王庙旁尚敷安置，惟地势不高，难免水患；旁有高地一区，又形狭隘，道光二十九年曾被水淹。①

张之洞引用的这段文字，与上述论文所引存在重大差别，并非来自郭师敦的报告，而是来自光绪三年十二月十九日《盛宣怀上李鸿章禀》，文字略有删减，但不改原意。盛禀原文为：

> ……因于二十三日回黄石港，亲督林令、矿师，周历大冶县属之沿江一带，上至黄石港，下至石灰窑等处地方，寻觅安炉基地，或狭小，或卑湿，颇难合用。再三相度，仅有黄石港东一里许吴王庙旁圩内，有田数百亩，地形宽展。矿师云："尚敷安置熔炉等件，惟地势究不甚高，仍恐难免水患。"旁有高地一区，除道光二十九年被水淹后，数十年来江水虽涨，亦可无虞，特地形又稍狭隘。……随于二十九日同大冶林令赴樊口，会同武昌凌令、黄冈恒令，督率矿师履勘武昌、黄冈所属南北两岸，上下百余里。据矿师云："南岸多山陇、少平阳，北岸多沙洲、少坚土。复值雪后，雪积冰冻，难审土质。合观大概，即求如前勘黄石港东基地，亦不可得。"职道窃思铁炉成本甚巨，安设地方不敢不格外

---

① 湖北省档案馆编：《汉冶萍公司档案史料选编》上，第103页。

慎重。拟明春再行履勘，必俟遍勘江岸，竟无高阜宏厂之地可以合用，方就黄石港东基地培筑安炉。①

有关吴王庙，盛的原禀说得更清楚，显然当年他对这里是不满意的。盛的禀文在上报李鸿章的同时，也呈递给了湖北当局，所以张之洞在前述致海军衙门电报中说"大冶黄石港，早年盛道暨郭师敦寻无善地，禀鄂有案"。盛的学生钟天纬是去大冶勘查过的，他在光绪十六年九月十八致盛函中也劝说盛宣怀不必再坚持：

> 黄石港地势甚窄，坟墓甚多，不敷设厂。郭师敦当日原禀，亦有不敷建厂之说，督署有案。②

这里说的是地势的高低大小，不是什么艰深的技术问题，只要是亲临现场，便可一目了然。盛宣怀既是亲临者又是主事者，我们应当相信他的文字表达比经过翻译的二手货更准确。钟天纬致他的恩师的私信，说的更应是实情。

分明是当年盛宣怀自己对吴王庙并不满意，白纸黑字的文件可以为证。

张之洞说"黄石港地平者洼，高者窄，不能设厂"，正是对盛宣怀禀文的概括。引用的是盛宣怀的禀文，依据的是盛宣怀的禀文，与盛禀并无二致，我们不能因此得出"不是实情"的结论。

其次，《厂址决策》认为徐建寅致盛宣怀的私信，流露出对设厂汉阳的不满，进而断言：

> 我们很难相信，"大冶江边无适宜之地"会是这位中国专家测绘出来的结论。

---

① 夏东元编著：《盛宣怀年谱长编》上册，第77页。
② 陈旭麓等主编：《汉冶萍公司》一，第19页。

我们看张之洞向朝廷报告勘定厂址的奏折，说的勘测结果是：

> 臣叠派矿师洋匠暨道员徐建寅督率测绘员生前往查勘，该港沿岸平处，皆属被水之区，其高阜仅宽数十丈，断不能设此大厂。据徐建寅禀称："须将山头开低数丈，仍留山根，高于平地三丈，再将平地填高，始可适用，劳费无算；山麓兼有坟数十冢，碍难施工。"①

这里所说的事实，与早年盛宣怀所说是一致的，与上述钟天纬信中所说也是一致的。这样的文字，不可能是张之洞坐在武昌的衙门里捏造的，张之洞也没有捏造的必要。

至于徐建寅八月二十日致盛宣怀的信，主旨在于最后一句话：

> 电工报案将来详办时，尚求置之前列，优加考语，以符异常之列。

当时洋务工程如同军功，例有保案，保举有功人员加官晋级。徐建寅写这封信的目的，就是要求盛宣怀在电报工程的保案内将他放在重点突出的地位。前面说的大冶明家山已得烟煤等等，都是陪衬。信中关于厂址的一句话是：

> 如煤、铁、灰石均聚一隅，自应在黄石港设炉，而香帅偏信白乃富之邪说，以在距省相近者为合用，现已决计在汉阳矣。②

本来就是有条件的假设之词，语气原非确定，也并未涉及地形如何；其实他主要是对白乃富不满，即使对张之洞也有所不满，背后发发牢骚，取悦于盛宣怀，也是一种常见的人情世故。据此而遽然否定其勘查结论的真实性，说服力是不足的。

---

① 湖北省档案馆编：《汉冶萍公司档案史料选编》上，第103页。
② 陈旭麓等主编：《汉冶萍公司》一，第18—19页。

一个当地人说说"大冶沿江"的地貌

《厂址决策》的第三个论据是：

> 后来铁厂商办之后，郑观应及其所雇洋矿师马克斯等即在大冶附近觅得适宜厂地多处。而且后来汉冶萍公司也确曾在大冶选定新厂址，添设大型铁炉，冶炼生铁。这都有力地证明了张氏此说并非实情。

说到这一问题，笔者作为一个在黄石生活了半个多世纪的当地人，有必要介绍一下"大冶沿江一带"即今黄石市区的地貌，以供学者参考，避免不必要的误走弯路。

笔者是 1948 年回到黄石的，当时未经大规模的城市建设，沿江一带的地形地貌更接近清末的原态。我认为张之洞说的"地平者洼，高者窄，不能设厂"确是实情。概括地说，黄荆山脉大体上由西南逶迤向东北延伸与长江形成一个夹角，其交点处便是石灰窑。从石灰窑向西至黄石港约十里，沿江岸分别为胜阳港闸、海关山、铺儿墩、狮子山、凉亭山等小山和高地绵延不断。黄石沿江遍布着大小码头，但受自然因素和历史因素的制约，至今尚无一条贯穿东西的沿江大道。江岸与黄荆山脉之间，除几个山包外，基本都是磁湖、青山湖、花家湖等水域；江岸窄处不足百米，宽处也不过二三百米；石灰窑分上窑、中窑、下窑，中窑又叫中窑湾，山湾间为一湖塘，两侧山坡直逼江岸。原居民大都沿江或倚山面湖而居。黄石自称"半城山色半城湖"，其实这城市大半是在湖上填起来的，残存的湖面与六十年前已经无法相比。黄石大道是黄石市中心城区的主要干道，与长江大体平行，其西段自延安路口至华新水泥厂，是抛石在湖中填成道路，历年用电厂粉煤灰填充地基，然后建筑房屋，形成街道；其中段经过的中心商业区，原是湖汊、沟渠、沼泽和少量菜地；东段自上窑至大冶钢厂主要是劈山拓宽的。1958 年 9 月 15 日，毛泽东主席视察黄石，中午在黄石市委机关进餐，饭间湖北省委书记张平化说："黄石一面临江，三面靠山，中间又有湖，不利于今后发展。"毛主席笑了笑说："山怕什么，我们可以往山上发展嘛！"又说："山，可以把它平掉！"这当然是领袖的气魄和诗人的浪漫情怀兼而有之。六十年来黄石人已经平掉了许多的山，当今更现实更科学的作法是打通隧道，向山南发展，建立了山南工业新区。

郑观应在《铁厂次第筹办张本六十条》中开列的四处可以建厂的地方，其中"菜子湾"可能是今太子湾，"小牧养"可能是今牧羊湖，都是黄荆山脚下的山湾坡地，面临磁湖，牧羊湖又比较低洼，面积都与大冶钢厂不能相比。光绪三十一年四月，盛宣怀派布卢特往大冶履勘拟设化铁炉之地，四月十二日布卢特致函盛云："卢特偕同宗总办往勘太子湾、朱家咀、龚家湾三处地方，皆经有人举为设炉佳地，但愚见则不为然。"并认为皆不如公司在石灰窑所购之地，而又与水道相近。①

其他两处，"袁家场"是否就是袁家湖？"周家巷"在何处？已不能确认。

倍受争议的吴王庙，从"黄石港东一里许"的方位和距离看，应是今黄石电厂的原址。这里说的黄石港，即今人民街、新街、上港一带。当时它向东的陆上唯一通道是经过道光年间修建的江堤至凉亭山，凉亭山以东便是狮子山，即今电厂。据《黄石市志》记载，兴建电厂于1946年5月选定沈家营胡家湾，征购土地245.66亩。1947年7月租用沈家营原象鼻山铁矿公产地694.34亩，用了九个月的时间平整地基，5000千瓦的两台机组于1950年先后投产。两个锅炉、两台发电机组1万千瓦的小电厂，与从炼铁到轧材、锻打铸造一应俱全的钢铁联合企业，各自所需的厂地是不能相比的；到了1957年电厂决定扩建10万千瓦，这里原有的厂地便不够用了，"1958年7月1日，扩建工程破土开工，开山平基需炸平狮子山，挖山土方约36万立方米，前后动用民工2千多人。因大办钢铁缺雷管炸药，到1960年3月5日，才完成土石方任务。"历史事实证明，徐建寅所说的"需须将山头开低

---

① 陈旭麓等主编：《汉冶萍公司》二，第491页。

数丈"，"劳费无算"等勘查结论是正确可信的，张之洞所说的也是实情。①

还有人以为现代的大冶钢厂就建在盛宣怀原勘查的吴王庙，这完全是误解。大冶钢厂距黄石港十余里，而不是一里。没选中吴王庙，显然是嫌它太小。大冶钢厂即原汉冶萍公司大冶钢铁厂，从选址到征地更费周折，厂基也并不理想，花费的代价也更大，只是鲜为人知罢了。

1913年5月20日汉冶萍公司股东常会决定在大冶添造化铁炉。同年7月24日，李维格向董事会呈交《筹划汉冶萍厂矿扩充事宜清折》，正式提出"拟就大冶添设两炉，每日出生铁二百五十吨至三百吨，约需银四百五十万两"。其中，计划厂基2000亩，每亩50两约银10万两；填土500亩15万方，每方1两，约银15万两。比起汉阳铁厂约填土9万多方，这计划填土的数量就高出50%以上。②

据《大冶钢厂志》记载，此前曾多次派人到鄂城县龙王矶、燕矶等地勘查，均未选中。决定在大冶江边设厂后，又准备了三个方案供选择。1913年5月，李维格实地勘查比较后，否定了石灰窑上游（可能就是原吴王庙）和石灰窑上窑旁边的方案，而选中了石灰窑下游的袁家湖。

袁家湖的情况如何呢？《大冶钢厂志》第一页就写道："冶钢生产区、行政区东南西三面环山，向北敞开，原始地貌为布满沼泽湖塘的一片狭长地带。"既然如此，就与汉阳铁厂的原址是伯仲之间，同样要填充地基，同样要解决防洪的问题，是不是"适宜"的厂基，就看我们用什么尺度来衡量。这里还需要补充两点：这向北敞开的一面就是长江，如果要拓展只能向下游延伸；南面靠山还散布着二十几个自然村，后来征地的麻烦就出在这些村庄上。1914年11月开始圈地后，按照盛宣怀在股东大会上的说法是："该处人民居为奇货，索价过昂，久而未决。"按照当地的说法是，"袁湖一带居民向以烧石灰为业"，失去了土地无以为生，加之厂方出价过低，于是"乡民群起阻拦"。1915年3月汉冶萍公司向湖北军方和政府求助，4月

① 《黄石市志》上，第356—357页。
② 湖北省档案馆编：《汉冶萍公司档案史料选编》上，第480—481页。

省府派专人前往协助征地。在官方的参与下，按公用征收办法，一律以每亩94串钱的官价收购。虽然如此，直到1918年年底，购地才结束。前后五个年头，共购地4186亩，比原计划超过一倍；购地用银64.2万两，则是原计划的六倍多了；平均每亩用银153.37两，是原计划的3倍多。说来也巧，大冶钢铁厂虽然只是两座化铁炉，建厂实用银达569.2万两，与汉阳铁厂包括煤、铁矿山、铁路建设的费用基本相当。其中，机械设备用银173.2万两，占全部费用的30.42%，购地用银占11.28%，接近建设厂房费用的66万两。[①]

光绪十六年张之洞将铁厂定点在汉阳，因地势低洼，饱受非议。二十多年后，李维格这位管理企业的行家里手，仍然重蹈覆辙，选了一片沼泽湖塘来作为钢铁厂的厂基，说明了什么问题呢？

说来也简单：我们按经济规律办事，总是要受到历史条件、自然条件的制约的。钢厂是建在大冶，还是建在武汉，可以由人的意志决定；而厂基既要临江，又要宽、高、平，便要看客观自然条件是否有此可能。李维格最终选中了一片沼泽湖塘，说明大冶沿江上下、百里内确实没有上千亩平整的高地，"地平者洼，高者窄，不能设厂"确是事实。——如果有这样适宜于人类活动的好所在，人们早就利用它作了城镇商埠，哪里会等到清末才让人发现？说明了在没有电铲、推土机的时代，张之洞、李维格不约而同地选择了用银子把地基填高，既是无奈之举，也是当时唯一可行的选择。李维格建大冶铁厂计划填土十五万方、花费十五万两银子，实际花的可能更多。这也说明了批评汉阳铁厂选择洼地"糜费"是不了解实际。现代人都知道，"三通一平"是建筑工程必不可少的环节；也应该知道炼钢、炼铁的地基要满足承重、安全的要求。为此，张之洞打了桩木五万多根，今天再重复一百多年前的论调，批评张之洞填土花了多少银子还有什么意义呢？

---

① 大冶钢厂编：《大冶钢厂志》，内部发行，第49、51页。

设厂省城缘于发展武汉的综合思考

我们虽然实事求是地着重指出了当时大冶沿江没有适宜的厂址,客观地说,这并不是张之洞设厂武汉的唯一原因,甚至也不是决定性的原因。

综观所谓的选址之争,李鸿章主张建在煤矿附近,盛宣怀主张建在黄石港,贺伯生主张在黄石港与武昌之间,只有张之洞力排众议,坚持要建在省城附近。回顾张之洞筹办铁厂的全过程,不论是在广东,还是在湖北,他一贯倾向于建在省城附近;唯有一次报告海军衙门时说过,如果大冶有煤就建在大冶,但后来在大冶发现了王三石煤矿,也并没有动摇他把铁厂建在省城附近的决心。

张之洞为什么要坚持建在省城附近?我们还是回头来,认真看看他所列举的在汉阳设厂的"六便":①

第一条是考虑运输成本;第二是说便于产品销售,也便于供给枪炮厂;第三是有利于人才的综合利用;

> 鄂省铁、布、枪炮三厂并开,断无如许之多精通得力委员,分投经理。至西洋工师、绘算各生,尤不敷用。今铁厂、枪炮厂并设一处,矿学、化学各学堂俱附其中,布厂亦在对江,皆可通融任使。

第四是"今设在对江,督察甚易",有利加强管理,提高效率、减少漏洞;第五是厂在省外,"岁縻巨款,易动浮言","今则督抚司道皆可亲往察看";第六是炉渣可以填湖防洪。

> 矿渣、煤渣,每年约出三万余吨,除填筑本厂地基外,兼可运往汉口后湖,填筑湖身,汉口城垣可免盛涨冲灌,沿湖民居可免淹浸。

---

① 湖北省档案馆编:《汉冶萍公司档案史料选编》上,第103页。

真正着眼于铁厂自身经营管理的是前四条，而其中第二、第三两条，既是考虑铁厂，也是考虑枪炮厂、布厂、学堂的需要和发展，第六条完全是考虑汉口的城市建设。也就是说，张之洞在考虑铁厂的布局时，不是孤立地只考虑一个铁厂，而是与武汉的工业布局和城市建设联系起来综合考虑的，尽管这种考虑当时还不成熟完善，但他的思路、出发点却是明确的，无可置疑的。在推进湖北早期现代化这局棋中，铁厂定点这一手，是全局的开端，是至关重要的一步棋，怎么能不考虑与其他棋子的相互呼应呢？这种思路，既是张之洞所处的地位决定的，也是他的精神、性格决定的，更是他创办铁路、铁厂的思想基础决定的。张之洞毕竟是湖广总督而不仅仅是汉阳铁厂的总办；我们都知道，他是怀着"经营八表"的雄心壮志出任封疆大吏的，也是怀着"缔造先从江汉起"的宏图来到湖北的，他在光绪十五年十月十六日致海署的电报里，早就强调铁路的意义"在销土货，尤在多出土货，使中国能精究格致之学，开煤铁，广种植，勤开采，善制造"，办铁厂正是他基于这种意向和认识的实践。正是因为他有着开阔的眼界、恢宏的气魄，才能开创武汉早期现代化的可喜局面。这是他的优点，而不是他的缺点。袁为鹏认为设厂汉阳的意义，在于扩大了洋务运动的声势，促进了武汉地区经济文化的发展，推动了武汉的城市化，这都是事实，本书已有专题陈述。它设在沿江小镇黄石港当然也有带动作用，但其幅射的范围和能量与在九省通衢的武汉不能相比，是无可置疑的。

　　有人说，"兴办铁厂首先是经济行为"，强调经济效益应是"评价汉阳铁厂厂矿布局的唯一标准与尺度"。此说令人大惑不解。什么时候我们评价的对象张之洞变成了铁厂的总办，而我们的学者成了他的离任审计师呢？难道铁厂建在汉阳还是黄石港对武汉当时的发展了无关系？难道在清末武汉发展成为近代大都会是与经济无关的行为？官办时期汉阳铁厂经济效益不好是复杂的多种因素造成的，简单地归罪于运输矿石增加了成本，又进而归罪于张之洞设厂汉阳决策错误，未免有片面之嫌。

设厂汉阳也是张之洞出于自保的需要

在致海军衙门和致盛宣怀的电报里，张之洞曾经一再强调：

> 此则中法，非西法。中法者，中国向有此类积习弊端，不能不防也。
>
> 中国与外洋不同，此厂若不设在附省，将来工料员役，百弊丛生，必致货不精而价不廉，一岁出入以数十万计，过于运费多矣。[①]

这一点很重要，说明他在当时已经意识到，建铁厂不能完全照搬"西法"，也就是论者们强调的经济规律、科学知识，同时还必须考虑中国的国情，考虑经济因素以外的其他因素，特别是要考虑晚清官场的"潜规则"。张之洞在"六便"的第四条中，强调：

> 员司虚浮，匠役懒惰，为中国向有之积习，不可不防；厂距省远，料物短数，煤斤搀杂，百人仅得八十人之用，一日仅作半日之功，出铁不多不精，成本即亏。

说明他对晚清官场的积习流弊是有清醒认识的，揭露得入木三分。在当时既定的条件下，他能想到和做到的便是放在眼皮底下，加强监督。

影响张之洞将铁厂定点于汉阳的因素，既有大冶沿江自然条件的制约，又有白乃富等的建议，既有开发武汉的宏观的综合规划和积极进取精神，也有政治因素的消极干扰，是多种因素复杂地交织、相互作用的结果。这种政治干扰，除了当时官场腐败的积习外，我以为主要还不是与李鸿章集团的矛盾加剧，这种矛盾或争夺在当时并未危及他的政治安全；铁厂建在大冶也依

---

① 湖北省档案馆编：《汉冶萍公司档案史料选编》上，第101—102页。

然在他的地盘之内，人事、财权也还是掌握在他的手中。

张之洞有很强烈的自保意识。高树《金銮琐记》中有一个故事：

> 癸卯值湖园，庆王奉命请南皮张公到军机议特科事，张公不上台
> 阶。瞿相省悟。请庆邸及王、鹿诸公到阶下，与张公面议。[①]

原来为了防止泄露机密，军机处严禁王公大臣入内，"盖世宗御笔榜示内阁云，'军机重地。有上台阶者处斩'之语"。像林冲误入白虎节堂那样的糊涂事，张之洞一定是不会干的。他早年当京官的时候，连陪着皇帝去求雨应该穿什么衣服，也要写信向李鸿藻问清楚。戊戌维新期间，局势十分微妙，大学士徐桐密奏请皇上调张之洞进京问话，意思是保他做军机大臣。他接到电报，不明底细，唯恐对自己不利，迟迟不肯动身，催急了还打电报说，皇上要问什么事情，能不能先告诉他。结果挨了光绪一顿批。

在张之洞设厂汉阳的"六便"中，只有第五条最特别，其实主要不是对下面的，而是对上面的，也就是自保的措施。这一点，他在四月九日致盛宣怀的电报里，比奏折里说得更清楚：

> 官本二三百万，常年经费、货价出入二百余万，厂在省外，实缺大员无一能到厂者，岁糜巨款，谁其信之？若设在省，则督抚司道皆可常往阅视，局务皆可与闻，既可信心，亦易报销。[②]

"岁糜巨款，易动浮言。"也就是说，他已经预见到铁厂的经费开支庞大，目标突出，容易成为捕风捉影、恶意攻击的对象；而由此可能引发的风险和责任他必然是首当其冲。出于自保的需要，他不仅坚持把厂设在省城附近，而且早就安排布、按二司与盐、粮两道共同负责铁政局。这些实权派要员都

---

① 荣孟源等主编：《近代稗海》一，第59页。
② 湖北省档案馆编：《汉冶萍公司档案史料选编》上，第101页。

挂了名，便都有责任，厂子就在眼皮底下，万一有个什么事，大家都得担一点干系，谁也不能一推六二五，说自己什么也不知道。

从时机看，海署是三月初三通知张之洞"此时先将今年二百万归鄂"，加上白乃富又有设厂武汉的建议，于是促成了张之洞的决心。这一时间正好与上述盛春颐写信的时间相合。

更深一层地看，张之洞此时亟于自保，加强防范，确实还有不便公开的隐衷，这又与他当时的处境和遇到的麻烦有关。在上述致盛宣怀的电报里，他强调"易于报销"，多少透露了一点玄机。

张之洞至死耿耿于怀的报销公案

在晚清的地方总督中，第一把交椅当然是直隶，第二把交椅是两江，第三把交椅就应该算两广。别的不说，首先是财政要比别的地方宽裕，这便是上等的"肥缺"。中法战争打仗的时候把张之洞调到第一线，现在却要他去闹了水灾的湖北，他的这次调动便可以作多种解读，而有的官场行情分析师便不免要看作是他宠眷渐衰、行情看跌的信号。

肯定让张之洞十分恼火的是，就在到湖北上任之前，他遭遇到一场当时官场罕见的雨雪冰霜，并不是叱咤风云、踌躇满志地去履新的。此一背景及其细节，似乎尚未引起应有的注意。

查检《光绪朝东华录》，我们可以看到在此期间，他曾经异乎寻常地一再受到以皇帝名义发出的驳斥、谴责：

> 光绪十五年十月十七日 "谕：张之洞奏建筑琼廉海口炮台以固防局一折……惟系统陈大概情形，并未将筑台若干、购炮若干先行咨商海军衙门筹定请旨。现在阅时已久，始将购炮筑台各节一一陈奏，均系动用巨款，率行定议，殊属不合。张之洞着传旨申饬。"[1]

---

① 朱寿朋编：《光绪朝东华录》三，总第2665页。

辛辛苦苦地筑了许多炮台，却错在事先没一项一项地及时具体请示。

十月二十二日　"谕：前据张之洞奏，广东善后军需报销，请免造细册……所请开单奏报之处，著不准行。"①

此事下文再叙。

十一月初七日　"谕：张之洞奏随带亲兵前往湖北……近来总督赴任，辄复添带亲兵前往，既多糜费，且与定制不符。该督所请添招亲兵五十名，著不准行；其原有之二百名，即著管带官吴良儒带回广东，不准随往湖北。经此次训谕后，各督抚升调赴任，倘有再行渎请者，定即与以惩处不贷。"②

看来当时督抚们升调都是随带亲兵上任的，现在张之洞却倒霉地成了典型。不准也就罢了，偏偏还要当成靶子听两句狠话。

十一月二十三日　"谕："前据张之洞奏，潮州添募三营归知府弹压调遣……各省裁勇节饷，迭经降旨饬遵。该督何得于现存勇丁之外遽行添募。所请选募潮营之处，著不准行。……"③

张之洞奉旨调动、尚未赴任前，一个来月的时间内，连续四次遭受皇帝旨意的斥责，可真是动辄得咎了。这在当时的督抚中，是很少见的，一定会在张之洞的内心笼罩一层危机暗伏的浓重阴影。特别是在"报销"的问题上，张之洞至死仍耿耿于怀。

报销公案的起因是张之洞得知要调往湖北后，八月初六上了一道《军需

---

① 朱寿朋编：《光绪朝东华录》三，总第2667页。
② 朱寿朋编：《光绪朝东华录》三，总第2676页。
③ 朱寿朋编：《光绪朝东华录》三，总第2683页。

善后各案请开单奏报、免造细册折》，打算把他经手的军费开支作个了结。光绪皇帝交给户部拿一个意见。十五年十月二十二日军机处根据户部的意见以皇帝的名义发出上谕对张之洞痛加驳斥：

> 兹据户部遵旨复奏：向来核查报销，均须造具细册，方能按照旧章详细句稽，分别准驳。若仅开单具报，无从核算。前经该部奏明，光绪九年以后军需等款，概令造册报销，不准再有开单具报，各省均应遵照办理。乃张之洞辄将九年以后军需善后各款，率请开单具报，不特与户部奏案、各省办法不齐，且事止一省，时仅数年，按籍可稽，何难详细造报？国家度支所入，丝毫皆关帑项，岂容只图简便，不顾定章，任意陈请！至所称册籍如山，徒使堂司各官不能阅算，只供书吏习难之具，尤不成话。该部书吏果有藉端需索情事，张之洞即应指出其人，以便严行究办，何得藉案牍繁多，冀免造册，殊属非是。所有九年至十四年收支各案，仍着督饬局员迅速具造细册，报部核销，毋得稍有含混。所请开单奏报之处，著不准行。①

这桩几乎让张之洞陷入泥淖难以脱身的公案，所谓"广东善后军需报销"，焦点是中法战争的军费。光绪十年四月，他临危受命署理两广总督时，前任张树声为备战向香港汇丰银行借款200万两已用去150万两，剩下的只能应付本省防军三个月的军需。张之洞先后两次向汇丰银行借款300余万两，用于本省海防；为援助云南、广西和台湾的抗法作战，又与北洋大臣会商，奏准借洋款398万余两，先后共计借款900万两。后来他部署广东的海防，"购办船械，修造台厂"，又花了不少钱。"综计光绪九年起至十四年底止，约共用银二千五百余万两。"所谓是"款积六年，事关五省，价少成例，款多外筹。"如此巨额而又使用范围广泛的军费，要一笔一笔造成明细账，更重要的是，还要让存心挑剔的户部老爷们挑不出毛病来，张之洞陷进

---

① 朱寿朋编：《光绪朝东华录》三，总第2667—2668页。

了这个泥淖，还能安全脱身吗？

这不只是一个报销的方式之争，实际上是个财权下放还是上收的矛盾。这里涉及一个历史背景，过去曾、左、胡、李与太平军作战，都是兼任地方督抚，就地自行筹饷，掌握了财政实权，向户部报销不过是履行一个手续。正如同治三年曾国藩与沈葆桢争江西厘金时在奏折中说的："我朝之制，一省岁入之款，报明听候部拨，疆吏不得专擅。自军兴以来，各省丁、漕等款纷纷奏留，供本省军需，于是，户部之权日轻，疆臣之权日重。"现在户部要求"军需等款，概令造册报销"，实际是要把军事支出的审批权收回到中央来，而明确提出从"光绪九年起"，就界定了中法战争时期，矛头正是首先指向了张之洞；张之洞要求免造细册，是以曾国藩等人为先例，要求把军事支出的审批权依旧交给地方总督，延续曾、左等人开创的地方督抚集军、政、人、财权于一身的体制。实质上是一个中央集权与督抚分权的矛盾。

与翁同龢的恩恩怨怨

户部在给光绪的回奏里只是打了一通官腔，其实桌子底下还藏着小集团的私利和个人的恩怨。张之洞在《抱冰堂弟子记》里说：

> 己丑、庚寅间，大枢某、大司农某，立意为难，事事诘责，不问事理。大抵粤省政事，无不翻驳者；奏咨字句，无不吹求者。醇贤亲王大为不平……并作手书与枢廷诸公曰："公等幸勿藉枢廷势恐喝张某。"又与大司农言曰："如张某在粤有亏空，可设法为之弥补，不必驳斥。"其实粤报销款……固无所谓亏也，然贤王之意则可感矣！①

光绪十五年是己丑年，十六年是庚寅年，正是他从两广调湖北这一时期；"立意为难，事事诘责"云云，前举建筑炮台、添募丁勇等事例可以看

---

① 《张之洞全集》十二，总第 10631—10632 页。

出一些端倪。大枢，即枢廷大员，指军机大臣。当时军机大臣为礼亲王世铎、额勒和布、张之万、许庚身、孙毓汶共五人；大司农即是主管财赋的户部尚书，时为福锟和翁同龢。被认为"立意为难"的某大枢，从上述五人中用排除法推测，或许是指排班最后而又操纵实权、为人刁钻的孙毓汶；而"某司农"则一定是翁同龢，这在张的诗集里有明白的记载。翁同龢的侄儿翁曾源是与张之洞同科的状元，早年张在京中常往翁家走动；同龢的胞兄翁同书任安徽巡抚时，因为被太平军夺去了地盘而遭流放。在翁曾源陪同父亲去新疆时，张之洞写过一首《送同年翁仲渊殿撰从尊甫药房先生出塞》，其中"君家季父天下奇，曾辞使节披莱衣；君今为亲行万里，一门孝弟生光辉"，便是将翁曾源和他的叔父并列在一起赞美。后来张之洞为这首诗加了一个自注：

> 药房先生在诏狱时，余两次入狱省视之，録此诗以见余与翁氏分谊不浅。后来叔平相国一意倾陷，仅免于死，不亚奇章之于赞皇，此等孽缘，不可解也。[①]

药房先生即翁同书，叔平相国即翁同龢。奇章指唐人牛僧孺，系"隋仆射奇章公弘之后"；赞皇指李德裕，唐代赞皇人。在这里，张之洞自比为李德裕受到牛僧孺的无情迫害："一意倾陷，仅免于死"！

光绪十五六年间的户部尚书翁同龢，虽然退出了军机处，却仍然保留了一个很重要的差事："毓庆宫行走"。也就是说，他以光绪皇帝师傅的身份，有着天天和光绪单独相处的特权；事实上，"亲政"后的光绪，每有疑难也常在书房中与他密商，翁同龢再任军机大臣也只是早晚的事。

翁同龢为什么要与张之洞过不去？这历来是一个谜。据张之万的孙子张达骧记述，当时户部有一条潜规则，各省向户部报销的经费，每一百万两，要交四万两的回扣。张之洞在广东时，因为打仗练兵、举办洋务，经费支出

---

① 《张文襄公全集》，第 963 页。

超过别省许多倍，相应回扣的数额也很大，便要求把回扣减少一半。这样一来，便是虎口夺食，严重侵犯了户部官吏集团的既得利益。翁同龢本来就对张用款过多不满，因此不满更甚，执意不许扣减。张之洞写信给当军机大臣的堂兄张之万叫苦："两广报销事，司农若一意诛求，是有意陷弟也。"张之万把之洞的信交给醇亲王，面陈两广的困难。醇亲王便致函军机处并特地给翁同龢打招呼，对两广用款应加以关照，准予报销一百万两扣留二万两。翁、张两人因此结怨，在张之洞的书信中对此谈论甚多。张达骧在文章的开头曾特地表明："张之洞致张之万的来往私札，达骧曾经摩挲翻阅，对其中的事实，反复印证，所知较为详确。"[①]

这个谜的答案还可以从张之洞的奏折本身去找。在这封要求免造细册的奏折里，张之洞一方面举出历史上军费开单报销有成例可循，一方面从中法战争的实际出发，强调戎马倥偬时的军费开支不可能符合户部的例章：

> 惟筹备海防事多创举，军情瞬息万变，思虑所及，但求无误，立即施行，各项用款大半为例章所无。余如转饷越南，运械台北，海上封阻，诸国牵制，计觅洋轮，远雇驮马，事当吃紧，不免居奇，类皆不惜重资，期以必济，其支数亦难与例章符合。若必责以造具细册，款目如例，不独各将领有所不能，即熟于例案者亦无从措手；若由各局员代为按例改造，亦无此办法。[②]

既然战场上的开支不可能按户部的条条框框办事，他又不愿意"按例改造"、即造假账，等待他的命运就必然是落入深不可测的陷阱：

> 若必令造具细册，不过多增案牍，册籍如山，徒使堂司各官阅不能阅，算不能算，而原册细数断难与例吻合，往返驳查，只供书吏刁难之

---

① 张达骧：《张之洞事迹述闻》，载《文史资料精选》第一册，第228—229页。
② 《军需善后各款请开单奏报免造细册折》，《张之洞全集》一，第689页。

具，展转延压，永无了结。①

深知军费报销症结之所在而又洞悉户部潜规则的张之洞，竟然硬碰硬地撕破情面，把报销中普遍存在的行贿受贿内情公然暴露于庙堂之上：

> 其实近来各省办理报销，闻不免于正款之外提存另款巨数，暗给书吏。臣愚不知此项另款从何而出，粤省财用如此艰难，岂能办此？即使有款可筹，以实用实销之款，因恐书吏作奸而为此请托之举，实非臣之所敢出也。②

如此勇猛而强悍地向户部报销的潜规则挑战，岂不把户部上上下下得罪个干干净净，户部会有好果子给他吃吗？

张之洞所谓"一意倾陷，仅免于死"，粗粗看来，似乎是张大其词，实则反映了他内心疑虑重重和极度焦灼，唯恐户部在报销问题上有意报复倾陷，制造大案要案，以至长期耿耿于怀，至死不忘。据说在张之洞弥留之际，亲属曾建议将上述赠翁曾源诗中的自注从诗集中删去，以免与翁家的后人继续结怨，张之洞却执意不允。③

对于翁同龢，张之洞至死尚有余憾焉！在铁厂经费上，他能不接受教训严加防范吗？

张之洞的预见之明

"岁糜巨款，易动浮言"，并非张之洞杞人忧天，事实证明，恰恰是有预见之明。

三年后，光绪十九年正月戊申，一道谕旨下到军机大臣，说是"有人奏

---

① 《军需善后各款请开单奏报免造细册折》，《张之洞全集》一，第690—691页。
② 《军需善后各款请开单奏报免造细册折》，《张之洞全集》一，第690页。
③ 张达骧：《张之洞事迹述闻》，载《文史资料精选》第一册，第231页。

疆臣辜恩负职"。这个疆臣便是"移督湖广以来，改办炼铁并开煤铁各矿"的张之洞。罪名是"乞留巨款，轻信人言，浪掷正供，又复多方搜索"等等；而上奏人就是曾经多次上书坚决反对修铁路的大理寺正卿徐致祥。于是，朝廷决定委派两江总督刘坤一"按照所参各节确切查明，据实回奏"。两个多月后，四月戊辰上谕宣布了查处结论。处理的结果，张之洞虽然"勿容置议"，却得到了"务当督率属员力求捃节，妥为经理"的警告，而他的得力幕僚、机要文案赵凤昌则被当作了替罪的羊和吓猴的鸡，革职勒令回籍。①

渡过了一次劫难的张之洞，捧读上谕时的心情如何，我们很难深切体味；但是他一定会庆幸自己把铁厂建在了省城附近，却是毫无疑义的。

张之洞上奏确定厂址当月，光绪十六年十一月二十一日，光绪皇帝的生父醇亲王奕譞去世。

这意味着张之洞失去了一个有力的政治庇护人，也意味着他在办厂经费上将遭遇更大的困难。

---

① 朱寿朋编：《光绪朝东华录》三，总第 3205、3220 页。

第十五章　银子从何而来?

汉阳铁厂花了多少银子? /"闱姓"捐款落了空 / 再一次严重触犯了户部 / 背上了独自办钢铁的十字架 /"平地为山"/ 划抵:落实户部拨款 / 追加预算,本省腾挪 / 费尽心机,在李鸿章那里讨了一场没趣 / 老佛爷寿诞的"庆典紧要"/"断不敢请拨部款"/ 老佛爷寿诞花了 700 万 /

张之洞兴办汉阳铁厂,到底花了多少银子? 这些银子是从哪里来的?

有一部著名的近代史说:"由于张之洞在朝廷中得到了主持海军衙门的醇亲王奕谟的支持,所以他能得到巨额拨款,一共花了五百六十多万两银子。"①

有一部中国经济思想通史说,张之洞创办新式工业筹措资本的来源主要有三方面:"第一,用各种封建性的筹款办法,如以报捐军饷为条件,容许从事科举考场赌博性质的'闱姓公司'合法化,息借盐商、当铺的款项等。第二,用官督商办、官商合办之类的形式,控制、劫夺私人资本。第三,举借外债。第一种办法,不可能成为办新式工业筹措资本的重要的经常的手段。主要来源只可能是后两种。"②

---

① 胡绳:《从鸦片战争到五四运动》上,第 409 页。
② 赵靖主编:《中国经济思想通史续集》,北京大学出版社 2004 年版,第 398 页。

后者是就张之洞的全部工业活动而言的，当然也包括汉阳铁厂。这些说法明显存在着重大的分歧，真相究竟如何呢？

汉阳铁厂花了多少银子？

光绪二十二年（1896），铁厂交由盛宣怀招商接办后，户部、兵部、工部都分别催着张之洞，要他将汉阳铁厂的用款进行清理，开列详细清单，报部立案。光绪二十四年闰三月十三日，张之洞呈报了《查明炼铁建厂各项用款》奏折，正式对朝廷作了交待。

奏折开宗明义便强调，此项用款，包括"购机、建厂、采矿、炼铁、开煤各项"，也就是包括了采购机器的设备投资，兴建铁矿、煤矿、炼铁厂和铁路、码头的基建投资，以及炼铁厂的生产投资等，这无疑是一个庞大的系统工程。经过全面清算：

> 统共实收库平银 558.6415 万两，实用库平银 568.7614 万两，除收付两抵外，实不敷银 10.1199 万两，皆系欠华洋厂各商号之款。

这五百多万两银子的来源，分别是：
户部拨款 200 万两；
奏拨盐厘 30 万两，
借拨盐粮道库 40 万两，
海防捐尾数 2.8552 万两，
借枪炮厂经费 156.4622 万两，
借织布局 27.8762 万两，
铁厂自身销售款 2.4825 万两，
借江南筹防局 50 万两，
两淮盐商捐款 50 万两。
这份五花八门的清单，有些令人眼花缭乱。细细端详，正如张之洞所说：

所有经费，除部拨 200 万两、奏请拨用数十万两外，其余 300 余万两皆是外间多方凑借、焦思罗掘而来，备历艰苦，始得成此规模。①

　　就张之洞主持的汉阳铁厂官办时期而言，既没有劫夺私人资本，也没有举借外债。

　　实际上，这里的每一笔经费，包括户部拨款在内，几乎都有一段曲折复杂的过程。殚精竭虑地打主意，喋喋不休地恳求，一次次地在户部、北洋、海军衙门之间像皮球一样被踢来踢去，一次次钻烟囱、碰壁、吃闭门羹，其间更经历了被查办的风险，似乎不是"备历艰苦"四个字所能涵盖得尽的。

"闱姓"捐款落了空

　　光绪十五年三月，张之洞致电出使俄、德、奥、荷四国大臣洪钧商谈筹办炼铁厂时，满有把握地告诉他："款已筹备"。此时他万万想不到，日后正是经费问题弄得他焦头烂额。

　　所谓"款已筹备"，其实是打的"闱姓"捐款的主意。原来在广东流行一种赌博，每次科举考试前，票局列出一百多个姓供参赌的人从中选择，猜测有哪些姓氏的考生将被录取，最后以官方的金榜为依据，猜中最多的为头彩。每逢考试的年头，参赌的金额不下数千万两银子。对此有人主张严禁，有人却主张弛禁，藉此以缓解地方财政的危机。中法战争后，在清政府的暗示下，张之洞以弛禁来筹措资金，先后从"闱姓"赌捐中提取了上百万银两，补充广东的防务开支。为此，他遭到了舆论的严重非议。当年他出任山西巡抚的《谢恩折》中有"身系一隅，敢忘八表经营"的句子，时人便撰联语讥讽道："八表经营，也不过是山右禁烟，广东开赌"。

　　光绪十五年八月间，驻英使臣刘瑞芬为张之洞在英国谐塞德公司订购了一批炼钢铁和制铁路的机器设备，共价 83500 英镑；需先付定金 27833 镑，

---

　　①　湖北省档案馆编：《汉冶萍公司档案史料选编》上，第 137—138 页。

折合银子 131670 万两。当时临时向汇丰银行贷款付了定金，预计全部交货付款须到光绪十六年年底，那时候闹姓商人应预缴饷银 140 万元，折合银两 98 万两。张之洞以为，只要拿出其中的五六十万两，支付铁厂的机器和建厂就绰绰有余了。且不说张之洞对需要的经费严重估计不足，更重要的是，他根本没有想到会调到湖北，而铁厂也跟着他迁到了湖北，广东那边的闹姓捐款他再也无权动用，鞭长莫及，原来的打算也就落空了。[①]

再一次严重触犯了户部

我们在前面说过，张之洞在广东筹办铁厂是先斩后奏，别的部门还不打紧，首先涉及财政支出的问题，这就在军费报销问题尚未了结的同时，再一次严重地触怒了主管财政的户部。

光绪十五年九月、十月，皇帝先后将张之洞关于创建炼铁厂、织布厂的奏折批给户部议奏。此时管理户部的是体仁阁大学士张之万，虽是张之洞的堂兄，但这是"公事"，不能不由他照例领衔回奏，表达户部领导集团共同对张之洞此事的恼怒。光绪十五年十月三十日户部的这份奏折，逮住张之洞先斩后奏的尾巴，有两句话很厉害："在该督毅然兴办，自必筹有定款，无须借助于人。""该督此举既未先行奏报，亦未与臣部咨商，一切情形，无从遥度。"干干净净地将此事拒之于门外，也预示了今后铁厂在经费问题上不可能得到户部的支持。[②]

户部施展太极要诀"推"：关于炼铁厂的经费，请皇上问新任的两广总督李瀚章，看他能不能筹到这笔钱，已经寄出去的十三万两用的什么钱，还有八十多万两是不是有着落。

李大先生对于洋务活动，与他的老弟李二先生大异其趣。李瀚章从同治四年起任湖南巡抚、浙江巡抚，同治九年起任湖广总督至光绪八年丁忧，特

---

① 《张之洞致海军衙门电》，载《汉冶萍公司档案史料选编》上，第 81 页。

② 中国史学会编：《洋务运动》七，第 205—206 页。

别是在湖北十多年，对于洋务活动毫无建树。筹办铁厂又不是他的创意，他哪有兴趣去替张之洞接这个烫手的洋山芋？何况在他到广州就任之前，奕谡已经明确作了"大冶下手"的表态，他还有什么必要在广州大费力气办铁厂呢？于是，他也施展太极功夫，"推"：在十一月十三日向朝廷回奏时，他反复强调办铁厂花费大、困难多，每天需要很多的矿砂，难以源源供应，要花多少钱很难说，广东不能老是垫支。他的结论是："臣确查情形，实难开办"。现在直隶和湖北正在创办铁路，移到那里会事半功倍。他老先生既不想在广东办铁厂，更不打算出这大一笔钱。[①]

腊月二十七日，海军衙门给张之洞转来了两广总督李瀚章的电报，海军衙门除了询问铁厂是否可以移到湖北外，还问张之洞："应需各款所指何款？"张之洞在此以前，已经接到李鸿章"应运鄂试办"的电报，心中已经有底，二十八日去电便很干脆地回答李瀚章，同意铁厂移到湖北；关于经费问题，既然建铁厂是为了修铁路，而朝廷又打算让户部每年筹措一笔铁路经费，于情于理他便只好请求"自应请海署于部筹铁路经费项下发款"。至于广东已经垫了13万，就请李瀚章作点贡献，仍然动用明年"闱姓"的捐款归还。李瀚章如愿以偿地卸掉了铁厂这个大包袱，相对来说13万就是个小数字，何况早已垫出去了，落得做个顺风人情，也在当天回电，痛快地同意了。[②]

过了几天，光绪十六年大年初三，海署就给张之洞送来了喜讯：用于铁路的部款每年200万已经奏准确定了。这封由醇王、庆王、曾纪泽三人共同署名的电报，开头就说："铁为盛举之根，今日之轨，明日之械，皆本于此，宏论硕画，自底于成。"对于汉阳铁厂乃至铁路建设和未来机械制造的前景充满了期望，兴奋之情溢于言表。[③]

其实，这部款200万两，还是醇王奕谡向户部尚书福锟个别做工作的结果，另一位户部尚书翁同龢并不同意。翁在光绪十五年十月二十二日的日记中明显地流露出对此事及对醇王和福锟的不满：

① 中国史学会编：《洋务运动》七，第207—208页。
② 《张之洞全集》七，第5416—5417、5421页。
③ 《张之洞全集》七，第5421—5422页。

早晤福公……又伊见醇邸，竟允每年二百万办铁路，余甚不谓然。①

背上了独自办钢铁的十字架

　　接下去的事情，对于张之洞来说，就更加不顺利了。

　　光绪十六年春节过后不久，东北边疆的形势紧张，威胁着满人老祖宗的发祥地。朝廷幡然变计，决定马上修关东铁路，卢汉路便放下来了。李鸿章得到了督办关东路的差使，自然要随之带走每年两百万的铁路专款。因为改议，奕𫍲心里很不痛快。翁同龢在闰二月初八的日记里说他与福锟去见奕𫍲，"因铁路改议事，邸意快快，以为与香涛定议，不应中辍"。实际上他自己也是受人簸弄，随人俯仰。②

　　海署于三月初三通过电报给张之洞通气：

　　　　……惟卢汉之路可徐办，而炉座炼铁不容中辍，若二百万鄂、东分用固两不济事，设专归东，鄂之采炼无款将若之何？本署左支右吾，智力实困，特商其略，希酌复，详求非所厌也。醇、庆具。江③

　　海署把难题推给了张之洞，他考虑了一天后，决定先摸摸李鸿章的底。三月初四致电李鸿章，直截了当地询问：

　　　　……尊处所办营珲路拟用何铁？是否即用鄂铁抑兼用他铁？可另开铁矿？望速详示，以便筹酌。④

----

① 中国史学会编：《洋务运动》八，第246页。
② 中国史学会编：《洋务运动》八，第246页。
③ 《张之洞全集》七，第5469页。
④ 《张之洞全集》七，第5472页。

第二天，李鸿章的回答就来了，同样是复述了朝廷会商的意见，但是抬出了皇上和老佛爷，以堵住张之洞反对用洋钢轨的嘴巴：

> ……上深然之，慈圣犹以落后著为忧。鄙意就现购炉机核计，采炼用款二百万略可敷衍，撙节妥办，当无中辍。东路须急办，应购西洋钢轨。将来鄂钢炼成，自可拨用；然须随拨随付价，界限两清。①

最后一句，前半句是门面话，实际上李鸿章是断定张之洞炼不出钢来的。除了前面说过他给李瀚章的电报外，他在这一年正月初七《议安置枪炮厂》的函稿里说得更清楚："查炼铁炼钢事物繁赜，功力艰深，非三五年间所能告成"，"中国试办伊始，岂能仿造？"还点名说"张督""于此道似少阅历，未足凭信。"② 既然他认定张之洞在这方面缺乏经验，说的话不能相信，那么后半句话就是关键：一定要一手交货，一手付钱。这就为关东路和汉阳铁厂之间的经济往来筑起了一道铁门槛，此后几年，张之洞千方百计，始终未能突破一步。在这些地方，李老中堂要对付张香帅还是游刃有余的。

此时的张之洞好比是刚刚爬上了阁楼，却被人抽去了梯子，上不能上，下不能下。上吧，经费不足，困难多多，难以解决；下吧，摊子已经铺开，如果当年部拨的 200 万两也不能到手，则前功尽弃，难以收拾，再办中国的钢铁工业更不知要等到何年何月！

五天以后，三月初十日，张之洞正式向海署表态，首先是遵照朝廷的旨意，转变方针，由筹办卢汉路转变为筹办铁厂，但坚持把炼铁和关东路紧紧地捆绑在一起；其次摆了摆困难，强调经费不够，最后高姿态地勇挑重担：

> 廷议移缓就急卢汉之路可徐办等因，谨当遵办。湖北即专意筹办煤铁，炼钢造轨以供东工之用。…… 事端甚繁，所费甚巨，二百万断

---

① 《张之洞全集》七，第 5472—5473 页。
② 《李鸿章全集》七，第 4014—4015 页。

不敷用。上年钧署原奏甚详，目前鄂省所筹尚有出于钧署原奏之外者。然部款难筹，洞所深悉；时局多艰，岂容再缓？谨当仰体荩谟，力任其难。即请先将两百万拨归鄂省，此外即不再请部款；其余不足之款，洞当竭力筹划，随时请示。总之，殚此血诚，绵力为之，务期将中国开辟煤铁利源风气一事，必使办成为度，总使民足以兴利、官足以济用。①

张之洞终于钻进了户部、海署和李鸿章共同做好的笼子，背起了独自办钢铁的苦难的十字架。"再不向户部要钱"，这话一出口，便将把柄送到了别人的手上，断绝了自己的后路，后来户部再也没有多拨给他一两银子。

这样的事，李翰章不会干，李鸿章也不会干，盛宣怀也未必会干，只有张之洞才这样干。后人多有批评张之洞是"巧宦"，圆滑乖巧，善于见风使舵。从这件事情看，他并不圆滑，也不乖巧，倒是有几分戆气，或者是书生气。这书生气表现为把办实事看得过于轻易，主观愿望严重脱离实际；也表现在为了成就钢铁事业，不退缩、不躲闪，挺身而出不惜充当一回冤大头。

"平地为山"

光绪十六年十一月初九，张之洞正式向海署呈报了《咨呈约估筹办煤铁用款折》，也就是筹办汉阳铁厂的初步预算。他将各种费用归纳为购机、设厂、采铁、开煤四大类，除了订购机炉已付的 13.1 万两外，共需银 246.8 万余两。呈文的主体部分便是经费预算的清单，共分 18 项，每项又包括若干小项，分别开列了项目和计划用款数。张之洞强调：

> 事皆创办，约略估计，疏漏尚恐不免。此外续添料件，续增用费，或尚有溢出原估之外者。查前任两江沈督部堂开办闽省船厂时，营建铸铁、拉铁各厂，工料原估用款银四十万两，续估多至一百余万两，有案

---

① 《张之洞全集》七，第 5474 页。

可稽；足证创始之事，实难预定。

叶景葵曾说："当张请款设厂时，谓得银二百万即可周转不竭。"这封奏折和上述三月初十致海署的电报，可以证明张之洞不是那样说的。[1]

张之洞还强调在中国办钢铁，不像在外洋，煤矿、铁矿，各种机器生产，都是轻车熟路，人员和物资很齐备，同一类型可以按照一定的模式推广，所以容易办成；而在中国则是事事都要从头开始，甚至包括要创办紧急培训员工的矿学学堂和化学学堂，"系平地为山，毫无凭藉"。

"平地为山"，这是很生动形象的概括，可以看作是张之洞筹办铁厂近一年来的心得体会。他说的是实情，而未曾身历其境的后人却似乎难以体味，往往容易忽略。

张之洞这份铁厂经费预算的文本，奕𫍯已经无法亲自看到了。他是这年十一月二十一日去世的。这时户部拨款二百万两，还有一半没有落实。张之洞这个向西方取经者，前途还有许多磨难在等着他，奕𫍯在经费问题上再也帮不了忙了。

光绪十七年三月十二日，总理各国事务所衙门由庆王奕劻领衔上奏关东铁路兴建方案，其中经费问题云："臣等奏奉俞允，缓办卢汉铁路，先办关东铁路，自应将卢汉铁路拨款移作关东铁路之用。……是鄂省所炼之铁，虽备铁路之用，而鄂省炼铁之费不得与东省造路之费相牵混。"[2]

这就叫釜底抽薪！

划抵：落实户部拨款

从张之洞表态"湖北即专意筹办煤铁，炼钢造轨"之时起，他就开始了漫长而艰苦的筹措经费的旅程。首先就是要落实户部的拨款。

---

① 湖北省档案馆编：《汉冶萍公司档案史料选编》上，第85—87页。
② 中国史学会编：《洋务运动》六，第274页。

在光绪十六年三月初十那份表态的电报中，他就心急火燎地呼吁："此时正在择地购料建材以待机器，急需支用，敢请酌发数十万来鄂，以济要需。"并要求从湖北应解京之款中划抵。

不到半月，三月二十二日，他又致电海军衙门，告知英国订购的第二批机器月底起运，应付货款加上保运费，请商户部速拨七万；目前购地设厂、修路买船、添置钻地、探矿、起重等机器，已需银九十多万两，"须于本年夏秋间拨齐一百万，始能应手"。①

清代原有的财政体制，是地方留存之外的财政收入，统统归中央调度。同治以后，有所变通，采取了中央指拨专项经费的方式，将每一专项经费分摊到各省，完成各项上解经费后，地方有无机动财力，如何支配，户部就不管了。张之洞要求户部的拨款从湖北应解京的款项中划抵，这当然是个好办法，既便于落实，也可以省去来往的手续和费用，但必须取得户部的同意，还要由户部具体指定划抵的专款项目和数量。

四月十五日，海署通知张之洞，铁路经费100万两，经户部批准，除湖北自认的铁路筹款5万两外，其余95万两从湖北本年解京饷内截留抵用，其中，地丁36万两，厘金8万两，盐厘16万两，西征洋款（湖北应摊的偿还左宗棠西征所借洋款）20万两，厘金边防8万两，旗兵加饷内划拨7万两。②张之洞当即通知有关部门如数截留，并从藩库和盐道库截留的京饷内共提银30万两交湖北善后局储存，听候铁厂随时拨用；到了八月底，前款已经用完，张之洞又提了30万两存在善后局。

转眼到了光绪十六年年底，张之洞从十一月份起就再三要求续拨剩下的100万，希望明年的春天拨齐，不要耽误了工程进度。

光绪十七年正月二十四，海军衙门与户部协商，好不容易形成了一个书面方案上奏。每年200万两的铁路经费，当初的安排是户部每年筹集120万两，另由各省共同筹集80万两交到海署。户部名下已拨95万两，还有

---

① 《张之洞全集》七，第5485页。
② 《张之洞全集》七，第5499页。

25 万两；海署名下，除了湖北自己的 5 万两，应有 75 万两，实际却只解到 47.5 万两，其中又有 30 万两挪用给黑龙江边防应急，到了光绪十七年年初，海署实存的铁路经费却只有 17.5 万两。考虑到湖北用款很急迫，便提出了一个七拼八凑、寅吃卯粮的方案：由湖北从十七年应解海署的海防经费中抵补 24 万两，从江西欠海署的经费中提拨 6 万两——这部分是有待于湖北去收缴、去讨还的；另从海署自身提拨 27.5 万两，与实有的铁路款 17.5 万两再凑成实银 45 万两。①

光绪十七年二月，张之洞接到了海署的通知，叫他派人去户部领银 25 万两，去海署领银 45 万两。考虑到"道远款巨、运费浩繁，亦多周折"，张之洞要求像上年一样从应解京的款项中划抵。户部一拖就是半年，直拖到六月初八才向皇帝报告同意划抵，并通知张之洞：这 70 万两银子，其中准留地丁京饷 30 万两，厘金京 12 万两，盐厘京饷 10 万两，厘金边防经费 8 万两等应用。至此，铁路经费 200 万两才算是落实。

也就是在这份奏折中，户部对张之洞关了门：

该督务须尽此七十万撙节动支。倘再请续筹，臣部实无从应付。②

张继煦《张文襄公治鄂记》里，对此有句话很有概括力："盖部拨二百万，几等于包办性质。"③

追加预算，本省腾挪

尽管户部对他关了门，张之洞仍然不得不于光绪十八年九月先后上报了《续估筹办煤铁用款折》和《奏铁厂添购机炉请拨借经费折》。

由于需要增加一批锻矿炉和热风炉，由于各种炉用耐火砖从英国漂洋

---

① 湖北省档案馆编：《汉冶萍公司档案史料选编》上，第 88 页。
② 湖北省档案馆编：《汉冶萍公司档案史料选编》上，第 89 页。
③ 中国史学会编：《洋务运动》八，第 534 页。

过海经过长途转运破损过半需要补齐，由于要增加与铁轨配套的制造鱼尾板、钩头钉的机器，由于要添置炼焦炉，由于发现了马鞍山煤矿需要添置开采的机器，由于要把大冶王三石煤矿的煤运出来需要添造 16 里的铁路，由于要派遣人员到国外去学习操作……种种原来未曾预料到的费用，加起来又是 32.46 万两，整个筹办的预算达到了 279.2 万两，资金缺口则达到了 79.2 万两。

户部已经把话说在前面了，张之洞自知没有可能再增加拨款，便提出来"惟有就本省设法腾挪借拨"。他想出了三条渠道：一是在不影响上解任务和本省正常经费的前提下，从本省税收增长部分拨用。打算在厘金项下动拨 5 万两，在盐厘项下动拨 5 万两，共计 10 万两；二是借用本省库存的暂不需用之款。打算借湖北盐道库存的长江水师申平银 10 万两，借湖北粮道库存的杂款银 10 万两，两项共 20 万两，将来从铁厂的余利中陆续归还。还有一条渠道，是请求朝廷准许他"在上年奏定枪炮局常年经费内，自行酌量匀拨应用。"[①]

这里所说的枪炮厂常年经费，实际上是湖北省的土药税和川盐加抽的税银。土药税即鸦片税，原来湖北每年征收二三万两至六七万两不等，张之洞到湖北后，加大征收的力度，每年可收到 20 万两。户部知道了，便想打这笔钱的主意。张之洞考虑到今后枪炮厂常年生产，是一笔很大的开支，便在光绪十七年三月上了一封《妥筹枪炮厂常年经费折》："查川盐加抽一项，本系鄂省近年新增之款，至土药税一项，虽系旧有，而新增之巨款，实系新经臣整顿所得"，要求皇上"准将土药税银及川盐加抽江防两款拨充枪炮厂常年经费专款"。湖北的土药税约 20 万两，加上川盐加抽税每年约 10 万两，两项共 30 万两，此时枪炮厂尚未投产，还要等待铁厂提供原材料，张之洞自可匀拨应用。[②]

从光绪十六年至二十四年，枪炮厂共实收土药税、川盐加价等计库平银 367.36784 万两，其中拨借铁政局 156.46226 万两，约占铁厂全部支出经费

① 湖北省档案馆编：《汉冶萍公司档案史料选编》上，第 90—92 页。
② 《张之洞全集》二，第 784—788 页。

的 36%，而且是长年源源而来的一股"活水"，对铁厂的兴建起了很大的作用。①

张之洞想的这些办法，一是不影响中央和本省的正常收支，二是基本上属于总督的权限之内，并没有越权出格。虽然如此，经张之洞一催再催，户部三个月后才向皇帝打报告表示同意："自应准予所请办理"，接着还要再打两句官腔："不得再行添拨；并将应解京协各款，照常按款依限筹解，以济要需"②。

费尽心机，在李鸿章那里讨了一场没趣

筹罢了设备费用、基建费用，张之洞还要愁生产资金。

光绪十八年八月，大冶铁山至石灰窑江边的铁路已全线竣工通车；汉阳铁厂的厂房、炉基、码头等，有的已经建成，有的进入了收尾阶段；进口的设备已陆续到达。有人乐观地估计，大约明年二月份炼钢炉等就可以安装成功；大冶王三石、江夏马鞍山两处煤矿已探得储量丰富，正在用西法开采，明年六月可以竣工。各种费用已经花去了 300 多万两，明年春天如果开工炼铁炼钢，尚需筹集生产资金 100 万两银子。

考虑到此时申请拨款，户部必然推给李鸿章，因为铁路经费都给李鸿章修关东铁路了。几经谋划，光绪十八年十月十五日，张之洞写了一封 2000 多字的长信，并附上了长长的一份《湖北铁政局所置机器厂屋计各项工程清单》，派了盛宣怀的侄儿盛春颐，专程到天津去送给"宫太傅伯中堂阁下"李鸿章。

在信中，张之洞报告了工程顺利进展的情况之后，便归于正题：铁厂亟需筹集 100 万两的生产资金，所以来和中堂大人商量。张之洞拟定的方案是根据关东路每年需用的铁轨，预支轨本 50 万两，再暂借 50 万两。接下来，

---

① 《查明枪炮厂用款咨部立案折》，载《张之洞全集》二，第 1296 页。

② 湖北省档案馆编：《汉冶萍公司档案史料选编》上，第 92 页。

讲了一通勿用洋轨，宜用中国之铁的道理后，突然重新捡起了三年前的老话题：

> 拟于开炼后，即一面招商承办。窃思方今有才思、有魄力、深通西法商务者，惟津海关盛道为最。前三年，初议建设铁厂时，盛道曾条上一禀，有慨然自任之意。近日来电，亦仍持官督商办之说。若盛道能招集商股，只须集资数十万，酌缴鄂省挪垫官本，以为归还鄂省暂挪枪炮厂等项之用，即可付之承领。……然必须官先筹常年造厂成本，开炼一年半载，俾出货之精粗迟速，行销之利钝，具有规模，商股自然易集。

铁厂竣工在即，张之洞为什么突然提出要让盛宣怀招商承办？是此时早早地就要兑现他当初"先筹官款，垫支开办""然后招集商股，归还官本"的诺言吗？是争取北洋即李鸿章支持的一个策略吗？是筹集资金的交换条件吗？还是张之洞尝够了苦头打算改弦易辙？在信中，自称"晚生"的张之洞还说：

> 至盛道承办以后，若晚在此，厂事当一切皆与公会奏商办，经始之事，不敢稍涉推诿，以致初基不固。即晚去鄂后，亦如招商、电报诸局例，统归尊处主持，断不虑其停废矣。

表面看来，说得很客气，一切会和李鸿章商量，也不会推诿不管，肯定并尊重李的领导地位；从另一方面看，似乎也委婉地表示了即使是招商承办后，他只要还在湖北，就不会对铁厂撒手不管。[①]

李老中堂把张之洞的信交给北洋铁轨官路总局，要他们对信中的问题提出一个报告，然后自己再依据这个报告给张之洞回信，也将这个报告作为附件，以示他是根据下面的实情秉公办事，毫无偏见。

李鸿章年长职位高，张之洞写信称的是官衔；李鸿章复信的称呼却不论

---

① 湖北省档案馆编：《汉冶萍公司档案史料选编》上，第92—96页。

官职而论私谊。张之洞的族兄张之万是道光二十七年的状元，李鸿章也是这一科的进士，两人是年兄弟；两家的孙辈联了姻，又是姻亲。李鸿章便对张之万的这位老弟连类而及，称之为"香涛仁兄年姻大人阁下"，自称为"年姻愚弟"显得很谦和而亲切。但是一谈到公事，李鸿章便没有这么客气了。开头礼节性地说了两句"高掌远蹠""曷胜倾佩"之类的话头后，劈头便说张之洞是狮子大张口，"责望太奢"，根本不了解他这里的情况，看看官路局的报告就知道了——这就为整个回信定下了调子。张之洞来信说："北洋修路，湖北造轨，本是一事"，想把两方面捆在一起；李鸿章则说："原奏谕旨并未言及湖北铁政统归北洋经费之内"，桥归桥，路归路，河水不犯井水。张之洞说"尊处铁路经费未动用者尚多"；李鸿章则叫苦不迭：去年的经费第二年的夏秋才领到，"随到随用，实无余存"。涉及预付轨价的实质性问题，李鸿章更是针锋相对、甚至讥讽地斥责：

> 至来函论外洋订货须预付半价，官厂尤应先领货本。查此间订购轨桥铁料，全以合同为准，实不先付半价，并未先付定银，必待运至津沽，验货给价，此等须循买卖常规，似未便以官势勒逼！外洋轨价，每吨仅三十两，又必见货付银。若中国铁价稍昂，犹可通融议办，乃工本运费每吨至四十两之多，相悬太甚。徒慕利不外耗之名，而受暗亏帑项之实，似智者所不为。……前请俟试验鄂轨后再议付银，自是一定不移办法，务乞鉴原。

论官势，当今汉人中，谁又能超过"大学士一等肃毅伯直隶总督李鸿章"呢？竟然有人"以官势勒逼"到了中堂李老大人的头上，岂不是天大的笑话？任凭张之洞千言万语，李鸿章有一定之规：不见钢轨不谈钱。

至于官督商办的事，李鸿章说，恐怕成本太重，销路受挤，股份难集；又说盛宣怀忙轮船、电报的事都忙不过来，能承办铁厂当然高兴，但他离不开天津，会耽误事情。三言两语便否定了。

最后，李鸿章再一次地倚老卖老：

弟衰病侵寻，关东铁路之役，实惧不克蒇工，奚敢再揽他事。过蒙期许，自揣精力罢惫，万不能效一臂之助……愿公设法自善其后，勿以不才为念。

——你自己好好地想办法擦屁股吧，就不要打我的歪主意了！①

张之洞费尽心机，在李鸿章那里没有得到半点帮助，反倒碰了一鼻子的灰，讨了一场没趣。

老佛爷寿诞的"庆典紧要"

李鸿章真的像他说的那样困难吗？这位洋务巨头真的就不能在办钢铁上拉张之洞一把吗？

这件事情还有下文。

李鸿章知道，张之洞找他没有解决问题，转身必然还是要找朝廷，便在光绪十九年三月二十日给总理衙门的庆亲王发了一通电报，专门解释为什么拒绝张之洞借款。电文照录如下：

铁路已造至山海关，购地已至锦州，需费浩繁，事难中止。前因庆典紧要，户部商借二百万，极形支绌，岁仅百万可指，实难再分；是以香涛函商借拨，未敢允行。从前电商，允俟鄂厂钢轨造成，试验合用，随收随付价，庶易周转。倘预支银而轨不济用，必至贻误。兹彼仍坚执预支之说，自系筹款为难。殿下总揽全局，当不顾彼失此。可否商令户部另筹十万给鄂，或拨还铁路，免致两废。将来开炼合式，鸿断无不用之理，仍守"随收随付价"原议为妥。敬祈卓裁。②

① 湖北省档案馆编：《汉冶萍公司档案史料选编》上，第96—97页。
② 《李鸿章全集》十，第5872页。

这里说的庆典，当然是指甲午年十月十日慈禧六旬大寿的庆典。虽然还有三个年头，光绪皇帝已于十八年十二月初二发出上谕，委派礼亲王世铎、庆亲王奕劻等一干王公大臣总办太后的万寿庆典，大张旗鼓、轰轰烈烈地进行筹备。人们都知道为慈禧祝寿修颐和园侵占了海军的军费，导致了北洋水师甲午战败，而知道为祝寿办庆典还侵占了铁路经费的就少得多了，李鸿章的这封电报便是铁证。铁路经费每年只有两百万两，户部一次就借去了两百万两，这一年只剩下一百万两，李鸿章当然要叫困难。但这还只是问题的一方面；李鸿章之所以对张之洞一毛不拔，他在这里主要是强调：如果预支了银子，将来铁轨质量不合用，必然要误事，仍然是不相信张之洞能生产出合格的钢轨，仍然是坚持他的一手交货、一手交钱的原则。这封电报的意图很明显，事先给奕劻打一针预防针："殿下总揽全局，当不顾彼失此。"手心手背都是肉，请你不要偏向张之洞。既对张之洞正面阻击，又预先断绝他的后路，可谓是赶尽杀绝。至于要奕劻令户部另外给湖北筹 10 万两，不过是他又一次施展太极推手功夫罢了。

李鸿章不愿意借钱给张之洞，到头来他的铁路经费也未能保住。光绪二十年二月十六日《申报》载：

> 今岁恭逢皇太后万寿……户部总司出纳，更应力求撙节，遂将铁路经费暂停支放，为移缓就急之计。关外工程，今春并未开办……①

"庆典紧要"！

"断不敢请拨部款"

一声令下，关东路说停就停了。汉阳铁厂却停不下来，或者说张之洞不肯让它停下来。

---

① 密汝成：《近代中国铁路史资料》上，第 197 页。

其实，进入光绪十九年的张之洞已经山穷水尽，走投无路了。二月里，煤铁各厂正在赶办工程之际，急需五六万两银子。虽然政策上准许从枪炮厂挪用，但此时正是年初，土药税也好，川盐加抽也好，都还未收上来。张之洞已经想不出哪里有款可借了，只得下了一道命令，让铁政局、善后局、布政司"遵照妥议，有无现存无碍闲款，能否设法腾挪"，尽快向他报告。[1]

光绪十九年二月二十五日，张之洞不得不报送了《预筹铁厂开炼成本》的奏折。除了报告进展情况外，奏折的主题是经费问题。首先就反复譬喻，申明开炼经费与建厂不是一回事，以前所说的都是建厂经费，现在要准备开工，还要开炼的经费，就像种田每年要付出牛力、人工、种子一样。接下去本是要银子，却说得吞吞吐吐、曲里拐弯：

> 惟此时度支极绌，臣所深知，断不敢请拨部款，上烦宸虑。然此乃中国自强要政，臣既奉旨饬办，亦断不敢因经费困绌致沮成功。[2]

说得如此可怜巴巴，关键就在于唯恐"上烦宸虑"。明里是说光绪，实际上包括了慈禧。这话里有话，他"深知"的是此时庆典要花钱，他体贴的不是户部，而是皇上和太后。这不是一般的套话，而是委婉地表忠心，首先要撇清与太后寿诞庆典争银子的嫌疑。

此时在大清国，太后的庆典就是"压倒一切的政治任务"啊！

汉阳铁厂真是生不逢辰，偏偏遇上了老佛爷的寿诞，既不敢向国库要钱，又不能让铁厂半途而废，张之洞的办法是只开一座炉子，但也要五六十万两。钱从哪里来？他始终抓住李鸿章不放，以北洋官铁局提供的每年轨价约19万余两为基数，打算截留两湖每年应解给北洋的铁路经费共10万两，另从湖北粮道库内借拨10万两，共计20万两，"作为代北洋筹垫轨本之用"，此外不足之数，仍从省内枪炮厂、织布厂调剂。

---

① 孙毓棠编：《中国近代工业史资料》第一辑下，第869页。
② 湖北省档案馆编：《汉冶萍公司档案史料选编》上，第98页。

奏折交上去,皇上照例让海署和户部议复。海署和李鸿章商量,李鸿章强调关东路紧张,湖广的经费不能扣留,应请户部筹款;户部借力打力,说张之洞自己已经说了,他都知道我们困难,要我们筹款就不用谈了。一场足球踢下来,户部只同意了张之洞借用湖北粮道的杂款 10 万两。[①]

后来张之洞又再次上奏,又从湖北粮道和盐道各借 5 万两,共凑成了 20 万两。

老佛爷寿诞花了 700 万

大清国真穷,穷得没有钱买军舰,穷得没有钱修铁路,穷得没有钱办铁厂……

大清国办起庆典来却又挥金如土。

据傅增湘《藏园群书题记》载,他曾经在书店见过六册抄本,汇录了慈禧六旬庆典承办的档案。全部活动按照乾隆二十六年乾隆给他母亲做七十大寿的规格办理,共花了银子 700 万两。其中部库拨款 400 万两,各官报效廉俸 121 万余两,京外各官除了按职务等级分别从官俸里扣银子外,又另外报效 167 万余两。从皇宫内院到颐和园,共设"点景"六十段,沿路布置彩灯戏文,每段四万两银子,这一项的费用就是 240 万两。新制了一座金辇,花了 76900 多两。彩绸用至 10 万疋,备赏的缎子用至 5000 疋,红黑毡条用至 60 万尺,连宫廷苑囿门上贴的对联就用了 1280 多对,极尽铺张奢侈之能事。[②]

光绪一场婚礼花了 500 万,慈禧一场寿诞花了 700 万。

500 万可以再建一座汉阳铁厂,700 万再建一支舰队绰绰有余。

---

① 湖北省档案馆编:《汉冶萍公司档案史料选编》上,第 98—99 页。

② 傅增湘:《书甲午万寿庆典档案册后》,载《藏园群书题记》,上海古籍出版社 1989 年版,第 258 页。

第十六章　大参案：徐致祥、刘坤一和李瀚章

当黄鹤楼下的涛声送走了壬辰年（光绪十八年，1892），迎来了癸巳年（光绪十九年，1893）之时，汉阳大别山下正是一派繁忙的景象，铁厂的机器厂、铸铁厂、打铁厂已先后完工，炼铁厂的基建工程即将完成；从大冶传来喜讯，继铁山运道竣工通车后，王三石煤矿正月里将要开始出煤；而总督大人连日来正在为筹集铁厂开工的生产资金绞尽脑汁……

晴天里一声霹雳：张之洞被人参奏了！他和他的钢铁事业遭遇到一场空前严重的危机。

有人奏疆臣辜恩负职

正月二十四日，军机大臣们接到了皇帝的一道旨意，说是"有人奏疆臣辜恩负职，据实纠参"。

这个疆臣就是湖广总督张之洞，主要的罪名就是办钢铁浪费了国家的资

金，连他多方腾挪、筹集资金也都成了罪名，还捎带着把湖北布政使王之春和张之洞的机要文案赵凤昌也给告了，说是搜刮老百姓太厉害，或是声名太臭：

> 据称：湖广督臣张之洞，自移督湖广以来，改办炼铁并开煤铁各矿，乞留巨款，轻信人言，浪掷正供，又复多方搜索。借电杆毁通桥，几酿巨患，督署被焚而不入告，州县补缺而勒派捐，逞臆妄行。藩司王之春掊克聚敛，直隶州知州赵凤昌声名甚秽，等语。

光绪的处理意见是派两江总督刘坤一"按照所参各节确切查明，据实具奏"①。

旨意上只说是"有人奏"，没有说这人是谁。但是，这样的消息很快就长上了翅膀：参奏张之洞的是大理寺正卿徐致祥。

徐致祥"以怨报德"

京城里的人们得知徐致祥弹劾张之洞，便给茶楼酒馆里的闲侃神聊增加了一个热门话题。有那嘴损的，便说徐致祥是"以怨报德"，忘记了他的会元是怎么得来的，后来还有人编了一幅对联来取笑，那上联是："大学套中庸，前解元，后会元，谁说文章无定价？"

这里面有一段故事。

张之洞在咸丰二年从贵州回到家乡直隶去考举人，那时只有十六岁。考试的题目是"中庸之为德也"，就凭了这篇八股文，张之洞夺得了乡试的第一名，是为解元。

徐致祥中举比张之洞晚，咸丰九年才考中举人；但是他考取进士却比张之洞早，第二年会试便联捷夺得了头名，是为会元。

---

① 朱寿朋编：《光绪朝东华录》三，总第 3205 页。

过去科举考试的惯例，凡是第一名的文章和试帖诗都要刻板印刷发行，提供给应试的读书人学习揣摩。咸丰十年的考题是"大学之道"，士子们看了徐致祥的卷子，觉得很眼熟，把它与张之洞得解元的试卷一比较，大约有三分之二都是抄套张之洞的。两篇文章都在，白纸上面印的黑字。于是传遍了京城和各省：徐致祥是抄袭张之洞的卷子才得的会元。①

张之洞中了探花后，两人一度同在翰林院。据说徐致祥因为有这个心病，往往刻意回避张之洞。出入不走同一条路；朋友间有什么宴会，请了张之洞，徐致祥就借故不参加。

又一桩抄袭案

据刘成禺《世载堂杂忆》记载，当时京中还纷纷传说，徐致祥这份弹劾张之洞的奏折，实际上却是出自张之洞的门生周锡恩之手。

周锡恩字伯晋，是当时翰林院里的名翰林，湖北罗田人。早年在张之洞任湖北学政时，曾受到张的赏识提拔，原本是张之洞的得意门生。

得意门生为何要在背后对恩师暗捅一刀？如此"以怨报德"，同样涉及一桩抄袭的公案。

张之洞出任湖广总督时，适逢周锡恩告假回到了湖北。张之洞看重他的学问文章，每逢有游宴之类的活动，周锡恩常常是上宾。光绪十七年，两湖书院举行落成典礼，八月初三又是张之洞五十五岁的寿辰，周锡恩写了一篇寿文为恩师祝寿，通篇是四六对仗的骈文，堂皇典雅。张之洞大为赞赏，凡是有名流来，一定要陪着人家来光顾这得意门生的杰作。当时在他身边的赵凤昌便提醒他说，"这文章好像与龚定庵集子里的文章类似！"后来张之洞一翻书，发现周锡恩的寿文大部分是抄自龚自珍的《阮元年谱序》。张之洞深深感到受了愚弄，闹了一场大笑话，对一篇文抄公的东西如此赞赏，一定会

---

① 徐凌霄、徐一士：《谈徐致祥》，载《凌霄一士随笔》一，山西古籍出版社 1997 年版，第 333 页。

让天下的读书人讥笑自己不读书。从此就疏远了周锡恩，而对赵凤昌宠信有加。周锡恩回到京城后，参加翰林院的大考，论文章本来要数他做得好，但是阅卷大臣知道他有抄袭的前科，唯恐一不小心中了他的圈套，也闹出笑话来，便将他只列为二等，这就大大影响了他的前程。为此之故，周锡恩迁怒于张之洞，对赵凤昌更是恨之入骨，于是他写弹劾张之洞的奏稿便捎带上了赵凤昌。①

徐致祥坚决反对修铁路

如果我们只是依据清末民初的这些笔记，以为这场大参案仅仅是文人之间的笔墨恩怨，那就未免把问题简单化了。

徐致祥何许人也？这里花费点笔墨，通过他自己的文章作些了解。

仅以铁路问题为例，就我们现在已经看到的资料，徐致祥曾于光绪十年九月十三日、十一月二十五日、十三年三月初四日、四月十三日先后四次上奏，反对修建铁路。其中第一折《论铁路利害折》，列举了铁路的"八害"，可以看作是他的基本观点，也反映了当时守旧的士大夫们的认识水平。

他所谓的"八害"，首当其冲的第一害，就是认为有了铁路运漕粮，"而商船歇业，饥寒迫而盗贼兴。"这几乎是当时所有保守派反对"洋务"的共同观点。与今天"若要富，先修路"已经成为边远地区的共识完全相反，他们囿于小农经济的传统观念，根本认识不到交通便利将促进物资流通，带来经济的发展，却是众口一词地叫唤，引进铁路、轮船这些新型的交通工具，原来的船民、车夫就会失业，从而引起天下大乱，影响大清帝国的统治。

在徐致祥所谓的"八害"中，有好几害都是与"夷人"相联系的，因为畏惧西方侵略者而拒绝西方物质文明。害怕修了铁路，"夷人"就要在那里造洋房、设货栈、盖教堂；害怕"夷人"也要来中国修铁路；害怕修了铁路"关

①　刘成禺：《剿袭老文章酿成大参案》，载《世载堂杂忆》，辽宁教育出版社1997年版，第54—56页。

塞尽失其险","中国将何以自立?"明明坚船利炮已经打开了清帝国的大门,却依然采取驼鸟政策,幻想着把头藏在沙堆里苟且偷安,仿佛只要中国不修铁路,反倒可以平安无事地"自立"。

还有的"害处"是说铁路"挖断尺地,即不能行",又不好防守;甚至说中国的驿站传递文件比火车还快,用不着铁路,纯然是无知地说瞎话。最后,他对修铁路作出了论断:

> 总之,利小而害大,利近而害远,利显而害隐。彼所为利者,在五年之中;臣所为害者,在十年之外。伏愿圣衷独断,外洋有以此说煽诱者,拒勿纳;中国有以此说尝试者,罪勿赦;恪守祖宗之成法,以固结民心,以永保天命,则天下臣民之福也![1]

以为只要死抱住老祖宗的一套不放,老百姓就会服服帖帖,清王朝的统治就会永远长久。

徐致祥必欲置张荫桓于死地

徐致祥的奏折,动辄强加对手以大得怕人的罪名。他武断地指责主张修铁路的中国人"无非为肥己进身之阶,而置国家之利害于不顾也",甚至定性为"非奸即诮",主张对他们进行残酷迫害"罪无赦"!这就不仅仅是认识上的是非,而是激化成为政治上的敌对了。徐致祥不仅歧视、蔑视而且是敌视洋务派人士,视为水火不相容的另类,誓不两立的异端,必欲置之死地而后快。他对张荫桓的态度便是一个典型的例子。

张荫桓(1837—1900),号樵野,广东佛山人。出身于一个破落的商人家庭。年轻时没有考举人、中进士,而是对洋务很感兴趣,擅长交涉,办事干练,屡经保举,官至道员。光绪十年清廷命张荫桓"在总理各国事务衙门

---

① 中国史学会编:《洋务运动》六,第167—169页。

学习行走",正式进入外交部门,后又给他加上太常寺少卿的职衔。徐致祥对此大为不满,上书反对,要求朝廷收回成命。他自称:

> 臣与张荫桓素日无嫌,并无识面,特以众论所不容,九列所共耻,不敢苟安缄默,以遗朝廷名器之累。

此事如此严重,是张荫桓身犯重案还是德行有亏呢?都不是,只是因为:

> 张荫桓出身卑微,幼习洋业,故夷情略悉,已为自爱者所鄙。

这就是徐致祥之流的逻辑,仅仅因为熟悉外国的情况,便要受到所谓"自爱的人"的鄙视。如此振振有词,代表了当时顽固守旧一派官僚的典型心理:依然沉湎在"天朝"的旧梦里,视外国人为贱族,视洋务为贱事,一旦沾了洋务的边,便是"廉耻尽丧",在他们的眼里便成了不耻于人类的狗屎堆。如果这样的人也身列卿寺之职,将是对这一"清要"职位的玷污,所以他要站出来说话。

他还明确地宣告,他之所以反对张荫桓,是反对所有的洋务派,他认定了他们是滋生祸乱的根源:

> 且臣更有所虑者,张荫桓俨然卿寺,此外如李凤苞、马建忠辈,同类相招,势必群生觊觎,效尤踵至,夤缘谄附,靡所不为,倚洋务为进取之资,挟洋人为自固之地,廉耻尽丧,祸乱潜滋,履霜坚冰,可为深戒。

后来张荫桓因为支持维新变法,戊戌政变后被革职抄家、充军到新疆,徐致祥还觉得不解气,乘机落井下石,秘密上奏,迎合慈禧对外宣传光绪有病的说法,以"道路哄传"为词,诬陷张荫桓进药导致光绪失常,将张与慈禧痛恨的康有为相提并论，必欲杀之而后快：

　　……以致（光绪）燥热烁精，喜怒失当，此辈乃乘之以为奸。是张荫桓之罪，等于康有为。且在总理衙门盘踞年深，其欺君卖国之计，秘而且毒，人皆知之，而莫测其究竟。诚于谕旨所云，行踪诡秘，反复无常，而其平日与外洋各国，多结私交，往还最密，将来必耸动洋人，代为请释起用，后患尤不可胜言，应请密降谕旨，饬令新疆巡抚，俟其到戍时，即时就地正法，以申国典而快人心。①

　　这些话，真正是"秘而且毒"！对于当时又恨又怕洋人的慈禧，不可能不起作用。光绪二十六年在义和团事件中，慈禧终于重算两年前的老账，下令将张荫桓处死了。

　　我们知道了徐致祥是怎样的一个人，也就不难理解他为什么要参奏张之洞了。

"此人外不宜于封疆，内不宜于政地"

　　徐致祥参奏张之洞的主题词是"辜恩负职"，也就是说他辜负了太后、皇上对他的恩典，不配作封疆大吏。

　　奏折为了否定张之洞是一个称职的总督，采取了欲抑先扬的手法，先赞扬张的学问作为铺垫。"湖广总督张之洞，博学多闻，熟悉经史，屡司文炳，鉴衡称当。臣昔年与之同任馆职，深佩其学问博雅"。后面一转，"前军机大臣李鸿藻援之以进"，蒙太后皇上重用出任封疆，"而该督骄泰之心由兹炽矣"。接着便列举了张之洞懒见僚属，用人不公，兴居无节，苛罚滥用等罪状。或司道大员"候至终日仍不见者，视为故常，毫无顾忌"；或"其赏识之员，率皆浮薄喜事、功利夸诈之辈，厚重诚朴者，则鄙无能而不用"；

---

　　①　徐凌霄、徐一士：《凌霄一士随笔》一，第335—337页。

而又"兴居无节，号令不时，即其幕友亦群苦之"。这些都是丑化张之洞的手段，重点则在于"苛罚滥用"，所谓"乞留巨款""浪掷正供"云云，实际是指向张之洞在广东和湖北的一系列洋务活动：说他督粤五年，耗亏数千万两，除建设广雅书院、书局外，"其余非虚糜即销纳"；说他建议修卢汉铁路是"故挟此耸动朝廷，排却众议，以示立异"；由此而集中攻击张在湖北的作为：

> 说既不行，则又改为炼铁之议，以文过避咎，乞留巨款。轻信人言，今日开铁矿，明日开煤矿，附合者接踵而来；此处耗五万，彼处耗十万，主持者日不暇给。浪掷正供，迄无成效。

再加上"他如借电竿以震湖南，毁通桥以运机器，众怒莫遏，几至酿成巨祸"，无一不是谴责张之洞推行洋务搞错了、搞坏了、惹事出了大乱子。

与此相关联地，重点抨击张的两位重要助手，一个是藩司王之春，"壬金也，掊克聚敛，报复恩仇，夤缘要结"；一个是"该督倚为腹心"的赵凤昌，"官场中多有谄媚赵凤昌以钻营差缺者，声名甚秽"。

最后，奏折给张之洞下了一个十分尖刻、严酷的结论：

> 臣统观该督生平，谋国似忠，任事似勇，秉性似刚，运筹似远，实则志大而言夸，力小而任重，色厉而内荏，有初而鲜终。徒博虚名，无裨实际，殆如晋之殷浩；而其坚僻自是，措置纷更，有如宋之王安石。方今诸臣章奏之工，议论之妙，无有过于张之洞者；作事之乖，设心之巧，亦无有过于张之洞者。此人外不宜于封疆，内不宜于政地，惟衡文校艺，谈经征典，是其所长。

这段文章，文辞工整华美，采用"剥画皮"的手法，认为张之洞的优点似是而非，实际上存在着尖锐的内在矛盾和巨大的反差，予以否定。再以两个古人作类比，抨击的着力点放在彼此相互联系的两个方面：既有名无实，而又顽固地、自以为是地采取新措施办洋务。然后与奏折的开头首尾相应，突出参奏的核心要求：朝廷必须剥夺张之洞从事政务的权力和地位，只能让他回去"谈经论典"。①

光绪十九年的春天，张之洞已经无可争议地成为了洋务派的后起之秀。此时湖北的洋务活动正闹得轰轰烈烈，他的言论和实践，声势和影响，几乎超过了李鸿章及其属下的北洋。就在汉阳铁厂即将竣工而又面临重重困难的关键时刻，以守旧著称的徐致祥突然跳出来发难，把矛头指向张之洞及其从事的洋务活动，指向正在建设的重点工程铁厂，这就绝不仅仅是一次缘于个人文字恩怨的偶然行为。

徐致祥只是一个赤膊上阵的枪手，目前我们尚不能揭示这次参劾的政治内幕及其主使，但就所代表的思潮和政治倾向而言，背后无疑还有一大群守旧的元老重臣。木秀于林，风必摧之，徐致祥的准星指向的是洋务派的出头鸟。而扳倒了张之洞，湖广总督易人，在晚清当时特定的环境下，中国的近代钢铁工业还能存在吗？

刘坤一与张之洞有一笔老账

朝廷指派两江总督、南洋大臣刘坤一调查张之洞，表面看来自然是因为南京离武汉较近，而且因为他是久经战阵的湘军元老，现存湘军势力的领袖人物，在封疆大吏中无论地位、资历、声望都比张之洞高。他的表态无疑是举足轻重，必将产生决定性的影响。而一些知道刘、张之间曾经有过一笔老账的人，有的不免要为张之洞捏一把汗，只恐凶多吉少；有的则等着一台好戏上演，且看刘坤一如何收拾张之洞。

原来刘坤一在两江总督这把金交椅上前后坐了十多年，是经历了几次上上下下的。第一次是同治十三年年底，由江西巡抚晋升署理两江总督，只干了八个月就调任两广总督。第二次是沈葆桢去世后，由两广调任两江，自光

---

① 《徐致祥奏》，载吴剑杰编著《张之洞年谱长编》上，上海交通大学出版社 2009 年版，第 356 页。

第十六章　大参案：徐致祥、刘坤一和李瀚章　　315

绪六年六月到任，刚刚满了一年，便一再被人参奏。《光绪朝东华录》七年六月癸卯（十三日）有一道上谕：

> 谕军机大臣等，有人奏，两江总督刘坤一，嗜好素深，又耽逸乐，年来精神疲弱，于公事不能整顿，沿江炮台多不可用，每一发炮，烟气眯目，甚或坍毁。又有人奏，该督嗜好过深，广蓄姬妾，稀见宾客，且纵容家丁收受门包，在广东所筑炮台，一经霪雨尽行坍塌等语。①

这里一再提到的嗜好过深，就是鸦片烟抽得太厉害；新建的炮台，雨都能淋垮，还能打仗吗？朝廷便派了老资格的湘军宿将彭玉麟去确切查明，对江防海防认真整顿。七月二十三日，形势更加对刘坤一不利：朝廷召刘坤一入觐，两江总督命彭玉麟署理，并兼署办理通商事务大臣。此时刘坤一头上的顶戴已是难保，但毕竟还有一线生机：朝廷并未将他开缺免职，彭玉麟也还只是"署理"。

就在这个当口，闰七月初五，刚刚升任为内阁学士的张之洞上了一封《疆寄虚悬请早处折》，毫不含糊地对西北边防和东南海防的人事安排提出明确的建议。西北方面，他主张免去曾国荃因病半年多尚未上任的甘陕总督，另外派人。在东南方面，则极力主张正式任命彭玉麟为两江总督。劈头就说：

> 两江总督刘坤一现蒙内召，令彭玉麟署理，纶音一下，万口欢然，为东南得人贺。方今中外大僚，胜此任而无愧，无如该侍郎者。惟是该侍郎秉性超旷，不乐居官，恐其必有辞让之举，必且谓两江繁剧，病躯不任。臣闻其年齿虽长而志气甚壮，宿疾虽在而神明不衰，性情虽豪迈疏阔而宏纲大体、洞中窾要，为总督者若是亦足矣。该侍郎公忠直谅，海内咸知，一闻莅任，墨吏驽材，必且望风解绶，骄兵悍将，必且不

---

① 朱寿朋编：《光绪朝东华录》一，总第1117页。

戒而戢，吏治军威，立见起色……即使该侍郎坐镇卧治，亦胜他人十倍。①

这段奏折从头至尾是颂扬彭玉麟，对刘坤一不置一词，实际上处处是针对刘坤一。最后还要求朝廷打破常规，不用往返周折，枉费时日，直接"先颁寄谕，催其赴任……总之，必令该侍郎受任而后已"。换句话说，也就是必免去刘坤一而后已。

这封代表"清议"的奏折一上，显然是在决定刘坤一命运的天平上，再加了一个十分不利的沉重的砝码，要把刘坤一的两江总督送上不归路。尽管彭玉麟一再坚辞两江总督之职，九月六日朝廷终于命刘坤一开缺陛见，左宗棠补授两江总督兼南洋大臣。此后，刘坤一消声匿迹十年，直到光绪十六年才复任两江总督。

这就给人们留下了一个强烈的悬念：刘坤一会不会乘机报当年的一箭之仇呢？

刘坤一的办案方略：大处着墨

刘坤一接到朝廷查奏的旨意后，派了可靠的人员到武汉进行暗访，并详细询问了往来于湖北的官绅，互相参证。

一个月后，二月二十五日，刘坤一给他的湖南老乡王之春写了一封回信。在审查期间，主持审查的人给牵连其中的审查对象写信，是一件很犯忌讳的事，但是刘坤一的这封信写得很光明正大。他说：

> ……中国理财之术，亦已山穷水尽；欲图富强，唯有开采煤铁一策。香帅苦心孤诣，就地取材，于大冶等处分设局厂办理，将以保自有利权不外溢。今工程已有八九，但愿刻日告成……关怀时局者无不望鄂

---

① 《张之洞全集》一，总第80页。

局之日新月盛也。

近来官场多"自了汉"，只图和平养禄，安知经国远猷？香帅之才足以振举一世，其所办煤铁独具手眼，实为时务所急需。若因其稍有糜费而合力挠之、挤之，使其功亏一篑，以快外国人之心，谓我无能为役，沮中国人之气，以后不敢担当，似非计之得也。现闻香帅于煤铁局厂并事省官，力图撙节，裁无益以济有用，是在左右有以将顺而维持之。①

这封信，显然是通过王之春来表明他对这一案件的立场。

刘坤一在晚清官场中还算是一个具有明确洋务倾向的要员，后来在反对废黜光绪、联合张之洞实现"东南互保"、江楚会奏变法三折等大事上都与张之洞相互密切配合，敢于担当，有突出的表现。这次他是旗帜鲜明地站在国家民族大局的立场上维护张之洞和他的钢铁事业。在最后一句话里，并非无意地已经透露了他将如何回复"糜费"的问题，同时也委婉地对张之洞提出了劝戒和期望。

四天以后，二月二十九日，刘坤一呈交了他的调查报告：《遵查疆臣参款据实复陈折》。

据茅海建新提供的史料，三月初九刘坤一单独接见了从湖北押解会党首领来南京的补用直隶州知州周耀崐，周留下了一份《问答节略》，更为深入地坦露了刘处理此案的方略。

接见时，刘首先发话："香帅近日公事想都顺手？"给了周一个为张之洞说话的机会。周对："铁政局工程已十得八九，经费亦筹画有着。"接着便说张接到刘派人带去的口信，极为感激，"属为请安致感"，并表示"现仍静候大人派员往查，公事为重，请勿以有碍面子为嫌。"这句话，既是张之洞主动配合调查应有的姿态，也委婉地表示出无惧调查的自信。也可以说，这不过是一句必不可少的"官话"而已，不想却引出了刘的一篇大道理。

_____

① 《复王爵堂方伯》，载中国史学会编《洋务运动》七，第307页。

刘说，陈宝箴来信也说过这样的话；此前已经派人去过湖北一次，"亦不过公事面子如此"。"其实我不派人细查，并非客气，公事只配如此"：

> 今欲逐件考求，则谕旨并非派我验收工程；欲逐款勾稽，则谕旨并非派我办理报销。我踌躇再四，公事只问是非，煤、铁为中国开自有之利，立自强之基，无论如何，总应当办。香帅勇于任事，力为其难，若再从而苛求，实足寒任事者之心，以后国家事谁肯躬承？此事为中国创办……即令多费若干，亦涓滴都归公用，并未以分毫自肥其私。

起首两句，言简意赅，否定了细查的必要，便显示了刘审时度势、拿捏分寸的精细、老辣。"公事只问是非"是其办案的基本方略，即从创办煤铁对中国是否有利来辨别大事大非，肯定并支持张之洞的勇于担当和"涓滴归公"，而不斤斤计较办理过程中的细枝末节。最后，刘又再次表明：

> 总之，我此次复奏，只就大处着墨。朝廷既信任于先，应信任到底，只责成一手办成便得……似此，决不令香帅有为难处。至另奏各款，全属子虚……香帅与我，交并不深，然所言公，公言之。

这些话，读来坦荡而诚恳。两人既有前嫌，如此相待，在晚清官场中更是很难得。是不是也有站在同是疆吏的立场上、官官相卫的成份？不敢说一定没有，但仍感觉是维护张之洞的钢铁事业居多，而对于张之洞个人的作风，刘也不是没有看法。在交谈中，刘也对周说过：

> 记得那年陛见出京，即函致香帅，劝其做成一件，再接一件，不必兼营并骛。……此后遇事，我前亦有函致王方伯，属令随时匡救，亦是藩司应尽的道理。

此处的口吻，便近似于老前辈对小老弟的关照了。①

刘坤一的调查结论

我们回头再读刘坤一对朝廷的回奏《遵查疆臣参款据实复陈折》。

首先他回答了炼铁办矿的问题。在客观扼要地叙述了建厂开矿各个方面的实际进展和已经取得的成绩后，着重汇报了经费问题：

> 闻准拨经费，目下所余已不甚多，其中用款不无挪移，所谓搜索者或即指此。大凡草创之事，与立有成规者，难易本有不同，省费亦各有别；兴作改易，势难滴滴归源。今湖广督臣张之洞开矿设厂，置炉炼铁，本系仿效西法，事属创始；要作既未熟谙，用款不无稍费。且各项机器均系购自外洋，向来采买洋料价值均以金镑合算，近年镑价日涨，闻以银购镑，亦多短绌；所需经费，恐难符原估之数。前因经营伊始，用人较多，近闻工作稍简，业已减核薪水，裁汰员役，似尚无浪掷情事。

关于电杆和桥的问题，调查的情况是：前年湖北开始安电线，接到湖南澧州，那里的乡民没有见过，很多人聚在一起，把电线杆都烧毁了；经过当地官员出来弹压，这个案子已经结案了。武昌望山门外有一座新桥，前年开办矿务，因为这座桥的桥孔多而且窄，妨碍轮船往来，张之洞曾经下令拆了再建铁桥，因为老百姓不愿意，就还是照旧修整，"并未激成事端"。

最后，刘坤一在上奏中表态说：

> 该督臣系怀时局，力任其难，将以炼钢开生财之源，保自有之利，造端闳远，用款诚不免稍多。然揆其本心，实为图富强、规远大起见，

① 《问答节略》，载茅海建《戊戌变法的另面——"张之洞档案"阅读笔记》，上海古籍出版社 2014 年版，第 429—431 页。

果能办有成效，洵足以资利用而塞漏卮。现在铁路一应事宜，规制虽未大备，而始基既立，实未可废于半途。该督臣谋国公忠，励精图治，上思朝廷倚畀之重，下念同朝责望之殷，必能张弛合宜，终始其事。相应请旨饬下张之洞督率承办各员，共体时艰，力求撙节，妥为经理，以竟全功。①

刘坤一全部否定了对张之洞的指控，证实了他确如在《问答节略》中所言，旗帜鲜明地表示了对张之洞办铁路、炼钢铁的理解和支持。

李瀚章的另一份调查报告

另一个呈交调查报告的是两广总督李瀚章。因为张之洞是他的前任，朝廷便让他了解张之洞在两广时的表现。

当初两人在办移交时也有一段故事。据《抱冰堂弟子记》，张之洞当年从山西到两广上任时，广东藩库的存款不到 50 万两；而他离任的时候，库存现款正项银 200 万两，书院书局杂款 50 万两，都存在汇丰银行。当时中外都谣传张之洞在广东乱花钱，亏了一个大窟窿，所以张之洞把这两百多万巨款当面亲手交给李瀚章时，李瀚章先是大吃一惊，接着便肃然起敬，站起身来对张之洞拱手深深一揖，郑重表示感谢。②

此时接到朝廷的旨意，李瀚章虽然对张之洞和办钢铁并不怎么感兴趣，但在这关键时刻还是站出来为张之洞说了好话。

李的复奏，开头便说，参劾张之洞的这些罪名，"臣昔未至粤，亦有所闻。逮到任后随事考证，始知非实，大抵不得志于其时，又未深悉其事者，为此过甚之词，传播远近也"。全盘否定了。然后逐一辨析，有的说得很巧妙：如懒见僚属，李云："闻张之洞偶遇手治簿书时，属员进谒，不无稍待，

---

① 孙毓棠编：《中国近代工业史资料》第一辑下，第 867—869 页。
② 《张之洞全集》十二，总第 10615 页。

未尝候至终日尚不得见，旧时司道等官亦无言及此者。"又如起居不节，李云："及其至粤，正当多事之秋，并力支持，日不暇给，誉之者则曰夙夜在公，劬劳罔懈，毁之者则曰兴居不节，号令不时。惟既未误公，此等小节，无足深论。"对于张之洞在广东时的经费使用更是大力肯定，极力维护：

> 罚缴之银不下七八十万，已造报未造报者，皆有册案可凭。取之于关蠹吏饕、博徒标匪以及贪劣各员，而非抑勒乎富豪。用之以充饷济赈、利农恤士以及营造各要工，而非销耗于无益。……用项虽多，委非浪费。军务甫松，即遣撤添调添募之兵，以期撙节。黄江税厂、潮桥盐务，皆扫除更张，拔其病本，取中饱糜费之款而归之公，出入之际筹画若此，岂肯恣意挥霍，虚耗帑金。该前督臣任内用款，业已分案造报，均系实用实销，并无浮冒。所建书院书局，或自捐资，或用罚款，为数不少，并未动用正项。①

对于王之春，刘谓："经查无掊克等情事，应请勿庸置议。"李也说："谓为掊克聚敛，未免无因。"看法一致。对于赵凤昌，李为其辩白，举例云："臣见旧册案中，赵凤昌首将洋行例送茶金呈缴充公，似张之洞约束尚严，不致受其蒙蔽。"刘则不然，谓其"不恤人言，罔知自爱，相应请旨即予免职并勒令回籍，以肃官方"。据茅海建查《随手档》，刘坤一的奏折于三月十六日送至御前，光绪令暂时封存。李瀚章奏折于四月十六日送呈，当日光绪下了一道谕旨，为这件大参案作了结论：

> 兹据该督等先后查明复奏，张之洞在两广总督任内，并无懒见僚属、用人不公、兴居无节、苛罚滥用等情；现在湖北办理炼铁开矿，尚无浪掷经费情事。其余各条，均系传闻之误。……张之洞、王之春均着毋容置议。

---

① 吴剑杰编著：《张之洞年谱长编》，第 361—362 页。

最后还肯定了"张之洞向来办事尚属认真",要他今后"力求撙节,妥为经理,用副委任"。

面临一场奉旨查奏的大风波,张之洞保住了湖广总督的职位,保住了汉阳铁厂便是大胜利;只是将赵凤昌作了牺牲品,以"不恤人言,罔知自爱"的罪名被革职勒令回籍。①

---

① 朱寿朋编:《光绪朝东华录》三,总第3220页。

第十七章　民间的风波

武昌县西山事件："风水难避" / 额公桥事件：对变革的疑虑和恐惧 / 李家坊事件：地头蛇与宗族势力 / 萍乡揭帖事件：抵制洋人、抵制机器 / 萍乡县如何应对突发事件?

张之洞在创办近代钢铁工业时，曾经遇到强大的阻力。

这阻力是来自多方面的，不仅有西方侵略势力对中国钢铁市场特别是铁路建设市场的倾销垄断，也有洋务派中不同派系的排斥倾轧；不仅有国内顽固保守的封建官僚的反对阻挠，也有民间基于意识形态和物质利益交互驱动而产生的抵制干扰。

武昌县西山事件："风水难避"

光绪十五年十月二十九日，白乃富在省里和州县官员的陪同下，在勘查了大冶铁矿后，来到武昌县（今鄂州市）的西山、樊山继续勘查煤铁。听说来了洋人，进城时居民纷纷扰扰，人丛中便有人抛砖掷瓦。虽然不曾击中洋人，却让翻译、陪同官员的头上挨了两下。第二天，下乡的知县回城后，把肇事者披枷戴锁押在县衙门口示众。当天勘测西山，围观者更多，闲言闲语，嬉笑怒骂，吵吵嚷嚷。恼得白乃富大发洋脾气，中途丢下工作便要走人。陪同的官员再三说好话，又将惹事的百姓当场罚跪，也没有将白乃富留住。①

随后，传言四起，人心惶惶，特别是在这两座山上葬有祖坟的人家，更是恐慌不安。很快便有士绅与京城通风报信，于是一群湖北籍的京官聚在一起商议后，便共同来找海军衙门的帮办曾纪泽。一来他是湖广同乡，声望高，二来他的衙门是主管铁路、开矿等事务的。这些京官们提出："武昌县属之西山、樊山，可否开采，尚宜详审。"列举的理由概括起来是："此地既关形胜，复近城垣，于墓坟实有关碍"，请求他出面阻止。曾纪泽受人之托，于十二月八日给盛宣怀写信，转达了这些意见，并表示了个人的看法："鄙人于风水形胜之说，向不著意；鄂友谓穴岩凿石，将失险要之说，似亦言之过甚。唯二山坟墓既多，若冒昧开采，必致棘手。"他在信后又亲笔加了一段话：

> 吾华开矿较西人为难者，厥有二端，一曰股本难集，一曰风水难避。斡旋于二难之中，使公私交利，是在仁人君子神而明之耳。纪泽断不肯以湖广同乡而阻挠要务，唯念吾华开矿之事，屡兴屡辍，迄无所成。此次幸得芗帅提倡，我兄赞襄，庶几可有成矣。倘鄂省承办诸员，料理或有疏忽，舆情有几微未协，即掣肘又在意中，机缘未免可惜。正须仗我兄调停其间，顺鄂民之情，即所以底矿务于成也。②

曾纪泽早年就继承了他父亲曾国藩的洋务思想，经过多年出使英、法、俄国的历练，在1881年签订《中俄改订条约》的谈判中有良好的表现，取得了局部的胜利，是当时外交人才中的佼佼者。对于大清国当时的处境，也有着远比一般官僚较为清醒的认识。他对开矿炼铁成功的期望是无可怀疑的，这番话的主旨还是侧重于如何缓和、化解阻力。应该看作是曾纪泽已经感受到了开矿的巨大阻力——这种阻力不仅来自朝堂，也来自民间；同时也

---

① 陈旭麓等主编：《汉冶萍公司》一，第4页。
② 陈旭麓等主编：《汉冶萍公司》一，第9页。

预感到它未来的巨大风险，在此对张、盛提出忠告。

盛宣怀于正月十二日将原信转给张之洞。张当然知道，"挖祖坟"是国人的最大禁忌，对此实际上也是小心翼翼，不敢冒天下之大不韪。在此之前，光绪十五年十二月二十日《札高培兰等查勘湘黔煤铁矿文》就明确指示，要详查"开采之处与附近村庄坟墓有无窒碍"，在《札张飞鹏等开采大冶铁山文》中也指示在建筑运矿铁路时要注意"遇有坟墓村落，设法绕避"。[①]

作为对湖北京官们的回答，光绪十六年二月初四，张之洞给湖北籍京官的代表、住在北京打磨厂的应山人左笏卿回复了一封软中有硬的电报。开头就明确表态，稳定人心：西山、樊山是古今名胜，无论有没有煤铁，都不会开采，更不要说坟墓，请告诉所有的鄂籍同仁，"千万不必过虑"。接着便不客气地对一些观点进行反驳，表明他的基本立场和决心：

> 若风水乃渺茫之说；甚至谓有关鄂省险要，不过设词相阻耳，于事理似未确。开矿不过凿数穴耳，安能平毁高山耶？若虑矿徒为奸，尤非所患，今日大举设官开局，自有兵役弹压。昔日僻壤立成巨镇，开采之处每年必增百余万生计，可养数万工作贩运小民，于地方但见其利，未见其害。武昌固决不开，但他县终须有开采之处，其利益日收后自见，故附论及之，以释群疑。[②]

西山事件总算是平息了。但兴建铁厂与士绅、农民的冲突，终究还是避免不了，它在额公桥事件中爆发了。

额公桥事件：对变革的疑虑和恐惧

上一章大参案中的"毁通桥几酿巨祸"，指的是额公桥事件。这一事件

---

① 湖北省档案馆编：《汉冶萍公司档案史料选编》上，第71、78页。

② 《张之洞全集》七，第5444页。

中，张之洞创办铁厂的建设施工，遭致部分绅民和武昌知府李有棻的激烈反对。

李有棻出生于萍乡巨族，后官至江宁布政使，曾署理陕西巡抚、两江总督。《昭萍志略》之《李有棻传》云：

> 时南皮张文襄公方督湖广，力行新政，筹办铁路，需铁甚巨，议设铁厂，初择江夏之汤湖为厂址，是湖宽百余里，仅一口出江，名鲇鱼套，横有石桥，为四省要道，夏秋咸受四乡之水成湖，八月水落则宣泄入江。百姓水落种麦，水涨取渔，两收其利。闻筑厂之举，两利均失，具禀求免，同官不敢上闻。有棻袖禀力陈其难，未邀容纳。迨派兵拆桥，群众愤阻几激变。有棻上书以去就争，卒获中止。守武昌八年，政通人和，莫不欢呼李青天。[1]

这一记载是歌颂李有棻为民请命的。客观上却反映了引进机械化大生产与小农经济的矛盾；局部农民的当前利益与全局长远利益的矛盾。

我们从张之洞《批武昌府禀报办理拆额公桥始末情形》一文，可以了解到事件的基本情况。

光绪十六年五月，铁厂的厂址经白乃富查勘，选在了武昌东南二十余里外汤孙湖滨的金鸡垸，途中有一额公桥，轮船不能通过，需要拆除；为便于长年运输，将来可能还要疏通河道，修筑闸门。消息传出，一时议论纷纷。有人反对拆掉额公桥，提出应另开金沙河旧河；有人耽心开宽鲇鱼套河道，会导致民田被淹；有人反对筑闸，扬言将有碍水道，带来诸多不便。

五月初六日，知县得到了拆桥的通知，初八日便有士绅向武昌府报送了关于开河的禀文及所绘地图，阻止拆桥。据说是武昌知府未予理会。十日晚又有彭姓士绅致函官府，再次代表地方申诉。十一日，按预定计划拆桥之

---

① 刘洪辟纂修：《萍昭志略》卷九，《人物志列传》，萍乡尚志堂代印乙亥（1935年）版，第1469—1470页。

时，许多人聚集在桥上，强行阻拦。恰巧又遇到附近平湖门外失火，桥上人愈聚愈多，言词愈来愈激烈，势态愈来愈严重，人群至晚仍聚集不散。

张之洞认为"今拆桥乃勘地之始，而以一抗之故，遽止不拆，以后创办之事正多，将复何以措手？且不特此一端，即通省各项政事，皆将无从办理"。于十一、十二日两次召见武昌府、江夏县，"面告桥墩尚不拆去，并无将鲇鱼套河开宽之说，无论如何办法，断不使民田被淹。如筑闸不便，即不筑闸，冬春停运亦可，另择地亦可。"同时责备他们办事不力，命出示晓谕民众，"以释群疑，查拿为首滋事之人，以儆刁顽"。看到事情闹大了，一部分士绅表示妥协，同意十五日拆桥。不料武昌知府李有棻却态度强硬，并不听从总督大人的命令，坚持请求停止拆桥，于十四日一面称病请假十日，一面写了一份书面禀文，呈送给主管本省民政的湖北巡抚谭继洵，表示保留意见。[1] 如此，或即所谓"以去就争"。

事端由拆桥引起。旧桥拆除后，原本就安排另建新桥；暂时也只是拆去了桥的中段，桥墩依然保留。所谓开河、筑闸，更是尚在酝酿之中，方案并未确定。然而，反响如此之强烈，显然出于张之洞的意料之外。既有民众的自发性的聚会抗争并引起骚乱，又有士绅作为地方和民众利益的代言人一再申诉请命，更有地方官员站在维护地方利益的立场上消极抗命。实质上，拆桥只是一个导火线。士绅也好，民众也好，地方官员也好，他们内心深处恐惧的是在这里建铁厂将损害他们的利益并带来灾难。对即将到来的变革产生了疑虑、恐慌和不满，远远超过了实际变革所产生的现实影响。安于现状、因循守旧的传统观念根深蒂固而顽强，驱动着民间对兴建铁厂这类洋务活动自发地抵制、排斥。

面对着以士绅为纽带的民众、士绅、地方官员三方面的联合抵抗，张之洞退让了。也许是怕酿成更大的事端，也许是在金鸡垸建厂原本就不便于运输、遭到内部钟天纬等人的反对，也许是机缘巧合、又发现了汉阳大别山下的新址，张之洞很快就决定放弃金鸡垸。

---

① 《批武昌府禀办理额公桥始末情形》，载《张之洞全集》六，第4591—4593页。

来到湖北就任总督不到半年的张之洞，在这一事件中，似乎有些孤立，未曾得到省级大员们的有力支持。他与湖北的另一员封疆大吏、几乎同时赴任的湖北巡抚谭继洵，并不融洽。盛春颐于五月二十六日向他叔父报告："旋因拆桥滋事，府、县受谴，改由汉阳大别山下。"因为省里财税方面人事的变更，张与谭意见不一致，"抚军意颇不惬，因此两台亦存意见。官民上下不和，办事者益形掣肘矣。"①

所谓"府、县受谴"，是张之洞以长篇批文的形式，对武昌府的禀文予以批驳。《批武昌府禀办理拆额公桥始末情形》一文，主要是阐明兴办铁厂是为民兴利而无碍地方，强调"此项厂地本系未定之局，绝不使于民情稍有妨碍"，谴责武昌知府不及时处理士绅呈文来函，不及时向督署汇报，不亲自到桥上晓谕民众，"实由地方官之化导不力"；但也没有给予处分。之所以如此雷声大而雨点小，明显是自己搬个梯子下台阶，既是要保全自己的面子，同时也分清责任，为自己留个后路。

李家坊事件：地头蛇与宗族势力

张之洞在修筑大冶铁矿运矿铁路时，考虑到工程中有些问题需要地方士绅协助，由负责工程的补用知县林佐会同大冶县令选派当地的士绅参加。离石灰窑江边十余里的黄荆山下，有个名叫李家坊的村庄，其中有个士绅李杜文，是个候补州同，被选派为当地领头的士绅。

李杜文此人，据说是"素不安分，遇事生风"，很有点能量的。林佐曾任过大冶县令，不会不知道此人。但是他有个候补州同的官身，铁路又要从他家门经过，不用他肯定会有麻烦。事后的说法是"原以就地取材，弃瑕录用"，实际上可能半是笼络利用，半是无可奈何。

光绪十八年六月，铁路修到李家坊一带时，麻烦还是来了。一天，林佐派了原有的熟练工人50人，去路基上铺碎石，李杜文竟然不许这些工人在

---

① 陈旭麓等主编：《汉冶萍公司》一，第17页。

当地施工，率领乡民将工人的锄头、铁铲等工具全部抢走，并将工人驱散。随后又带人至铁路分局哄闹，强行要雇用李家坊的乡民。林佐致函大冶县，派了差人传讯李杜文。李杜文竟又率领其李姓族人赶到老鹳庙，殴打、捆绑铁路施工的工头和工人，进行勒索讹诈，肆意报复，并企图转移罪责，以致施工无法进行。

张之洞闻讯极为震怒，认为如果情况属实，"殊属恃众逞横，形同化外"，"怙恶不悛，阻挠要工"，飞令大冶立即查明，据实禀报。要查明李的候补州同是捐来的还是保来的，将他的证件验明，等候处理；指令大冶县派人将李杜文"拿解来省，以凭从严究办"。①

像李杜文这样称霸一方的地头蛇并不鲜见，煽动乡民、持械聚众闹事的时有发生。光绪二十三年五月，为大冶铁矿安设电报线路，进入大冶县境时，就有陈麻子前来阻止，不许施工。勉强开工后，五月二十六日，在大石桥地方突然聚集有乡民二百余人，各执锄头，要钱要物，纷纷吵闹，阻拦施工。齐声呼啸，山上、路中、田内，一律不许插电线杆。不由分说，动手打人。施工工人数人被打伤，被迫停工。大冶知县林佐闻讯连夜派了差役数十人迅速赶到该地，第二天一早又亲自从县里带了兵士赶到施工现场，一面捉拿陈麻子，一面保护施工，工程才得以继续。②

至于盗窃铁路、矿山器材，滋事讹诈等事件更是屡屡发生，张之洞不得不一再下令整治，甚至派出兵丁巡逻守卫。如光绪十九年八月十九日，以批文指示朱滋群兼查铁山运道情形，"饬令会同大冶林令佐，将偷窃运道铁板之匪徒，从严讯追究办，并督饬鸿字营弁勇严订章程，认真巡守"③。

萍乡揭帖事件：抵制洋人、抵制机器

在张之洞创办钢铁工业那个年代，勘查煤铁都要雇用洋工程师，而一涉

① 《札大冶县查拿李家坊里绅李杜文》，载《张之洞全集》四，第3021页。
② 陈旭麓等主编：《汉冶萍公司》一，第567页。
③ 《张之洞全集》六，第4731页。

及洋人，便会增加许多阻力，滋生许多事端。光绪二十二年张之洞派德人马克斯勘查萍乡煤矿便是一个典型的例子。

自铁厂开办以来，张之洞派人四处查勘煤矿、采买煤炭，发现江西萍乡的煤磺轻、灰少、适宜炼焦，已经花了不少的钱，购买了不少。但是当时的萍煤都是土法开采，质量和数量都没有保证。盛宣怀接办铁厂后，决心解决焦炭供应问题，提出派总矿师马克斯去萍乡实地勘查，筹划如何用机器开采。为此，请求张之洞正式行文，派恽积勋偕同马克斯等，先到江西省城去见江西巡抚德寿，请他派人保护一同前去萍乡，同时并请德寿下令沿途各州县妥为照料。江西抚院按照湖北的要求，刊印了告示，先行发递；又派了候补知县张曾诏及水师炮船一同护送。如此这般，已经是兴师动众，大费周章了。①

恽积勋一到江西，访问地方情形，得知当地"风气未开，恶闻洋务，而萍乡接壤楚南，成见尤难融化"。那时湖南尚未设立口岸通商传教，洋人罕至，用张之洞的话来说是"湘中民情视异族、异教如仇"。萍乡与湖南接壤，也深受这种风气的影响。

七月二十三日，《汉报》在当地报导了张之洞派洋人来勘矿，却又误把萍乡人文廷式牵扯在内，说是文廷式要集商股、购机器、开采煤矿，带领了洋人来萍乡。文廷式原任翰林院侍读学士，是积极支持光绪皇帝的著名"帝党"，这一年的二月间被慈禧革职驱逐回乡，是一位舆情极为敏感、容易招惹是非的人物。当时文氏家族正在与汉阳铁厂联系承包煤炭供应，但与洋人来萍乡勘矿毫不相干。《汉报》的报导，给洋人勘矿添加了本来没有的经济因素和政治因素，问题更加复杂化了。

八月二日，恽积勋陪同马克斯和随后到来的另一位洋矿师赖伦等，一行从南昌坐船西行，在路上就听说宜春和萍乡两县正在举行县试，城里聚集着大量应试的童生。管辖这些县的袁州余知府，唯恐童生们聚在一起闹事，便提前写信嘱咐分宜县令，要洋人在途经分宜时多住几天，等县考结束后再

---

① 《张之洞札恽积勋查勘萍乡煤矿文》，载《汉冶萍公司档案史料选编》上，第177页。

来。等到八月十三日，恽积勋及洋人一行到达袁州府城，会见了宜春县的彭知县，一见面，对方便告诉他们：萍乡闹起来了！①

原来萍乡已经在八月二日就出现了匿名信，八月十日又出现了童生揭帖，不遗余力地指斥文廷式勾结洋人，大张旗鼓地号召民众抵制洋人入境。

八月二日的匿名信，写信人化名"杞忧子"，投寄给萍乡城中兴贤堂。该堂为首的绅士交给了顾知县。信中认定"近闻吾萍有人在湖北勾结洋人来萍，开取煤矿"，接着便列举了此事的"七害"，如"本地必至无煤可烧"，"田园固成废物，庐墓亦必迁徙"，必重开银矿、铁矿、致使"萍民无业谋生"，洋人入境后"甚至穿房入户任意强奸"，"诱人入教"等，呼吁士绅们"先事预防"，"保全地方"。

八月十日，在原定接待洋人的尚宾堂门前，又出现了以"合邑童生暨军民人等公白"名义张贴的揭帖，言词更为激烈，态度更为强硬。开头便直攻文廷式，并以全县的名义杀气腾腾地宣布要打杀洋人：

> 近据《汉报》，邑人被革之员文某邀同洋矿师来萍取煤，此系吸萍之髓而煎萍之膏也。……且后洋人蹯此，始则崩坏陵谷，断绝地脉，继则铲伤庐墓，永绝人文，竭本地之精华，绝士民之生路。……兹阖邑公同愤议：洋人一到，各家出一丁人，执一械，巷遇则巷打，乡过则乡屠，一切护从、通事之人皆在手刃必加之例。

揭帖对于尚宾堂公所将为洋人提供住宿也大加挞伐，扬言其亦属罪在"不宥"。受到煽动的童生们，纷纷指责尚宾堂，前去论理，该堂董事险些遭到殴打。

八月十五日，揭帖再次出现：

> 洋人不日可到，凡我合邑人等，务要预备军器，齐心攻击，以免无

---

① 《恽积勋致郑官应函》，载《汉冶萍公司档案史料选编》上，第178—179页。

穷之害。此白。

与此同时，本县又有郑汝阳等十位老年的士绅联名呈递公禀，请求县令"赏准发兵饬止，不准洋人入境，撤散煤务，驱民为农。"这些人害怕洋人入境，连煤炭也不准生产了。还有一份匿名呈文，大谈招洋人来萍有"十不宜"，内容与杞忧子的匿名信相似，还说什么"且闻洋人能避水火于井中"，"并闻洋人眼能见土五尺，能水宿，望气知炭之所在"，更加荒诞不经。[①]

一时之间，萍乡城内外谣言四起，沸沸扬扬，人心惶恐不安。

萍乡县如何应对突发事件？

幸好这里的顾知县，在萍乡任职较久，了解地方情况，也有威信，及时采取了妥善的措施。

首先是釜底抽薪。在去信让洋矿师暂缓来萍的同时，没有和童生们多作纠缠，而是迅速举行县试，好让童生考完后回家。这些童生聚在一起吵吵嚷嚷、冲冲杀杀，被人当枪使，让他们分散各自回家就成不了气候。

与此同时，集中力量扑灭火源。这位顾知县清醒地认定关键在于士绅，采取"谕令"的形式，进行书面对话。传谕兴贤堂、尚宾堂、乐英堂等六堂绅董，对这些绅士中的头面人物单刀直入，戳穿真相，认定此事系因《汉报》而起，有人"托名于童生"，"借端生事"。明确表明官方的态度，晓之以法：洋矿师"暨系奉上宪委札而来，岂能中止？"强调其来萍的合法性，不可阻挠。"该六堂绅董，系合县办公领袖，责无旁贷，自应开导乡愚，以免抗违上宪之咎。"随后喻之以理，动之以情：萍乡不是通商口岸，洋人不可能随意来开矿；洋矿师是铁厂的雇员，系奉张之洞之命而来，自光绪十九年以来张香帅收购萍乡煤炭已不下数百万担，对连年歉收的萍乡地方大有好处，"贫民借此糊口，是香帅有恩于尔萍民实非浅鲜"。这位县令的工作还做得相当细

---

① 《恽积勋致郑官应函》附件一，载《汉冶萍公司档案史料选编》上，第179—180页。

致，随同这份谕令，发下四份附件，针对性很强地对带有普遍性的认识进行宣传解释：一是《释疑四条》，辨明勘矿与开矿不同；辨明并不勘金、银、铁矿；辨明与风水无碍；辨明与传教无涉。二是《论机器不易用》，落脚到张之洞只是提倡机器采煤，用不用机器由各商户自主。三是抄录《汉报》原文，并加以评论，着重说明是张之洞作主，中国自用，与洋人无关。并指出文中说文廷式与洋人同来是错误的。四是《谕尚宾堂首士谕稿》，主要说明洋矿师是奉中国官方之命而来，同来的有湖北、江西派的县级官员，安排住在尚宾堂是合理合法的。在说理安定人心、争取大多数、缓和化解矛盾的基础上，谕令又对那些与煤矿开采有关的绅士们诱之以利，留下希望："况洋矿师仅止看视，不能久留，将来如何办法，全在委员与本县督同地方绅士妥议。"谕令的最后，顾知县才扬起大棒，发出警告，镇之以威："凡安分晓事之人，经本县此次明白告诫，自必贴服。倘再有造谣滋闹，则是冥顽不灵，惟有执法严惩。其唆使之棍徒，无论举、贡、生、监，一体斥革究办不贷。"[①]

"成也萧何，败也萧何"。在晚清区域社会中，士绅是一股主导力量。这位七品的县太爷，对于士绅还是御之有术的。

八月二十五日，萍乡城内的县试结束，童生们各自回家。洋矿师一行于同一天从袁州起程。此处水路不通，只能走旱路。袁州派了练军兵勇警卫防范，加上宜春县护送、萍乡县迎护的差役壮丁，总共一百多人，浩浩荡荡组成了一支不小的队伍。沿途乡民从未见过洋人，不免要拥挤观看，大呼小叫。偶然遇到有的地方在演戏、赛会，围观的乡民们蜂拥而上，兵勇差役们护定了洋人赶紧趱行，不敢稍停。是夜宿于萍乡境内的芦溪，兵勇们如临大敌，彻夜巡逻守卫。二十六日早起向萍乡县城进发，突然传来警报：前面乱石岭地方有人聚集，在高处据险守候，准备投掷石块进行攻击。形势顿时紧张起来，得知南昌委派的姚哨官是萍乡本地人，恽积勋忙请他作为前哨，先行侦查；幸好遇上了萍乡派来的迎护部队，这才一路平安地到达。

恽积勋在向铁厂总办郑官应汇报的信中说：

① 《恽积勋致郑官应函》附件二，载《汉冶萍公司档案史料选编》上，第181—182页。

萍民素畏机器，谓能使山崩地陷，田园庐墓悉被震伤，而借煤为业之人又恐官招新股，夺其现成之利。揭贴内归怨文绅廷式，遂指斥不遗余力，汹汹疑惧。①

　　这个判断，基本上是符合实际的。关键在于原有的矿主，唯恐损害了他们的既得利益，利用民众畏惧机器、仇视洋人的心理进行煽动；他们奈何不得有权有势的张之洞，文廷式这个丢掉了官职正在倒霉的本地人便不幸成为了众人的靶子。

　　张之洞创办钢铁工业时，所面对的是一个传统的小农经济、宗法社会。民间的士绅也好，农民也好，按照几千年来的惯性，生活在一个与世隔绝、社会发展停滞的狭小圈子里，遵循着传统观念，习惯于传统的生活方式，正如康有为所说的"人情多安旧习，难于图始，骤与更改，莫不惊疑"，任何改革传统的思想和行动都会受到强烈的抗拒。张之洞所遇到的这些大小小的事件，实质上是传统农业社会对工业社会、对现代化变革的抗拒和排斥。既是圣贤经传、祖宗成法、三纲五常长期教化的结果，又有普遍泛滥的对西方现代科学文明的迷惘和恐惧；既有小生产者对自给自足的田园生活的顽强守卫，又有宗族观念、地方利益掩护下的土豪劣绅横行霸道、胡作非为。封建的、迷信的观念，正当或不正当的经济利益，朦胧的、盲目的民族情感，合法的请愿、暴力的威胁、自发的群体性骚乱，交织缠绕在一起，彰显了传统阻力的顽强和创办钢铁工业的复杂艰巨，也彰显了中国早期现代化社会基础的薄弱。

---

① 　湖北省档案馆编：《汉冶萍公司档案史料选编》上，第178页。

第十八章 岁在甲午：铁厂建成而生产乏款

汉阳铁厂建成／领先亚洲，震惊世界／"工程艰巨，实为罕有"／最难的两件事／提供一个参照系／日军挑起战火，汉阳炉火难以为继／试生产阶段增加了大量用款／百万生产资金无法筹措

张之洞历尽艰辛终于建成了汉阳铁厂，它在亚洲处于领先的地位，这在当时是具有重大国际影响的壮举。

然而，汉阳铁厂之建成，并没有引领张之洞走出困境，而是在原有的困境中愈陷愈深，继续面临着一个又一个新的难题。

汉阳铁厂开炉炼铁之日，正是中日甲午战争爆发之时，又是慈禧太后六十寿诞之年。汉阳铁厂生不逢时，使得原本窘困的资金筹措更加难以为继。

一个婴儿刚刚呱呱坠地，便面临着断奶无食的绝境，他能逃脱夭折的命运而茁壮成长吗？

汉阳铁厂建成

光绪十九年十月二十二日，张之洞呈报了《炼铁全厂告成》的奏折，标志着汉阳铁厂已经全面建成。

在此之前，炼生铁厂、机器厂、铸铁厂、打铁厂已经在三月完工，贝色麻钢厂、熟铁厂于五月完工，西门士钢厂、钢轨厂、铁货厂七八月先后完工，后来增加的与铁轨配套的鱼片钩钉厂也在九月完工了。建成后的汉阳铁厂，从东到西有三里余，南北大半里。地面填高了一丈一二尺不等，大约填了九万多方土。计有生铁厂、熟铁厂、贝色麻钢厂、西门士钢厂、钢轨厂、铁货厂六大分厂，机器、铸铁、打铁、造鱼片钩钉等四个小分厂。其他如烟囱、火巷、运矿铁桥、铁路、江边码头、起矿机器房等，也都一并完工。自光绪十六年十二月基建工程正式动工，至此共历时两年又十个月。考虑到越洋运输费时费力、施工缺乏熟练队伍和机械设备，以及经费不足等不利因素，应该承认它的建设效率还是比较高的。

光绪二十年正月初十，两座炼铁炉正式点火开炉。自此，中国近代冶金工业的熊熊炉火，照亮了武汉三镇的夜空，照亮了中国的夜空。

同年五月二十五日，汉阳铁厂先开生铁大炉（高炉）一座，开始炼铁，于二十七日生产出第一炉铁。六月一日，张之洞率领大批僚属浩浩荡荡视察汉阳铁厂，兴奋而激动地探视他苦心孤诣孕育的新生儿。他亲眼看到了铁水奔流的宏伟景观，人们告诉他生铁大炉日夜出铁8次，共50余吨，有时还能达到六七十吨；他亲眼看到了，在这里"辗铁条、制钢轨，以及锤、炼、烘、压各法，一时并举"；他兴奋地宣告，所出之铁虽然是初炼，但与外国产品已经没有什么差别，将来一定会越来越好，足以和外国产品抗衡；他一再叮嘱，要把炼出的生、熟铁及钢轨、钢条等送到上海去试销，"比较价格，考订价值"。①

领先亚洲，震惊世界

毫无疑义，汉阳铁厂此时在整个亚洲处于领先地位。正如张之洞所说："盖地球东半面，亚洲之印度、南洋、东洋诸国均无铁厂，止中国所创铁厂

① 湖北省档案馆编：《汉冶萍公司档案史料选编》上，第109—111页。

一处。"早在施工后期,光绪十九年二月张之洞就曾经不无得意地向朝廷报告:"此时汉阳铁厂及大冶铁路,汉口及上海领事洋人来观者络绎不绝。皆谓此为应办急务。并据洋人皆云,比外洋迅速已多。"①

同年十月,张之洞又向朝廷报告:"臣近接出使日本大臣汪凤藻来函:'日本现拟创设铁厂,拟派员来华观看湖北铁厂'等语。"它的建成,比日本第一家近代钢铁联合企业八幡制铁所早了七年。②

汉阳铁厂在国际上引起了广泛的关注,产生了巨大的影响。光绪二十年五月出铁后,上海外国人办的报纸及时作了报导。干德利在给英国《泰晤士报》等报刊写的通讯中,引用了美国驻汉领事查尔德对汉阳铁厂的评价:

> 这企业是迄今日为止,中国以制造武器、钢轨、机器为目的的最进步的运动,因为这个工厂是完善无疵的,而且规模宏大,所以就是走马观花地看一下,也要几个钟头。③

有的西方报纸甚至借此大肆煽动:《论汉阳铁厂装运钢铁出口将为欧美二洲实在之中国黄祸》,文中说什么:

> 汉阳铁厂之崛起于中国,大有振衣千仞一览众山之势,征诸领事之报告,吾人预知其不可量矣。中华铁市,将不逐而走各洋面,必与英美两邦角胜于世界之商场,其关系非同毫发,英美当道,幸勿以么么视之。……呜呼,中国醒矣,此种黄祸,较之强兵劲旅,蹂躏老羸之军队尤其(可)虑也。④

这大概是近代史上"中国威胁论"的最早版本之一。在夸大其词、耸人

---

① 《预筹开炼钢成本折》,载《汉冶萍公司档案史料选编》上,第99页。
② 《拟定铁厂开办后行销各省章程片》,载《汉冶萍公司档案史料选编》上,第110页。
③ 中国史学会编:《洋务运动》八,第462页。
④ 《东方杂志》1901年7月。

听闻的言词背后，要害是唯恐失去了中国的广大市场。与其把它看作是积极的国际影响，勿宁看作是汉阳铁厂将受到国际侵略势力打压的先兆。

"工程艰巨，实为罕有"

张之洞创办汉阳铁厂历尽艰辛，吃尽苦头，早在光绪十六年就发出了"系平地为山，毫无凭藉"的慨叹。他指出在中国办钢铁，不像在外洋，煤矿、铁矿，各种机器生产，都是轻车熟路，人员和物资很齐备，同一类型的企业可以按照一定的模式推广，所以容易办成；而在中国则是事事都要从头开始。此后，张之洞在奏折里曾经多次向朝廷汇报了工程的艰巨。

光绪十九年二月二十五日，他在《预筹铁厂开炼成本》一折中，强调筹办铁厂比以往举办的机器局更为艰巨。指出铁厂的机器笨重，名目繁多，要因地制宜而随时增加补充，有的情况外国工程师也不可能事先都预计到。而炉座体积高大，运输中起卸艰难，填筑地基工程大而经费多，各个生产部门要联贯成一个有机的系统，内部的机械又十分精密，凿矿、修路、开煤、炼钢各方面头绪纷繁，都不是江南制造局、福建船厂那些机器局可以相比的。[①]

他还强调，每一批机器物料从外洋运到，多的数万件，甚至十余万件，必须要几十天才能验收点清；每一种机器设备必须要花四五个月的时间才能安装完备。

后来在《复查煤铁枪炮各节通盘筹划》折中还谈到，当初他委托出使大臣刘瑞芬向英国谛塞德厂订购的设备，价虽不高，却有很多部件不完备，在设备运到后派了外国工程师白乃富及时清点，一件件地补充购置；到临开炉前，又派专管生产的外国工程师吕柏逐件检测，再次增加和改换许多种，其中有些是根据矿石的性质、煤的质量，其中硫、磷等成分，以及矿山、码头的地势和生产中风力、火力的需要配置的。这些变化，也不是当初负责预订

---

① 湖北省档案馆编：《汉冶萍公司档案史料选编》上，第99页。

的外国工程师所能预见到的。①

他还感叹，除了主要的设备外，就是厂房的铁梁、铁柱，修建炉座、道路的水泥、耐火泥之类，也都要从国外运来。运输距离近的，如建筑用砖也来自河北开平，超大型的石料来自湖南，配补残缺的机器零件，也要到上海或香港。没有一件事是可以省心省力的。

最难的两件事

事非经过不知难。也许我们意想不到，张之洞认为"而最难者，为图、砖两端"。他在《添派蔡国桢充总监工札》（光绪十八年六月二十四日）中说：

> 只以生铁炉砖运自外洋，多有破碎，动需续购更换，兼因各厂图未经到齐，致有延缓。②

看来这是导致工程延缓的两个重要因素。

汉阳铁厂的总图分图多达数百张，这些精密的图纸都要等候国外寄来，到了厂里，再分画为各个部分的细图。寄来的图纸又都是晒印的蓝图，"久渐模糊"，需要重新描摹，既延误时间，又增加了开支。光绪十八年五月二十七日张之洞致电薛福成，请他催促英国谛塞德厂速寄图纸：

> 贝色麻厂、西门马丁厂、抽条拉片厂各图，久未寄到，停工待图，糜费甚巨。限期又迫，焦急万分。请速催全寄，并于使馆随员中代择一人托以此事，专司催图……

过了九天，他又寄去所缺图纸的清单，再次催促：

---

① 湖北省档案馆编：《汉冶萍公司档案史料选编》上，第116页。
② 《张之洞全集》四，第3013页。

今年马丁厂图昨亦递到，仅有一纸系布置总图，非作工细图，或有总图而无细图，或有细图无总图。布置不全，虽有图不能动工……此外缺漏甚多，限期甚迫，无图即不能同时并举，焦灼万分，前后已电催十二次而谛厂总不能上紧。①

要求薛福成务必"派员督催"，"加费不惜，先绘先寄"。急迫之状，溢于言表。

张之洞在这里所说的砖，是指砌炼钢炉、炼铁炉用的耐火砖。"其炉皆内砖外铁"，是不可缺少的建筑主体材料。

各砖皆系洋制，方、圆、斜、正，式样总数十种，每一大炉需砖数十万块，皆有编号数，依次修砌，一块不能错乱。②

这些外国制造的"宝贝"，工厂交货本来就迟缓，经过数万里的风涛，海轮换江轮，来回搬运，大量破损，又必须再到国外去添补配齐。在光绪十八年二月二十四日《续估筹办煤铁用款》奏折中，张之洞就汇报了两座生铁炉的耐火砖破损过半，两副只能拼成一副用，须要再添一副，估价一万二千两银子；四座热风炉的耐火砖同样破损了不少，只能供三座炉子用，也要添购一副，估价九千六百两。光绪二十年七月二十四日在请求奖励铁厂有关人员的奏折中，又报告了西门士钢炉"因炉砖破碎，购补加修"，同时江夏马鞍山煤矿"洋式焦炭炉数十座，因炉砖破碎，购补耽延，造修未齐"，要到本年十月才能竣工。③

耐火砖问题，不仅在基建期间困扰着张之洞，影响着工期和效率，在铁厂开工之后也不时影响生产，增加了生产的成本。光绪二十一年五月十五日黄遵宪和蔡锡勇就电告在南京署理两江总督的张之洞，焦炭炉原本 35 座，

① 《张之洞全集》七，第 5695、5698 页。
② 《预筹开炼成本折》，载《汉冶萍公司档案史料选编》上，第 99 页。
③ 湖北省档案馆编：《汉冶萍公司档案史料选编》上，第 90、111 页。

齐开每日可出焦炭 60 吨。因为炉里搀和着砌进了一些破砖，开工后烧坏了三座，热气被隔断，降低了炉温，现在只能开 18 座，每天只出焦 20 吨；目前正在将坏炉赶拆，约要一个月后才能修复。[①]

张之洞创办钢铁厂，在晚清中国是一个空前的创举，实际上是一次全面引进西方先进钢铁生产技术的技术革命。它的生产规模宏大，工艺体系完整有序，内部结构复杂，机械设备精密，对于停滞在小农经济手工业生产的晚清来说，完全是神奇玄妙的天外飞来之物，是一次跨度太大的跳跃。耐火砖的问题，相当典型地反映了现代工业机械化生产的精密性和科学性，与中世纪手工作坊完全不同；同时也反映了晚清中国的一穷二白，严重缺乏与大型冶金工业相适应的生产条件和经济社会基础。

提供一个参照系

变革需要一个过程。为了通过这一历史细节对近代钢铁工业开创时期的艰巨性加深理解，试将 20 世纪大冶钢厂耐火材料生产的情况作为参照系。

据《大冶钢厂志》记载，1950 年，当时被称为华中钢铁公司的该厂（以下简称"冶钢"）就曾酝酿筹建耐火材料生产。1953 年，由于运输困难等原因，耐火材料的供不应求往往影响钢铁生产，冶钢就将筹建耐火材料厂列入一期扩建规划。1958 年，冶钢一期扩建的主体工程陆续竣工投产，耐火材料的供需矛盾更加突出；由于国家压缩了基建开支，冶钢决定自筹资金筹建耐火材料厂。1958 年 7 月底破土动工，9 月建成第一座 80 吨倒焰窑；同时开始试制耐火砖，没有原材料就在山上挖观音土，没有粉碎设备就用牛拉石碾代替，采用手工成型，同年 12 月 31 日，第一批观音土质耐火砖烧成出窑。1960 年，耐火材料厂第一期工程完成，经过验收，列入国家生产计划。1961 年，进行二期工程，至 1971 年交付使用；1972 年实现了由手工成型逐步转向机压成型，产品数量和质量都有较大提高，粘土质耐火材料可以基本

---

① 湖北省档案馆编：《汉冶萍公司档案史料选编》上，第 113 页。

满足冶钢本厂生产的需要。①

回顾这段经历，大冶钢厂从酝酿筹建耐火材料生产到第一期工程完工，用了十年时间；即使从破土动工算起，也花了两年多时间。而第二期工程又经历了十一二年的时间，才基本满足本厂生产的需要。其间，虽然有计划经济的制约和"文革"的影响，但大冶钢厂毕竟是毛泽东主席两次视察、亲自指示"要办大办好"的直属冶金部的重点企业，其时国家的经济基础和科学技术水平、生产条件都不是张之洞所处的晚清时期所能比拟的。大冶钢厂尚且如此，难怪张之洞要将一个技术含量并不很高的耐火材料视为"最难"的拦路虎了。

日军挑起战火，汉阳炉火难以为继

公元 1894 年，光绪二十年，岁在甲午。

这一年，基本落成的汉阳铁厂进入了成败攸关的试生产阶段。恰巧在这一年，发生了中日甲午战争，洋务运动三十年来推进军事现代化最显著的成果——北洋水师在战争中全军覆没，东邻岛国一跃而成为远东第一强国，成为大清帝国最凶恶、最危险的敌人。

严峻的国际形势，动荡的战争环境，庙堂内主战主和的纷争，窘困的财政经费，对于洋务运动的种种质疑……将这个刚刚诞生的钢铁企业推入了风雨飘摇的困境之中。

正月初十，汉阳铁厂正式投产。张之洞向朝廷报告，这一天两座炼铁炉点火，先将矿石熔炼，以备大炉熔炼生铁之用。

这一年的二月二十三日，朝鲜东学党大举起义。四月二十七日，朝鲜国王接见驻朝通商大臣袁世凯，请求中国出兵镇压东学党起义。五月一日，李鸿章派太原镇总兵聂士成率军 900 名，开赴朝鲜牙山。五月六日，直隶提督叶志超率援兵 700 名自山海关赴牙山；同日，日本驻朝鲜公使大鸟圭介奉命率海军陆战队 400 余人在仁川登陆，次日进驻汉城。此前日本参谋部已秘密

---

① 《耐火材料分厂》，载《大冶钢厂志》，第 128—129 页。

决定出兵朝鲜。五月二十日,日本御前会议决定对华作战,仁川日军2000人开进汉城。

五月二十五日,汉阳铁厂一号高炉开炉炼铁,二十七日正式出铁,日产生铁50余吨。六月一日,张之洞视察汉阳铁厂。数日后,紧邻铁厂的枪炮厂发生火灾,六排厂房被烧毁。

就在汉阳铁厂出铁的第二天,五月二十八日,诏命李鸿章筹备战守,南洋各督抚预为筹备。六月十三日李鸿章命叶志超移军平壤。六月十九日由北洋舰队"济远""广乙""威远"三舰护航,英国商船"爱仁""飞鲸"分载清军赴朝鲜牙山增援。

六月二十日,日本大本营接获北洋舰队护航增兵的情报,令日本联合舰队司令官伊东祐亨率军舰15艘向朝鲜海岸进发,伺机偷袭中国军舰和运兵船。六月二十三日,"济远""广乙"二舰自牙山返航,在丰岛西北遭日军截击,"济远"舰中弹累累,"广乙"受伤后撞于朝鲜海滩。运兵船"高升"号、"操江"号在牙山附近海面遭日舰截击,"操江"号被俘,"高升"号被击沉,清军700余人遇难。日本军国主义正式挑起了侵略战争。

在此期间,大冶王三石煤矿突然中断脱节,为大水淹没,被迫停产。

七月二十四日,张之洞奏铁厂著有成效,请奖出力各员,并请添炼铁厂用款。

八月十三日,日军大举进攻平壤。十六日,左宝贵力战身亡。十七日,日军占平壤,叶志超、卫汝贵败走,死伤2000余人。八月十八日,北洋舰队在鸭绿江大东沟附近与日本联合舰队激战,损失"致远""经远"等五舰船,管带邓世昌等战死,提督丁汝昌受伤,击伤日舰五艘。史称"大东沟之战"或"黄海之战"。

九月十日,清廷召张之洞晋京,命湖北巡抚谭继洵署理湖广总督。

九月二十六日,日本第一军团从鸭绿江上游水口镇擎枪而渡,清军全线崩溃;第二军团在辽东半岛花园口登陆,进犯旅顺。

十月初二,张之洞奏铁厂拟开两炉,请饬广东借拨经费。张之洞在奏折中说:"初出钢料,成色无异洋制,已足为枪炮之用。炮厂业经开试机器,即以炼出之钢，试造六生半及七八升克虏伯陆路车炮。""现因军务紧要，已饬多炼西门士钢及贝色麻钢，为制造枪炮之用。""开春即可制造新式小口径连珠快枪及架弹各件，以应军实要需。"①

十月五日，命张之洞接替奉旨进京的刘坤一，署理两江总督。

十月十日，慈禧太后六十大寿庆典，光绪帝率王公百官至皇极殿行庆贺礼。在此前一日，金州失陷；十一日，日军攻占大连湾。

十月十九日，汉阳铁厂因焦炭不足，暂停炼铁；将已炼成的生铁作原料，学炼各种精钢、熟铁和钢轨。

十月二十四日，旅顺陷落，日军大屠杀。

十月二十七日，光绪批准湖北织布局召集商股，增设纺织局，并添设机器缫丝，同时明确："湖北炼铁织布各局，均经张之洞办有头绪，现虽调署两江总督，所有各局应办事宜，仍着该督一手经理。"十一月初五，张之洞接到廷寄的上谕后，于次日致电总理衙门，强调枪炮厂与铁厂关系密切，该厂"定常年经费三十五六万两，铁厂目前专恃此款为抱注，勉强支持腾挪"，要求将枪炮厂仍归铁政局。初七日总理衙门回电，奉光绪旨意：上次命张之洞一手经理"即并枪炮厂该括在内"。②

十一月二十六日诏命张荫桓、邵友濂赴日议和。③

十一月，江夏马鞍山煤矿炼焦炉建成，开始生产焦炭。

这一年的冬天，汉阳铁厂以生铁 1000 余吨、钢及熟铁 20 余吨，发至上海耶松洋行及昌义成洋行试销，给价生铁每吨规银 22 两，熟铁条每吨 67 两，钢每吨 78 两，与洋轨销价大致相同，唯生铁价稍低。④

回顾这一历史过程，将汉阳铁厂放在中日战争的大背景下审视，我们发现，它的出铁的喜悦，已经取得的成绩，现实的处境，未来的难题，都被战

① 湖北省档案馆编：《汉冶萍公司档案史料选编》上，第 120 页。
② 《张之洞全集》三，第 2012 页；《张之洞全集》八，第 5885—5886 页。
③ 以上甲午战争进展大事，摘自顾廷龙主编《中国历史大事年表》（近代卷），上海辞书出版社 1999 年版，第 504—517 页。
④ 湖北省档案馆编：《汉冶萍公司档案史料选编》上，第 115 页。

争的炮火淹没了。对于日军强横和阴险的震惊，对于前线清军雪崩一般溃散的惊愕，对于清政府的腐败无能的悲愤，占据了举国上下的注意力。在这种时机，张之洞喋喋不休地叫喊铁厂经费困难是何等的不合时宜，处境是何等的孤立无助；而在这样胜负成败的关键时刻，一个国家需要钢铁工业对军火生产的支撑又是何等的紧迫。

试生产阶段增加了大量用款

刚刚竣工的汉阳铁厂，不仅面临着动荡不安的战争环境，而且在内部也存在着许多严重的问题。相对于轻纺工业来说，钢铁工业的特点是周期长、投入大、能耗高而效益低，而汉阳铁厂所遇到的问题，最突出的仍然是缺乏资金。

原来估计和追加的预算，一次次被突破；历次奏请拨用、借用的经费早已用完。尽管张之洞一再申明湖北办钢铁包括了开办铁矿、创建钢铁厂、开办煤矿三大工程，而且开办煤矿的钱差不多占了一半，不能都算在铁厂的头上；尽管张之洞拉出李鸿章办的开平煤矿来为自己辩护，它只是一个煤矿就花了一百多万；尽管张之洞一再分辩，"开炼以后的经费"与"造厂工程"是两码事，用现代企业管理的语言来说，一个是生产流动资金，一个属于基建投资，但是对于完全不懂现代工业管理的朝廷当局和守旧的士大夫们来说，肯定是把汉阳铁厂看成了一个用多少银子也填不满的无底洞。

紫禁城里那些饱读诗书和不读诗书的王公大臣们，从来就不曾见识过现代的钢铁企业，压根儿不知道当时西方的钢铁是怎样炼成的；在他们的头脑里，也许只有从一个铁匠炉里钳出一团火红的铁块，在铁砧上用铁锤敲打成马掌或锄头的记忆；也许以为只要盖了几间房子，从国外买回几个炉子，便能轻而易举地生产出机器和钢轨，完全不知道从安装机器到正常地持续生产之间，还有一个繁难复杂的试生产过程：它要筹集足够的生产流动资金，反复调试机器，完善辅助生产设施，组织能源、原材料供应，配备管理和生产人员、掌握技术、熟悉操作；然后建立监测系统、控制原材料消耗，改进产品质量、提高效率，营建销售渠道网络；在此基础上综合配套，相互衔接、磨合，才能逐渐形成井然有序、川流不息、供需平衡、良性循环的生产链。其中任何一个环节出现了障碍，都必然影响整个生产体系的正常运转，影响企业的经济效益。

点火开炼后的汉阳铁厂正处在这样一个试生产的阶段。需要增加的用款中，有的是综合配套需要增加炉机，如洗煤机、炼焦炉、压气机、大汽锤、制砖机等；有的是要因地制宜进行改造，如适应煤质改造了西门士炉底的火泥管和一座生铁炉；有的是增加必要的辅助生产设施，如厂内的铁路、运矿运煤的车辆以及煤、气、水的管道和仪表；有的是调试中发现有的部件缺失、遗漏或不合格、不适用，需要及时添补、更换……在人员方面，中国从未有过钢铁厂，也就不可能有现成的熟练的钢铁工人，必须从国外延揽洋匠领头操作，原计划8人，实际却增加至28人；炼钢铁本来就是高温作业，加之素有火炉之称的武汉酷暑难熬，请来的洋匠中竟有两人因中暑而死，7人因病不能工作，中国工人也有很多病倒了。当时从国外进口的物资都是按英镑计价，在此期间英镑上扬，白银贬值，实际付款时"比初定机器时加至过半"。国外生产的焦炭，当地售价为十七八两银子一吨，上海口岸的售价则为二十余两，铁厂首次试炼生铁，用了两个月的洋焦炭，这笔费用就不得了。凡此种种，很多用项都是原来洋匠没有预计到的，张之洞和铁政局的官员更是无法控制。

在这工厂已经建成、试炼生铁已经成功的紧要关头，再次面临资金短缺，犹如一个婴儿刚刚呱呱坠地，就面临着断奶而嗷嗷待哺。为了铁厂不至前功尽弃，也为了能及时给枪炮厂提供原材料以支持对日作战，张之洞只得咬紧牙关，打算再从厘金、盐厘两项下死力"整顿"，设法每年挤出十万两来应急；如果再不够，还是在枪炮厂的常年经费中调剂。光绪二十年七月二十四日，张之洞将上述情况与成一个专题报告《请添炼铁厂用款片》，作为附片与《铁厂著有成效请奖出力各员》的奏折同时上报朝廷。①

———————————

① 《张之洞全集》二，第920—925页。

张之洞的尴尬还在于，虽然他明明白白地知道，即使没有当前老佛爷六十大寿的庆典，即使没有对日作战的庞大军费开销以及日后更为惊人的巨额赔款，他也休想户部再拨给他一两银子；铁厂每花一两银子，都得靠他在自己的权力范围之内去榨取湖北地方财政的最后一点潜力，但是，他还是必须一而再，再而三地向朝廷提出申报和请求，不厌其烦地反复说明原委，开列用途，阐释必要性，以求得谅解和认可，使之合法化。

百万生产资金无法筹集

这次筹措的资金，只是解决试生产过程中临时性的计划外支出，生产流动资金不足的问题并没有解决。因为没有经费，铁厂被迫只开了一个生铁炉生产，预计每年可出生铁一万五千多吨。但是所有的设备和人员都是按两座生铁炉配置的，两匹大马只拉了一乘小车，两个人只干了一个人的活计，张之洞感到"成本亏折甚巨，断难持久"。在中日战争爆发后，张之洞一边料理湘、鄂各军北上，筹饷筹款，购置枪炮，一边心里却还惦记着铁厂，考虑到十一月份马鞍山的煤井和炼焦炉可以完工，打算把湘煤和焦炭掺合使用，将两座生铁炉都开起来，在炼铁的同时炼钢，并将枪炮厂的生产带动起来，既是适应当前战事的需要，也让铁厂进入正常化的持续生产。

原来根据白乃富的预计，张之洞向朝廷报告，说两炉齐开，一年垫底的经费大约要百万两，只开一个炉子也需要五六十万两。光绪二十年年初点火开炉后，诸事尚未完备，又添了许多用度；就是只开一个炉子，也大大超过了原来的估算，每月大约需要筹垫六七万两，一年下来，实际上就是七八十万两。五月开炼以后，处在试验的阶段，生产的生铁本来就不多，后来又停了炼铁，用炼出来的生铁试炼熟铁、各种钢和钢轨，"以致生铁所余无多，难供销售周转"。

经过一番周折，问题依旧回到了原点：

现在筹计生铁两炉开炼，成本约需银百万以外，实系铁厂不可少、不可缓之需；若不速开两炉，则铁料难供销售，经费益无所出。

关键仍然是这百万资金从何而来？张之洞"夙夜焦思，再四筹思"，想来想去，想起了光绪十三年，他在两广总督任内，筹有"武营四成报效"一宗款项，每年 20 万两，曾向朝廷讲明是作为广东购置兵船、炮火用的；李瀚章继任后没有再造兵船，报效的经费却还在按年照收，前后共计已收了八年。另外，他在广东创办钱局开铸银元，每年都有盈余，近年来已累计结余数十万两。十月初二张之洞上报了《铁厂拟开两炉请饬广东借拨经费》的奏折，打算要向李瀚章借用 50 万两。在张之洞看来，铁厂是应李瀚章要求从广东移过来的，这两笔款项又都是他在广东开创的，李瀚章只是坐享其成；现在正是对日作战时期，钢铁枪炮都是当务之急，虽然是向人家的口袋里伸手，倒也是合情合理的。①

奏折递上去，眼巴巴地等了二十多天，皇帝的批示下来了，只有四个字："依议，钦此。"转到李瀚章那里，这就不是当年办移交、张之洞把白花花的银子送到他手上的时候了，李大先生的回答很干脆："以前项存款先经协济北洋及提拨海防用款，无可借拨。"人家早支援他的老弟李鸿章了，早用在海防上了，没钱借给你！你上哪儿说去？②

张之洞的如意算盘在严酷的现实面前又一次落空了。但是他还不死心，第二年三月十七日，在走投无路之际，再一次凭老关系打广东的主意。他想的办法是向外国的商业银行借款 50 万，分三年计息还本，本金从广东上述银元局盈余和报效款中分三年归还，利息由他来筹措。这个方案也被李瀚章断然拒绝了："己则朝不及夕，何能以三年许人？"我自己都早上顾不了晚上，怎么能答应把未来三年还没有到手的钱借给别人呢？你的铁厂是个大摊子，各省都自顾不暇，你还是去找户部想想办法。③

---

① 《铁厂拟开两炉请饬广东借拨经费折》，载《汉冶萍公司档案史料选编》上，第 119—121 页。

② 《凑拨铁厂开炼经费折》，载《汉冶萍公司档案史料选编》上，第 122 页。

③ 《张之洞全集》八，第 6252—6253 页。

资金是企业的血液，是企业成长的乳汁。一个本来就先天不足的婴儿，呱呱坠地之际又缺少奶水，始终是有一口、无一口，饿不死，也吃不饱，怎么还能指望他苗壮成长呢？

第十九章　四面楚歌　山穷水尽

马关条约 创巨痛深 / 皇上提出要"招商承办" / 刘坤一击中了张之洞的软肋 / 责打工人引起铁厂罢工 / 走了白乃富，来了德培 / 大炉不开，"是死证矣！" / 遵旨通盘筹划：逐条驳斥刘坤一 / 先填平江南筹防局的窟窿 / 转一个圈子，再向户部要银子 / 对招商承办的初步回应 / 与翁同龢刻意修好 / 债台高筑，山穷水尽

　　甲午战败，在朝廷内外要求发愤雪耻的呼声中，张之洞和他的钢铁事业承受着政治经济两方面更为沉重的压力：一方面是受到深重刺激的年轻皇帝，急于改变现状，急于见到"造机器、开矿产"的成效；而由于李鸿章的误国求和遭到朝野上下的唾骂，进而越来越多的人们对洋务运动的作法和效果提出了质疑和批判；这种思潮也为官僚之间的倾轧所利用，成为射向张之洞的暗箭。另一方面，原本陷入枯竭的财政无力承受巨额的战争赔款，最终必然要转嫁到各省，原本窘困万分的铁厂经费更加难以筹措，张之洞在长期挤压湖北财政的同时，又把手伸到南洋，引起了与户部、刘坤一的新的矛盾。

马关条约　创巨痛深

　　光绪二十一年三月二十三日，李鸿章作为大清国的全权代表，按照日本提出的条件，签订了丧权辱国的中日《马关条约》。主要内容是：中国要把

辽东半岛和台湾割让给日本，赔偿日本军费二亿两，增加沙市、重庆、苏州、杭州为通商口岸。条约中还规定，日本人在通商口岸有权从事各种工艺制造，有权将各种机器装运进口，日本在中国制造的货物享受与进口货物一样的优惠。其中要立即实现的割让台湾和支付巨额赔款更是难以下咽的两大苦果。

曾任河南道监察御史的易顺鼎在《盾墨拾余》中记载，四月八日被迫批准条约时，奕䜣、奕劻与军机大臣孙毓汶、徐用仪在殿中立等皇帝签字，光绪"绕殿急步约时许，乃顿足流涕，奋笔书之。"这位皇帝在私下里对人说："台割则天下人心皆去，朕何以为天下主！"①

甲午战败形成了巨大的冲击波，所有关心国家命运的各阶层人士无不沉浸在震惊、激愤、耻辱、忧伤而又无可奈何的情绪中，仿佛面临天崩地裂一般。正在南通家中为父亲守孝的清流代表人物张謇，在日记中逐条记下了条约的内容，痛苦地写道："几罄中国之膏血，国体之得失无论矣！"《缘督庐日记》的作者、供职于会典馆的翰林叶昌炽则在日记里倾泄了对当权者的愤懑："国无以为国，谋国者之肉，其足食哉！"把国家搞成这个样子，真是吃了他们的肉也不解恨。媒体舆论发出了对清朝当局的严厉谴责，认为战争失败的根源在于清朝统治的腐败：

> 盖我中国数十年来，凡秉均衡，都系伴食，其于四方之凭陵侵削，置若罔闻，得失是非，付之不顾……
> 自通商而后，虽同文馆立于京师，方言馆建于上海，武备学堂置于天津，水师学堂立于金陵，各省复设机器、船政、轮船、电报等局，要皆虚应故事，徒糜经费。②

前者痛斥当政者是只吃干饭不干事，后者则是要清算洋务运动的成效了。

---

① 孙孝恩、丁琪：《光绪传》一，第256、262—263页。
② 阿英编：《中日战争文学集》，北新书局1948年版，第25、27页。转引自胡绳《从鸦片战争到五四运动》上，第530页。

皇上提出要"招商承办"

《马关条约》生效两个月后，闰五月二十六日光绪看到了给事中褚成博的一份奏章，请求将各地的船械机器局招商承办以开利源，当即便批给户部，让他们拿一个意见。不知道是偶然的巧合，还是这份奏章起了导火线的作用，第二天光绪郑重地颁发了一道谕旨：

> ……况当国事艰难，尤应上下一心，图自强而弭隐患……如修铁路、铸钞币、造机器、开矿产、折南漕、减兵额、创邮政、练陆军、整海军、立学堂，大抵以筹饷练兵为急务，以恤商惠工为本源，皆应及时举办。至整顿厘金，严核关税，稽查荒田，汰除冗员各节，但能破除情面，实力讲求，必于国计民生两有裨益。[①]

要求各省督抚将军，限期在一个月内，将以上各条就本省情况作出汇报。

户部接到光绪对褚成博奏章的批示正中下怀。这一时期，有人称"近今之大费有三：曰军饷、曰洋务、曰息债"。据统计，江南制造局从1867年至1894年共用经费1602万余两，天津机器局从1870年至1891年共用经费约600万两，福建船政局从1866年至1894年共用经费1400余万两。户部早就巴不得从财政支出中卸掉官办企业这个大包袱，何况又面临着巨额赔款的超大难题，便回奏说：

> 中国制造机器等局不下八九处，历年耗费不赀，一旦用兵，仍须向外洋采购军火，平日工作不勤，所制不精，已可概见。福建船厂岁需银六十万，铁甲兵舰仍未能自制；湖北枪炮、铁政各局经营数载，糜币已

---

① 朱寿朋编：《光绪朝东华录》四，总第3631页。

多，未见明效，如能仿照西例，改归商办，弊少利多。①

根据户部的意见，光绪于六月十二日下了一道谕旨，认为"制造船械实为自强要图。中国原有局厂经营累岁，所费不赀，办理并无大效，亟应从速变计，招商承办，方不致有名无实"。当时朝廷的主意是以南洋华侨为招商对象，命令闽浙总督边宝泉、两广总督谭钟麟和广东巡抚马丕瑶派人到南洋和新旧金山等地，劝令华侨富商集股投资，可以接办原来的局厂，也可以另办新厂。

刘坤一击中了张之洞的软肋

在户部的回奏中，已经将矛头指向了张之洞，说他"縻费已多，未见明效"；接着刘坤一又在火上再加了一桶油。

原任两江总督的刘坤一是湘军宿将，旅顺失陷后被任命为钦差大臣。名义上虽然拥有节制"所有关内外防剿各军"的权力，实际上却是一个光杆司令。上任进驻山海关后，也没有指挥打过一次仗，使得"举国望湘军"的肥皂泡很快就破灭了。在他八月初七上奏的《遵议廷臣条议时务折》里，明显流露出一种消沉退缩的倾向，他认为目前巨款难筹，将领难得，不必急着恢复海军的名目，也不必急着置办铁甲舰，暂时就把各海口的炮台修一修，添一点木壳兵舰，或者买一点巡洋舰、鱼雷艇作为防御之用，再派一些水师学堂的子弟出国游历，总之要先有人后有舰艇，等到经费充足了再从容地建设。按照这样的设想，所谓"以资防御"只是说得好听的空话，在绝望的情绪笼罩下实际上是主张取消海军，取消海上的防御。

就在呈递这封奏折时，他还夹着上了一个《整顿船政铁政片》，其中先指责福建船政局"竟同虚设，势将成废，而常年经费仍不可无"，然后转把矛头指向张之洞：

---

① 朱寿朋编：《光绪朝东华录》四，总第3637页。

又，两湖总督张之洞于湖北创设铁政局，实为中国开源节流之大宗，现在出铁甚旺，莫不乐其有成，冀收厚利。惟闻出铁矿之大冶与汉阳铁政局相距甚远，运费太贵，以致铁值太昂，兼以近处并无佳煤，炼铁未能应手。夫湖南北商民以铁厂为生业者，所在皆是，不患铁之阙乏，而患铁质之不良，铁价之较贵。若铁政局犯此二弊，不能广为行销，则有铁与无铁同。此臣仅据耳闻，预防流弊起见，并请饬该铁政局设法变通，及时补救，勿蹈福建船政局覆辙。①

刘坤一的这份奏片，与上述招商承办的谕旨、户部的回奏紧密地呼应，递上去就起了作用。只隔了一天，八月初九，以皇帝名义发出的一封电旨飞到了湖北督署："有人奏湖北铁政局与大冶产铁处相距甚远……"在引述了刘坤一奏片中的要点后，接着便是对张之洞的指责：

铁政局经营数年，未见明效。如快枪一项，至今尚未制成，着张之洞通盘筹画，勿蹈前失。②

我们当然还记得，两年前刘坤一奉旨调查张之洞时，为他说了公道话，帮他过了一关。现在看他的这封奏片，并没有发现什么新的问题，也没有提出什么过硬的证据，甚至语气也十分委婉平和，但意向却十分清楚，是在给张之洞挑毛病。这真是此一时也，彼一时也。

刘坤一此时之所以要在汉阳铁厂的问题上出手，不失时机地增加一个砝码，挑起光绪对它的更加不满，从表层现象来看，可能是张之洞在江宁动用了江南筹防局的银子接济汉阳铁厂。刘坤一虽然远在关外，有人在他的后院里动了他的奶酪，这样敏感的事情不会没有人向他打小报告；从深层次来看，恐怕和刘自身的处境有关。此时的刘坤一，作为指挥前敌作战的钦差大

---

① 《刘忠诚公遗集》奏疏卷24，文海出版社（台北）1966年版，第36—44页。
② 湖北省档案馆编：《汉冶萍公司档案史料选编》上，第115页。

臣，在对日作战中寸功未建；对日和约生效后，更是成了闲人一个。而在他原来的位置上现在坐的是张之洞。他吊在半空中很紧迫地面临着一个何去何从的现实问题。其间，他曾在给荣禄的回信中，断然拒绝了接替李鸿章出任直隶总督："倘若我公不能为地，朝廷强以所难，惟有抵死固辞，甘受大戮，必不敢贸贸然为之，致如今日之合肥受人唾骂，昔日之湘阴受人揶揄，自辱辱君，并以辱友。"① 退而求其次，便是回任，保住两江总督的老位子。朝廷把张之洞从湖北调来署理两江，在刘坤一看来，这是一种警示，是一种咄咄逼人的威胁。要击退这个最强劲的竞争对手，最好的办法当然是攻击他的软肋：回湖北去照看你的棘手的汉阳铁厂罢！

百来天后，结果出来了：光绪二十一年十一月甲寅（十八日）上谕："饬两江总督刘坤一、湖广总督张之洞各回本任。"②

对此，苏继祖《清廷戊戌朝变记》说：

> 南皮张制军，久矣简在帝心，自甲午权署两江，更信重之，欲召入辅政，为翁相国、孙莱山尚书所阻；本欲以两江久任之，乃本任刘公，内则贿结宦寺，外乞援权贵枢臣，屡为刘公请旨回任，上迟疑不允，竟以懿旨压制皇帝，而回任焉，上至今犹恶之。③

这段文字没有提供事实依据，但反映了当时人们的一种看法。所谓内结宦寺，在张之洞幕僚中早有流传："闻此次刘岘帅得回两江任，赂洛中权贵，费银至卅万两，而慈圣所用李太监得银最多。"④ 所谓外乞枢臣，则涉及恭王与荣禄。在政治漩涡中陷得颇深的文廷式言之凿凿，其中有他与军机大臣李鸿藻的两次对话：

---

① 《复荣中堂函》，光绪二十一年闰五月十七日，转引自马忠文《荣禄与晚清政局》，社会科学文献出版社 2016 年版，第 119—120 页。

② 朱寿朋编：《光绪朝东华录》四，总第 3701 页。

③ 中国史学会主编：《戊戌变法》一，神州国光社 1953 年版，第 334 页。

④ 姚锡光：《姚锡光江鄂日记外二种》，中华书局 2010 年版，第 41 页。

刘坤一治兵既无效，而营求回任之心甚亟，内则恭亲王、荣禄主之，然上意殊不谓然也。乃遣江苏候补道丁葆元入都，粮台以报销余款十万继之，遂得要领。余告李高阳，高阳以为事所必无。不数日，而回任之旨下。高阳又谓余曰："汝前言之事，乃真实语也，丁者，何名？信有神通耶？"余曰："非某所知，有门人籍宁波者，言四恒前月已出票，故敢告也。"①

四恒者，京城著名之四大钱庄也。与荣禄关系密切。

责打工人引起铁厂罢工

与此同时，张之洞的后院一再起火。进入光绪二十一年后，汉阳铁厂的麻烦事接踵而来。

首先是三月里发生了工人罢工的风潮。事件的起因据说是有广东籍的工人"滋事"，翻译委员曾海等人，没有向主持日常厂务的提调汇报，便擅作威福将工人责打了一顿，工人不服，其中广东同乡 200 多人起来罢工，要求将翻译等人撤职。三月二十六日蔡锡勇去厂里调解，要工人先复工再处理翻译，工人不接受。接着蔡便找汉黄德道恽祖翼商议。汉黄德道台，在清初是负责监督汉阳、黄州、德安三府的行政管理；1861 年适应汉口开埠后的需要，治所由黄州移到汉口，主要负责管理对外贸易事务等，被人称为"汉口道台"，对于地处汉阳的铁厂，它就是比汉阳府更高一级的当地行政长官了。恽祖翼立即调动了营勇 200 多人，由丁协镇、周提督等武官率领，开进厂区进行弹压，以武力胁迫工人复工。二十七日恽祖翼亲到铁厂处理，将两名翻译严加申饬，命令他们以后有事应请示提调，不得擅用刑责；责成各工头限期交出罢工的组织者，并令汉阳县严行捉拿。

这次罢工的领头人姓谭，早已闻讯离厂。这是汉阳铁厂最早的一次罢

---

① 汪叔子编：《文廷式集》下，中华书局 1993 年版，第 735 页。

工，也是湖北省确有记载的早期工人罢工斗争之一。值得注意的是，这次罢工并不是谋求经济利益，而具有鲜明的维护工人人身权利和尊严的意义；又是利用同乡之谊的感情纽带组织发动的。

张之洞在南京听到了这件事，也认为翻译的作法是错误的。他要求两位提调必须驻厂，不可远离而误事。

同年六月，又有工人聚在一起去汉口游玩，几乎酿成事端。张之洞下令派了一营兵驻扎在汉阳铁厂，严防工人闹事，确保生产。①

走了白乃富，来了德培

随之而来的是换洋总管又引起了麻烦。

早在光绪二十年年底，张之洞便和驻德使臣许景澄联系，说是"洋总管二月合同期满，不愿再留"，请他托德国克虏伯公司代觅一位上等的洋工程师来鄂接任，要求精于炼西门士钢、贝色麻钢、炮钢等，老成历练，曾在洋厂任过总管并通晓英文。当时汉阳铁厂的工程师、工头、工匠等30多人，都是比利时郭格里尔厂推荐的，总管必须才望过人，方能服众。② 等到六月初，新任的总管德国人德培到了湖北，原任总管白乃富却不愿离开，而且通过在北京的比国外交官向总署交涉，说是白乃富在汉阳铁厂很有功劳，不应当将他辞退，应该继续留用。总署说不了解原委，推给张之洞。张之洞闻讯大为反感，认为白乃富明显是"营谋恋差，意欲永远盘据把持"，由此更认为他这几年来"有意延缓，借便图私"，随即通知蔡锡勇：此人万不可用，不如酌情送他几个月的工资，让他早点走人。③

刚刚送走了白乃富，新来的铁厂洋总管德培和总矿师马克斯又生波澜。因为合同上写的职务是总管，他们宣称只接受铁政局的领导，对厂里各有职责的中国官员们一概置之不理，所有厂务都不与驻厂的委员们商量，独断专

---

① 《蔡锡勇、恽祖翼致张之洞电》，载《汉冶萍公司档案史料选编》上，第112—114页。

② 《张之洞致许景澄电》，载《汉冶萍公司档案史料选编》上，第112页。

③ 湖北省档案馆编：《汉冶萍公司档案史料选编》上，第112—114页。

行，稍不如意就以停工相威胁。在委员们的眼里，马克斯狂妄而怪诞，更不好说话，常常挑起事端吵闹。张之洞不得已，又与许景澄联系，要求克虏伯公司转告德培、马克斯，汉阳铁厂是官办的企业，与外国公司不一样，所谓总管的职责只是专管开矿、炼铁等生产技术工作，指挥中外技术人员和工人生产，至于工匠的录用和辞退、厂务管理等仍以专办的委员为主。①

在张之洞所处的时代，聘请外国技术人员不仅是必要的，而且是不可避免的。与一些外国技术人员之间的这些矛盾，既有西方企业管理模式与中国企业衙门化的冲突，也有特定历史条件下西方人傲慢横蛮与中国官员不懂技术和管理、难以协调操纵等因素，更潜藏着维护中国主权与引进人员如何正确定位的问题。从前后两次洋总管的风波来看，张之洞顶住了外来的压力，牢牢把握了用人的主动权，与白乃富、德培都是以合同为依据的雇主与受雇者的雇佣关系。他们的职权也明确地限定在生产技术范围内，企业的行政、人事仍控制在中国官员的手中。

后来，又将德培的总管改称为总监工。盛宣怀接办后，首先就要德培提出全面筹划的方案，并与之订立了《办事条规》，这些都是后话了。

大炉不开，"是死证矣！"

最让张之洞揪心的还是铁厂的生产。光绪二十一年五月间，他坐镇江宁，三天两头地利用电报遥控指挥：问马鞍山每天出多少煤？烧成的焦炭几时能达到千余吨？两个炉子要快点修好，需要多少钱？铁厂炼出来的钢能不能造双管枪？听说熟练的工匠不够，他又下令多招并赶紧教习，以免将来大炉出铁多时人手不足，废时误事。他心急火燎地对蔡锡勇抱怨：铁厂办事太慢了，用起钱来没有止境，不知道你是不是也着急？唯一能让他稍感欣慰的是，蔡锡勇和黄遵宪向他报告，他们一同到马鞍山井下，亲眼看到了"第三层煤厚九法尺"，所炼的焦炭"质松而坚，能受压力，以炼生铁极合用，胜

①　湖北省档案馆编：《汉冶萍公司档案史料选编》上，第118页。

于萍煤"①。

张之洞接到了闰五月二十七日光绪号召修铁路、开矿产的旨意,迅速作出反应,六月四日致电蔡锡勇,开头便是:

> 生铁炉必须赶紧开炼。焦炭炉目下每日实能炼出几十吨?生煤每日实能开出若干吨?速据实复。若炉久不开,每月徒有工费而无出货,成何事体?每月总需七八万金,以后用款无从罗掘,以前欠债无从筹还,鄙人实无颜再向朝廷请款,亦无词以谢诼谤之口,是死证矣! ……现有旨饬议办铁路,若鄂厂无轨,朝廷诘责将奈之何?②

他动情地向蔡坦露了内心的极度焦虑。提出只能尽快地买几千吨外洋的焦炭,与自己生产的焦炭配合着开炼。

过了三天,蔡锡勇复电。马鞍山现在的煤还不足,炼焦炉只能开一半,每月约出30吨;萍乡的煤由官办运来的,积压的陈煤质量降低,新煤被船户搀进了柴煤,多次试验炼焦的效果都不好。上月改令商人包运,负责不搀杂,中旬预计有5万吨运到马鞍山,炼焦炉35炉就可以全开。现在厂里存有焦炭1700多吨,炼焦炉全开后就可以开大炉。问题是炼焦炉一经使用后便不能停火,必须要有充足的经费作保证。他的意见是"总以宽筹煤价,官、商并运萍煤为急务"。对于买洋煤,他认为价格太贵难以承受,而且购运的周期太长,远水救不了近火,不如用买洋煤的钱去买萍煤更为稳妥。

张之洞在六月初已经设法凑合拨了十万两银子,作为上两个月的经费。接到蔡锡勇的回电后,第二天就同意用萍煤,并筹解了3万两银子专供购萍煤。六月二十六日他又告诉蔡,自六月份起,每月从南京发3万两到湖北作为购萍煤款,由蔡酌办。他一再叮嘱:"此专为赶紧开炉而设,万不可徒糜费而无炭",又说:

---

① 湖北省档案馆编:《汉冶萍公司档案史料选编》上,第113页。

② 湖北省档案馆编:《汉冶萍公司档案史料选编》上,第114页。

究竟何时能开生铁炉，即确复。鄙人为此事日夜焦急，惧无以仰副朝命，万不可视为儿戏，随意搪塞也！①

你道张之洞从江宁拨给铁厂的银子是从哪里来的？原来他见战事已经结束，便老实不客气地施展他署理两江总督的行政权力，打起了江南筹防局的主意，这里每年有专为南洋海防修理兵轮、炮台、购置军械的拨款。他在闰五月二十七日打了一个专题报告《湖北铁政、枪炮两局经费由江南拨解片》，向朝廷说：制炼钢铁、自造枪炮都是今日讲求武备的最急之务，停顿不得。湖北的枪炮、钢铁并不是只为湖北一省的需要创立的，正可以供应给南洋，应当两处通力合作，早日促使它成功。现在湖北铁政局急需的经费就由江南筹防局拨解，分别报销。②

从某种意义上说，煤的问题实际上也是经费问题。经过如此这般一番努力，有了这一笔经费救急，铁厂终于在七月内将生铁大炉重新开工冶炼了。

遵旨通盘筹划：逐条驳斥刘坤一

接到光绪皇帝八月初九命他"通盘筹画"的电旨，受到责备的张之洞不敢怠慢。幸亏他的大炉已经重新开工了，毕竟要好说话一些，还不致十分被动。经过精心筹划，于八月二十八日一天内，呈上了四道奏折、一份附片：《查复煤铁枪炮各节通盘筹划折》《呈炼成钢铁并咨送试验折》《凑拨铁厂开炼经费折》《铁厂、煤矿拟招商承办并截止用款片》和《恳拨湖北枪炮厂经费折》。③

《通盘筹划折》是这一组文件的主干，正面回答光绪要他"通盘筹画"的电旨。口头上说的是对皇上陈述"铁厂枪炮厂工程艰巨，现已办成情形"，实际上是洋洋洒洒地对刘坤一的奏片一项一项地进行反驳。

---

① 湖北省档案馆编：《汉冶萍公司档案史料选编》上，第114、121页。
② 《张之洞全集》二，第1011页。
③ 《张之洞全集》二，第1027、1035、1036、1038、1040页。

对于"产铁远近"问题，他扼要重述原来选在汉阳建厂的原由，坚持认为"此限于鄂省地势，又参酌中国人情，无可如何"。

关于铁价问题，他认为他的产品在洋行试销"较之洋产销价大约相同"，刘坤一说他的铁价太贵，不知有什么根据？现在马鞍山的煤质很好，王三石没有继续开采、李士墩用土法开采，都是因为经费不足，刘坤一说近处无佳煤也是不确切的。

所谓"炼铁未能应手"是由于在炼焦上经历了一些曲折，宣称"七月内已复开生铁大炉，此后若经费充足，自无虑煤不应手"。

对于刘坤一把汉阳铁厂与土铁相提并论，则指出土铁"质粗而材小"，只能作民间日常用具，不能作机械、制铁轨、造轮船，做厂房，不理解刘所说的"二弊"是什么意思。

至于电旨说他"经营数年未有成效"，他解释主要是开煤难，难在凿石、抽水等，"若时多费巨，委系创举之难"。他理直气壮地说：现在自己开采的煤可以炼成焦炭，自己炼的焦炭可以炼铁，自己炼的钢可以造路轨、枪炮，可以到洋行里去卖个好价钱，铁厂的成效好像也只能是这些了。

按照"通盘筹画"的要求，他就汉阳铁厂的投入产出算了一个大账：铁厂可日产生铁百余吨，年产熟铁、精钢三万吨，大约价值为200万两；每月需资金13万两，并需再增添40余万两的设备，否则便不能销到200万两。考虑到这些精钢、熟铁目前在国内销售有限，他寄希望于通过洋行代销到国外去，乐观地估计"总有盈余"。——后来的事实证明，他的这种乐观是何等地不切实际。

至于责备他"快枪尚未制成"一节，他解释因为机器改了型号，增加了枪弹、炮弹、炮架三个分厂，由购买洋枪管、洋炮管，改为自产，又因为火灾，延误了一年多，现在已经造成了新枪、快炮、炮车和炮弹，去冬以来已投入应用，"以后自可源源济用。"

在说明情况、列举事实、澄清了一些看法后，张之洞加以概括：

以上各节，所有工程机炉，炼成钢铁，开出佳煤，炼出焦炭，制成枪炮，皆系万目共睹之事，不能稍有含糊隐饰。至于工作之繁重，外洋购料之周折，分设各厂之辽阔，华匠学制之艰难，亦皆凿凿有据之事。

然后颇有针对性地发出感慨：

> 从来身居局外者，既非身习其事，又未目击其难，往往以道路传闻之语，悬揣苛求。凡有关西洋时务之举，或则墨守旧法，以为不必办，或则言之甚易，视为不烦巨款而办，不需多日而成，此乃风气未开之故，固亦无足深辩。

这些话语，是张之洞心中不平之气的自然倾泄，也可以看作是亲身体味者对当时世相的真实概括。他所列举的这些阻力，行文虽是泛指，实际上是可以清楚地对号入座的："道路传闻"云云，似乎可以很合适地戴到刘坤一的头上；而"以为不必办""视为不烦巨款而办"，很明显的是指向翁同龢等人。走笔至此，张之洞终于按捺不住，直接向户部表示了不满：

> 部臣屡以糜费虚掷为戒，夫以筹款如此艰苦，乃身当其难，岂有不力求搏节速成之理？

这等于是说，翁同龢只知道指责我，款子却是我辛辛苦苦地筹来的，难道我还不知道要节约，要尽早地把它办成吗？[1]

第二份奏折《呈炼成钢铁并咨送试验折》，将铁厂枪炮厂的产品送交朝廷验看，用实物展示已取得的成绩。除大炮2000多斤重，运送不便外，随奏折呈送生铁、熟铁、贝色麻钢、西门士钢、钢轨、鱼尾片、角铁等十一种样品，及快枪一枝，新式药弹100颗。[2]

---

① 《张之洞全集》二，第1027—1035页。
② 《张之洞全集》二，第1035页。

这支快枪便是第一代的"汉阳造"。至光绪三十四年，据新任的湖广总督陈夔龙报告，汉阳枪炮厂共制造了步、马快枪 11 万余支，枪弹四千数百万颗，各种快炮 740 余尊，前膛钢炮 120 余尊，各种开花炮弹 63 万余颗，前膛炮弹 6 万余颗。①

此后几十年里，大名鼎鼎的"汉阳造"顶起了中国陆军武器装备的半边天，直到抗日战争时期，它仍然是中国人民对日作战的武器之一。

先填平江南筹防局的窟窿

同时上报的关于两个厂经费的报告，是必须解决的实质性的问题，也是张之洞与户部的又一次较量。

前番张之洞于闰五月上的一份奏折，要求湖北铁政局、枪炮局急需的经费由江南筹防局拨解济用。折子递上去，被户部抓住了个破绽，彻底否定了。户部向光绪汇报说：

> 以两局经费不敷若干，由江南筹防局款拨济若干，原奏均未声明，尤恐漫无限制，行令由该省抚臣自行筹款备用，毋庸挪移。②

你到底缺多少，打算从江南拨多少，数目都不说，我能让你随心所欲地乱花吗？这且不说；下面有一句话，张之洞看了注定要大为光火。"自行筹款备用"云云，就是让你自己去想办法弄钱，本是打一句官腔，也还不打紧；玄机却暗藏在"行令该省抚臣"这几个字里面。虽说筹款本是巡抚的职责，但朝廷上下无人不知汉阳铁厂是张之洞一手亲自操办的，此时他虽然在江宁署理两江总督，但朝廷已经明令湖北炼铁、织布各局仍由他一手经理，现在户部却冒出了一句要让该省抚臣，也就是指定由湖北巡抚谭继洵去筹措经

---

① 汪敬虞编：《中国近代工业史资料》第二辑上，第 430 页。

② 《恳拨湖北枪炮厂经费折》，载《张之洞全集》二，第 1040 页。

费，这不是大有玄机、暗示要撇开张之洞，对铁厂来一个釜底抽薪的吗？

张之洞对两个厂的经费问题分别处理，各写了一个折子。在《凑拨铁厂开炼经费折》中，张之洞采取守势，先从广东借款无着说起，然后说他根据两淮盐运使江人镜的报告，在左宗棠总督两江时，经过朝廷批准，增加了淮盐在楚皖的发行量，所收盐引的票费用于采办军火、制造钢板船以及水利、书院、桑秧等善事，属于外销款。现在盐引还留下一些余额，已由安徽商人认购一万二千引，湖南平江商人认购四千引，共收缴票费 35 万两，安徽商人并另报效 2 万两；又有两淮商人因海防需款，捐银 13 万两。三项合计 50 万两。张之洞认为增加发行的盐票手续完备，价格合理，销售良好，商情踊跃，又不影响正常税收，要求将这 50 万两一并拨充铁厂的开炼经费。此时他在江南筹防局挪借的资金已经有 50 余万两，打算就用这笔资金去如数归还。①

转一个圈子，再向户部要银子

户部不是不准张之洞动用江南筹防局的款项吗？他千方百计地从盐商那里弄银子把窟窿填平了，然后在枪炮的经费上发动进攻，转一个圈子，再向户部要银子。

在《恳拨湖北枪炮厂经费折》中，张之洞首先理直气壮地说，枪炮关系着作战的胜负。现在的中国，自己能炼精钢精铁，自己能造快枪快炮的，只有湖北这一个地方，应该集中各省的人力物力来支援，确立国防装备的根本。当初办这个厂就不是只从一个省来考虑的，它的产品也不是只供应湖北一省之用。最早买机器的银子是在广东财政之外筹集的，后来添改小口径机器、增加枪弹、炮弹、炮架三个厂、添购新式快枪的机器等，因为无款可拨，一共欠了外国厂商 60 万两的债务。现在湖北的经费非常困难，这笔钱似乎不应该由湖北一家出，"一省之财力断不能供大局之急需"。

---

① 《张之洞全集》二，第 1036—1038 页。

接着，张之洞利用他署理两江总督、南洋大臣获得的底细，举出真凭实据指责户部处理不公。他说，北洋、南洋各个制造局建立以来，花了户部的银子何止千余万，像上海制造局历年制造的军火，不过是一些平常的、老式的东西，每年还拨五六十万两。去年增加制造快枪、炼钢、火药等项目，其实只在原来的基础上添加了少量的厂房和机器，炼的钢不多，造的枪也很少，今年户部又从汇丰银行借款 40 万两拨给它；而湖北枪炮厂造的枪炮子弹比上海多好几倍，机器厂房的多少大小，上海更是无法相比。多年以来，部里从来不给湖北枪炮厂拨款，经费都是我们自己筹集的，和人家比较，我们只能躲到角落里去流眼泪。

然后便伸手要银子：

> 现在外债急欲偿还，事机不可中辍，惟有援案吁恳圣恩，敕部就户部存沪借款拨银六十万两，以济急需。如部臣以部中借款未可轻动，拟请即在江南所借瑞记洋款拨用。此款系奏明由臣于江南陆续设法筹还，并非司局原有正款，于京协各饷绝无妨碍。拟由鄂厂分为四年将所造枪炮作价均还，照外洋买价让减一成，每年还银十五万两。目前鄂厂有款以应急需，日后江南有械以资防务，似乎两益而无损，与凭空拨江南之款以协鄂省之用者，迥然不同。

最后，张之洞表示，到今年年底，将经费划断。从明年起，每年按 30 万的经费使用，造 3000 支枪，每支配 500 颗子弹；再造 60 尊大炮，每炮也配 500 颗炮弹。一年以后，如果给我们加拨 30 万，一年就可以造 7000 支枪100 尊炮，并配足弹药；否则，我们还是按 30 万的定额生产。总之是只要厂建成了，机器生产正常了，银子多便多造，银子少便少造。[①]

我们看这道折子写得和铁厂的大不一样。一来是有枪炮子弹等军火产品作后盾，底气便足了；二来是掌握了户部与江南打交道的底细，对户部的口

---

① 《张之洞全集》二，第 1040—1043 页。

气便硬朗了许多。光绪大概也能看得出来，张之洞是在和户部较劲：你不让铁厂动用江南的银子，我就变个法子由枪炮厂来要银子。

回头来看，他当初打电报给总署要求明确他继续兼管枪炮厂，绝不是画蛇添足，多此一举。看来他接到署理两江任命就打定了主意，要利用他的权力在江南为铁厂筹款。张之洞心知肚明，湖北地方财政的潜力早就被他榨干了，他只有瞅准机会开辟新的渠道。

对招商承办的初步回应

在呈上四份奏折的同时，张之洞以"附片"的形式，回应了光绪招商承办的谕旨。

他说，关于招商承办的问题，这几年一直在考虑，总想等到"煤井深通、焦炭炼就、钢铁可常炼不停"以后，才好根据情况考虑是官办还是商办。现在这些事情基本办好了，钢铁质量精好，洋行肯给好价钱，已经具有成效了，自然是应当遵照皇上的旨意招商承办。只是商人必然要到铁厂煤矿各处一一详细考察，才能定下来；即使有人承办，也得要几个月才能接手。目前铁厂的经费只能支持到八九月之交，到年底还需要四五十万两银子。既要招商，煤矿、铁厂都应当搞得红红火火，商人才乐意承办，绝没有停工的道理。实在没有法子，只有请求皇上准许仍然在江南筹防局拨借。从明年起，如果部里不能拨款，就只有停工，等待商人来接办。最后，张之洞说：

> 但方今时势日急，外患凭陵，日增月甚，富强之计首以铁路为第一要图……今铁厂已成，钢轨能造，正为目前救时切用之需，若反停辍不办，似为非计，不特志士所惜，且将为万国所诧。臣于此举不揣驽钝，身为其难，现在诸事粗成，智力俱困，此事关系富强大局，究应如何办理，圣明自必权衡至当，无待微臣之渎请也。[①]

---

① 《张之洞全集》二，第 1036—1038 页。

这件奏片名义上是请求将铁厂招商承办，实际是被动消极地、勉强地不得不对皇帝的旨意作出遵从的表示。全文并未就如何招商承办提出任何措施，连意向性的方案也没有；反复强调的倒是铁厂不能停工，要求准许挪借资金以维持运转。最后从形势说到富强大局，请求皇上权衡，其意向是不言而喻的。

与翁同龢刻意修好

说来也巧，张之洞的这一组奏折发出去没有几天，翁同龢的侄儿、署理江西藩台的翁曾桂到了江宁，拜访张之洞。翁曾桂这次是偶然路过，还是专程拜访？是按常情说说客套话，还是确实受了翁同龢的嘱托？我们还无从知晓。然而，确凿的是，这给张之洞提供了一个契机，他抓住了这个契机，于九月三日给时任军机大臣、户部尚书的翁同龢写了一封信，竭力修复两人之间的关系。

军机处自光绪十年罢斥恭亲王全面改组后，以礼亲王世铎为首的班子稳定了十年。其中，阎敬铭于光绪十四年病免也未补人，十九年许庚身去世，才有徐用仪学习入值。二十年中日战事起后，十月六日主战的翁同龢、李鸿藻、刚毅三人同时入值，随即起用奕䜣为领班王大臣，而老迈的额勒和布、张之万同时退出。二十一年六月和约签订后，主和的孙毓汶、徐用仪在朝野一片谴责声中或病免，或罢值。如此两次调整，原来的军机班子中只留下了礼王世铎，第二次入值的翁同龢便成了恭王、礼王之后的第三把手。此时奕䜣已是老境颓唐、锐气全无；世铎一贯谦和而平庸，唯唯诺诺，备位而已；翁作为首席汉大臣又是光绪信任的师傅而隐操实权，进入了他政治生涯中的巅峰时期。

张之洞在信中首先对翁同龢一再表示感谢。去年冬天他署理两江总督时，因为急需布置对日作战的防务，不得不借洋款，感谢翁从中斡旋，解决了大难题；自己"才性迂阔，不合时宜"，要不是上面有人支持、指导，"遇事维持"，许多事情更是无从办起。近来多次听到文廷式、杨锐等人告诉他，

"备言我公于畴人广坐之中，屡加宏奖，谓其远胜时流"，"引为同心"，使他既感到惭愧又受到鞭策。

书信由此切入翁同龢在中枢主持政务，对之大加颂扬：强调"外吏得以效其尺寸者，皆由政本为之"，地方官员能够发挥一点点作用，都是中央政府首脑工作的结果。在这艰危的形势下，贤明的大臣同心主政，让我们看到了政治昌明的前景，您受万众的敬仰，倡导全国推行宏伟的规划，在中央推动解决根本问题，在地方实施改进的措施。凡是您的指示，我一定竭力奉行，努力不负您的期望。

如此这般地推崇加表态，把文章做足以后，才转入张之洞迫切期待的实质性问题，希望在铁厂经费上得到翁的谅解和支持。他说：

> 今日度支艰难，节用为亟，计相苦衷，外间亦能深喻。……至铁政、枪炮诸局，当初创办之时，因灼知为有益之事，而适无创议兴办之人，遂不能度德量力，毅然任之……用款繁巨，实非初议意料所及。今幸诸事已具规模，不能不吁请圣恩，完此全局，以后限断既清，规画较易。至其间用款，皆系势所必须。总由中华创举，以致无辙可循。比年来，无米为炊，政如陈同甫所谓"牵补度日"者，尚何敢不力求撙节？必至万不容已之事，始敢采买营造。旁观者但诧于手笔之恢宏，或未知私衷之艰苦。此诸事正为讲求西法之大端，伏望范围曲成，俾开风气，则感荷庆幸岂独一人！①

书信中的张之洞，完全是一个温顺而谦逊的晚辈，对翁感恩戴德而又推崇备至，看不出历年积怨的一丝影子。

晚清的许多历史人物都是复杂的多面体，官场中的人际关系更是微妙得说不清道不明。

在广东报销上卡住张之洞的是翁同龢，一贯指责张之洞"糜费"的是翁

---

① 《致翁叔平尚书》，载《张文襄公全集》，第847页。

同龢，而在大庭广众中公开赞扬张之洞的也是翁同龢。翻开翁的日记，还可以找到一些称赞张之洞的记载。如光绪七年十一月十四日记："授张之洞为山西巡抚，盖特擢也，可喜可喜！"光绪十年四月二十四日张之洞奉命晋京，二十八日受命署理两广总督。在此期间，翁在日记中说："邸抄内张香涛复奏口外厅民编籍无碍蒙民一折，洒洒千言，典则博辨，余于此真低头而拜矣。""张香涛来长谈，毕竟磊落君子人也。"① 如此这般，各个不同的侧面都统一在一个鲜活而真实的翁同龢身上。作为"计相"，掌管国家的钱袋子，不让地方乱花钱，是他的本份，是忠于职守；批评张之洞糜费，半是对洋务的隔膜，半是对张之洞作风的不满；但这并不妨碍他对张之洞才干过人的欣赏和赞许。在某种情势下，张之洞在翁的眼里只是通家之好的晚辈，是慈恩圣眷正隆、前途无量的后起之秀。作为状元宰相、两朝帝师、一代通儒，当然也是道德文章的楷模，识才进贤、奖掖后进，既是历代贤臣良相的优良传统，也是聚集人气、博取声誉必不可少的政治风度；至于对着杨锐、文廷式等与张之洞关系密切的人赞扬张之洞，或许是真情的自然流露，或许也是人际交往的一种手腕。

　　翁同龢虽然在大庭广众公开赞扬张之洞，并不能说明翁对张就了无成见，亲厚无比；虽然张之洞的这封信似乎情意拳拳、言词恳切，同样也不能说明张、翁之间互无猜嫌，了无芥蒂。张之洞早年出入翁家时，才思敏捷，议论恢宏，曾为翁所赏识；张的奏稿有时向翁请教，意旨也颇为相投。为了王文韶、景廉的云南报销案，张向翁进言，翁一笑置之，张发恨不登翁门，不过是少年气盛，说说而已。翁自光绪十一年起掌户部，此后正是张在广东、湖北大事兴作的时期，时间愈久，矛盾愈积愈深，在《抱冰堂弟子记》中多次提到，有时称户部，有两次直指"某司农"，指陈事实，言之凿凿。张的这封信，如此推崇颂扬翁同龢，我们很难认同他是出自肺腑的由衷之言，不过是暂时放下个人的恩怨好恶，降心相从，刻意示好，也许这就是封建官僚的所谓"圆通"；其所以如此违心行事，看来主要是争取减少一点来

---

① 《翁同龢日记》三，第 1631 页；《翁同龢日记》四，第 1931 页。

自朝廷的阻力，为了成就中国钢铁工业而如此煞费苦心。

不知道是不是张之洞的疏通工作有了效应，九月十六日总理衙门来了一通电报，传达皇帝的旨意：

奉旨：近闻湖北铁厂采煤合用，大炉业已烧通，每年可出快枪七八千支，铁轨尤易制造。张之洞经理此事，历有年所，着将现办情形，切实复奏。如经费不足，亦应确切直陈。现在时事多艰，中外大臣宜讲求一"实"字。总之，毋妄费，毋受欺蒙，方有实济。该督其深体此意。钦此。铣①

这次口气大不一样，平和而亲切。肯定了湖北的成绩并由事到人。更难得的是主动问到经费，体贴地抚摸到了痛处。

张之洞考虑了两天，给总理衙门回电，请代向皇帝报告，收到电旨内心非常感激、震动。有关情况和经费问题，他在八月二十八发出的那批奏折，估计现在已经收到了。意思是要说的话都在那里面。唯一还要向皇上再说的一句是：

窃思此两厂，事多相连，招商总不甚便，似仍以筹款官办为宜。②

在电旨的鼓励下，他终于直白地说出了真实的想法。

山穷水尽，仍然想坚持官办。苦苦挣扎、费尽心机的张之洞，还能为铁厂注入一线生机么？

债台高筑，山穷水尽

张之洞在《请将铁厂煤矿招商承办片》中报告，他筹集的盐务款50万

---

① 湖北省档案馆编：《汉冶萍公司档案史料选编》上，第124页。中国书店版《张文襄公全集》、河北人民出版社版《张之洞全集》皆未收。

② 湖北省档案馆编：《汉冶萍公司档案史料选编》上，第124页。

两，只够前几个月的开支之用，积欠都难以还清；上年十月将生铁炉停了以后，生铁供炼钢和各种钢材之用，没有销售收入，资金无法周转。这一年的七月里，铁厂的生铁大炉虽然重新开工了，但这种没有客户订单的生产，是没有销售收入的，实际就是烧钱，肯定无法支撑下去。

坐镇在江宁的张之洞不仅要为铁厂筹措生产的资金，还要亲自为债台高筑的铁厂借钱还债，排解债务纠纷，就是湖北省内的资金调拨调剂，有时也不能由他说了算，要打折扣了。

光绪二十一年的五月初一，张之洞接到蔡锡勇的电报，说是暂存在湖北善后局的九万两银子，抚台谭继洵已经批准了照数拨给铁政局；但是善后局却说要扣下两笔借款，这也是抚台指示的。这样一来，实际只拨付剩下的尾数三万多两，而纱厂一家就要四万两，还有铁厂和炮厂三、四两个月的用度，根本无法应急。张之洞只得赶紧在第二天亲自给湖北巡抚谭继洵、龙藩台和善后局打电报，具体说明有一笔两万两的银子不是铁政局用的，应算到善后局；另一笔两万多两，将来由铁政报销，可以不还给善后局。还有两笔共一万六千多两，是善后局应该还给铁政局的，现在都没有细算。这九万两急着要用，希望不要扣了。五月初七，谭继洵回电说：你说的各条意见，已通知各局照办。只是善后局资金困难，只能陆续补齐，现在一次提不出九万。①

内部的纠纷没有解决，外面的洋行又来逼债。铁厂欠了耶松洋行九万七千七百多两银子，已经延期了一年，五月底又到期了，多次催逼，不肯再缓。来信说已将票据交给汇丰银行寄到湖北来照收。蔡锡勇想先还一半，谈到六月中旬，耶松一定要先还六万，差一点就要谈崩了。蔡又只得一再向张之洞报告，结果由张之洞让江南筹防局借拨了六万。②

最能说明张之洞已经山穷水尽的，是这年八月十七日他致谭制台、龙藩台、瞿臬台、盐道朱道台、牙厘局黎、彭道台的一封电报。目的是要落实上

---

① 《张之洞全集》八，第6403—6405页。

② 《张之洞全集》八，第6557页。

年七月经过朝廷批准的每年从湖北厘金、牙厘项下匀拨的十万两。他说目前铁厂在外洋、上海各洋行欠了很多钱,"催索甚急",厂里也急需现款,都很紧急。

> 南洋今年已借拨数十万,一时无可再筹。不得不于奏准鄂省厘金、盐课项下商拨。亦知鄂省用款浩繁,今以无可措借,故特奉商:请饬盐道及善后、牙厘两局,将此款二十万两设法筹解,以还急债并济要需;如一时未有现款,或先向商号转借,或酌发台票应用,或由铁局向商号代借,由鄂省盐道、厘局给期票认还。总期速济眉急,不至停炉待款。

不用再加说明,电报的原文已经将铁厂债台高筑、山穷水尽的景象刻画无遗了。

三天后谭继洵回电,先说善后局今年比哪一年都困难,应当上交的还有六七十万两无法筹集。然后在张之洞所说的办法中,选了由铁局向商号代借。但又打了折扣,说是一次借十万,怕还款的时间拖得很长,失去信用。不如先借五万,还了再借。至于这五万能借到多少,则要看铁厂的能耐;其余的更是遥遥无期了。[①]

---

① 《张之洞全集》八,第6652—6653页。

第二十章 销售：费尽心机 难收成效

呼吁合力维持，以畅地产 / 张之洞的角色转换 / 关东路用轨的拉锯战 / 张之洞再次无功而返 / 轨价之争 / 李鸿章坚持一毛不拔 / 北洋的钢材"无俟外求" / 盛宣怀承办铁厂的关键性条件 / 试图从日本寻找销路 / 惨不忍闻的销售实绩 / 近代化途径的选择

有人说，汉阳铁厂是官办的，所以不重视销售。

这是不了解事实真相，想当然耳，未免冤枉了张之洞。

张之洞为铁厂的销售费尽了心机，厂址还没有确定，他就缠上了李鸿章，要人家用他的钢轨。老谋深算的李鸿章划了一个道道，就成为了他翻不过去的铁门槛。

盛宣怀基于对国情的认知，预计铁厂的销售并不乐观，实际结果却比他的预计更为悲惨。

汉阳铁厂官办时期销售的主要矛盾是市场而不是质量；在某种程度上，资金和焦炭不足掩盖了销售问题的严重性。

呼吁合力维持，以畅地产

光绪十九年十月二十二日，在向朝廷报告"炼铁全厂告成"的同时，张

之洞就呈报了《拟定铁厂开办后行销各省章程片》，希望借助朝廷的力量，打开销售的渠道。开章明义就要求各方面予以支持：

> 查中国自开铁厂，乃奉旨饬办之件，关系自强要图，凡我军国所需，自宜取资官厂，惟赖户部与各衙门及各省合力维持，方足以畅地产，而保利权。

这里首当其冲地提到户部，是因为他还要向这个主管部门争取免税："至所出铁货，既系动用官本，均系官物。且开办之初，工本较巨，行销各省及运销外洋，自应一律统免税厘，以轻成本。"同时提出：北洋铁路局、各省制造机器局、轮船局等，需用各种钢铁物料，或者开明尺寸，或者绘寄图样，汉阳铁厂都可以按照式样制造，与外洋物料一样适用。现在是开办之初，工本一时难以预计，价格暂照各省购买外洋钢铁的时价，与各该省商量着办。最后请求皇帝命令户部、海署、总署"迅速核定章程，通行各省查照办理"①。

张之洞在这里向朝廷反复强调"中国铁厂尤宜多方护持振兴，以期畅旺"，反映了他急于为铁厂开辟销路的迫切心情。事实上，此前他已经作了很大的努力，但效果却很不理想，特别是在李鸿章那里再三碰壁。

张之洞的角色转换

张之洞办汉阳铁厂本来是为了筹办卢汉铁路，后来朝廷改变主意，卢汉路缓建，先建关东路。这是李鸿章出的主意，开始醇亲王奕譞不太乐意。光绪十六年闰二月初八，翁同龢去看七王爷，回来在日记里写道："因谈铁路改议事，邸意怏怏，以为与香涛定议不应中变，语极长。"后来老佛爷点了头，七爷也就无话可说。没有想到的是，张之洞平和地接受了这一事实，很

---

① 湖北省档案馆编：《汉冶萍公司档案史料选编》上，第110页。

快地实现了自我角色的转换：由卢汉铁路的筹办者，转变为炼钢造轨的负责人。

其实，这也是奕𫍣的意思。三月初三，海军衙门由醇亲王和庆亲王两人署名致电张之洞，通报了先建关东铁路的决策，同时强调"惟卢汉之路，可徐办，而炉座炼铁，不容中辍"。张之洞得知只给他今年的两百万两，明年起每年的铁路经费都归关东路之后，便极有韧性地缠上了李鸿章。

张之洞缠上李鸿章，固然是想打关东路经费的主意，利用铁路经费作周转，以缓解铁厂经费的困难，而根本问题还是要李鸿章用他的钢轨。三月初四，在接到海署电报的第二天，他便致电李鸿章，直截了当地询问，迫不及待地要摸清李鸿章的底细：

> 尊处所办营珲路拟用何铁，是否即用鄂铁？抑兼用他铁？或另开铁矿？望速详示，以便筹酌。

三月初五，李鸿章的答复就来了，兜头泼了一盆冷水，然后又留下了一点希望：

> 东路须急办，应购西洋钢轨。将来鄂钢炼成，自可拨用，然须随拨随付价，界限仍清。①

这些地方就显出了李老中堂的厉害。只给你半句好听的门面话，关键是后面的语气一转：一手交钱，一手交货。李鸿章给张之洞划了一条道道，就成了他翻不过去的铁门槛。

三月初十，张之洞正式表态。他对海署说："……谨当遵办。湖北即专意筹办煤铁，炼钢造轨，以供东工之用"；对李鸿章也说："鄂钢造轨，东工拨用，随拨随付价各节，一切均遵命办理。"两份电报，一个意思，就是要

---

① 湖北省档案馆编：《汉冶萍公司档案史料选编》上，第83页。

把汉阳铁厂和关东铁路紧紧地捆在一起。①

关东路用轨的拉锯战

后来的事实证明，这只是张之洞一厢情愿的美好愿望。为此，在张之洞与李鸿章之间展开了长达三年之久的拉锯战，从关东路筹办时起，一直到关东路停工。

光绪十六年三月三十日，张之洞致电海署，对于李鸿章来电"应购西洋钢轨"提出不同意见。他给关东路算了一笔账，认为：

> 大冶铁厂若此时即速开办，一年后即可制出钢轨……可省银数十万，似可不必多定洋轨，反致中国自造之轨置之无用，庶与中国炼铁开源塞漏之本意相符。②

同一天他致电李鸿章也表达了同样的意见。

四月初三李复电，首先便说现在正在勘路，要等到定图、购地之后才开工，"断无预定洋轨之理。"话说得很肯定，实际是敷衍。接着便说他将引入西方通行的"招标"形式："向来订购章程，须令各国铁厂将货价呈送，定期开封，择货精价廉者购办，未便预为限制。"也就是说，你不能限制我只用你的钢轨。下面进一步表示了对时间和质量的怀疑：

> 鄂省机炉到齐，盖厂安设，运煤开铸，计尚需时，似一年后未必能造成合用钢轨。英匠言印度造路甚长，该处所开铁矿钢轨尚不合式，仍须远购英轨，非得已也。鄙意俟鄂厂成轨，取样比较，如果合用，即价略昂，必当自用自物，况如尊论较洋轨为廉耶！似应届时商办。③

---

① 湖北省档案馆编：《汉冶萍公司档案史料选编》上，第83页。
② 湖北省档案馆编：《汉冶萍公司档案史料选编》上，第84页。
③ 湖北省档案馆编：《汉冶萍公司档案史料选编》上，第107页。

语含讥讽，仍然坚持要张之洞拿出了钢轨再说话。

这样的回答，张之洞自然是不满意，便于四月初十去电继续争辩。针对李说的印度要购英轨，他指出与"印度无好煤"不同，他这里是"煤佳铁良，一照西人成法，董以西工造成，似不至不合用也。"他还强调，据驻柏林的洪钧来信说，"钢轨无须极精之品"；"询据各矿师均称造轨只须贝色麻法即合用。现购之炉贝色麻、西门士两法俱备，若以最精之法炼之，当无不合。"至于期限问题，他强调关键是户部能不能及时提供经费："如部款能准期拨足，自当督率赶办，以赴事机，即稍迟不过再多数月耳。"最后表态说：

> 冶铁荆煤，幸承公指示，遵照寻求，已有明效。此后一切机宜，当随时秉承荩画，函电往复，商请裁酌，务求周妥，总期于足以济用而后已。大略公为铁局总裁，洞不过为铁局提调而已，得公主持其事，洞当勉效奔走之力，以赞成功。①

张之洞很谦虚地自称是李鸿章的手下，办具体事效劳，骨子里仍然是要把铁厂和关东路连在一起。

张之洞喋喋不休地摆优势、讲道理是打不动李鸿章的。此时铁厂的经费还没落实，厂址还没选定，机器还没运到，说得再动听，也是纸上谈兵，只不过是反映了张之洞心情急迫而已，关键是要说服李鸿章不用洋轨。

老谋深算的李鸿章拿定了主意，也不和他争辩，四月十二日的回电便顺着张之洞的话说，给他开了一张空头支票：

> ……果照西法，造钢轨必可有成。应请督筹赶办，俟成轨合用，定当就近源源购用，可纾荩虑。……惟部饷支绌，办事不无拘滞，解汇亦多繁费，如急需支用，似可将鄂省应解部款酌数抵划，最为简捷。……

---

① 湖北省档案馆编：《汉冶萍公司档案史料选编》上，第107页。

公讲求西法至精，此事利害相共，知无不言。见推逾分，岂所敢承，惟盼速成济用而已。①

中间给他支招，教他把应上交的款子扣下来。这办法张之洞何须要李教授？李鸿章不过是让他把心思用到向户部弄钱上去。最后一句纯粹是糊弄人的，李鸿章哪里能与张之洞"利害相共"？此时是避之唯恐不及，千方百计要拒之于千里之外；只有"速成济用"四字才是要害。

拉锯战的第一个回合，至此不了了之。

张之洞再次无功而返

一年之后，张之洞得知关东路方案已经敲定，光绪十七年六月二十四日致电李鸿章，重新捡起了这个话头：

> 关东铁路定议，大咨、部咨均奉到。鄂省铁厂明年七月可制成钢轨。前蒙允用鄂轨，感甚。明年需用若干？以后每年用若干？价何时付？祈酌示，以便预筹。

眼巴巴地盼着人家订货，八字还没有一撇，就问人家什么时候付款，张之洞也太性急了。

六月二十七日，李鸿章告诉张之洞：

> 林西接至滦河四十余里，已购地兴工，明春即需钢轨，已向外洋订购。鄂厂明年七月如可制成，容将此间钢轨式样咨送照办，必须一律方能合用。再议价值。②

---

① 《张之洞全集》七，第5496—5497页。

② 湖北省档案馆编：《汉冶萍公司档案史料选编》上，第107页。

在复电的同时，李并将张之洞提出的问题交铁路官局查复。

在收到复信和图样后，张之洞九月十八日致电驻伦敦的使臣薛福成：

> 请询谛厂，添制鱼尾片、钩头钉、锅炉钉、歧轨各机器，配合日出
> 钢轨百吨之用，就鄂厂现有炉机通融挪用，从长计议，应如何添机购
> 定，须价共若干，请详查速复。①

看来李鸿章寄来的图样提醒了张之洞，订购设备竟遗漏了钢轨配件
的制造。将钢轨固定在轨枕上要钩头钉，固定钢轨之间的接头要鱼尾片，
都是必不可少的，只得赶紧添购："制鱼尾片机器全副，制钩头钉机器全
副，制各式公母螺钉机器全副"。这样才有了后来汉阳铁厂的"制鱼片钩
钉厂"。

九月二十一日张硬着头皮致电李：

> 大咨图式并悉。鱼尾片、螺丝钉、钩头钉俱能制造，试验可依定
> 章，价值可照外洋，一切均可照办。唯开炉初造，配合挑选尽善，必需
> 时日。明年十月运津五千吨恐来不及，拟后年开河运到津，先期请尊处
> 派员来鄂考验。鄂省应解铁路经费每年五万，十七、十八两年共十万，
> 拟请截留，划拨轨价，俾免往返周折。②

对于张之洞要求延期交货和截留铁路经费的要求，李鸿章都毫不留情地
拒绝了。十月初五回电道：

> 饬据监工等筹议，由滦至关钢轨五千余吨，明冬即须铺设，断难停
> 待，只可暂向外洋订购。尊处初造，配合挑选，必需时日，应请俟接造

---

① 湖北省档案馆编：《汉冶萍公司档案史料选编》上，第106页。
② 《张之洞全集》七，第5627页。

关外再购鄂轨。十七、十八两年银共十万，乞仍依期照解，俟癸巳订购鄂轨，再商留抵，庶无两误。①

第二个回合，因为无法满足李鸿章的交货期限，张之洞又两手空空，无功而返，唯有把希望寄托在将来接造山海关外的铁路。

轨价之争

又是一年过去。光绪十八年冬天，汉阳铁厂基建工程进入后期，张之洞已被经费问题弄得焦头烂额。为了筹集投产后的生产资金，十月十五日张之洞写了一封长信，附上《湖北铁政局所置机器、厂屋计各项工程清单》，派盛宣怀的侄子盛春颐专程去天津送给李鸿章。信中汇报了铁厂的进展情况良好，只是"亟须筹定常年成本，计每年约需银一百万两"。提出要向李鸿章的铁路经费内预支五十万两，另借五十万两，并希望盛宣怀出头招商承办。十一月初四李鸿章复信，毫不客气地拒绝了张之洞的所有要求，而且因为价格问题引起了一场争辩。

事情是由《清单》最后一段话引起的：

> 每年可出生铁三万数千吨，以之炼钢，可得三万吨。钢之价不一，精者每吨值银二、三百金；粗者亦数十金；从少牵算，每吨作价四十两，每年炼成之钢，值价约一百二十万两。

这里说的是铁厂的总产值，"四十两"是估计的每吨平均销售价，并不是那一种钢的具体售价，意思还是很清楚的。不知是李老中堂老眼昏花，不曾看得仔细；抑或是那位幕僚在旁边煽了阴风，李在复信中抓住它做了些文章，话说得很有些难听：

---

① 《张之洞全集》七，第5627页。

外洋轨价，仅银三十两，又必见货付银。若中国铁价稍昂，犹可通融议办，乃工本运费每吨至四十两之多，相悬太甚，徒慕利不外耗之名，而受暗亏帑项之实，似智者所不为。①

这等于是骂张之洞打着为国家谋利益的旗号，占了公家的便宜，还把他李鸿章当傻子。信中还有"须循买卖常规，似未便以官势勒逼"等指责，教训张之洞要老老实实地谈生意，不要在他面前摆官架子。

铁路经费攥在李鸿章的手里，借不借款，张之洞奈何不得；但他的执拗劲头上来了，一定要把价格的事情说清楚。十一月二十九日，张之洞致电李鸿章：

函悉。轨价既无款可借，即作罢论。至钢轨及鱼尾、钩钉合计，敝处函只拟价三十两，故云每二百里约万余吨，需银三十万两也。……并无每吨四十两之说，不知官路局因何错误。至轨及桥料各件，自应由尊处照章试验，务求合用，不合者无妨驳换。故函内有如不合用惟鄂是问之语。岂有不论轨件可用与否而强尊处以购用之理。……总之，鄂轨价三十两余，桥料等件具照洋价，一切照章试验，尊处究用鄂轨各件与否？祈明晰示复，以便筹办。至感！②

虽然电文简略，我们仍然可以感受到张之洞的怒气冲冲，最后要李摊牌：究竟用不用鄂轨，把话说清楚！

直截了当地说不用鄂轨总是有些不好出口，四天后李的复电开头还是应付两句："每吨四十两，似系传言之讹，鄂轨桥料等件俱照洋价，照章试验，自无不用之理，已饬局核复。"但终究还是要透露出怀疑鄂轨质量的本意，在措词上便以洋匠作借口，并推给下面路局：

---

① 湖北省档案馆编：《汉冶萍公司档案史料选编》上，第96页。
② 《张之洞全集》七，第5752页。

惟造路专任洋匠，彼以华厂试造不若洋厂精熟可靠；又外洋另有专门验试之人与器，华尚未备。俟局筹议定，即咨复。

这封电报刚刚发出去，李鸿章又追加了一份电报，收回了他说过的话：

顷局员面呈尊处前寄清单，末段有"从少牵算，每吨作价四十两"之说，并非传闻之讹。今来电既称照洋价，每吨银三十两，连运脚在内，则前函前单可无庸议。①

看来李老中堂仍然没有把清单那段文字的意思弄清楚，还摆出了一副居高临下、不屑于计较的姿态。

接到这两封电报，张之洞大概会哭笑不得，于是十二月初七再次去电耐着性子详细解释：

江两电悉。试验自须洋匠，悉听尊裁。前寄刻印清单，系估计全厂工料价值本息之数，为招商而设。……故将贝色钢、西门钢、熟铁三种牵算，约略作为四十金，上下文义甚明，实无钢轨需价四十两之语，且此系总计全厂本息之语，并非与购者议价之语。……窃思精钢、熟铁之等差价值，尊处无不灼知，请复检原单一阅自明。

在反复阐明原意的基础上，张之洞展开了反击：

此语原可不必深辩，恐传说者执为口实。且桥料等件必有需熟铁之处，兼之各件工作式样亦不同，官路局于前单既不分别精粗，统谓定价四十两，或致将来又谓不论精钢、粗钢、熟铁及各件，统作价三十两也。总之，无论何种物料，均照洋价最为简明办法，似可不致歧误。特

① 《张之洞全集》七，第5753页。

再详陈。①

这桩公案，表面看来似乎只是文字理解上的误会，实则反映了李、张之间成见很深，在一些具体细节问题上都难以平心静气地沟通，更谈不到和衷共济、通力合作了。

这个回合下来，张之洞只是得到了一句"俱照洋价办理"的空话。

李鸿章坚持一毛不拔

此时铁厂即将竣工，开炼经费迫在眉睫。光绪十九年二月二十五日张之洞上了一道《奏预筹铁厂开炼成本折》，其中针对关东路使用洋轨的问题，就铁厂与关东路的关系，引据奏折和电文作了系统的阐述：

> 查湖北炼铁厂原议专为制造铁路钢轨而设，本为力杜外耗起见。光绪十六年二月，海军衙门、户部原奏内声明：设厂炼铁乃开办铁路、铸造枪炮第一要议，又云：炼铁为造轨等语。海署叠次来电，大意相同。十六年正月电云：正题宜先铸轨，铸械次之等语。尤为深切著明。是现在关东修路，湖北造轨，本是相因而起。十六年三月内，筹办设厂之初，即经商明直隶总督李鸿章，接其电复云：将来鄂钢炼成，自可拨用等语。是以特购制造钢轨、鱼片、钩钉各机器，分建各厂。中国既能制造轨，断无再购洋轨之理。

这段话说得有理有据，堂堂正正，明确表示了对李鸿章使用洋轨的不满，意在取得朝廷的支持。接下来便要求预支轨价，强调：

> 鄂厂造轨仍系官物，必须先发官本……窃拟将湖北湖南两省每年应

---

① 《张之洞全集》七，第5754—5755页。

解北洋铁路经费各五万两，两省共十万两，截留划拨充用，作为预支轨价。此乃鄂厂应得销轨价值，并非无故分用。①

张之洞之所以坚持要预支轨价，固然是急需经费，以解决燃眉之急；同时也是要维护其销轨的合法性，企图以此断绝李鸿章使用洋轨的后路。

既然官司打到了中央，海署不得不出面协调。为此，三月十九日致电李鸿章：

香涛此举，系预支轨价，并非扣留另用，且开炼急需，势难不准。现拟照准，以观其成而免作辍，以为如何？立望电复，以便速奏。②

海署同意预支轨价，也就是支持用鄂轨，同时还委婉地希望李对铁厂予以支持。李于次日复电庆王奕劻，态度强硬，一毛不拔，叫了许多困难，抬出了他为老佛爷祝寿作的贡献：

前因庆典紧要，户部商借二百万，极形支绌，岁仅百万可指，实难再分，是以香涛函商借拨，未敢允行。从前电商允俟鄂厂钢轨造成，试验合用，随收随付价，庶易周转，倘预支银而轨不济用，必至贻误。③

依然以唯恐"轨不济用"为口实，坚持他在三年前给张之洞划下的道道：随收随付价，不准张之洞越雷池一步。奕劻见风转舵，于四月初九回复张之洞：

预支北洋轨价，少荃相国以为不易腾挪。海署现与户部商定复奏，

---

① 湖北省档案馆编：《汉冶萍公司档案史料选编》上，第98页。

② 顾廷龙、叶亚廉编：《李鸿章全集》（电稿二），上海人民出版社1987年版，第548—549页。

③ 《李鸿章全集》十，第5872页。

仅准由粮道借拨十万，已咨达，谅未到。先此电复。①

第四个回合，张之洞仍然是徒劳无功，空手而归。

北洋的钢材"无俟外求"

按照海军衙门和张之洞原来的设想，铁厂的任务一是铸轨，二是制械，即为军工生产提供钢材。后者的数量虽然不能和铁路相比，张之洞也没有放过，光绪十九年九月，曾经札委曹南英专程到福建查询船政局过去用哪些外洋的钢铁材料，数量多少，价格如何等，命他面见闽浙总督介绍铁厂的情况，当然是想在那里打开销售的渠道。② 早在十八年十月十五日致李鸿章的信中，张之洞也特别提到"天津各机器局需用精钢、熟铁，亦必不少"。

铸轨在李鸿章那里走不通，制械又如何呢？李鸿章自己作了明确的回答。

光绪十八年十一月初四，他在回复张之洞的信中说道：

> 至天津各机器局所需钢铁……南局禀复，该局岁需铁料不过二十余吨，只能随时零星择购，以求撙节，势难多为购储等语。此可见机局之窘狭，况东局因各台克鹿卜长炮甚多，亟需仿制钢弹，已筹添炼钢机厂。沪局仿造阿摩士庄大炮，亦创设炼钢机厂，是以后钢料无俟外求。③

一句"无俟外求"，彻底堵塞了汉阳铁厂对北洋销售钢铁的渠道。

所谓的"外求"，是针对汉阳铁厂说的，而不是对进口说的。上海也好，天津也好，用以炼钢的生铁，仍然是从外洋进口，李鸿章的军事工业仍然是

---

① 顾廷龙、叶亚廉编：《李鸿章全集》（电稿二），第564页。

② 《张之洞全集》五，第3185—3186页。

③ 湖北省档案馆编：《汉冶萍公司档案史料选编》上，第96页。

搞无米之炊。从依赖进口钢材到依赖进口生铁，五十步与百步之差而已。

光绪二十年十二月二十日，曾有人愤愤不平地从上海打电报给张之洞：

> 闻沪制造局近定购洋生铁五六百吨，价三十余两；何不买汉厂之
> 铁？甚奇。祈速饬刘道。又汉厂由义昌成销铁，价二十七八两；由耶松
> 转售于义昌成，价只二十三两，可怪。并祈查询。①

这封电报具有典型意义地画出了汉阳铁厂问世后即陷入的困境：一方面
受到李鸿章集团的抵制，一方面受到外国洋行的打压。

江南制造局设炼钢厂，建立酸性平炉炼钢，是在光绪十六年，与筹建
汉阳铁厂同时；当汉阳铁厂即将竣工之时，天津机器局却正在"筹添炼钢机
厂"；而汉阳铁厂的生铁被洋行代销压价之时，江南制造局却在高价进口洋
生铁。大清帝国的事情总是让人摸不着头脑，一边是国产的钢铁销售不出
去，一边又在官办军工企业中"筹添"炼钢厂，中国的钢厂究竟是多了还是
少了？

盛宣怀承办铁厂的关键性条件

光绪二十二年五月十六日，经张之洞与盛宣怀议定后由张之洞向朝廷呈
报了《铁厂招商承办议定章程折》，其中一条是"铁厂必须宽筹销路"。招商
章程对销售形势作了分析，提出了关键性的条件：

> 中国现尚不能成铁舰，不惯用铁屋，不知造铁器；民间农具窠器，
> 土铁足敷所用，销铁之处无多。从前立厂本意专为造轨制械而设。本省
> 枪炮厂、各省制造厂所需钢铁，自应悉向鄂厂定购，然亦每年所用无
> 多。现今议造各省铁路，所需钢轨及应用钢铁料件，系属大宗。拟请奏

---

① 孙毓棠编：《中国近代工业史资料》第一辑下，第795页。

明无论官办商办，必须专向湖北铁厂随时定购。①

对此，户部六月十二日在《遵旨议复铁厂招商承办折》中，提出了不同意见：

> 提纯不净，钢质不纯，安能强各省必向鄂厂购求……如果钢质较外
> 洋为佳，钢价较外洋更贱，该督既确有把握，即北洋大臣亦无不乐从。
> 至各省需用钢铁若如原单所称工美价良，自必向鄂厂购用，万无秦越相
> 视之理。②

说得很是轻巧，不知是存心刁难，大打官腔；还是有意装傻，故作
天真。

当时在铁厂担任总办的郑观应及时作出了强烈的反应。他在二十七日
《铁厂次第筹办张本六十条》中针对"部议"尖锐地指出：

> 虽然各省督抚及路局大员公忠体国，欲向鄂省购办，而经手属员必
> 多方挑剔，吹毛求疵，借词推脱，以便他购而图私利。余经手办开平矿
> 局，深知官场不愿用局煤之弊，因此可类推也。③

这是他的经验之谈，煤尚如此，何况是钢铁！此前，他还于七月十二
日上书工部尚书孙家鼐，具体揭发汉阳铁厂产品难以销售的弊端在于官场
腐败：

> 如北洋前买外洋钢铁，价不廉于鄂，钢不胜于鄂，其时某局员必曰
> 洋钢之胜，洋价之廉，大吏信之。又如开平之煤胜于倭东，贵州之铁埒
> 于泰西，而当年承办者必不欲购，必吹毛求疵，其故何哉？盖购于洋行

---

① 湖北省档案馆编：《汉冶萍公司档案史料选编》上，第134页。
② 湖北省档案馆编：《汉冶萍公司档案史料选编》上，第136页。
③ 湖北省档案馆编：《汉冶萍公司档案史料选编》上，第154页。

则用钱浮冒，一切皆可隐秘，购于华官则恐一旦漏洩，有碍局员左右辈之自私自利，是以大吏必为所矒耳。①

郑观应的这件函稿存放在盛宣怀的亲笔信稿中，显然也是代表了盛的观点。早在光绪十八年十月廿五日复张之洞信中，谈到与洋人的竞争，盛便以招商局为例，现身说法：

> 此数年间，太古、怡和与招商局轮船跌价争衡，商民趋鹜，不顾大局，尚不足责。关局官物仍多付诸洋船，奏案咨札均置不问，甚矣，势力之不足恃也！②

盛宣怀从实践中早已深深感受到了晚清帝国的权力已经无力保护民族工商业，中央政府的文件命令对于各级官僚如同废纸；但在招商承办时仍然不得不在钢轨的销路上寻求朝廷权力的保护。后来汉产的钢轨仍然屡屡受到借外债所修铁路的排斥，历史再一次证明了晚清朝廷"势力之不足恃也！"

试图从日本寻找销路

在国内铁路建设尚未大举、制造加工业十分弱小、钢铁销售市场十分狭小的形势下，铁政局总办蔡锡勇和张之洞也曾把目光投向了国际市场，主要是日本市场。

蔡锡勇于十八年十二月十五日致电驻日本公使汪凤藻：

> 洋报载：日廷定议筹款二万万元添设铁路，以三分之一购外洋钢轨。确否？如果属实，建路拟分几年？每年购轨备款若干？此鄂省铁厂

---

① 《郑观应禀孙家鼐稿》，光绪十二年七月十一日。此信见于盛宣怀未刊的《亲笔函稿》，转引自夏东元《郑观应》，广东人民出版社1995年版，第211—212页。

② 夏东元编著：《盛宣怀年谱长编》上，第390页。

所关，请详查电示。

在接到汪的复信后，蔡于十九年正月十四日再次致电汪，请求协助抓住这一商机，开出了九折的优惠条件，并说明是张之洞的请托：

> 督宪奏设钢铁厂，苦心经营，已阅三载。秋后开炉，日可出钢铁百吨，钢轨、桥梁皆可制造。唯虑销路不广，致碍大局。兹东瀛有推广铁路之议，会逢其适，望公于接见彼都官绅之便，鼎力吹嘘。如集款事成，在鄂购办钢轨、桥料，货色与洋厂相同。价总可比洋厂约省十分之一。如有眉目，鄂当派员来东就议，以期妥速。遵督宪谕奉托，事如可图，即赐电示。

打算派人专程去日本直接商谈，希望尽快办好。急切之情，溢于言表。

二月初九日，张之洞再次用个人的名义致电汪凤藻询问。三天后汪给张回电："售钢事，叠商当局，层折尚多，另函奉布。"

二月二十五日张之洞在《预筹铁厂开炼成本折》中还向朝廷报告说："且闻日本确已筹备巨款，广造铁路，原拟购之西洋，若中国能制钢轨，彼未必舍近图远，是此钢铁炼成不患行销不旺。"这当然是他一厢情愿的想法，后来日本是从英国进口的钢轨。张之洞还不死心，于八月十四日再次去电向汪询问，仍然没有结果。①

美好的愿望虽然无情地破灭了，但说明在当时，中国的钢铁工业较之日本，毕竟是略占先机。可悲的是，不久之后这一点微弱的优势也完全丧失了。

惨不忍闻的销售实绩

也是在光绪十八年十月二十日致张之洞的信中，盛宣怀曾经对铁厂的销

---

① 湖北省档案馆编：《汉冶萍公司档案史料选编》上，第108—109页。

售形势作过极为悲观的估计：

> 如是铁路每年不过造二百里，每里约用钢轨三十余吨，每吨约价三十两，全买官轨，仅得二十万两。津、沪、闽、宁各制造局，每年用生铁不及五千吨，即使尽买官铁，不及十万两，仍不足养此铁厂，似不特官办为难，即商界亦殊难广筹销路。①

这里说的每年造铁路二百里，是根据当时户部每年计划提供两百万的铁路经费测算的。

三年后，汉阳铁厂实际的销售情况比盛宣怀预计的更为悲惨。

汉阳铁厂是为修铁路而建造的，可是它生不逢时，呱呱坠地就遇上了甲午战败后中国铁路建设史上的空白期。张之洞于光绪二十年二月初四向朝廷报告将于初十日开炉点火，此时台湾铁路和关东铁路已经于光绪十九年十一月同时停工。茫茫中华大地，已经没有任何清政府官办或中国人商办的铁路在施工。②

在当时，钢轨是必须要有订货才能生产的。且不说汉阳铁厂不可能有大量资金生产出钢轨来放在仓库里积压，更重要的是当时铁路建设没有统一的标准，每米轨重多少，轨距多少，钢轨用什么式样，都由洋人担任的总工程师决定。开平铁路和津卢铁路同是英国人金达任总工程师，前者用每米60磅重的轨，后者却要改用80磅的；铁厂如果要生产80磅的，就得现到国外去订制轧辊，这又需要有一个不能由主观意志控制的生产和运输周期。历史真相是，从光绪二十年二月汉阳铁厂点火，到光绪二十二年四月盛宣怀接办前，或者说到光绪二十一年冬清政府命胡燏棻督办津卢铁路前后，两年左右的时间，中国没有铁路建设施工，汉阳铁厂不可能有钢轨定货，也就不可能正式生产钢轨。在金融风暴中，一个月拿不到订单便有成批的工厂倒闭；一

---

① 夏东元编著：《盛宣怀年谱长编》上，第390页。

② 密汝成编：《中国近代铁路史资料》上，第196—197页；中国史学会编：《洋务运动》六，第279—280页。

个新建的钢铁厂，两年没有订单还能活命吗？

至于汉阳铁厂生产的钢轨在沪宁铁路公司遇到阻力，是盛宣怀接办铁厂八九年之后的事。有人说汉厂"……产品不良，以致销售无门"才交给盛宣怀接办，是不符合历史事实的。在张之洞官办时期，销售的主要矛盾在于市场，而不在于质量；笼统地说"张之洞造出不合格的钢轨，是办铁厂失败的主要原因"，那是眉毛胡子一把抓。张之洞、盛宣怀各有各的账，需要具体分析，我们没有必要让张之洞来为盛宣怀埋单。

钢铁销售失去了铁路这个大头，在"现尚不能成铁舰，不惯用铁屋，不知造铁器"的社会中，只靠零星销售铁货是无法生存的，整体的销售形势必然十分严峻。光绪二十一年八月二十七日，张之洞在呈报《查复煤铁枪炮各节通盘筹划折》的前一天，收到了铁政局对他查询生产和库存统计的复电：

> 铁厂共出五千六百六十余吨，本厂用二千七百余吨，外售约一千一百余吨，枪炮并外处用二百余吨，存一千六百余吨。又另存炼成熟铁一百十吨。贝色麻钢料出九百四十余吨，本厂用六百三十余吨，枪炮厂约用六吨，外售并外处用十八吨，存二百八十余吨。马丁钢料出四百五十余吨，本厂用二百十余吨，枪炮（厂）约用四十余吨，外售并外处用约四十余吨，存一百五十余吨。铁货拉成钢条板一千七百余吨，本厂用三百三十余吨，枪厂房屋用各钢一百五十余吨，并外售外处用三百四十余吨，存八百八十余吨。①

上年开炉试炼时是"生铁大炉先开一座，日夜出铁八次，共五十余吨。"也就是说，竣工一年多来，由于不能正常生产，仅出产生铁 5660 余吨，约合 113 个工作日，除去自用（主要用于炼钢和熟铁）和枪炮厂所用外，仅销售生铁 1100 多吨，实际上只相当于化铁炉 22 天的产量；而钢的销售更为惨不忍闻：贝色麻钢料和马克钢料共计只销出了 60 来吨。

---

① 孙毓棠编：《中国近代工业史资料》第一辑下，第 796—797 页。

另据 1894 年份汉口海关关册记载，"铁政局所出钢铁曾载运出口者，计有生铁一万八千三百余担。惟钢则不多"。又据《海关十年报告 1892—1901年份》：汉口"1894 年生铁出口约为 1100 吨"。[①] 这个数字虽然很小，却具有历史意义：它是中国近代钢铁工业的第一次出口。叶景葵在《述汉冶萍产生之历史》中说：张之洞"自始至终，实未曾炼得合用生铁一吨"，显然不是事实。

这些国内的销售数字，张之洞没有据实引入他第二天发出的奏折。他仍然强调开煤的困难和经费不足。关于销路问题只是捎带了一句："若虑此项精钢熟铁各省一时不能全销，目前可兼托洋行代销外洋，除去运保行用栈租外，亦可值银一百八十余万两，核计总有盈余。"也许是为了争取铁厂生存的需要，仍然是勉强地向朝廷作了一厢情愿的乐观估计。

在某种程度上，是经费和焦炭供应问题掩盖了汉阳铁厂销售问题的严重性。如果前者当时得到了缓解，生产得越多，积压将更严重；而没有销售收入，铁厂便会成为用银子填不满的无底洞。

销售才是企业的生命线。盛宣怀无疑是看清了这一形势的，所以坚持以督办铁路总公司作为接办铁厂的先决条件，并坚持要把兴办铁路必须定购汉阳铁厂的钢轨写入招商承办章程。

近代化途径的选择

张之洞与李鸿章之间销售钢轨的拉锯战，是以意想不到的悲剧结局落下帷幕。

还没有等到光绪二十年（甲午）二月间汉阳铁厂点火开炉，十九年十一月廿七日，直隶总督、北洋大臣李鸿章便奉命暂停修建山海关外铁路，款项移作慈禧太后六十庆典之用。这时铁路已修至山海关附近的绥中县（即中后所），还有 6000 吨从英国进口的钢轨存放在旅顺的料场里。光绪二十年十

---

① 孙毓棠编：《中国近代工业史资料》第一辑下，第 795、797 页。

月，日本攻陷旅顺，把这批钢轨作为战利品，全部抢走了。

筹办汉阳铁厂是洋务运动的重大举措，它不仅受到保守派的反对，帝国主义势力的挤压，实质上也受到另一些洋务派的抵制。

所谓的"洋务派"，其实只是后人加在他们头上的一个称谓。这些人只是大体上都有不同程度的赞同引进西方物质文明的倾向而已，既无共同的行动纲领，也无统一的组织联系。其中以地方权力为核心形成的不同的政治集团，大大小小的派系，各有各的政治目的，各有各的利益追求，各有各的主张和方案，各自为政，自行其是；或壁垒森严，自成一体，对外抵制；或明争暗斗，相互倾轧，相互掣肘。极其有限的资源，在各种反作用力、分力、磨擦力等的撞击、撕扯、挤压、揉搓下无谓地消耗、浪费。名义上都是奉朝廷的旨意行事，实则朝廷既无力全面规划整合，也难以调度协调。所谓的洋务运动，便是在这种宏观上基本是无序的状态下艰难地蹒跚前行。汉阳铁厂诞生在这种大环境中，陷入困境不是偶然的。

历史就是这样吊诡。李鸿章和张之洞同是中国铁路事业的开创者，历史曾经为他们提供了在卢汉铁路、关东铁路共事的机遇，最终却未曾实现两大巨头之间的合作。他们同时一个修建铁路，一个炼钢造轨，而李鸿章主持的关东铁路却没有使用过一寸张之洞造的钢轨。此后，李鸿章再也没有直接负责铁路工程，终其一生也没有铺设过一寸国产的钢轨。这让我们想起了两则著名的寓言：他们不可能成为伊索赞美的瞎子和瘫子，充分发挥各自的优势，取长补短，共同战胜前进道路上的崎岖和荆棘；倒是像克雷洛夫嘲笑的天鹅和螃蟹，各自按照自己的意志去拉大清帝国这辆破车，尽管使出了浑身解数，终究改变不了历史注定的悲剧命运。

李鸿章是中国近代海军的开创者，但他却是主张并实行"造船不如买船"的；同样的，李鸿章既是中国铁路的开创者，实际上也是主张并实行"造轨不如买轨"的。他曾经多次在电文中对张之洞说过：

> 惟炼铁至成钢轨、铁桥、机车，实非易事，日本铁路日增，至今工料皆用土产，惟钢轨等项仍购西洋，非得已也。（光绪十五年十月

十八日）

英匠言印度造路甚长，该处所开铁矿钢轨尚不合式，仍须远购英轨，非得已也。（光绪十六年四月初三）

惟造路专任洋匠，彼以华厂试造不若洋厂精熟可靠，又外洋另有专门验试之人与器，华尚未备。（光绪十八年十二月初三）①

李一贯主张进口洋轨是明确而突出的，实际上与张之洞分别代表着"买轨"和"造轨"两种不同的主张。在没有强大而成熟的钢铁工业的历史条件下，进口钢轨投入少、见效快、质量好，未尝不可以短期用以应急；而兴建自己的钢铁工业投入大、周期长、技术成熟质量稳定有一个过程，涉及资金、设备、技术、人员、资源及其开采、交通运输等诸多难题，显然要艰巨得多。但中国是一个幅员广阔、人口众多的大国，干线多，线路长，要建成四通八达的铁路网络，是不能长期没有自己的强大钢铁工业的；更不要说建立自己的国防工业体系和发展现代工业都必须以钢铁工业为基础，这是中国近代化或工业化进程中不容逃避的课题。在西欧工业化的进程中，德国便是由于铁路建设大大刺激了钢铁、煤炭和机器制造工业的发展：铁路从 1845—1870 年，由 3280 公里发展到 19575 公里；煤的年产量自 1850—1870 年间，从 670 万吨猛增至 3400 万吨，而生铁产量由 21 万吨增长到 139 万吨。②

光绪十九年二月二十五日，张之洞在《预筹铁厂开炼成本折》中曾大声疾呼：

窃惟采铁炼钢一事，实为今日要务，海外各国，无不注意此事。……各省制造军械、轮船等局所需机器及钢铁各料，历年皆系采购自外洋。上海虽小设炼钢小炉，仍是买外洋生铁以炼精钢，并非华产。

① 《李鸿章全集》十，第 5702、5740、5863 页。

② 钟庆：《刷盘子，还是读书？——反思中日强国之路》，当代中国出版社 2005 年版，第 88—89 页。

若再不自炼内地钢铁，此等关系海防、边防之利器，事事仰给于人，远虑深思，尤为非计。①

他这里说的上海，是指从事军械生产的江南制造总局；同属李鸿章领导下的天津机器局也是如此。

在今天看来，晚清的近代化进程中，存在着两种途径的选择：李鸿章选择了一条现实的、比较简便易行、着眼于当前而又容易在短期见到效果的途径；张之洞选择的途径则着眼于长远和根本、更为繁难艰巨、具有开创性、奠基性而较难在短期见效。选择后者，无疑更需要历史使命感和民族责任感，更需要远见，也更需要勇气和毅力。这是我们在审视张之洞创办钢铁工业时不应忽略的。

---

① 湖北省档案馆编：《汉冶萍公司档案史料选编》上，第98—99页。

第二十一章　质量：一个谎言流传百年掩盖了真相

大冶铁矿早期矿石按照成分分为不同的型号 / 日本长期从大冶铁矿攫取优质低磷矿石 / 萍乡焦炭含磷高，不宜炼贝钢 / 铁路洋员为何不用汉厂钢轨？ / 李维格是始作俑者 / "十余年未解之难题"是不实之词 / 废弃贝炉是为了保证输日矿石的质量

对于张之洞创办的汉阳铁厂的钢铁质量，具有代表性的说法是：

> 大冶铁矿含磷较多，而从英国订购的2座贝色麻钢炉，系照英国所用酸法配置的大炉，不能去磷，以致炼出的钢含磷过多，容易脆裂，"各处铁路洋员化验，谓汉厂钢轨万不能用"。①

其中引用的话，出自叶景葵的《述汉冶萍产生之历史》。

这几乎成了张之洞办铁厂的盖棺定论。涉及汉阳铁厂，就不可能回避这一问题。

根据历史事实，这段话有三个问题需要证实或澄清：一、大冶铁矿的矿石是不是"含磷较多"？或者换一个更明确的说法：大冶铁矿是不是不出产含磷低的矿石？二、钢轨含磷过多，矿石是不是唯一的因素？除了矿石是不

---

① 严中平主编：《中国近代经济史1840—1894》下，第1395页。

是还有别的因素？三、铁路洋员不用汉阳铁厂的钢轨，是不是仅仅考虑质量问题？还有不有对他们更重要的因素？

在此基础上，我们需要进一步澄清的便是：大冶铁矿含磷高、不适合贝炉炼钢的说法从何而来，何以会出现这种说法？

大冶铁矿早期矿石按照成分分为不同的型号

一般的论者只说是大冶铁矿含磷较高，并没有提出根据。全汉升在《清末汉阳铁厂》中说：

> 大冶铁砂含磷0.1%左右，制成生铁含磷0.25%左右，可是用来制造铁路路轨的钢，其所含磷须在0.08%以下，才不至于脆裂。①

虽然言之凿凿，实际上是以偏概全，不足为据的。

此事需要从大冶铁矿及其当时生产的情况说起。根据笔者搜集到的资料，将史实简要概述如下。

1.同一矿山，不同矿体或矿区，矿石成分有所不同。内部发行的《大冶铁矿志》在"矿区地质"一节中说，大冶铁矿"形成北西西向的铁门坎、龙洞、尖林山、象鼻山、狮子山和尖山等六个矿体"，"除尖林山为潜伏矿体外，其他五个矿体均露出地表"。

《汉冶萍公司志》汉阳铁厂"工艺流程"炼铁部份，附有《初期使用铁矿石的平均值分析表》，分列了各个矿区各种成份含量的百分比。首先我们注意到，此表的名目为"平均值"，也就是按照技术规范在一定的范围内，取一定数量的样本，逐一分别化验后得出的平均数。这一专业概念及其技术规范，显然是建立在自然形态的矿石成分存在着差异这一客观事实上的。表中各矿区在"磷"项下或高或低，有较大的差异：铁山为0.123，纱帽翅一

---

① 全汉升：《中国经济史研究》，稻乡出版社（台北）1991年版，第848页。

为 0.079，一为 0.051，狮子山（Ⅰ）为 0.065，狮子山（Ⅱ）为 0.084，管山为 0.334，下陆区山脉为 0.025。表后注明资料来自吕柏的《中国的采矿业和钢铁工业》。①

从上述记载中我们可以知道：大冶铁矿是一个大的矿区，其中包含六个矿体，各个矿体或采区的矿石品位既有共性又各有个性，各种矿石成分是互有差异的；即使是同一个矿体、同一采区，在它的不同部位，矿石成分也可能有所不同。

2.大冶铁矿作为工业产品的铁矿砂，不同于原生态的矿石，经过加工筛选后，按照不同的成份分为不同的型号。《汉冶萍公司志》说：

> 汉阳铁厂炼铁的原料、燃料，均根据各自的化学成份，按比例配置。矿石来自大冶，依据所含铁、硅、硫、磷、锰、铜等区分。初期使用的矿石分为 7 号，以后又按成份分为 5 号。②

《大冶铁矿志》在记述初期的生产经营时也说：

> 光绪十九年（1893 年），大冶铁矿投产后，以生产铁矿石为主……铁矿石产品按其化学成份分一号矿石、二号矿石，第一号矿石含矽 5.42%、铁 62.93%、硫 0.029%、磷 0.049%、紫铜 0.238%；第二号矿石含矽 9.16%、铁 59.45%、硫 0.319%、磷 0.109%、紫铜 0.292%。③

尽管《大冶铁矿志》与《汉冶萍公司志》记载的型号多少有所不同，可能是不同时期情况有不同的变化。重要的是，同样说明了作为产品销售、或作为工业原料的铁矿砂，与原生态的矿石已经有了根本的不同，按照成份分为不同的型号。上述大冶铁矿两种型号矿石的含磷量，一为 0.049%，一

---

① 湖北省冶金志编委会：《汉冶萍公司志》，华中理工大学出版社 1990 年版，第 20 页。
② 《汉冶萍公司志》，第 46 页。
③ 武钢大冶铁矿矿志办公室编：《大冶铁矿矿志 1890—1985》第一卷上，第 209 页。

为 0.109%，相差一倍多。之所以如此，显然是为了适应销售、生产的需要，经过了加工、筛选的结果。更重要的是：它都证实了大冶铁矿出产、销售低磷的铁矿石，并为汉阳铁厂提供了低磷的铁矿石。

在某一个短暂的时期，可能出现矿石成分不稳定的现象，其中含磷忽高忽低。之所以如此，既与采掘的部位有关，也与采掘、加工的操作、管理有关。

日本长期从大冶铁矿攫取优质低磷矿石

大家都知道日本长期从大冶铁矿攫取了大量的矿石。问题在于他攫取的是什么样的矿石？如果像全汉升所言，"含磷 0.1% 左右，制成生铁含磷 0.25% 左右"，精明的日本人对大冶铁矿会如此情有独钟、处心积虑吗？值得他们年复一年地行程万里、远渡重洋把它运回日本吗？值得早在 1905 年 3 月 21 日，日本内阁农商务大臣、外务大臣、大藏大臣三人联名向总理大臣提出"请议案"，要求帝国政府对大冶铁矿"确定将来之方针"吗？

对于日本通过贷款控制大冶铁矿，许多专家作了精到的研究。有文章说大冶铁矿"从宣统元年到民国九年，产品除供汉厂自用外，并远销日本"。其实不然。据《汉冶萍公司档案史料选编》上册"官督商办时期""三、煤铁互售与举借外债"部分刊载的一组文件，实际上日本方面在大冶铁矿阴谋得逞，早从 1899 年 4 月 7 日与盛宣怀订立《互售煤焦矿石合同》就开始了。这些文件亦见于《旧中国汉冶萍公司与日本关系史料选辑》的第一部分。合同附有一份《购买大冶铁矿矿石定准成色清单》，对于矿石成色的要求作了严苛的规定：

> 铁矿石每一百分之内，须有铁六十五分，方为准色。
> 磷一、铁一万分之内有磷五分，方为准色。如少于准色，则每少一万分之一，每吨添加一角。
> 二、如有磷多于前定准色，则每多一万分之一，每吨减价一角。

三、铁一万分之内如有磷过八分以上者，一概不买。[1]

1900年8月29日，日本制铁所与盛宣怀签订的《煤铁互售合同第二次续订条款》对成色的要求更加苛刻，其中对头等矿石成色限定：

> 磷量矿石每一万分之内，有四分及四分以下者定买二万吨；其有五分及五分以下者，定买三万吨。[2]

二等矿石为含铁59%—62%，含磷在0.08%和0.08%以下，数量在此外另议。

《互售煤焦矿石合同》限定以十五年为期，"每年五万吨之矿石，决无缺少，如日本要加买，亦必照办。"1901年1月制定的《矿石运输及装载章程》规定，光绪二十七年内，购定上等矿石八万四千余吨，下等矿石二万余吨。光绪二十九年十一月二十八日，盛宣怀又与日本订立了《大冶购运矿石预借矿价正合同》，向日本第一次借款。这次贷款300万日元，年息六厘，每年出售矿石以偿还本息。日方强调以三十年为期，不得提前；合同原订每年收买头等矿石七万吨，至多不过十万吨，后盛宣怀又在附件中增加到十二万吨。合同未另订成色条款，仍然是沿用过去的指标。[3]

自1990起，大冶铁矿开始按合同对日输出矿石。据《大冶铁矿志》《汉冶萍公司冶矿历年铁矿石产销表》，当年矿石产量为57201吨，售给日本15476吨；1991年大冶矿石产量上升至109215吨，售给日本却猛增到70189吨，占当年产量的64.26%。此后售日量1902年为48169吨，1903年为51268吨，1904年为59990吨，1905年为72000吨，1906年为105800吨，1907年为100000吨，1908年为127000吨。[4]

---

① 湖北省档案馆编：《汉冶萍公司档案史料选编》上，第217页。
② 湖北省档案馆编：《汉冶萍公司档案史料选编》上，第219页。
③ 湖北省档案馆编：《汉冶萍公司档案史料选编》上，第216、224—225页。
④ 武钢大冶铁矿矿志办公室编：《大冶铁矿志1890—1985》第一卷上，第209—210页。

至于矿石成色质量，日方控制极严，大冶铁矿必须严格执行合同。据光绪三十四年六月十一日李维格致盛宣怀电，当年几批矿石磷的含量尚不到万分之五：

> ……第十二次只有磷四分六，十三次四分二，十四次四分八。博德云，通扯尚可不逾五分。[①]

历史事实是，从1901年起，大冶铁矿每年至少卖给日本五万至七万吨低磷的头等铁矿石，占它当时矿石产量的一半以上。我们还能相信它"含磷适高"吗？难道它不适合炼贝色麻钢吗？难道能够因此而责难张之洞错购了贝色麻炉吗？难道能够进而把汉阳铁厂的失败归咎于张之洞错购了贝炉吗？

萍乡焦炭含磷高，不宜炼贝钢

汉阳铁厂钢轨的质量，在官办时期曾经由津卢铁路化验合格。张之洞光绪二十二年五月十六日《奏铁厂招商承办议定章程折》云：

> 综计用铁大宗，无如路轨。鄂厂采炼，本专为在中国铁路极大漏卮而设。比将厂造贝色麻钢轨寄交督办津芦铁路胡燏棻，督饬洋人施德林分验，据称碳锰停匀，磷硫分数最少，出产本佳；提炼加净，钢质益纯，施之抵压牵扭诸器，无往不宜。是路轨、船械种种合用，验有明征。中国苦心孤诣，炼成钢铁，不异洋产。[②]

汉阳铁厂钢轨磷多成为问题，是盛宣怀接办之后发生的，尤其与焦炭有关。

[①]　陈旭麓等主编：《汉冶萍公司》三，上海人民出版社2004年版，第1049页。
[②]　湖北省档案馆编：《汉冶萍公司档案史料选编》上，第133页。

从一般原理来说，化验钢轨，只能确定含磷多少，而不能确定磷的来源；要确定磷的来源，必须化验它所用的原料。炼铁的原料有铁矿石、锰矿、石灰石、焦炭，如果它们含磷都会影响生铁中磷的含量，特别是占比例较大的铁矿石和焦炭；贝色麻钢以生铁和镜铁为原料，贝炉不能除磷，生铁含磷多少直接影响钢的含磷量。所以贝钢含磷要从生铁找；生铁含磷，除了铁矿石还要从焦炭找。

事实又如何呢？现存盛宣怀档案中，光绪二十三年二月二十日盛致函郑观应，并附上汉厂洋工程师吕柏的来信。负责炼铁的吕柏向盛明确地指出当时炼铁的关键在于焦炭：

> 刻下出铁之数，约比从前双倍……尚日后均用好焦炭，接联不断，矿质合式，尚可多出生铁。
>
> 生铁自十一月十四日起，化铁炉所出多系百色麻之料，即有数炉，只供熟铁之料，为焦炭不合式之故。

吕柏对用过的开平、萍乡、郴州、马鞍山、英国和开平煤在马鞍山炼的焦炭等六种焦炭一一作了分析，最为关注萍乡焦炭，认为它"炭质亦称上等，且炭块甚大"，而问题在于：

> 磷质十一毫，如 0.11%。……但嫌所含磷质过多，要成上等生铁百色麻所用者，则此炭不甚合宜。为百色麻之钢磷质愈少愈佳。

为此，吕柏对于使用萍焦提出了两个限制性的前提：一是限量，不可多用；二是用低磷的矿石来中和平衡："倘铁矿磷少，则萍乡之炭可多用"。并从经济效益来考虑，"其价较开平又廉"，"由此考究，当选择铁矿不多含磷者取之，局中受益不少"。

这里所说的受益，不仅是多出铁，少耗焦炭，更重要的是降低焦炭的成本，为铁厂扭亏展现了一线生机。当时所用开平焦炭每吨加运费、损耗等约银十五两，而萍焦每吨约合十两，前者高出 50%。盛宣怀对此极为重视，特地将原信抄录转寄给郑观应，叮嘱切实照此实施：

> 其所论萍炭有磷，须切嘱赖伦专取少磷之铁石即可多用，萍炭价目较廉。记得纱帽翅所开之铁，含磷甚少，请阁下迅速函致赖伦，弟亦嘱一琴函致。①

信中所说的一琴，便是日后出国考察并任铁厂总办的李维格。

由此可知：此一时期生产的绝大多数生铁是适合炼贝钢的；只要焦炭适合，就可以炼出合格的贝钢，问题不在矿石而在焦炭；汉阳铁厂所产钢铁中含的磷，并非单一来自大冶的铁矿石，吕柏已明确指出当时的萍焦磷高，不适合炼贝钢；为了降低成本，盛宣怀曾下令大量使用萍乡焦炭，并相应要求大冶铁矿提供含磷低的矿石，这就潜伏了钢铁含磷高的可能性。

关于萍乡焦炭含磷的记载，屡屡见于《汉冶萍公司档案史料选编》《盛宣怀档案资料选辑之四：汉冶萍公司》。如早在光绪二十二年二月，洋矿师马克斯在《萍矿采运情况并筹改用西法办理节略》中报告：

> ……磷质约六厘四毫至八厘四毫，灰约八分及一成六。其三寸及六寸厚煤脉之内，藏有磷质，均经汉阳厂试验。②

光绪二十三年二月二十五日徐庆沅在致盛宣怀函中也明确指出：

> 惜萍乡焦炭磷重，不能炼钢，否则可再减银一两五六钱。③

同年五月，盛宣怀于十二、二十日两次由岳州、长沙转电报给铁厂驻萍

---

① 陈旭麓等主编：《汉冶萍公司》一，第 442—446 页。
② 湖北省档案馆编：《汉冶萍公司档案史料选编》上，第 185 页。
③ 陈旭麓等主编：《汉冶萍公司》一，第 458 页。

煤务局的莫吟舫、卢鸿昌，指责他们经办的"官焦磷重"：

> 官焦磷重，须洗净烧透，灰轻则磷自轻……

> 鄙见萍煤极好，须听民挖而官止收其生煤，自己炼焦，洗净烧透，乃成佳炭，望速改图。[1]

后来又改变方案，决定自行用机器开采，光绪二十四年三月初六盛宣怀致电张赞宸：

> 卜聂面禀，萍煤有灰轻无磷者，种类不一，请饬学生分别化验，究竟何井无磷灰少，或起运时分开清楚，须试准，方可择定用机器开挖。[2]

由此可知，萍焦含磷是当时困扰铁厂生产而急待解决的一个焦点。

铁路洋员为何不用汉厂钢轨？

叶景葵漫指"各处铁路洋员化验，谓汉厂钢轨万不能用"，那么实情到底如何呢？当时国内尚无化验钢轨的条件，据沈敦和提供的情况是：沪宁铁路公司将汉轨送到英国化验后，认为"因含杂质，故难任重"。

沪宁铁路是光绪二十一年张之洞署理两江总督时提议修建的，由吴淞经上海至南京。1903 年 7 月 9 日与英国订立《沪宁铁路借款合同》，贷款限额为 325 万英磅。合同规定设立沪宁铁路总管理处，由英方总工程师等三人、中方两人组成，其中总工程师权限最大，实权为英方所控制。合同规定购买国外器材由英方代理，按购货金额提取 5% 的佣金，这就为英方人员牟取私

---

[1]　陈旭麓等主编：《汉冶萍公司》一，第 873、875 页。
[2]　陈旭麓等主编：《汉冶萍公司》二，第 689 页。

利大开方便之门，后来所用钢轨、钢梁多选其价高时购进，枕木不用一般的洋松木，而进口昂贵的澳大利亚硬木，导致每公里造价高达银元 72000 多元，超过后来商建的沪杭铁路一倍多。

沈敦和是沪宁铁路的中方负责人之一，又是汉冶萍公司的大股东，宣统元年三月二十七日，他在汉冶萍公司第一次股东大会上发表演说道：

> 敦和数年前，承乏沪宁铁路。该路系借款兴筑，经济之权操之西人，一以购办洋料为宗旨，每值敦和拟购汉阳铁轨，往往相持不下，至谓汉阳铁轨难任压力。[1]

沪宁路拒用汉轨，首要问题在于借款方要推销本国产品和进口西方产品。

1914 年 2 月，日本正金银行上海分行的经理就汉冶萍公司官商合办访问李维格。李认为：

> 历来政府有关之铁路，其使用之铁轨，由于外国技师可以取得购入手续费，故常选购外国制品，对公司产品则种种刁难。[2]

他在这里指出阻力来自经办的外国技师的私人经济利益。

我们再看看郑官应的说法。《铁厂次第筹办张本六十条》中有一条专门说到：

> 欲向鄂厂购办，而经手属员必多方挑剔，吹毛求疵，借词便他购而图利私。余经办开平矿局，深知官场不愿用局煤之弊，因此可类推也。[3]

---

① 陈旭麓等主编：《汉冶萍公司》三，第 84 页。

② 武汉大学经济学系编：《旧中国汉冶萍公司与日本关系史料选辑》上，上海人民出版社 1985 年版，第 518 页。

③ 湖北省档案馆编：《汉冶萍公司档案史料选编》上，第 154 页。

他进一步指出了这种现象的普遍性。购煤都要选择洋货，何况钢轨？

西方列强攫取贷款筑路权，是当时对华资本输出的主要形式。正如列宁所说，是要从一头牛的身上剥下两层皮来：一层皮是以贷款取得高额利息，一层皮是输出铁路器材取得高额利润，并刺激本国制造业的发展。在实际操作中，掌握有特权和资金优势的西方资本，掌握了技术优势的外国技术人员，与晚清官场中无处不在的掌握了行政实权的贪官污吏，三者结成了利益共同体，内外、上下结合，对国产钢轨进行阻截围剿，即使它物美价廉也难以逾越这样强大的市场阻力；何况一个引进的新产业，从试生产到完善管理、提高质量必然要有一个过程，一旦初期产品中出现瑕疵被人抓住把柄，便大肆攻击，以置之于死地。这便是汉阳铁厂，也是中国早期钢铁工业面临的真实处境。

有的书上说："因为张之洞购置了不合适的机器设备，以致炼出来的钢铁含磷过多，脆弱易断。……故后来因为经营失败，逼得由官办改为官督商办。"[①]汉阳铁厂建成之日，正逢甲午战争、慈禧六十大寿，在建的关东铁路、台湾铁路都停了工，谁还要钢轨呢？发现钢轨含磷过多，如上所述是盛宣怀接办多年以后的事，而不是让其接办的原因。历史本身是一个时间的流程，每一个历史事实，都有它自己的时间定位，模糊了历史事实的时间定位，就可能把历史的因果关系搞乱了。

李维格是始作俑者

证据确凿的历史事实是：大冶铁矿长期生产、出售了大量低磷的优质矿石，盛宣怀接办后困扰铁厂生产的主要是焦炭来源、价格及萍焦含磷高的问

---

① 全汉升：《汉冶萍公司史略》，第20页。又如姜铎认为："由于经费困难，焦炭成本太高和钢含磷率高不宜轧钢轨等原因，铁厂生产不得不宣告停顿。张之洞被迫于1896年5月14日，札委盛宣怀对铁厂实行官督商办。"（苑书义等主编：《张之洞与中国近代化》，中华书局1999年版，第194页。）夏东元也认为："贝炉炼成的钢不能去磷，钢中含磷多就易脆裂，尤不宜于造钢轨，而汉钢造钢轨是其主要任务，这就无怪后来产品销不出去了。"（《洋务运动史》，华东师范大学出版社1992年版，第290页。）这种看法比较普遍。

题，沪宁铁路拒用汉轨虽有质量问题，但主要是被洋轨排挤。那么，我们需要进一步澄清的问题便是：大冶铁矿含磷高、不适合贝炉炼钢的说法从何而来，何以会出现这种说法？

查阅20世纪50年代后期以来出版的有关研究洋务运动、张之洞、近代经济史、中国现代化等专著或重要论文，涉及这个问题大都是以叶景葵的《述汉冶萍产生之历史》为依据。实际上叶景葵宣统元年才与汉冶萍公司接触，他的观点来自曾任汉阳铁厂总办的李维格。传播并长期造成广泛影响的是叶景葵，始作俑者却是李维格。

光绪三十四年二月初，盛宣怀与张之洞商议后，上奏朝廷，拟将汉冶萍煤铁厂矿合成一大公司，新旧股份招足银圆二千万元，一面拨还华洋债款，一面扩充炼铁。随后进行招股。十月初一日，李维格在汉口商会发表招股演说，其中回顾铁厂历史时，着重谈到光绪三十年他的出国考察：

> 出洋时携带大冶铁石、萍乡煤焦及汉厂所炼之钢铁，进退行止，全视此原料之化验为断。伦敦有钢铁会……遂以所携原料交与化验。据其报告，大冶铁石及萍乡焦炭，并皆佳妙；铁石品相伯仲……故大冶之铁实世界之巨擘也。据验汉厂造轨之钢，炼不合法，而零星钢件则为精品。盖炼钢有酸法、碱法之别，酸法不能去铁之磷，独碱法能之。钢中最忌有磷，大冶之铁石含磷适多，而旧时炼钢系用贝色麻酸法，背道而驰，宜其凿枘，沪宁铁路公司化验贝轨，亦谓其磷多炭少，不肯购用。而马丁碱法所制之鱼尾板等零件，称为上品，盖厂中本有一马丁碱法小炉也。乃决从史戴德之议，废弃贝色麻酸法，遂改马丁碱法之炉，以去磷质。此十余年未解之难题，一朝焕然冰释者也。①

李维格这次演说的上述内容，后来被《东方杂志》摘录，刊载于宣统二年七月的第七年第七期，题为《汉冶萍煤铁厂矿记略》；后又收入汪敬虞编

---

① 湖北省档案馆编：《汉冶萍公司档案史料选编》上，第243页。

的《中国近代工业史资料》第二辑上册475—476页，题为《李维格记汉冶萍》。本篇开头所引《中国近代经济史》及叶景葵的有关论述即由此而来。

1914年6月，北京政府派曾述启、王治昌来汉冶萍公司调查，事关公司前途，是继续商办，还是收归国有或改为官商合办。盛宣怀要求李维格以个人的名义写份材料，利用他的经验和见解，对北京施加影响：

> 此种议论发自台端，必亲切有味，使人信而有征，即请迅草数千言，由尊处径交曾、王二君带京，庶足使调查者有所循准，极峰见之，亦可决断。①

所谓"极峰"，正是与盛宣怀、张之洞不洽的大总统袁世凯。于是李维格在《汉冶萍公司创办概略》（又称《汉冶萍公司历史说略》）中进一步明确地归咎于张之洞错购了炼钢炉：

> 惟冶炼钢铁，须视原料之质性何如，以配合炉座，当向英厂订购机炉时，驻英薛叔耘公使一再言之，须将原料寄英化验，而未从其请，以致机炉与原料两相凿枘，所制钢轨不合准绳……钢轨质地不良，沪宁等路洋工程司不肯购用，乃于三十年派员出洋研究炼钢之法，三十一年起改建新炉。②

此时张之洞早已去世，李维格以公司总经理的身份选择了这样的时机和方式来彰显张之洞的过失，便代表了汉冶萍公司官方的观点。此后，1924年纂写《汉冶萍公司事业纪要》时又辑入了李氏的这段叙述，于是便形成了汉冶萍公司官方的传统定论③；再加上叶景葵的鼓吹及其所产生的影响，庶几成为张之洞小钢铁的盖棺定论了。

---

① 陈旭麓等主编：《汉冶萍公司》三，第843页。
② 陈旭麓等主编：《汉冶萍公司》三，第844—845页。
③ 湖北省档案馆编：《汉冶萍公司档案史料选编》上，第17页。

"十余年未解之难题"是不实之词

如前所述，既然事实是大冶铁矿长期大量出产低磷优质的矿石，所谓"机炉与原料两相凿枘"，即大冶铁矿石不适合贝色麻炉，便是不实之词；至于大肆宣扬的出国考察后"十余年未解之难题，一朝涣然冰释"更是刻意制造的谎言。按照这一说法：李维格 1904 年出国考察之前，十余年来，包括盛宣怀和李维格自己在内，所有铁厂的外国技术人员和中国的技术、管理人员，都不知道炼钢有酸法和碱法的区别，都不知道酸法即贝色麻炉不能去磷，也不知道钢轨或生铁含磷高的原因，因而钢轨的质量长期没有解决。事实真的是这样吗？

1. 已知最早提出磷与炉型问题的是清廷驻德使臣洪钧。

光绪十五年九月十八日张之洞收到洪从柏林来电：

> 炼钢二法，曰别色麻，曰讬麦旅，视铁质内磷之多寡，炉亦异制，祈迅饬取晋铁试验。

张当日即明确回答：

> 炉需兼能炼有磷者，请确询定价早复。……晋铁取送太迟，千万勿候。[1]

2. 郑观应早已发现铁中磷高，曾提出应开发低磷的铁矿。

接办初期，光绪二十二年七月二十七日，他在《铁厂次第张本六十条》中向盛明确指出：

---

[1] 此两电载《张文襄公全集》三，中国书店 1990 年版，第 357—358 页；亦见于《汉冶萍公司档案史料选编》上，第 63—64 页。河北人民出版社版《张之洞全集》七，第 5380—5381 页，更标明洪电系"子刻到"，张复电系"亥刻发"。

贝色麻用于铁路者为大宗，用于船料者次之，二者兼行，方能立脚。查本厂现成之铁尚属磷多，如铸钢板恐嫌过硬，硬则必脆，不得不求磷少之数。昨据马克斯云，惟金山店之矿，磷质最少，可炼钢板，故拟即购开炼也。[①]

3.大冶铁矿以选取无磷矿石为首要任务。

当时大冶铁矿尚未建立化验室，采矿全靠洋矿师赖伦现场指挥，而赖伦有时需外出探矿。负责大冶铁矿开采的张世祁曾于光绪二十三年正月十六日致电盛宣怀，专题反映这一问题：

赖伦常离铁山，卑职诚恐万一有磷，有误大局。……

盛宣怀批示道：

可令赖伦预选无磷之铁石，吩咐代办之人挖取选讫。[②]

可见大冶铁矿当时对选取无磷矿石极为重视。

4.汉厂中外人员均曾向盛反映过磷高的问题。

前述光绪二十三年二月吕柏致盛宣怀的信中说过，"生铁自十一月十四日起，化铁炉所出多系百色麻之料，即有数炉，只供熟铁之料，为焦炭不合式之故"。又明确指出：

铁矿近来运到，矿质按磷质而论，铁矿似未见佳。为每百分磷质，由二毫增至一厘一毫，如0.02%，0.11%。此系铁山取矿，未能纯纯合法。化铁炉要得百色麻生铁，又要用萍乡焦炭，则磷质删除必须就铁矿

---

① 湖北省档案馆编：《汉冶萍公司档案史料选编》上，第152页。
② 陈旭麓等主编：《汉冶萍公司》一，第393页。

中考究。铁山取矿当在磷质少取之。

（生铁）磷质七毫至一厘二毫，如 .07%、.12%。磷质如此之多，系矿质含磷太多所致。①

在这同一个月里，密楷致盛宣怀的信中，也谈到这一问题：

查大冶从前所出矿苗含磷零一五，将此化铁，其铁含磷零二，此等铁用之炼钢，嫌其太硬。中间有来甚好矿苗，含磷只零零三，化出之铁含磷零零五，此铁合炼贝色麻钢。近日所来矿苗，磷质又有零一五之多，以之炼钢，又不合用。②

由此可知：第一，当时汉阳铁厂生产中已重视化验矿石、焦炭等原料的成分，发现某一时期矿石磷高便及时反映，采取措施；第二，炼钢、炼铁每一炉的化学成份、质量都可能有所不同，当时已经对每一炉生铁分别进行化验，根据其成份确定用途，有的用作"百色麻料"，有的用作"熟铁料"；第三，这两位负责炼铁的中外人员不仅懂得贝色麻炉炼钢需要低磷的生铁，而且已经在实践中通过控制矿石、焦炭含磷的比例，生产出了适合贝色麻炉炼钢的生铁。

根据上述张世祁、吕柏、密楷的信，联系到负责炼钢的徐庆沅提出过萍焦磷高不适合炼贝钢，这就确凿地证明：矿山、炼铁、炼钢三大生产部门的主要技术管理人员，在接办初期的光绪二十三年二月之前，都已经掌握钢铁生产的基本规律：必须控制矿石、焦炭含磷的比例，以保证贝钢的质量。

盛宣怀接办汉阳铁厂并任铁路总公司督办后，至李维格出国考察前，清政府自建的铁路有卢汉路卢沟桥至保定段、淞沪路、株萍路、西陵路等。光绪二十三年三月，卢汉铁路卢沟桥至保定段兴工，长 132.7 公里，其中钢轨

---

①　陈旭麓等主编：《汉冶萍公司》一，第 445 页。
② 陈旭麓等主编：《汉冶萍公司》一，第 450 页。

有64%为汉阳铁厂所产。同年九月二十四日盛春颐致盛宣怀函：

> 封河前，五千吨数定可赶出，连同二千吨应用之鱼板螺丝，均不致
> 误事。……即如出轨，日来愈出愈多，亦愈精美，每日总在二百五六十
> 条暨三百条左右。礼拜六则炼钢至二十五炉，出轨至三百零九条之多，
> 实为从来所未有。[①]

看来这一时期钢轨生产情况是比较顺利、良好的。

紧接着，卢保路的余款由盛宣怀主持的铁路总公司修建淞沪铁路和株
萍铁路，前者于1899年1月兴工，全长16.1公里；后者为运萍煤而建，于
1899年9月兴工，包括萍乡至安源的支线共长97.7公里，应当也是用的汉
轨。1902年11月动工兴建的西陵铁路，长44.3公里，是皇家谒陵的专线，
由詹天佑任总工程师，用的是中国的钱，更应用国产轨。这些铁路的施工都
在1905年汉阳铁厂扩建、拆除贝色麻炉之前，共计二百余里，钢轨应当用
的是贝色麻炉炼出的钢，而马丁炉钢则制造鱼板、螺丝。

光绪三十年盛宣怀派李维格出国考察，主要是筹备铁厂如何扩建。二月
二十二日，在李维格临行前夕，盛宣怀郑重其事地按长官的作派给李维格下
达了一道札文，作为出洋考察的指令，其实是一篇调查提纲。第一项"考察
矿质"的第二点是：

> 乙、大冶铁矿含质如何，用萍煤能否相配，其磷轻者可制贝色麻
> 钢，其磷重者能否制马丁钢，又能制何等翻砂生铁。[②]

解读这段话，我们不难发现："其磷轻者可制贝色麻钢"已经肯定了大
冶铁矿有磷轻矿石，可以炼制贝钢；而需要考察的问题则是冶铁与萍煤是否

---

① 陈旭麓等主编：《汉冶萍公司》一，第690页。
② 陈旭麓等主编：《汉冶萍公司》二，第416页。

相配？磷重的矿石怎么办？在后面的调查内容中，还有"贝色炉如何添办"，"汉厂贝色麻炉应添置风机，使其多出贝钢"等内容。直到此时，在盛宣怀的思想观念中，根本不存在所谓"大冶铁矿不宜合贝炉"这样一个长期未解决、需要出国去考察的难题。不是考虑将贝炉废弃，而是考虑如何发展。

张之洞曾经多次说过："询据各矿师，均称造轨只须贝色麻法即合用。"[①]钢轨宜用贝钢，这是当时国际冶金行业的共识。上述列举的事实说明贝钢需要低磷的生铁、焦炭作原料，不仅洋工程师吕柏、马克斯、赖伦等人懂得，从盛宣怀、郑观应到张世祁、密楷、徐庆沅等人也都清楚得很。在此期间，汉阳铁厂已经生产了大量的钢轨，为中国铁路建设作出了重大的、显著的贡献。贝钢或生铁含磷高，在技术上绝非不能解决的难题，关键在于严把原料关，用低磷的矿石和焦炭。薛福成在光绪十八年八月二十四日日记中说：

> 钢内提磷之法，各国尚未通行。最稳之法，莫于仍用不含磷硫之矿制炼成钢，比之用下等铁矿制炼而后去其磷硫者，更为足恃。……且其法烦费，需本过昂。是提磷之法无甚益也。[②]

这一记载，当是反映了当时英国及西欧具有代表性的意见。原料中没有磷，产品是不可能有磷的。原理就是如此简单，汉厂在生产实践中也基本是遵循这个原则的。至于能不能保证低磷矿石、焦炭供应，或生产中曾经出了废次品，又当另作具体分析。

以上情况，李维格无论是作为接办初期专与外国技术人员打交道的总翻译，还是后来作为负责全厂生产的总办，前后十年，不可能不知情。我们不会忘记，盛宣怀令赖伦"专取少磷之铁石"的外文信，就是安排李维格执笔的。李维格在接办初期曾一度要求专职翻译外国有关钢铁冶炼的著作，应该对此有所涉猎，不会完全无知。如此不顾事实而散布什么"机炉与原料两相

① 《张之洞全集》七，第 5496 页。
② 薛福成：《出使英法义比四国日记》，第 631 页。

凿枘"，大发所谓"十余年未解之难题，一朝涣然冰释"的感慨，难道不是刻意编造不实之词以隐瞒真相吗？

或许有人要问，李维格为什么不提萍焦的问题？我们要看时机和场合。李维格是为汉冶萍公司招股而把铁厂亏损归咎于官办时期的遗留问题。当时把盈利的煤矿和亏损的铁厂捆在一起，就是指望以盈利吸引投资者，他会翻腾萍焦过去存在的老问题吗？再说，当作替罪羊的贝炉早已撤换了，萍焦却是无法撤换的唯一依靠啊！

废弃贝炉是为了保证输日矿石的质量

现在我们要弄清的最后一个问题是：李维格为什么要刻意编造谎言以掩盖真相？换一个角度来说，他和盛宣怀为什么要废弃贝色麻炉？话题还得回到对日出售矿石上来。

《大冶铁矿志》载有一份《汉冶萍公司冶矿历年铁矿石产销表》[1]，现将其中1900年至1910年的内容摘录，为便于与产量比较，特增加原文没有的"运销总额"一栏，如下表：

年份	产量(吨)	运销日本额(吨)	运销汉厂额(吨)	运销总额(吨)
1900	57201	15476	39389	54865
1901	109215	70189	36354	106543
1902	84036	48169	25843	74012
1903	107794	51268	55935	107203
1904	106378	59990	55033	115023
1905	151168	72000	50194	122194
1906	185610	105800	69868	175668
1907	174630	100000	85195	185195
1908	171934	127000	100159	227159
1909	309399	95600	142142	237742
1910	343097	96210	244359	340569

由上表我们可以看到：

---

[1] 武钢大冶铁矿矿志办公室编：《大冶铁矿志 1890—1985》第一卷上，第 209—210 页。

1.从 1900 年开始执行合同，至 1909 年扩大生产前，除个别年份外，每年所产矿石大部分销往日本，运往汉厂的只是少数，总的态势是日本已经反客为主。

2.运往日本的矿石，自 1901 年起，前五年只有三年在 5 万吨左右，两年达 7 万多吨；后五年增至每年 10 万吨左右，最高至 12 万吨。

3.大冶铁矿的产量虽不断增长，但已出现严重供不应求的紧张态势，特别是 1903 年起，销量便直逼当年的产量，而 1904 年开始销大于产。到了 1908 年销量已经超过产量 5.5 万吨之多，动用了历年积存的老底；1909 年大幅度提高产量后，1910 的销量又逼近当年产量。

4.1907 年后，运往汉厂的矿石有大幅度增加。这是因为新建的炼钢炉相继开炉。据预计，第三号炼铁炉投产后，与旧炉并开，月需铁矿石 3 万吨，即常年需 36 万吨。以 1910 年全年 34 万吨矿石的产量，尚不足以满足汉厂三号炉投产后的需要。四号炼铁炉建成后所需矿石量更大，新建的设备将面临无米之炊的危机。[①]

更为严重的矛盾在于矿石的质量。按照上述合同，运往日本的主要是含磷 0.05% 及其以下的头等矿石，少量含磷 0.05%—0.08% 的二等矿石，而没有含磷 0.08% 以上的矿石。如此，必然形成日本与汉厂争夺磷轻矿石之势，在优先保证供应日本的前提下，汉厂的供应便没有保证；同时剔除的大量磷重矿石，不能适应贝炉要求少磷的特性，必将造成大量铁矿资源被浪费。光绪二十五年八月十一日，在得知日方对矿石成分的要求后，受命主管此事的德国矿师斐理当即提出：

惟磷质原定 000 五，现在厂因焦磷过重，责运磷轻之铁，剔下 000 七者不少。

大冶铁矿总办解茂承则向盛建议："请与日本另议，将此存矿贬价售

①　陈旭麓等主编：《汉冶萍公司》二，第 630 页。

馨""惟厂矿磷质过轻,则日矿便虑不能如式。"[1] 这也反映了解茂承考虑这一问题的出发点,与盛完全不同,倒是以充分保证对汉厂的供应为基本前提。

日方则为了保证输日矿石的质量,派出西泽公雄驻大冶监督,在质量检验上极为苛刻。每船矿石提取矿样,锤成粉末,一式三份,中日各自分别化验,如有重大分歧,乃取第三份请第三方化验后仲裁。其中磷的含量是检验的重点,日方常常提出交涉,大做文章。光绪三十年第十四批次矿石,日方借口磷重,未加说明,将矿价扣下二成未付。经汉阳铁厂化验,该批矿石含磷不到万分之五,并未超标,盛宣怀只得令大冶铁矿将化验单寄去,由他"细与磋议"。[2]

光绪三十四年五月,西泽又以含磷超标为借口,不仅要减价而且提出了"添开象别山、金山店、银山头"的无理要求。对此,李维格致电盛宣怀说明情况并提出建议:

> ……总须通扯不能执一为言,第十二次只有磷四分六,十三次四分二,十四次四分八。博德云,通扯尚可不逾五分。请电星北,嘱博德挑选磷轻与日,我不怕磷……

盛宣怀则回复西泽道:

> ……饬冶局选运磷轻好矿,留磷重自用,藉表交谊……[3]

盛宣怀如此表态,意味着大冶铁矿的生产方针已经完成了根本性的转变:由原来保证汉厂炼钢,完全转变为保证日本的需要了。

我们认为,在1900年向日本出售矿石以前,根本不存在矿石磷高不适合贝色麻炉的根本矛盾;有时出现生铁或钢轨含磷高,如吕柏所说,是选择

---

① 陈旭麓等主编:《汉冶萍公司》二,第168页。
② 陈旭麓等主编:《汉冶萍公司》二,第392—393页。
③ 陈旭麓等主编:《汉冶萍公司》三,第1042、1049—1050页。

矿石或焦炭不当，未严格根据各种原料的化学成分按比例配置造成的，属于原料供应或管理、操作问题，绝不是什么无法破解的奥秘。而在1900年向日本出售矿石以后，事实上便出现了日本与汉厂贝色麻炉争夺低磷矿石的矛盾；也可以说是被日本剔除的重磷矿石不适合于用贝炉炼钢。1903年与日本订立合同，每年增加为出售头等矿石七万吨以上，这种矛盾更加尖锐。沪宁路钢轨质量问题正是在矿石供应紧张的态势下发生，李维格也正是在这种背景下出国考察。盛宣怀所谓"磷轻好矿运日，磷重自用"的方针，实质上自1900年签订售矿合同之时起，便已确定不移了。1904年李维格出洋考察所要解决的问题之一，正是为执行这一方针给"磷重自用"找出路。李维格在《出洋采办机器禀》中说：

> 且改用马丁碱法后，现所剔除之磷重矿石，均可取用，亦一大有裨益处也。①

不就是暗藏着这个玄机吗？唯其如此，在1908年李维格才能够说"我不怕磷"，因为汉厂已经为贯彻这一方针废弃了贝炉、全部改用了马丁炉。

长期将头等好矿石买给了日本，而使汉阳铁厂不得不投入巨资、改变炼钢方式、增添设备，以消化和利用磷重矿石，此种隐情自然是万万不可公之于众的，于是大冶铁矿和张之洞便成了盛宣怀和李维格的替罪羊。李维格招商演说的不实之词，究竟招来了多少投资很难说，叶景葵作传声筒蒙蔽了不少学者倒是实情。一百年来这个谎言掩盖了真相，一再被人误信并重复，使大冶铁矿承受着"磷高不适合贝炉"的罪名，张之洞承受着错购贝色麻炉的罪名，时至今日，难道还不应该让真相大白于天下吗？

---

① 湖北省档案馆编：《汉冶萍公司档案史料选编》上，第168页。

第二十二章　招商承办的前前后后

张之洞最初的打算 / 被搁置的盛宣怀商办计划 / 中日战败形势下的另一种考量 /
盛宣怀在武汉有一个情报网 / 张之洞徘徊于华洋之间 / 盛宣怀终于伸出了橄榄枝 / 张
之洞的告别之旅 / 峰回路转：共同对付不出面的洋人 / 张之洞主动提出由盛宣怀督办
卢汉路 / 铁厂招商承办水到渠成 / 张之洞与李鸿藻的私房话

汉阳铁厂招商承办是特定形势下的必然结果。

张之洞不情不愿地三翻四复，才把汉阳铁厂交给盛宣怀。

张之洞在不同时期对招商承办有不同的想法，有一个曲折的演变过程。
有的想法是自相矛盾的，有的想法源于抵抗外侮的需要。

盛宣怀一直关注着汉阳铁厂，早已胜券在握。张与盛相互猜疑、观望。
双方协商的具体过程显示，共同致力于发展中国的铁路事业，是他们合作的
重要基点。

张之洞最初的打算

张之洞在筹办铁厂的初期，在《筹设炼铁厂折》中曾经正式宣告，官办
只是暂时的，最终还是要商办：

计惟有先筹官款，垫支开办，俟其效成利见，商民必然歆羡，然后召集商股，归还官本，付之商人经理，则事可速举，赀必易集。大率中国创办大事，必须官创民办，始克有成。①

这说明他的原始想法并不反对商办，而官办也只是为了更好地打开局面，从中国实际出发采取的权宜之计，将来还是要交给商办。后来他还多次说过，这是"官任其劳，商享其利"。只是此时处于实践之前的理性认识阶段，尚未付出满腔的心血，也未饱尝其中的甘苦，以为官办可以很快成功，取得令商人羡慕的利益，未免过于乐观了。

盛宣怀却主张商办，这也是光绪十五年冬天在上海，张之洞和盛宣怀谈不拢的原因。但这只是分歧之一。更重要的是张之洞不愿意办利国矿，那里是两江总督的地盘，他作为湖广总督鞭长莫及；他也不愿意另派一名督办大员，如果此人便是李鸿章的心腹盛宣怀，他岂不是成了聋子的耳朵？

被搁置的盛宣怀商办计划

三年之后，张之洞花了三百多万两银子，吃了许多苦头，即将把铁厂建起来了，却没有生产资金。光绪十八年十月十五日他写了一封长信，郑重其事地开列了铁厂全部工程设备的清单，派了盛宣怀的堂侄盛春颐去找李鸿章，主动要求由盛宣怀承领商办。信中说：

此厂俟成本筹定以后，即须一面奏明开炼，试造轨件及各种钢铁料。至经久之计，终以招商承领，官督商办为主。非此不能持久，非此不能节省、迅速旺出畅销。……拟于开炼后，即一面招商承办。窃思方今有才思、有魄力、深通西法商务者，惟津海关盛道为最。前三年，初议建设铁厂时，盛道曾条上一禀，有慨然自任之意。近日来电，亦仍持

---

① 湖北省档案馆编：《汉冶萍公司档案史料选编》上，第66页。

官督商办之说。若盛道能招集商股，只须集资数十万，酌缴鄂省挪垫官本，以为归还鄂省暂挪枪炮厂等项之用，即可付之承领。[1]

此时张之洞主动找上门来要盛宣怀招商承办，当然是形势所迫；但这段话仍有两点值得注意：他认为招商承办才是"经久之计"，才是正宗的归宿，与他最初的想法是一致的；选择盛宣怀来承办，是从盛既有主观愿望又具备客观条件两个方面来考虑的，不完全是客气话。比较地说，盛宣怀确实是当时最佳人选。

然而，接办的前提条件是要从关东路的经费中，预支轨价50万，再暂借50万，作为铁厂的生产流动资金，让张之洞先把生产搞起来。李鸿章本来就不相信张能把铁厂办起来，又嫌他狮子大张口，便让北洋铁轨官路总局对张的建议写个报告，叫了一通资金困难，搪塞而已。

盛宣怀倒是按捺不住地流露出了他对铁厂的极度关注。在十月二十五日给张的回信中，引用了张"持久之计""官任其劳，商享其利"等原话，盛赞张之洞为"中国铁务创开风气……为国深谋，无逾于此，傅相亦甚钦佩"；转达了他和李鸿章共同研究的意见：

> 昨与傅相纵论及此，目前若得商人接办，常年运造出货之本，堪以责令自筹现银数十万两，无须官为筹借。至于官本，宜先还鄂款后还部款。用人、理财，责成公司照轮船、电报两局之例，出入帐目，一年禀报一次。大宪只持护其大纲，不苟绳其细务，庶可事简而责专，商人或能乐为其难。[2]

关键无非是两句话：生产资金可以让接办的人去自筹，用不着你去借；但你要把企业的管理权全部交出来。信中虽然也指出了铁厂存在的许多不利

① 湖北省档案馆编：《汉冶萍公司档案史料选编》上，第93页。
② 陈旭麓等主编：《汉冶萍公司》一，第41页。

条件，还是表示要派人去汉冶各厂矿实地查看，然后他再"亲自赴鄂，督商布置，借承训诲。"

事后盛宣怀又以"禀"文的形式，正式开列了他接办的条件：

> 拟招集商·股，承领铁厂办理，先集股一百万两，以四十万缴还官本，以六十万作为开炼经费，不足由商自筹，所有营建厂工官本三百余万两，除先缴四十万外，余款分二十年归还，还清后仍报效三十万两，分年呈缴，但须炼成钢铁后始能承领。①

张之洞也许嫌百万资金不够用，也许还舍不得把铁厂交出去，关键却是"须炼成钢铁后始能承领"这一条，张之洞肯定无法接受。在李鸿章、盛宣怀那一方面，自然是认为炼成钢铁再接办才稳妥可靠；而张之洞在铁厂建成前夕，下了最大的决心，忍痛割爱把它拱手让人，就是为了筹借生产资金；没有生产资金怎么炼成钢铁？这个目的没有达到，他的当务之急仍然是要筹措生产资金，才能把钢铁炼出来，由盛宣怀招商接办的事情就搁置起来了。

中日战败形势下的另一种考量

又过了两年，光绪二十年十月初二，张之洞为了筹集铁厂生产经费，向朝廷呈报了《铁厂拟开两炉请饬广东借拨经费折》。这封奏折写于清军自平壤、鸭绿江节节败退，日军进犯旅顺的炮火声中，写于张之洞忙于与国内外联系购枪购炮、调兵遣将、筹备防务的间隙；奏折很长，不仅是就事论事要借款，而是从时局受到触动，上升到钢铁工业的重要性和必要性。在汇报了铁厂的钢可以造枪炮，正在加紧生产，要求将两座炼铁炉齐开后，重提两年前与李鸿章、盛宣怀协商的旧事，以追述的形式指出商办的不利因素：

---

① 湖北省档案馆编：《汉冶萍公司档案史料选编》上，第120页。

经臣悉心筹画，若归商办，将来制轨造械，转须向商购铁，虽塞洋铁之漏卮，究非自强之本计。

随后，张之洞进一步阐明自己的观点：

若不速开两炉，则铁料难供销售，经费益无所出，必不得已仍可交商领办，而臣愚总以为非计。盖方今时局，开铁路，制铁舰，制造炮械等事，从此必须逐渐扩充，认真筹办，无待烦言而决，而一切船、炮、机器，非铁不成，非煤不济，已屡见之大学士左宗棠、李鸿章奏牍……

在此，他列举了当年左、李及沈葆桢竭力反对停止造船的意见，由此而引伸到炼铁：

今铁厂为制造钢轨、船械之根本，全厂业经告成，钢铁炼有成效，而欲开炼两座炉，尚少此一年数十万两之经费，以事理时势论之，无论如何为难，必应设法筹办。①

在这里，张之洞的主题虽是向朝廷争取经费支持，但对招商承办的说法有了明显的变化，认为铁厂商办是"不得已"，也就是因为缺少资金才采取的措施；明确地表示不是一个好办法，"总以为非计"。在对日作战失败的形势下，他又一次深切地感受到了国防军事工业必须要进一步加强，而钢铁工业是国防军事工业的基础，国家必须要大力支持它的发展，而且要把它直接控制在自己的手里。

---

① 湖北省档案馆编：《汉冶萍公司档案史料选编》上，第120—121页。

盛宣怀在武汉有一个情报网

从一开始，盛宣怀就十分在意汉阳铁厂。一个重要的证据，是他在铁厂内外布下了一个情报网，安置了许多情报员，随时向他报告铁厂和张之洞的动向。

这个情报网中，可以被称为"首席情报员"的，倒不是也给他提供了许多信息的侄儿盛春颐，而是他的高足钟天纬。

钟天纬（1840—1901），江苏松江人，上海广方言馆肄业，格致学院学员。1878年随李凤苞出使德国，后任江南制造局翻译馆译员、武昌自强学堂监督、吴淞电报局长，著有《刖足集》等。钟天纬在格致书院学习时，盛宣怀很赏识他写的《轮船电报二事应如何剔弊方能持久论》，亲笔写了不短的批语加以奖励；后又让他参加对利国驿矿的调查。光绪十六年，钟"奉调赴鄂躬与其事"，盛欣喜地认为是"殆亦天假之缘"，"继我未竟之志"。到湖北后，钟先后至京山、当阳、兴国勘矿，至大冶勘铁路，在铁政局帮办文案，在码头上负责起运、验收进口的设备，管理矿化学堂、自强书院等。一直认为"皆属用违其长"而郁郁不得志；又因为捐官负债千金，而"每月仅得薪水二十四金"，一再希望盛宣怀给他在电报局安排个好位子。

现已出版的《盛宣怀档案资料选辑之四：汉冶萍公司（一）》中，载有盛接办前收到的钟的来函十件。信中提及的已寄函件多有未收入者，实际当远不止此数。有的信是按照盛的指示，详细汇报湖北厂矿的进展情况，如光绪十六年十二月二十九日函，便是"昨奉电谕，饬将鄂矿现办情形详复"，分别汇报了"汉阳厂工之情形""大冶铁山之情形""煤矿之情形""总局之情形"等等；有的是随时汇报动态和他所看到的管理中存在的问题；有的是重点汇报盛所关注的问题，如光绪十六年九月十八日汇报铁厂选址"其势已不能再易"。钟天纬对自己充当坐探的行为是充分自觉的。他"不敢在武昌发电"，光绪十八年盛春颐赴天津借款失败后，钟听说蔡锡勇怀疑是他泄漏了实情，吓得他"累月不敢通一禀"，因此在十九年四月专门给盛宣怀写一禀文，要求改用密电码联系："今此间事故愈多，拟用合十密电，时达钧听，如 2622，改为 8488 也。"①

钟天纬熟悉洋务，有分析能力，有独立见解。他的一些意见如反对在汤生湖双庙地方设厂等，无疑是正确的。郑振铎编《晚清文选》收有他的《扩充商务十条》。陈旭麓在《论"中体西用"》里用不短的篇幅介绍过他的《格致说》，又另引用了他一段批评洋务的较长的论述。②作为汉阳铁厂的亲历者，他留下的这些书信已经受到研究者的重视并引以为据。但是，由于他对张之洞未予重用心怀不满，而尊盛宣怀为恩师、急切地求其"能否别有位置"，又熟知张盛之间的分歧，在信中便明显地突现出一贯贬张以取悦于盛的倾向。看他写的信，这些因素是要考虑在内的。

钟天纬早在十八年十二月十七日信中便预计汉厂"大致仍归官督商办之局"，为恩师献策道：

> 如能先订立合同，将全盘交出，旧主人绝不预闻，方能得其要领也。然地方官保护一层亦须载入合同之内，否则阳奉阴违，亦足败事。

十九年四月二十二日钟又汇报广东商人来鄂拟招股承办，"此事阻挠者多，香帅一切不听"；七天之后又将《汉阳铁厂官督商办章程》全文抄寄给盛宣怀。③

盛宣怀由于有人长期源源不断地提供情报，早已看清了汉阳铁厂迟早是他的囊中之物。盛宣怀还有个名叫杨楷的世侄，被张之洞请到自强书院讲学并编辑王韬等的洋务著作。此人在办理丧事时曾经收到盛宣怀丰厚的馈赠，又想给他哥哥在盛手下谋一个差事，便在光绪十九年正月二十五日信中给盛出谋划策：他认为铁厂的工程抓得很紧，近来已完成70%以上，炉座的地基打了五万多根木桩，花了二十万两银子，应该是没有问题的。这里是现成的

---

① 陈旭麓等主编：《汉冶萍公司》一，第19、23—26、56 页。
② 《陈旭麓学术文集》，上海人民出版社 2011 年版，第 114—115、119—120、123—124 页。
③ 陈旭麓等主编：《汉冶萍公司》一，第 46、55—64 页。

局面，比起徐州的利国矿，运输、销售都要方便，只是本地没有好煤。

> 平心而论，官局办事较商局浮费，而购地设厂等事，官力大于商人十倍，其便宜处亦不少。惟既成之后，总须归于商办，可以节省糜费，获利较易，亦一定办法。尊议官督商办之说，此时虽尚迟回，窃料经费既罄，久后终必出此计。鄙意不如阴收权利而稍让面子，于事易于落局。[1]

此人冷眼旁观，从宏观上把握，短短一段话把事情说得相当透彻。他当然知道盛宣怀是主张商办的，却并不讳言官办的好处，客观上简明扼要地论证了张之洞"先官办后交商办"主张的必要性和正确性；接着指出油干灯熄的结果，必然是官督商办，落入盛的手心；最后从策略上考虑，既然捡了大便宜，就要让张之洞在面子上过得去。同年五月，他再次去信，询问"利国矿务我公准否兴办？……管见不如少缓，静观此间举动再定所向"，进一步明确表示了如其费力去兴办利国矿，不如接办汉厂。

无独有偶，同是在十九年的春天，郑观应巡视招商局长江各分局，到了武汉，会晤湖北藩台王之春后，也预见到铁厂终将招商承办，落入盛宣怀的囊中，他向盛报告：

> 汉阳铁政局已用过银四百余万，鄂督张香帅又奏拨七十万，仍恐不敷，势要招商承办。[2]

并且开始为盛谋划，接办后要找到能炼焦的好煤矿，要在大冶设炉炼铁。

以上钟、杨、郑诸人，不约而同地依据资金难以为继，作出了铁厂终将

---

① 陈旭麓等主编：《汉冶萍公司》一，第49页。

② 夏东元编著：《盛宣怀年谱长编》上，第407页。

归于商办的判断。尽管盛宣怀早已胜券在握，张之洞却还是又挣扎着支撑了两年。到了甲午战败之后，不仅资金更加困窘，又增加了另一个不可抗拒的因素。

张之洞徘徊于华洋之间

光绪二十一年六月十二日，朝廷以"上谕"的形式，指责汉阳铁厂等局厂"所费不赀，办理并无大效；亟应从速变计，招商承办"。这不仅是朝命，一定程度上也反映了舆情。身在南京署理两江总督的张之洞，于二十一日接到它的正式文本，其心情之沉重是可想而知的。不论他愿意不愿意，都必须面对这一问题：由谁来招商承办？如何招商承办？

七月十六日，张之洞给蔡锡勇发了一通电报：

> 铁厂一切经费议包与洋人。有愿包者否？每年经费若干？速询各洋匠，电复。[1]

并催问蔡何时能来南京。蔡于十九日从武汉动身，到江宁面见张之洞后，于二十八日从江宁致电盛宣怀的堂侄、时任湖北纺纱局北厂总办的盛春颐，说张之洞接到招商承办的上谕后，认为铁厂花了许多银子，是一件大事，恐怕不是南洋华商能拿得下来的。

> 弟意令叔前三年本有承办之意，其时厂工未竣，煤矿未成，一切尚未就绪。今则……较之三年前难易迥不相同，阁下所目击。况朝廷决意开办铁路，将有成议，所需钢轨铁货，唯患出货不多，不患销路不畅。令叔槃才硕画，承办此厂，必能日见兴盛。……帅意颇以为然。惟三年来添置机炉工料甚多，成本益巨，似须量筹宽缓之法，议请阁下电商令

---

① 湖北省档案馆编：《汉冶萍公司档案史料选编》上，第124页。

叔，有无接办之意，速复再行详议。①

蔡锡勇是不同意包与洋人的，显然已经向张之洞陈述了自己的意见；电报明确交待，建议盛宣怀接办只是蔡个人的意见，但张之洞是同意的；同时委婉地暗示张之洞不能接受盛宣怀三年前的条件，"似须量筹宽缓之法"，双方还要讨价还价。而这种由蔡出面、通过盛春颐向盛宣怀提出的方式，既主动出击，又隐密地进行，可进可退，明显是维护张之洞的面子，想必也是取得了张之洞同意的。

现已出版的汉冶萍公司档案中，尚未发现盛宣怀对蔡锡勇这封电报作出何种回应。已经有了两次遭到冷遇的教训，精明如盛宣怀，是不太可能热切而爽快地作出回应的。但有一点肯定无疑，盛绝非对此漠不关心，而是在暗中积极作接办的准备。十月间，曾专门致电在湖北铁政局任翻译的老部下沈鉴，"垂问铁政情形"。沈鉴心领神会，"悉心考察，殚竭愚诚"，会同武昌电报局委员王希闿，于十月二十四日共同将"各厂节略逐项陈明"。事后又觉得时间仓卒，不够精详，"再次谨将铁政各局厂办理情形及应变通之处，胪陈蠡管，伏候钧裁。"看来盛宣怀不仅是要详细了解现实的情况，而且还要听听今后应如何改进的建议。②

张之洞等了三个月，十月二十六日再次密电指示蔡锡勇："铁厂仍以外洋厂包为宜。望速分电比国、德国各大厂，速派洋匠前来估包。……务望切商，勿再耽延，至要。"隔了一天，蔡锡勇回电告诉他：外洋包铁厂的事，上一年白乃富就问过比国的郭厂，人家说路太远，无法照料，推掉了。德国、英国的大厂，平素没有往来，突然打电报去叫人家派人来，不会有任何效果，反而造成一些负面影响。应该有一个中间人两边游说撮合，事情才好办。接着提出了三条与外商联系的渠道供张之洞选择，最后再次直率地对张之洞进行劝阻：

---

①　湖北省档案馆编：《汉冶萍公司档案史料选编》上，第124页。

②　陈旭麓等主编：《汉冶萍公司》一，第65页。

　　　　闻盛道已南来，揆度时势，似包与洋人不如包与华人为宜。谨请
　　察酌。①

　　蔡锡勇是张之洞洋务活动的主要帮手，其忠诚、勤恳、实干自不待言，
从他一再明确坚定地反对包与洋人来看，此人还颇有风骨，在原则问题上并
不唯唯诺诺。
　　十一月初四，张之洞致电蔡，说了三层意思：一是包办铁厂的基本
办法：

　　　　先估定官本若干，令商先缴还官本一二百万，再筹活本若干，务令
　　与官余本配搭均匀。将来除厂用经费外，余利官商各半。

　　按照这个办法，如果估定官本是三百万，商本也必须要有三百万；他坚
信铁厂将有赢利，提出要平分余利，期望已经投进去的官方资金能产生相应
的经济效益。这些要求就比光绪十八年盛宣怀提出的条件要高得多。
　　二是基本同意了蔡的意见，但也透露了更深一层的想法：

　　　　固以华商包办为宜，但中华绅商，类多巧猾，若无洋商多家争估比
　　较，定必多方要挟，不肯出价。

　　解释他招洋商只是造势，是一种手段，目的还是促进华商承包。他在这
里说中国商人"巧猾"，固然是暗指盛宣怀，可能也有他在江宁筹建沪宁铁
路、纱厂与商人打交道碰壁的感受。
　　基于这种策略上的考虑，三是目前还是要把招徕洋商的工作进行下去，
他已经致电驻德使馆和上海洋行，要蔡与汉口洋行也进行联系。第二天他又
去电补充：

----

　　① 湖北省档案馆编：《汉冶萍公司档案史料选编》上，第124页。

既包铁厂，则大冶铁山及江夏、大冶、兴国各煤矿均拟一并包与商办。望告各洋行知之为要。①

看来，张之洞要包与洋商，有炒作造势的因素，但也不完全是从策略上考虑。他吃够了资金短缺的苦头，又深知华商的资金难筹，洋商毕竟财力雄厚，很难说对他没有一点吸引力。

竖起招军旗，便有吃粮人。十一月便有洋商要包铁厂，张之洞要蔡锡勇赶到南京去面商一切；十二月初八便有洋商马陀和比利时领事至汉阳铁厂实地考察，并索取铁厂机器价目的全部账册。据事后张之洞向朝廷报告，这年的秋冬，先后有英之陶秘深、柯第仁、贺士当、法之戴马陀等来接洽合办。

张之洞竟然要把铁厂卖给洋人！一时舆论大哗。湖南巡抚陈宝箴忍不住要说话了，光绪二十一年十二月十六日给张之洞去了一份电报：

……忽闻铁政将与洋商合办，极用怅然。我公此举原为铁路、枪炮及塞漏卮而设，诚中国第一大政，我公生平第一盛业。今需用正急，忽与外人共之，与公初意大不符合。且此端一开，将无事不趋此便宜之路。彼资日增，我力难继，必至喧宾夺主，甚为中国惜之。想公必早见及。或其中尚有屈折，或合办定有年限仍可归还，外不及知？然究不如请借洋款为得。如公苦衷难可共白，箴虽人微言轻，当力陈之。乞示复。②

电文大力肯定他创办铁政的意义，委婉地指出他的自相矛盾；所谓"趋此便宜之路"，隐隐抉出其在困境中产生了逃避心理，希图借洋商求得解脱。

这时，朝廷已决定刘坤一、张之洞各回原任。处于矛盾中的张之洞打点着要回武昌了。

---

① 湖北省档案馆编：《汉冶萍公司档案史料选编》上，第124—125页。
② 湖北省档案馆编：《汉冶萍公司档案史料选编》上，第125页。

盛宣怀终于伸出了橄榄枝

甲午战败，李鸿章难辞其咎，弹劾他的奏章数以百计。盛宣怀也跟着倒霉，有人举报他"招权纳贿，任意妄为"，朝廷已经示意继任直隶总督的王文韶找人接替他在招商、电报局的职务。王文韶也是盛的老师，便趁机出面为他说好话，说他办电报等事业有功劳，现在还找不到人能代替，也就没有给他处分。如此一番折腾，盛已经感到津海关道这个官儿做不下去了，请了假到上海治病。这年春节回常州去过年，在船上写下《元旦有感》，竟然动了"耕钓之思"。

如果真的回老家去耕田钓鱼，那就不是盛宣怀了。光绪二十二年正月初六，盛致电两江督署张之洞的亲信幕僚、被他称为八哥的恽莘耘，就湖北铁政局招商发表自己的看法，表示了愿意接办的意向：

> 铁政属洋商，力大流弊亦远；属华商，力小收效亦远。吾兄独具卓识，但帅意犹未决。弟忧谗畏讥，曷敢自信？帅到鄂后通筹决策，如无疑义，天稍暖当再亲自赴鄂熟商办法。

正月初九，恽莘耘回电，转达了张之洞的意见：

> 尊电已转呈。帅云：洋商之弊，合同周到即可防范；利却甚大，既多现款又可扩做。惟当今迂谬乖巧之人太多，不用心而好乱说，不办事而好挑眼，实不愿与此辈淘气饶舌，故决意不招洋商矣。

张之洞曾经对人说，他的电报都是亲自动手，如同他的亲笔信。这些话肯定是原汁原味的张式语言，幕僚们拟稿不会这样写。针对来电说给盛听的这些话，仍然强调招洋商的优越性和正确性，只是居高临下地表示不屑于多费口舌而已。下面的电文才是恽莘耘的话：

今决计与吾兄商办，但宜趁此闲空之时赴鄂一行……帅节十七日交替，到鄂须下旬，阁下看毕后正好面商定议。

盛接到电报的当天即复电，仍然是寄给他的八哥，说他要等到送李鸿章出洋之后才能来：

……拟送傅相出洋后到鄂一气呵成，只须帅意坚定，必当竭力为国家筹计远大。贱恙不宜北地，驽下不合官场，无论铁事办不办，必请开缺无疑，正如帅言不愿淘气饶舌也。乞代禀。

盛一再说"帅意犹未决"，"只须帅意坚定"，明白地表示了他知道张之洞还心存疑虑。[1]

张之洞的告别之旅

光绪二十二年正月十七日，张之洞坐船从南京动身，路过安庆也没有心情去拜访安徽省的官员，却将行程安排通知武昌：廿二日到田家镇看炮台，廿三日过大冶看铁山，廿五日到马鞍山看煤井挂线路，廿六日到汉口，廿七日看铁厂，廿八日才过江回到督署。他点名要蔡锡勇到黄石港去等候，陪同视察各厂矿。

这是张之洞第二次视察这些厂矿，其心情必然与三年前它们建成时的视察截然不同，没有了历尽艰难后取得硕果的喜悦和兴奋，没有了创业者对未来的宏图和雄心。这次视察对于实际工作的意义已经不大了，勿宁说更多的是出自于张之洞个人情感的需要。在张之洞的潜意识里，也许此行便是一次告别仪式。今后它们将离开他的怀抱，改换门庭，接受另一个主人的支配。从感情的牵挂来说，这些厂矿不啻他的血肉，犹

---

[1] 夏东元编著：《盛宣怀年谱长编》下，第 506—507 页。

如他的儿女，他实在是为它们比为儿女付出了更多的心血，忍受了更多的煎熬。

在瑟瑟寒风中，张之洞伫立在铁山之巅，凝视着莽莽群山，从心头黯然掠过的，当是壮志难酬的遗憾和苍凉！当是难以割舍的眷恋和悲怆！更是无可奈何花落去的迷惘！

峰回路转：共同对付不出面的洋人

二月七日，已经表态"决意不招洋商"的张之洞，不知道是不满于盛宣怀的迟迟不来、有意"推宕"，还是贪图与洋商合办的"利却甚大"，又给驻德使臣许景澄发出电报，请他与克虏伯公司联系，"派人来鄂妥商"。开出的条件是：

> 官本估作四百万两，拟招商股四百万两合办，厂基、矿地全归官业，有利官商均分。
>
> 预缴十年税项，约一百万两。
>
> 二十年后官可将全厂收回，所有商添机炉估值给还。

这条件当然是盛宣怀办不到的，但德方并不感兴趣，回答是"无暇办理"。张之洞打的是一厢情愿的如意算盘，白费了心机。[1]

二月初九，郑官应写信给盛宣怀，告知有法人带了三百万元，打算合办铁厂；又提醒他：

> 或谓英人志图长江，现在苏沪等处铁路已归英商承办，汉阳铁厂不可又归英商。[2]

---

[1] 《张之洞全集》九，第6916页。

[2] 陈旭麓等主编：《汉冶萍公司》一，第66页。

此时盛宣怀先是回乡扫墓，接着又去南京拜谒刘坤一，好像悠闲得很，其实他时刻关注着汉阳铁厂，作了一系列的布置：听说洋人戴马陀来鄂谈判接办铁厂，二月廿三日致电他称为五哥的湖北按察使恽松耘（即恽祖翼），请恽探明谈判的情况，等候恽的回电再确定如何行动。三月初二，致电侄儿春颐，要他把法商在黄石港买煤矿的事秘密报告给恽祖翼，探听张之洞的意向。初四向王文韶报告，"现赴长江一带察看商务"。初八，再致电盛春颐转告恽祖翼，他过几天就到湖北，先与恽见面商量一切。①

　　三月十五日，盛宣怀终于到了汉口。

　　说来真是无巧不成书。头一天张之洞刚刚收到直隶总督、北洋大臣王文韶的电报。王文韶字夔石，人称王夔帅。告诉张十三日收到了朝廷的寄谕，卢汉铁路决定官督商办，派他们两人会同办理。十五日张之洞复电王文韶，说朝廷的旨意送到湖北还要几天时间，请将谕旨全文用电报转来。并告诉盛宣怀已经到了湖北，自己迫切地想知道"朝廷意旨所在"，以便和盛筹划，然后再和王商议。②

　　朝廷这道关于卢汉铁路的谕旨，对于张之洞、盛宣怀和汉阳铁厂都来得十分及时，它提供了一个峰回路转的机遇，大大促进了盛宣怀接办铁厂的进程。

　　自铁路建设工程重新启动以后，卢汉路的修建再次提上了议事日程。光绪二十一年十月二十日，在命胡燏芬督办津卢铁路的同时，朝廷宣布：卢汉铁路准许各省官商集股在千万两以上的设立公司，自行兴办。后来国子监司业瑞洵上奏，认为卢汉路商办难成，请拨款官办。光绪皇帝让督办军务王大臣拿个意见，王大臣回奏说官办不如商办，现在已经有广东在籍道员许应锵、候补知府刘鹗、广东商人方培垚、监生吕庆麟等四人，均称集有股份千万，愿意承办。朝廷便下了一道谕旨：

---

　　① 陈旭麓等主编：《汉冶萍公司》一，第 735 页。
　　② 《张之洞全集》九，第 6963 页。

卢汉铁路关系重要，提款官办，万不能行，惟有商人承办、官为督率，以冀造成。王文韶、张之洞均系本辖之境，即著责成该督等会同办理，道员许应锵等分办地段，准其自行承认，毋稍掣肘；并着该督等详加体察，不得有洋商入股为要。[①]

十七日，盛宣怀去见张之洞，张让他看这份谕旨，盛宣怀也呈上王夔帅给张之洞的电报，便就卢汉路的问题进行深入的交谈。两人很快就形成了共识：华商不可能如此轻易地分别同时集起千万巨款。其中，方、吕两人从未听说过、毫无社会影响力，一定是洋人在背后操纵。盛在上海就遇到洋商来说，外国银行同意认股数千元，包办数十年，用重贿作钓饵，要华人出面挂名任总办。谕旨既然要他们详细调查，不得有洋商入股，看来是把这四人都误认为是华商资本了。张之洞打算和两广总督联系，让这四个投资者到武汉或天津来，面对面地进行考察，"先揭破疑团，方能通筹实事。"[②]

十九日，盛宣怀正在汉阳铁厂实地察看，又接到张之洞的手书：前天王文韶的来电中，有"不分南北、通力合作，此朝廷意"。这些话很重要，请盛立即去电询问王文韶，这些话是否可靠？是从哪里得来的？请用密电迅速回复。盛宣怀转达了张之洞的询问，也表露了自己的看法：他认为卢汉铁路要用四五千万，工程须四五年，自然是要南北通力合作，"香帅视有关系，未知何故？"盛宣怀不知道，张之洞办事从来精细，在一些重大问题上，一定要把朝廷的底细摸清楚；盛更没有想到，在铁路和铁厂的问题上，正是李鸿章对待张之洞做不到"不分南北、通力合作"而叫张吃尽了苦头。[③]

张之洞主动提出由盛宣怀督办卢汉路

光绪二十二年三月廿一日，盛宣怀出发去大冶铁矿，然后再去马鞍山煤

---

① 《张之洞全集》九，第6964页。
② 夏东元编著：《盛宣怀年谱长编》下，第510页。
③ 陈旭麓等主编：《汉冶萍公司》一，第736页。

矿实地考察。

没有等到盛宣怀回来，廿六日，张之洞便致电王文韶，首先从如何揭穿四个广东商人实为洋人资本的骗局说起，表示朝廷既然把责任交给他们两人，一定要遵照旨意，决不让洋商入股。但是，华商没有这样的财力，也没有这样的远见，"路未成华股必少，路既成华股必多"。经他和盛宣怀反复商量，打算先举荐一人作为商务总办，设立卢汉铁路招商总局，一面招集华股，一面由商务总办以民间身份筹借洋债，先行举办。向朝廷报告，就用卢汉铁路本身担保，分作二三十年归还。路建成后，用招来的华股分期还洋债，用铁路的收益付利息。这样虽然是借洋债、用洋匠，铁路的主权还是中国的。但是，不揭穿许应锵等人的骗局，朝廷以为华股很好招集，这个方案就不会被采纳，所以先要由他们两人分别当面考察，这四个人究竟集了多少股，是不是洋股，弄个水落石出之后，再共同提出实际可行的方案。

最后，张之洞给予了盛宣怀极高的评价：

> 尊意不分南北，通力合作，鄙见但求速成，无分畛域，可谓两心相印。昨招盛道来鄂商办铁厂，连日与议卢汉路事，极为透彻。环顾四方，官不通商情，商不顾大局，或知洋务而不明中国政体，或易为洋人所欺，或任事锐而鲜阅历，或敢为欺谩但图包揽而不能践言，皆不足任此事。该道无此六病，若令随同我两人总理此局，承上注下，可联南北，可联中外，可联官商。[1]

从实际进行的过程看，张、盛两人此次会见，在卢汉路的问题上谈得颇为投机，意见相当一致，张主动提出由盛在他和王的领导下主持卢汉路的建设和招商，这就为盛接办铁厂奠定了基础。张肯定的盛的优势，虽然不无溢美之词，却是以对当时洋务人员的整体观察为基础，与盛进行比较而得出的结论，就其基本要点而言，还是比较符合实际的。在当时，要物色建设铁路

---

① 《张之洞全集》九，第 6973—6974 页。

的负责人，也许很难找到比盛更恰当的人选。

廿七日，盛宣怀回到武昌。张之洞当面告诉他，已经向王文韶发了电报，准备共同推荐他负责卢汉路。盛知道张与军机大臣李鸿藻的关系非同一般，便提出来恐怕李鸿藻另有人选，如果事权不专，容易误事。张之洞回答得很干脆，我的决心已经下定了，李鸿藻那里我负责去疏通。盛宣怀便感激地表态道："如蒙两帅委任，中无隔阂，再拼数年精力，为中国争一口气，亦所不惜。"他这里所说的"中无隔阂"当是没有什么阻碍的意思。

王文韶收到张之洞的电报后，于二十八日回电，认为张的意见非常透辟，办理的程序，双方同心。对于任用盛宣怀，王称赞盛"实济时之彦"，说他在上年冒着巨大的风险把盛保全下来，正是为了今天。盛能够得到张之洞的大力赞许，一定能够充分发挥作用。同时还告诉张之洞，要承办卢汉路的吕、刘两人，先后到了天津，一经面询，原形毕露了。①

铁厂招商承办水到渠成

盛宣怀吃了督办卢汉铁路的定心丸，便向张之洞呈报自己初步拟定的汉阳铁厂《招商章程八条》。张之洞则在四月二日正式发布了《委盛宣怀督办汉阳铁厂札》。四月十一日，盛呈上《接办汉阳铁厂禀》。在禀文中，根据实地考察的情况，列举了当前铁厂存在的问题：马鞍山煤质灰多磺多、使用开平焦炭价贵、生铁熟铁亏本、洋人多而工资高，产品销售难等；阐述了"非支持不能推广，非推广不能持久"的思路，要在长江一带找到好的煤矿，然后在大冶添炉炼铁；而目前铁厂要支持下去的关键，则是保证铁轨的销路。汉阳铁厂原为卢汉铁路而建，所以：

> 自应查照原议，所有铁路需用钢轨各件，均责成湖北铁厂，按照极新西法自行制造……惟中国办事最易纷歧，万一铁路所用钢轨等件仍欲

---

① 夏东元编著：《盛宣怀年谱长编》下，第511—512页。

取用于外洋，使华铁销路阻塞，商局何能挽回？届时应准其停工，发还华商资本，仍归官办。[1]

此时盛宣怀已经深刻认识到，占领国内铁路市场是铁厂生死攸关的头等大事。虽然如此郑重声明，事先防范，后来实践证明，他自己负责督办铁路，费了许多心机，还是无法顶住西方列强资本输出的巨大压力，借外债修的铁路仍然大量使用进口钢轨。

张之洞将盛宣怀的《招商章程八条》交湖北藩臬两司、铁政局司道详细研究，提出补充修订意见，于五月十四日形成《札盛宣怀添定铁厂招商章程文》，发给盛宣怀进行修订。在此基础上，五月十六日张之洞正式向朝廷上报了《奏铁厂招商承办议定章程折》。奏折首先强调湖北铁厂"创地球东半面未有之局，为中国造轨制械永杜漏卮之根"；汇报了有许多洋商愿意承办，考虑到"铁之兴废，国之强弱、贫富系焉"，"惟矿务为中国自有之利源，断不能与外人共之，洋商合办之议，不得不作罢论"；在说明为什么要交给盛宣怀招商接办后，郑重地提出了定购钢轨和免税的请求。所列章程共十六条，主要内容有：

一、令其负责招集商股，实行官督商办。

二、现有汉阳铁厂及其所属矿山全部资产交付商局。

三、先拟招商股银一百万两，第一年至第四年年息八厘，第五年起年息一分。

四、每出售生铁一吨，提银一两，以归还官本。官本还清后，每吨继续提取一两报效。

五、在铁路预付轨价内提银一百万两，先归还急需之官本。

六、各省铁路所需钢轨及应用钢铁料件，无论官办商办，必要专向湖北铁厂定购。如路局仍购洋轨，华铁销路阻塞，应准其停工，发还商本，或仍官办，或即奏请停止。

---

① 湖北省档案馆编：《汉冶萍公司档案史料选编》上，129—130 页。

七、为保护中国利权，有利于与外洋钢铁竞争，应请奏明免税十年。

八、商办后一切事宜均由督办一手经理，随时择要禀报湖广总督查考。

九、督办应由有股众商公举，湖广总督奏派。①

早在张之洞发出这道奏章的一个多月之前，光绪二十二年四月十二日，盛宣怀已到汉阳铁厂走马上任；同一天，盛宣怀特地物色的铁厂总办郑观应由上海启程赴武汉。十四日盛宣怀致函铁厂总监工德培，开头便说：

> 此铁厂自四月十一日起，即属公司，归于商办。

盛宣怀的上任，是汉阳铁厂发展史上的一道分水岭，它宣告了由张之洞创办并主持的官办时期已经结束，由盛宣怀任督办的官督商办时期正式开始。②

张之洞与李鸿藻的私房话

光绪二十二年三月二十七日，盛宣怀对张之洞说，唯恐铁路"高阳属意有人"。这个人，可能是指高阳的门生、正在主持津卢铁路修建的胡燏芬。张之洞拍了胸脯："我意已决，高阳必为疏通。"于是才有了《张之洞致砚斋中堂函》。此文收入河北人民出版社版《张之洞全集》第十二册，题为《致李兰荪宫保》。李鸿藻，直隶高阳人，字兰荪，时任礼部尚书、军机大臣。这封信主要是诉说何以要将铁厂交给盛宣怀接办的苦衷，是自称晚生的张之洞向昔日清流的精神领袖说的私房话。③

其中值得注意的有几点：

一是盛宣怀"风波已平"。信中说：

---

① 湖北省档案馆编：《汉冶萍公司档案史料选编》上，第132—135页。

② 湖北省档案馆编：《汉冶萍公司档案史料选编》上，第139页。

③ 湖北省档案馆编：《汉冶萍公司档案史料选编》上，第127页；《张之洞全集》十二，第10238—10239页。两书皆将此函系于"二十二年一月"，疑误，似应在三月二十七日以后不久。

渠因年来言者指摘太多，东抚复奏不佳，意甚自危。故决计舍去津海关，别图他项事业，遂亦欣然愿办。……盛为人极巧猾，去冬因渠事方急，其愿承铁厂意甚坚，近因风波已平，语意又多推宕，幸现有铁路之说歆动之，不然铁厂仍不肯接也。

所谓"风波已平"，是指去冬盛被人弹劾，虽然山东巡抚李秉衡查案复奏的意见对盛不利，但此事已被王文韶摆平了。王同年三月二十八致张之洞电云，"盛道实济时之彦，上年冒不韪以保全之，正为今日"云云，便是"夫子自道"。王在复奏中强调盛的职务多涉及与外国打交道，一时找不到人可以代替，于是朝廷便不了了之。①

曾经有一种说法广泛流传：盛宣怀接办汉阳铁厂是被迫勉强应承的，是张之洞玩弄权术、胁迫要挟的产物。其中，时间较早而又影响广泛的是来自叶景葵；最富于戏剧性、有鼻子有眼的来自梁启超；在海外影响最大的来自美国的费维恺；而他的资料来源于李剑农《中国近百年政治史》第一册中所引用的"一个身份不明者的报导"。② 这些说法有一个共同点：盛案正交张之洞查办，他的命运正掌握在张的手中。事实真相是：王文韶在上年底已经为盛保住了电报局和招商局的位置，而张之洞与此次查办无关，盛来武汉时"风波已平"，更无所谓"胁迫"了。

二是在张之洞看来，盛之所以愿意接办铁厂，虽是受到查办后，有危机感，想另图发展，更重要的还是想要承办铁路。张在信中说：

正筹议间，适闻有卢汉铁路交王夔帅及散处督率商办之旨，渠甚踊跃，谓亦愿招商承办。……盛若令办铁路，则铁厂自必归其承接，如此

① 夏东元编著：《盛宣怀年谱长编》下，第503—504、512页。

② 叶景葵：《述汉冶萍产生之历史》，载《洋务运动》八，上海人民出版社2000年版，第527页；梁启超：《记卢汉铁路》，载《饮冰室文集》四，第48—49页；费维恺：《中国早期工业化》，虞和平译，中国社会科学出版社1990年版，第86页；李剑农：《中国近百年政治史》，武汉大学出版社2006年版，第228页。

则铁厂全盘皆活，晚亦从此脱此巨累矣。

三是张之所以要将铁厂交给盛宣怀承办，又与户部及翁同龢密切相关。

> 无如户部成见已定，不肯发款，诿以招商。……
> 特以铁厂一事，户部必不发款，至于今日，罗掘已穷，再无生机，故不得已而与盛议之，非此无从得解脱之法，种种苦衷，谅蒙垂鉴。且铁厂如归盛接办，则厂中将来诸事，大家俱可不挑剔，此当早在明察之中矣。

"大家俱可不挑剔"一语，河北人民出版社版《张之洞全集》作"大农俱可不挑剔"。大农者，户部尚书也，翁同龢也。看来李鸿藻也是早就知道盛宣怀与翁的关系很不一般的。

四是关于盛接办的资金，张之洞已经大致摸到了底细。

> 盛道此来与之细谈，渠亦并无如许巨款，大意谓铁路若归鄂办，则铁有销路，炼铁之本，可于铁路经费内挹注。

这短短的一句话，至关紧要，道出了盛宣怀今后经营铁厂的路数，也道出了盛资金运作的特色。虽然彰明较著打的是"招商承办"的旗号，其实盛既未打算自己投资，也没有打算费心劳力去招集商股，而是盯着了国家的铁路资金，打的是公款的主意。由此发端，盛制订了一整套卢汉铁路筹款的方案：先自办，后借外债，再招股，在翁同龢的支持下，手里先攒着了上千万两银子的铁路经费；又巧立了"预支轨价"的名目，巧妙而完满地实现了"炼铁之本，可丁铁路经费内挹注"的设想。

这些都是是后话，笔者将通过史料梳理，逐步一一展开，与读者一同探索历史的真相。

第二十三章　启动城市早期现代化

武汉的工业化被延误了三十年 / 武汉工业化的起点 / 汉阳的崛起 / 武汉"洋务经济特区" / 开发铁矿启动了黄石地区的工业化 / 工业化带动了黄石地区的交通运输现代化 / 孕育了黄石地区的城市化

张之洞创办中国近代钢铁工业是一个伟大的创举。我们今天审视它的历史作用，不能仅看它炼了多少钢铁，是盈利还是亏损。它带来的是一种新的人类文明，一经渗透进原有的社会结构，便如同酵母，产生催化作用，引起社会结构质的变化。过去学者们评价张之洞选择厂址，是汉阳好还是大冶好，主要是考虑企业的成本和效益；而放开眼界，从推进地区早期现代化和城市化的视角来审视，张之洞兴办汉阳铁厂也是功不可没的。中华人民共和国建立初期，湖北省只有武汉、黄石两个省辖市，而这两个城市在近代发展的历史，都直接受惠于张之洞，留下了他辛勤开拓的历史足迹。其中，汉阳铁厂的兴建，改变了汉阳地区的经济功能和地位，密切了武汉三镇之间的内在联系，促进了武汉城市整体的早期现代化；而大冶铁矿的开发则孕育了黄石这座新兴的矿冶城市。

武汉的工业化被延误了三十年

> 汉口通江水市斜，兵尘过后转繁华。
>
> 朱甍十里山光掩，画舻千樯水道遮。
>
> 北货南珍藏作窟，吴商蜀客到如家。

清初诗人潘耒笔下的景象，本是歌唱汉口在明末兵燹之后很快恢复了繁华，被人借用来描绘19世纪60年代经历了清军与太平军激烈争夺后的汉口，似乎也无不合。正如美国学者罗威廉所说："汉口以其优越的地理位置与封建社会晚期势不可挡的商业力量相结合，形成并维持着一个卓越的商业都会，一个代表着在接受欧洲文化模式以前，中国本土城市所达到的最高水平的城市。"[①]

处于中原腹地的汉口，与沿海的广州、上海、天津相比，它的城市早期现代化起步晚了二十多年，但同样被沉重地打上了屈辱的印记，是以第二次鸦片战争后被迫开埠为起点的。

1858年《中英天津条约》第十款写上了："长江一带各口，英商船只皆可通商。"

同年十二月，江西巡抚耆龄向朝廷报告，"英吉利夷船四只"驶到九江，"旋于二十五日开驶上行，兹于十一月十六日该夷船自汉口折回"。

1960年，急不可待的英国人，与占据下游的太平军达成协议，巴夏礼伴同海军中将贺布率领一支团队，由十艘炮艇护送，从上海上溯至汉口进行了一次调查。

1863年1月1日起，赫德拟定的《长江通商统共章程》生效，确定扬

---

① [美]罗威廉：《汉口：一个中国城市的商业与社会（1796—1889）》，江溶等译，中国人民大学出版社2005年版，第21页。

子江对外贸易口岸为镇江、九江、汉口。①

同年，"挑战者号"在汉口运走了第一批茶叶。

开埠的主题是通商。外国洋行、银行纷纷抢滩登陆，汉口出现了供外国人居住的租界，建立了适应通商需要的江汉关，外轮满载着进口的洋货、出口的土货在长江往来穿梭，这个内地商埠成为了西方列强向中国腹地经济渗透的中心据点。汉口从此由内向型转变为外向型，成为间接外贸位居全国前列的著名转口港，1867年直接出口贸易为50万关两，间接外贸额却高达3000万关两。

但是，蜂拥而来的外国洋行是为了推销本国的工业产品，廉价收购中国的农产品，却不在中国办工厂。这一时期来到汉口的外国商人，要办也只办为外贸出口服务的简单的加工厂，不会办制造业的工厂，更不会办大型钢铁企业那样的重工业工厂。

> 直到1888年，据英国领事克莱门特·艾伦报告，各种职业加起来，总共也只有2000个当地中国人被外国人雇用，包括苦力、码头搬运工、货栈雇员以及产业工人。最末一类人主要是在俄国人的机械化砖茶打包厂（分别建于1875年和1878年）、英国人的皮革厂（建于1876年）以及这些年中租界承担的一两个大的工业实验项目中工作。……俄国砖茶打包厂，这个1895年以前汉口外国工业企业中的佼佼者，也仅仅雇用了100个当地工人。②

与此同时，汉口江汉关以西的华界则风光依旧，保持着开埠以前的基本面貌。30年间，武汉乃至整个湖北地区没有开办一家近代工厂。自1860年至1889年，出任湖广总督的先后有官文、李鸿章、李瀚章、卞宝第、裕禄等人，其中任职最久的是官文和李瀚章；任湖北巡抚三年以上的则有严树

---

① 《外轮侵略长江航线的开始》，载聂宝璋、朱荫贵编《中国近代航运史资料1840—1895》第一辑上，上海人民出版社1983年版，第248—252页。

② ［美］罗威廉：《汉口：一个中国城市的商业和社会》，江溶等译，第63页。

森、郭柏荫、翁同爵、彭祖贤、奎斌。总的来说，在湖北的政坛上笼罩着沉闷的不思变革、不求进取、不谋兴作的保守倾向，面对外来力量的冲击，消极被动，束手无策，无力应对。

汉口开埠与洋务运动同是第二次鸦片战争的产物。开埠是被迫的，但它也带来了契机。在洋务运动进行了三十年之后，武汉乃至湖北政坛仍是一片沉寂，无所作为。它的工业化和城市早期现代化被延误了三十年。

武汉工业化的起点

台湾地区学者苏云峰认为，1861 年汉口开埠"尚非湖北社会发生现代性变迁的起点"，"张之洞抵鄂之年，才是湖北政治经济社会各方面发生重要变迁的起点"。[①] 基于同样的观点，罗威廉在《汉口：一个城市的商业和社会》中，把研究的下限定在张之洞就任湖广总督的 1889 年 12 月，而不是汉口开埠。他强调：

> 张之洞主持的广泛改革实际上改变了地方和区域社会的每一个方面。最重要的是，我们可能把张之洞的到达看做地方史中工业化时期的开端。1889 年，在武汉地区仅有的蒸汽动力机器都在汉口英租界里，而且仅限于三四家外国人所有并管理的小工厂。张之洞在 1890 年创办了湖北兵工厂和汉阳钢铁厂，并在此后几年里创办了武汉棉纺厂，从而标志着地方机器工业开始发展。……在工业扩展的过程中，受雇于现代工业厂家的当地中国人数量有了很大增加，单是在汉口，1899 年大约有 1000 人，5 年之后飞速增加到 1 万人，到民国初年，更增加到 3 万多人。[②]

① 苏云峰：《中国现代化的区域研究 湖北省（1860—1916）》，"中央研究院"近代史研究所（台北）1990 年版，绪论第 3 页。
② [美] 罗威廉：《汉口：一个中国城市的商业和社会》，江溶等译，第 17 页。

苏云峰认为张之洞抵鄂是湖北早期现代化的起点，罗威廉更强调它是湖北工业化的开端。具体地说，湖北的工业化是由创办汉阳铁厂启动的。它是关键的一环。

与汉阳铁厂同时兴建的枪炮厂，李鸿章和李瀚章原是要移归北洋的。得以定点湖北，最充分的理由是湖北要办铁厂。光绪十六年正月初七张之洞致电海军衙门：

> 钧电有云：粤督请移铸械厂于北洋，刻正详商，并云铸械必须得铁，极为笃论。窃拟此时如尚未定议，可否一并移设于鄂……若此处就煤铁之便，多铸精械，分济川、陕、豫、皖、江、湘各省，并由轮运沪，转运沿海，处处皆便，工费亦省。

以醇亲王奕譞为首的海署，十二日复电表示同意，理由也是：

> 铁为厂根，与其运铁来津，不若移厂就铁，分济各省，事功亦有半倍之别。①

在工业布局上，张之洞考虑企业之间相辅相成、协调发展，也是以铁厂为核心、为重点的。他在《预筹铁厂开炼成本折》中说：

> 以湖北所设铁厂、枪炮厂、织布厂自相挹注，此三厂联成一气，通盘筹划，随时斟酌，互相协助，必能三事并举，各睹成功。②

他奏请以湖北的土药税为枪炮厂的常年经费，实际上成为铁厂基建时借用资金最主要、也最方便的渠道。在《增设纺纱厂折》中，强调"湖北省织

---

① 《张之洞全集》七，第5424页。
② 湖北省档案馆编：《汉冶萍公司档案史料选编》上，第98页。

布局办有成效，并拟以布局与铁政局联成一气，协济铁厂经费"，系通过发展盈利高的轻纺工业，来补充钢铁工业所需要的大量资金，本是近代各国发展工业的普遍措施，作为地方行政长官，如此筹划是很正常的，没有什么不合理。至于某些资金的具体调度、处理是否适当，需要具体分析，是另一个问题。①

汉阳的崛起

在张之洞抵鄂之时，汉口、武昌、汉阳是被长江和汉水分割开来的三个城镇，往来靠船只摆渡，偶遇大风浪，常有翻船溺水的惨剧。汉阳县城厚实的城墙内，住着县、府两级衙门的官员。自从它的商业地位被汉口取代之后，手工业以纺织著称，《汉阳县志》记载：

> 扣布，南乡治此尤勤，妇女老幼自春作以外，昼则鸣机，夜则篝灯纺绩，彻夜不休，比巷相闻，人日得布一匹，远者秦、晋、滇、黔，贾人争市焉。②

直到张之洞把它选作钢铁厂和枪炮厂的厂址后，它才展示出前所未有的城市活力。从此大别山下，厂房鳞次栉比，机器震耳轰鸣，日则烟雾缭绕，夜则炉火烛天。随后，张之洞又在汉阳办起了湖北官砖厂、汉阳针钉厂、汉阳铁厂砖厂。在张之洞的支持鼓励、官办企业的带动影响下，汉阳出现了一批最早的民营企业，其中有 1897 年开办的中同机器厂，从事制铁业和修理汽机；1898 年，原来从事铸件制造的周天顺炉房，购进英国旧机床开始技术改造，不久又购进蒸汽机等，改名为周恒顺机器厂，开始制造锅炉、制砖机等，初期年产值就达到 20 万元，1907 年还试制了一艘 80 匹马力的小火轮；

---

① 《张之洞全集》二，第 941 页。

② 转引自皮明麻主编：《武汉通史（晚清卷上）》，武汉出版社 2006 年版，第 7 页。

1902 年，周文轩创办的洪顺机器厂制造轧花机等，年产值也达万元；1905
年汉阳的地主商人投资举办了汉阳钢丝厂，后又有胡尊记、吕锦花等机器
厂，在 1908 年前汉阳还出现了一批机器制砖厂，不下十来家。这些官办和
民营工厂的出现，使汉阳俨然成为了以冶炼、机器制造为主、颇具规模的重
工业基地。①

这些工厂的出现，既改变了汉阳的经济结构，也改变了汉阳的社会结构
和城市面貌，开始了从农耕文明向以机器生产为标志的近代工业文明转型。
一些地主、商人、手工业主，还有胡尊记厂主胡尊五那样的技师，转变为汉
阳最早的民族工业资本家。比他们出现更早的是汉阳的产业工人，据《汉
冶萍公司志》记载，汉阳铁厂的工人，在官办时期有 3000 余人；在官督商
办时期有 3440—3450 人，分为工头、工匠、长工和小工；商办时期主要工
种的生产工人为 3490 人，加上辅助工种总数达 6000 余人。② 枪炮厂职工约
1200 余人。在铁厂、枪炮厂中，有不少工人来自更早开埠的广东、福建等
地，汉阳铁厂最初的一次罢工，就是广东籍的工人利用同乡关系组织的。民
办的机器厂一般雇有三四十人，粗略估计，辛亥革命前汉阳的产业工人可能
接近万人。

1908 年前，继官办砖厂之后，上十家机制砖厂成批涌现，显然是市场
迫切需要大量新型建筑材料的反映，折射了城市市容建设的发展和人民居住
条件的变化。

武汉"洋务经济特区"

在汉阳崛起为重工业基地的同时，张之洞在武昌先后创办了著名的纺
织四局：织布官局、缫丝局、纺纱官局、制麻局。后又创办了造纸厂、制革
厂、毡呢厂，使武昌成为以纺织工业为主的轻工业基地；而在汉口这个人口

① 《晚清武汉民族资本主义工厂创建表》，载皮明麻主编《武汉通史（晚清卷上）》，第
263—272 页。
② 《汉冶萍公司志》，第 36 页。

密集的商业都会里，率先创办的民营企业如：美盛榨油厂、燮昌火柴厂、金龙面粉厂、祥泰肥皂厂、耀华玻璃厂、物华烟公司，以及既济水电公司等，主要是一些生产民生日用消费品的轻工业企业。这一时期武汉的民营工厂发展很快，到辛亥革命前已有 120 多家。三镇工业各有侧重、各具特色。武汉作为一个整体，初步形成了轻重工业协调发展，门类比较齐全，既有军工，又有民用，既有官办、官督商办，又有民营，还有外资企业，结构多元的工业体系，一跃而成为全国最早、最大的工业基地之一，开创了武汉的工业现代化，为武汉的城市现代化奠定了基础。①

　　就行政建制而言，当时的武汉三镇并没有一体化。武昌地属江夏县，既是武昌府的治所，又是湖广总督、湖北巡抚的驻地，布政司、按察司等省级司道也都在此，俗称三十六个衙门，是全省的政治、教育文化中心；汉阳是府县两级的驻地，地区性的行政中心；汉口这个商业中心，在光绪二十四年底张之洞奏请设立夏口厅之前，原是汉阳县的属地，只设有两个级别很低的巡检司；此后夏口厅的行政级别虽与汉阳县平行，但仍然隶属于汉阳府。而为了适应和外国人打交道的需要，原来驻地在黄州的汉黄德道移驻汉口，俗称汉口道台。实际上，三镇各有统属，但江夏县、汉阳县、夏口厅包括他们的上司武昌府、汉阳府都是主管辖区内传统的日常政务，一旦涉及武汉地区的"洋务"，无论是经济、外交、军事、城市建设、社会治安和警察等，都要听命于张之洞。整个晚清时期，在武汉起主导作用的都是湖广总督官署及其所属司道。武汉三镇实际上成了湖广总督直接管辖的不成文的"洋务经济特区"。

　　这一时期，汉阳之所以能够列入"洋务经济特区"的范围，成为不可或缺的主角之一，显然不是因为它的城里有位知府老爷，也不是因为有南乡的扣布和鹦鹉洲的木排生意。刘备取了西川，才有资格和曹操、孙权平起平坐，如果没有铁厂，汉阳哪有资格和汉口、武昌鼎足而三？因为有铁厂这个张之洞的"特保儿"存在，汉阳才会受到行政中心的特别青睐，才不致被商

---

　　①　皮明庥主编：《武汉通史（晚清卷上）》，第 262—272 页。

业金融中心所冷落；因为有铁厂这个远东最大的钢铁联合企业存在，汉阳才进入了国际媒体的视野，从选择地址开始，《华北捷报》《益闻录》等西方在华报刊便对它跟踪报导；因为有铁厂这个中国洋务运动的标志性企业存在，日本前首相伊藤博文、德国亲王亨利这些重量级的国宾，才会特地绕进内地到汉阳一游。汉阳为武汉赢得了国际声誉，提高了武汉的国际地位。

在大力推进武汉工业化的同时，张之洞开拓了武汉文教的近代化，创办了一批学堂、书院，引进西学，兴办文化设施，留日学生居全国各省的榜首；大力推进武汉的军事近代化，编练湖北新军，成为晚清军制改革的模范，屡次"秋操"夺冠；修建了京汉铁路这条贯通南北的大干线，与横贯东西的长江水运在此相联结，促进了全国交通的早期现代化；武昌自开商埠，扩大开放、振兴商务，使武汉"驾乎津门，直追沪上"，外贸一度跃居全国第二；修建堤防，拓宽街道，兴建城市基础设施，改革城市管理体制，武汉的市政建设也走在全国前列。长街 60 里，人口 80 万，与上海、广州、天津竞相辉映，如此全面建设，武汉虽没有统一行政建制，但实质上已经展现了一个整体城市的早期现代化风貌。

开发铁矿启动了黄石地区的工业化

如果说武汉的城市现代化有一个汉口开埠的前奏曲，黄石地区的早期现代化则完全是张之洞任湖广总督以后启动的。具体而言，是由开发大冶铁矿而启动的。

1949 年 5 月，中国人民解放军的红旗插上黄石地区，迅即组建了中共石灰窑工业特区委员会，并由军代表接管了华中钢铁公司、华新水泥公司、大冶电厂、源华煤矿和利华煤矿。10 月建立大冶工矿特区人民政府。1950年 8 月建立黄石市。在中华人民共和国成立的最初时期，黄石之所以成为湖北省的第二个省辖市，显然是由于它拥有丰富的矿产资源和宝贵的钢铁、煤炭、建材、电力等工业基础。而这些工业基础直接或间接都受惠于张之洞对大冶铁矿的开发。

黄石地区处于长江中游铜铁等多金属成矿带，历来以矿藏丰富闻名于世。1973年发掘的铜绿山古矿冶遗址，展示这里从商周到春秋战国一直是采矿炼铜的基地。三国时置"铁官"管理冶铁和运输，唐置"青山场院"，宋设立"富民钱监及铜场""磁湖铁务"，明置"兴国冶"，历代均为冶炼官铁之地。

在1889年以前，大冶铁矿所在的铁山铺，明清以来是一个驿站。驿站又名急递铺，故名铁山铺。例设邮舍，配铺司一人，铺兵六人，负责传递公文书信。明代曾在这里伐木烧炭、采矿炼铁，留有早已废弃的遗迹。大冶钢厂所在的袁家湖，西塞山以上沿江一带多沼泽、水塘、江汊，山坡间错落着一些村落，有的居民以烧石灰为业。紧邻袁家湖的石灰窑，因汉代以来盛产石灰而得名，明清时期，居民在黄荆山麓用土法采煤、烧石灰，沿江形成上窑、中窑、下窑等街市，是传统的手工业、商业集市。地处上游的黄石港，当时商业较为繁盛，清嘉庆年间是大冶、阳新、鄂城、浠水等沿江八县的物流集散地。同治十三年招商局轮船在此设码头，英太古等洋行进入，商业发展至鼎盛时期，号称商行十八帮，坐商达200余家。

1890年张之洞开发大冶铁矿，建成使用机器露天开采的大型矿山，标志着这片热土上绵延了三千多年之久的矿冶生产活动，开始进入了机械化、现代化生产的新时代。1913年汉冶萍公司决定在袁家湖兴建大冶钢铁厂，1917年两座当时全国最大的450吨高炉破土动工，1923年高炉出铁，进入生产期。由此黄石地区实现了近代采矿和冶炼相结合，成为了中国近代著名的钢铁工业基地。

在开发大冶铁矿的同时，张之洞在黄石地区开创了煤矿开采的机械化。据光绪十八年十月十五日张之洞给李鸿章开列的《湖北铁政局所置机器、厂屋计各项工程清单》，大冶王三石煤矿项下开列：

> 大煤井二处。小煤井二处。开煤机器全备。凿石压气机全副。金刚石钻地机器二副。抽水大机器二副。抽水小机器五副。起煤机器二

副。……运煤铁路十里。运煤铁车三十辆……①

已经实现了钻探、掘进、开采、排水、运输各个生产环节的机械化。当时张之洞一次便进口了三套煤矿机械设备，明家湾、道士洑煤矿也配备有金刚石钻地机器全副、开煤小机器四副。1908年，毕业于湖北经心书院的大冶人周晋阶收购了石灰窑一带的小煤窑，于1909年成立民营富源煤矿股份有限公司，1916年、1924年富华、大冶利华两家煤矿公司相继建立，1927年利华改组，1936年富源与富华合并，改称源华。与此同时，还涌现了德和、四维、裕鄂等一批煤矿。大型煤矿逐步采用机器生产，1931年德和煤矿还修建了8.2公里的盘山公路，1934年利华煤矿则修建有4.5公里的越山索道。1937年富源、富华、利华三公司总运销达380万吨。在占据武汉市场的同时，利华煤矿远销至厦门、福州、汕头、烟台、广州、香港和日本。②

张之洞同时开创了黄石地区建材生产的工业现代化。他是中国近代水泥工业的开创者之一。早在汉阳铁厂竣工之时，张之洞便萌发了兴办水泥厂的念头。他在光绪二十年四月初四致出使俄、德、奥、荷四国大臣许景澄的电报中说：

> 铁厂、铁路、枪炮架弹五厂所用水泥计银二十万外，痛心疾首。大冶有堪造水泥之土，据外洋评定极佳，远在开平、澳门两处水泥之上，此后岁修用多，故拟自造。③

电请许景澄打听水泥机械的价格和生产能力。由于经费困难，这次未能办成。十三年后，光绪三十三年二月十一日，张之洞下发了《批道员程祖福禀拟承办水泥厂》一文，正式批准程祖福承办水泥厂，给予优惠政策，"准

---

① 湖北省档案馆编：《汉冶萍公司档案史料选编》上，第95—96页。
② 《煤炭开采》，载《黄石市志》，第335—336页。
③ 《张之洞全集》七，第5775页。

其在湖北境内专利十五年"。① 同年七月二十八日，张之洞赶在离任前夕呈报了《商办大冶水泥厂请暂免税厘片》，请求按照"各省商办铁路所用材料请照官办之路一律暂行免税"的政策予以免税。② 这是张之洞在湖北期间为黄石地区办的最后一件好事，五天之后，八月初二，他就起程进京了。创办清华公司的福建人程祖福筹资 30 万两，购回法制全套干法回转窑，建成湖北水泥厂，于 1909 年投产，是中国第二家商办水泥厂。所生产的"宝塔牌"硅酸盐水泥，曾获南洋劝业会金银奖。后该厂被启新公司兼并，改名为华记湖北水泥厂。1938 年迁往湖南辰溪，1945 年筹建大冶水泥厂，1949 年 4 月第一条生产线建成。1953 年定名为华新水泥厂。③

为满足汉阳铁厂生产的需要，张之洞在铁山矿区东侧的石鼓山、牛铁山开采白石，开创了石料开采的机械化。上述《清单》中，开列有"白灰石山一座"，配备有：

> 夹矿石机器全副。凿矿机器四架。开矿各项机器全备。运矿小铁路四里。炸药窖一所。装矿码头一所。石灰窑运矿码头一座。码头趸船一号。④

说明这座石料矿山已采用爆破和机械开采，并使用小铁路运输，有专用码头，已具有相当的规模。

这一时期黄石还开创了机器制砖，下陆建有附属于汉冶萍公司的制砖厂，20 世纪末拆除黄石港原教堂的旧房，发现所用机制青砖上有汉冶萍公司的英文标记。

黄石地区的电力工业，是在工矿企业自备发电机的基础上发展起来的。1909 年，湖北水泥厂设有电气部。1913 年李维格筹划汉冶萍厂矿扩充，在

---

① 《张之洞全集》六，第 4841 页。

② 《张之洞全集》三，第 1805 页。

③ 《建材工业》，载《黄石市志》上，第 419 页。

④ 湖北省档案馆编：《汉冶萍公司档案史料选编》上，第 95 页。

新建大冶钢铁厂的同时，提出大冶铁矿设电机厂，石灰窑设电灯：

> 挂线路、机钻均需电力，而此后须通宵工作，非电灯不可，拟设电机厂一所，内交流电三百启电机两副、气炉、电线等约需银十三万两。火车及轮驳船均需通宵工作，亦需电灯，（石灰窑）拟设三十启煤油电机一副，及预备替换六启小电机一副、灯线等，约需银一万六千两。[①]

后大冶铁矿、大冶钢铁厂、富源煤矿等都建有发供电设施。1926 年黄石港兴办民营电灯公司，开创黄石商业发电的历史。1938 年本地区拥有 8867 千瓦的发电设备，由发供电单位各自管理，互不联系，电力未形成工业体系。日军入侵后，这些设备或毁于战火，或迁至后方。1945 年 10 月国民政府资源委员会成立大冶电厂筹备处，接管大冶钢铁厂原"日铁"发电所。第二年发电机组相继发电。至此，黄石电力形成系统，结束了分散管理的局面。[②]

工业化带动了黄石地区的交通运输现代化

张之洞在黄石地区推进工业现代化，带动了交通运输、电信等事业的现代化。

筹办大冶铁矿之初，张之洞便在湖北铁政局之下设立大冶矿务运道总局，负责开发矿山、修建铁路。矿局建在石灰窑江边，内设电报房，配备了电报机。早在 1891 年石灰窑就与铁山开始了通电报，1897 年铁山与武汉通了电报，也就与全国通了电报。

矿局修建的大冶铁矿运矿铁路，是继津唐铁路、台湾铁路之后中国政府自己修建的第三条铁路。铁山铺至石灰窑江岸，全长 33.79 公里，并在下陆

---

① 湖北省档案馆编：《汉冶萍公司档案史料选编》上，第 478 页。
② 《电力工业》，载《黄石市志》上，第 354—355 页。

设有机车修理厂。火车每天开行运矿二至十次不等，每次附带客车二辆，出售客票，供本矿职工和旅客乘坐。这里先于北京及武汉、广州、南京等大都市拥有了铁路，民众有幸体验了火车，成了黄石地区社会生活早期现代化影响最大、最显著的标志。[①] 后来大冶钢铁厂、华新水泥厂相继自建了专用铁路并与之接轨。湖北官矿公署所属的象鼻山铁矿，于1919年建成该矿至沈家营码头的铁路，全长22.25公里。这一时期黄石地区的交通呈现了独特的景观：铁路优先于公路发展，铁路里程超过公路里程。境内第一条公路是1929年建成的，由大冶县城至黄石港，全长23公里。

煤、铁、建材的巨大吞吐量，促进了港口的建设和水运的发展。1893年，矿局率先在石灰窑上窑江岸建起了第一座工矿码头，1899年、1908年又兴建了供日本运矿砂的东矿码头和专供汉阳铁厂用的新汉矿码头。随后，象鼻山铁矿在沈家营、湖北水泥厂在胜阳港、富源富华等煤矿在下窑和中窑都分别建起了本企业的码头，有的煤矿还修建了从井口到码头的轻便铁路。1920年大冶钢铁厂在厂区兴建了生铁码头、焦煤码头和发电所码头，生铁码头有铁路通往趸船，配有起重机、卷扬机装卸。此外，在上窑还建有杂货、粮食和小轮码头，1929年在黄石港建了客运码头。[②]

一些企业在兴建码头的同时，组建了自己的轮驳队。汉阳铁厂1892年已有拖轮二艘、运矿大驳船五只。后拖轮增加至七艘，日开一艘，每艘拖驳船两只，各装矿石350吨，运往汉阳。运往日本的矿石，早期由日本三菱公司备轮四艘，每艘装矿石330吨，运至日本。源华和利华后来也都有了自己运煤的船队。这一时期，民族航运业迅速发展，有两家轮船公司和20多家船帮的机帆船、木帆船在黄石水域营运，如燕矶帮39艘主运水泥，蒲圻帮43艘专运石灰，大冶帮30艘专运煤炭，金牛帮50艘主运农副产品等。从黄石港至袁家湖，十余公里的江岸边遍布着往来运送商品的船只，蔚为大观。随之石灰窑沿江街市的商业也日趋兴旺。[③]

---

① 《增订汉阳铁路火车卖票章程》，载《郑观应集》下，第1053页。

② 詹世忠主编：《黄石港史》，中国文史出版社1992年版，第55—59页。

③ 《交通邮电》，载《黄石市志》，第567页。

孕育了黄石地区的城市化

　　农村人口向城市流动是城市化发展的必要前提，这种流动也是工业化发展不可或缺的历史条件。城市化和工业化都离不开人口的增加。现代工业的兴起，孕育了黄石地区的城市化，其中一个显著的特征是人口的增长突破了自然增长的局限；工业人口的大量增加，改变了原有的社会结构。

　　在中国近代城市化的过程中，由于工业化的滞后，有的城市是无工业化的城市化，或是先城市化后工业化，黄石地区却是先开始工业化，带来工业人口的增加，然后再建立城市。据《黄石市志》记载，在抗日战争前，大冶铁矿已有矿工3000余人，象鼻山铁矿1000余人，大冶钢铁厂1300余人，湖北华记水泥厂3000余人，大小煤矿约4000余人，计13000余人，是一支以产业工人为主体的工人阶级队伍。这些工人，有的原是本地的农民、城镇贫民；有的则是外地来此谋生的，特别是早期的技术工人，很多是从外地来的。1922年林育英在黄石工人中发展的第一批共产党员，多数是外来的。大冶钢铁厂的电工仇国升，湖北均县人，由汉阳铁厂来；另一个电工林家庆，是湖北黄冈人。华记湖北水泥厂的周芳良是浙江宁波人，梁士卿是武昌人，两人都是十几岁来石灰窑进厂当工人。大冶铁矿下陆机车修理厂的赫惠林、唐芳、黄国太，分别是东北满族、广东中山人、湖北黄陂人，先后由汉阳铁厂来此当工具管理员、钳工、火车司机。[①] 大冶铁矿原是实行包工制，由包工头雇用当地农民采矿，农闲时人多，农忙时人少。1914年王宠祐任矿长，改包工制为固定工，从河北、山东、河南招来大量工人，仅得道湾矿山就雇用了1000多名外地矿工。同时，港口码头的急骤发展还吸引了大量农民、城市贫民、无业游民从事装卸搬运。据《黄石港史》记载，1903年上窑杂货码头建立了固定的码头装运组织，名为"箩行"。民国初年，黄

---

　　① 张实主编：《碧血丹心——黄石革命老区的革命和建设》，武汉理工大学出版社2001年版，第134—135页。

石沿江有箩工 500 余人；散工无法统计，仅在中窑、下窑挑煤的工人每日达 800 多人，农闲季节 2000 有余。另据《黄石市志》估计，解放前码头搬运工人总数约达万人。

1949 年 5 月黄石解放后，工矿特区以原石灰窑、黄石港两个城镇为基础，辖 7600 户，约 49000 人，其中郊区农业人口 21375 人。在城镇人口约 28000 人中，工业人口的比例显然是很高的。[①]

工矿区的兴起，吸纳了民族资产阶级来此投资创业，吸纳了高层企业管理专家，也吸纳了大量工程技术人员。1948 年，时任经理的张松龄便带领了 200 多技术人员来华中钢铁公司，从鞍山、抚顺、本溪、石景山等处南下的大批钢铁冶炼技术人员均集中于老华钢。[②] 这些厂矿还培训工人、学徒，附设有学校、医院、俱乐部。这些都提高了地区的文化、教育、卫生水平，推广了科学技术知识。

1899 年德国亲王亨利来华，指定要专程访问铁山，表明黄石地区早已进入国际视野。此后日本人频繁到铁山访问，使得矿局不胜其烦。1902 年 11 月 4 日大冶铁矿总办解茂承向盛宣怀报告：

> 外来日人到冶游历矿山，日多一日，几乎无月不有，间有一月之中多至两三起，往往结侣成阵。[③]

1903 年，日水师提督瓜生来铁山游历后，九月初八日又派"宇治"兵舰来游历，官兵 40 余人到铁山。解茂承不得不一次次地请县里派人保护，加强警卫，以免发生意外；对于日方的觊觎颇为紧张。

大冶钢铁厂、煤矿、水泥厂都集中在石灰窑一带，20 世纪二三十年代，石灰窑便代表着一种新的经济力量、一种新的工业文明在长江中游崛起；黄石港其时商业虽然繁盛，但只是传统商业市镇的落日余辉了。有种说法认为

---

① 《黄石市志》，第 199 页。

② 《大冶钢厂志》，第 62 页。

③ 陈旭麓等主编：《汉冶萍公司》二，第 296 页。

日军入侵使黄石港惨遭破坏才造成石灰窑的畸形繁荣。其实，当时两地的经济结构和社会结构决定了石灰窑的发展必将超越黄石港，这在战前已经初见端倪。只是日军的入侵加速了黄石港商业的衰落，并使石灰窑的经济蒙上了更为浓重的殖民地色彩。抗战胜利后，大冶铁矿与大冶钢铁厂同属华中钢铁公司，铁山、下陆与石灰窑之间通过铁路紧密联系已有半个多世纪，华新水泥厂和电厂的新建又填充了黄石港与石灰窑之间的空间，使之沿江连成一线。这样，中华人民共和国成立后，将石灰窑、黄石港、铁山、下陆划为一个行政区，包罗了华钢、源华、利华、华新、电厂五大厂矿，组成一个工业城市便是瓜熟蒂落了。

第二十四章 叶景葵《述汉冶萍产生之历史》
不应作为依据

《述汉冶萍产生之历史》的版本源流 / 叶景葵的记述成为批评张之洞的依据 / 叶景葵不是创办汉阳铁厂的亲历者或见证人 / 叶景葵何时任汉冶萍公司经理? /《述汉冶萍产生之历史》记述失实举证 / 叶景葵的记述不应作为依据

自 20 世纪初以来的百年中,叶景葵的《述汉冶萍产生之历史》在洋务运动史、尤其是张之洞及汉冶萍公司史的研究中,被作为依据广泛引用,产生了深远的影响,是批评张之洞创办钢铁工业失误的始作俑者。

为了厘清张之洞创办中国钢铁工业的历史事实,本书已对张之洞创办汉阳铁厂的全过程作较为全面、系统的陈述,对于一些讹传或误解,尽其可能地依据原始资料进行了考证和辨析,其中多处涉及叶景葵相关记述的失实。在此基础上,本章拟对《述汉冶萍产生之历史》的版本流传及影响、作者生平经历以及他与汉冶萍公司的关系,集中地进行考证,进一步辨析其史料价值,以清除长期以来因袭陈言、以讹传讹、积非成是的流弊。

《述汉冶萍产生之历史》的版本源流

《述汉冶萍产生之历史》是《卷盦书跋》中的一篇。[①] 该文由三段书跋和《汉

---

① 叶景葵:《卷盦书跋》,上海古籍出版社 2006 年版,第 52—57 页。

冶萍史本文》组成，按照原书是书跋汇编的体例，以书跋为主体，而将《汉冶萍史本文》作为附录，全文约三千字。原书目录署"叶景葵著 顾廷龙编"，20世纪50年代由古典文学出版社出版，书后有顾廷龙的后记。2006年由上海古籍出版社据旧版影印，收入中国历代书目题跋丛书第二辑。

1961年，《述汉冶萍产生之历史》全文收入中国史学会主编、上海人民出版社出版的中国近代史资料丛刊《洋务运动》第八册，题为《卷盦书跋——述汉冶萍产生之历史》，列入附录二。[①]并在第一册卷首《序例》中特地说明：

> 至于附录所选四种，本不足列为资料，我们因为这几篇文字对于某种措施记载的相当清晰，可供参考，所以把它们选录进来，放在最末。[②]

这个说明，既说是"本不足列为资料"，又说是"可供参考"，态度是暧昧、矛盾的，反映了编者的游疑。可惜的是，有的学者连这样的说明也没有看到或没有注意。

此外，叶氏此文还另有两种广泛流传的版本。

一为"汉冶萍产生之历史，抄件，中国科学院经济研究所藏"。曾收入汪敬虞编《中国近代工业史资料》第二辑上册，1957年由科学出版社出版。题为《叶景葵记汉冶萍》，作为汉冶萍公司的简史被采用。[③]汪书所选，自"前清光绪初"起，至"功罪之难言也"止，与《卷盦书跋——述汉冶萍产生之历史》比校，少了前面的三段题跋和最后一段在北京印行时加上去的话，当是最初在《时事新报》刊载的原貌。

一为《汉冶萍之历史》，原载《中国实业杂志》第6年第6期，1915年在日本东京出版。曾收入陈真编《中国近代工业史资料》第三辑，1961年

---

① 中国史学会编：《洋务运动》八，第525—529页。

② 中国史学会编：《洋务运动》一，《序例》第4页。

③ 汪敬虞编：《中国近代工业史资料》第二辑上，第468—470页。

由生活・读书・新知三联书店出版。列为汉阳铁厂部分的第 3 小节，小标题为《设计方面的错误和办理的腐败》。[①] 陈书所选，虽未标明作者，但可以断定就是叶文，起讫与汪书所选一致，内容完全相同，唯文字略有出入。如开篇第一句，叶景葵原文是"前清光绪初，奕䜣柄国，创自修卢汉铁路之议"。陈书则是"前清光绪，初创自修卢汉铁路之议"。轻轻改动了一个标点，删去了四个字，就改正了叶文的两处错误。

叶景葵的记述成为批评张之洞的依据

近一百年来，对于张之洞创办钢铁工业的批评，最集中、最强烈的是指责他订购炼钢炉的失误。追根溯源，实来源于叶氏此文。《汉冶萍史本文》开头就说：

> 前清光绪初，奕䜣柄国，创自修卢汉铁路之议。时张之洞为两广总督，谓修铁路必先造钢轨，造钢轨必先办炼钢厂，乃先后电驻英公使刘瑞芬、薛福成，定购炼钢厂机炉。公使茫然，委之使馆洋员马参赞，亦茫然，委之英国机器厂名梯赛特者，令其承办，梯厂答之曰："欲办钢厂，必先将所有之铁石、煤焦寄厂化验，然后知煤铁之质地若何，可以炼何种之钢，即可以配何样之炉，差之毫厘，谬以千里，未可冒昧从事。"薛福成据以复张，张大言曰："以中国之大，何所不有，岂必先觅煤铁而后购机炉，但照英国所用者，购办一分可耳。"薛福成以告梯厂，厂主唯唯而已。盖其时张虽有创办钢厂之伟画，而煤在何处，铁在何处，固未遑计及也。[②]

以此为发端，犹如堤防被冲开了一个缺口，批评张之洞的洪流由此滚滚

---

① 陈真编：《中国近代工业史资料》第三辑，第 421—423 页。

② 《卷盦书跋》，第 54 页。

而来，特别是其中所谓张之洞购炼钢炉时说的"以中国之大"云云，无数次地被大家、名著所引用，成为了众矢之的。以此为依据，有的批评张之洞无知和缺乏管理近代企业的经验，有的批评他沉浸在虚骄情绪之中，有的认为是将按长官意志办事表现得淋漓尽致，有的则认为是冒昧建设的典型。

自《中国近代工业史资料》《洋务运动》等三种大型资料书出版后，国内学者对张之洞创办钢铁工业的这类批评，大抵皆引自这些资料书，以叶景葵的记述为依据。

严中平主编的《中国近代经济史 1840—1894》下册引用了所谓张之洞的这段话，注释为"见《洋务运动》，第 8 册，页 526"[1]。

汪敬虞主编的《中国近代经济史 1895—1927》下册引用了这段话，注释为："叶景葵：《卷盦书跋》转见《洋务运动》第八册，页 526；亦见汪敬虞编：《中国近代工业史资料》第二辑，页 468。"[2]

《张国辉集》中《论汉冶萍公司的创建、发展和历史结局》的引文、注释与汪书相同。[3]

夏东元《洋务运动史》、罗荣渠《现代化新论》、谢放《中体西用之梦——张之洞传》均引自汪编《中国近代工业史资料》第二辑。[4]

姜铎 1962 年 7 月 8 日刊于《文汇报》的重要论文《试论洋务运动对早期民族资本的促进作用》中，系引自《洋务运动》第八册；近期的《略论旧中国第一代企业家张之洞的企业精神》则引自陈真书。[5]

冯天瑜、何晓明著《张之洞评传》（南京大学出版社版）在 116 页注明引

① 严中平主编：《中国近代经济史 1840—1894》下册，第 1394 页。

② 汪敬虞主编：《中国近代经济史 1895—1927》下册，第 1710 页。

③ 张国辉：《论汉冶萍公司的创建、发展和历史结局》，载《张国辉集》，中国社会科学出版社 2002 年版，第 248 页。

④ 夏东元：《洋务运动史》，华东师范大学出版社 1992 年版，第 290 页；罗荣渠：《现代化新论》，商务印书馆 2004 年版，第 298 页；谢放：《中体西用之梦——张之洞传》，四川人民出版社 1995 年版，第 158 页。

⑤ 姜铎：《略论旧中国第一代企业家张之洞的企业精神》，载苑书义等主编《张之洞与中国近代化》，中华书局 1999 年版，第 191—200 页。

自"叶景葵:《汉冶萍产生之历史》,中国社会科学院经济研究所藏抄"。①

以上著述对叶文的引用,不约而同地都是来自三大资料选辑,而出版了半个多世纪的叶景葵原著《卷盦书跋》,倒未引起注意。

在此三部大型资料书出版之前,在台湾对于张之洞办钢铁也有不少批评,有的甚至更为激烈。如台湾的苏同炳在《中国近代史上的关键人物》上中说:

> 在我国的工业建设史上,就是一个很大的笑柄;
>
> 完全不知道所买的炼铁炉是否合于炼铁之用,看起来就更加使人觉得可笑又复可怜了;
>
> 此公司后来因生产成本太重而经营困难,以致铁厂停止冶炼,年年只以所采掘的矿砂低价运售日本偿付所欠债务,说来极可痛心。……其根本原因在张之洞筹建此厂之初便已种下,所以到后来才会成了无法医治的痼疾。②

苏同炳书中被认为是张之洞说的这段话,引自《凌霄一士随笔》。徐凌霄、徐一士兄弟的这部书,写于 1932 年的原第 9 卷第 45 期有《宋育仁煤中炼油本事》一文,后半部分述张之洞炼铁,系依据翁文灏发表在《独立评论》第 5 号《建设与计画》一文;翁文又是引自地质调查所出版的《中国铁矿志》:

> 前清光绪中叶,建筑卢汉铁路之议起时,张文襄督两广,谓造路必先制钢轨,制轨必先炼铁。因议筹建铁厂于广东,委中国驻英公使代询设厂计画,并购买机炉等事。其实矿在何处,煤在何地,尚茫然也。驻英公使据此询英国机器厂名梯赛特者,厂主谓须先将铁矿煤焦寄厂化验,并须将矿量及距离地点详细说明,方可计画用何种方法、何式炼炉以制炼,非可贸然行事也。公使薛福成以是言告文襄,文襄曰:"中国

---

① 冯天瑜、何晓明:《张之洞评传》,第 116 页。

② 苏同炳:《中国近代史上的关键人物》上,百花文艺出版社 2000 年版,第 151—153 页。

之大，何处无煤铁佳矿，但照英国所有者购办一份可也。"……①

全汉升《清末汉阳铁厂》系统地记述了汉阳铁厂的历史，有较大的影响。其中批评张之洞的依据，注明亦引自"《汉冶萍公司全志》，《中国铁矿志》，页245"。②

1949年后，国内学者批评张之洞，其引文出处也有属于这一流传谱系的，如胡绳在《从鸦片战争到五四运动》上册注明所谓的张之洞这段话"转引自吴杰编《中国近代国民经济史》，人民出版社1958年版，页375"。③吴书笔者未见到；但校勘引文，与《中国铁矿志》所记完全相同。

我们将前引《中国铁矿志》的文字与叶景葵原文对照，不难发现：两者人物、情节相同，大部分重要的词句相同，连英国厂名的译音也相同，只是《中国铁矿志》这段文字有所删减调整。如将叶文中张之洞所说的话"何所不有，岂必先觅煤铁而后购机炉"压缩为"何处无煤铁佳矿"，并在前面删去了"以"字，后面改"所用者"为"所有者"，感叹词"耳"改为"也"；英国厂家的话将引用原话改为陈述，较为简略；又如首句"光绪初"改为"光绪中叶"，并删去了"奕䜣柄国"四字。其他如改"张之洞"为"张文襄"，删去"公使茫然"云云，将"煤在何处，铁在何处"提到前面，都属于未改变原意的技术性处理。《中国铁矿志》系丁格兰著、谢家荣译，于1923年出版，较叶文晚出，似可断定系依据叶景葵《述汉冶萍产生之历史》编写的。

综上所述，近一百年来流传的张之洞订购炼钢炉时所说的话，已知有两种版本，文字略有不同：一为："以中国之大，何所不有，岂必先觅煤铁而后购机炉？但照英国所用者购办一分可耳。"分别以抄件、《中国实业杂志》刊本、汪编和陈编《中国近代工业史资料》及《洋务运动》选载、叶景葵《卷盦书跋》原著等形式流传。另一版本为："中国之大，何处无煤铁佳矿，但照英国所有者购办一分可也。"现知它最早出现于《中国铁矿志》，先后被翁

---

① 徐凌霄、徐一士：《凌霄一士随笔》三，第896页。

② 全汉升：《中国经济史研究》下，第847页。

③ 胡绳：《从鸦片战争到五四运动》上，第408页。

文灏、徐凌霄兄弟、全汉升、吴杰、胡绳、苏同炳等人所引用。

众口一词，辗转引用，都源于叶景葵的《述汉冶萍产生之历史》。

叶景葵不是创办汉阳铁厂的亲历者或见证人

叶景葵的文章在洋务运动研究中占据了近一个世纪，影响着对张之洞办铁厂的评价，其中一个重要因素是：叶氏散发这篇文章时的身份是汉冶萍公司的经理，企业的主要负责人，内容又是回顾公司的历史，这就可能给读者造成一个错觉，以为他是这个企业的元老，曾经参与了公司的创办，是许多重大事件的亲历者和见证人。其实，大谬不然。

《卷盦书跋后记》说：

> 叶揆初先生，名景葵，卷盦其别署也。杭州人。清光绪癸卯进士。盛年抱负经世之志，尤醉心新学，其受实业救国之影响甚深。尝佐督幕，经理厂矿，皆有所建树，而主持浙江兴业银行以终其身，没于一九四九年四月，年七十有六。

这个介绍很简略，说明了他主要是一位银行家。

《卷盦书跋》中有些篇章由书而及人，或述及往事，现将其中的片断或只言片语摘录并略加连缀，大体可以知道他在民国前的经历：

> 生于同治甲戌，
> 余弱冠前在杭，
> 十六岁应童子试，
> 光绪辛卯，余年十八，初应乡试，
> 光绪十八年，余家赴沪。[1]

---

[1] 叶景葵：《卷盦书跋》，第187、93、169、151、117页。

同治甲戌是同治十三年，即 1874 年。叶氏自述生于 1874 年，与顾廷龙说他"没于一九四九年四月，年七十有六"是一致的。

他十六岁的时候正是光绪十五年，也就是说，张之洞订购炼钢炉的时候，叶景葵才十六岁，正在杭州老家学写八股文，准备考秀才。

从光绪十八年（壬辰）到二十八年（壬寅），即十九岁到二十九岁这十年间的行程，他在书中《文选》一则有详细的记载：

> 光绪壬辰，由杭州取道运河，至安徽之亳州上岸，以骡车至开封。癸巳由开封陆行至道口，乘船至天津，入京应试。入冬回开封。甲午正月至济南就姻，五月至沂州。又由沂州至台儿庄，取道运河，回杭应试。秋后又取道运河，回沂州。乙未由沂州陆行，取道曹单至开封。又由开封赴洛阳，而至宜阳县。丁酉又由宜阳取道洛、巩，至开封渡河，而至彰德。戊戌春又入京，冬回济南。己亥由济南回彰德，又由彰德赴陈州之太康。……壬寅春由太康取道亳州，沿运河回杭州。①

这十年间叶景葵多在河南，是因为他的父亲一直在河南作地方官；几次去山东，是岳父朱养田在山东作官；此外，回杭州和进京都主要是应试。在这里不厌其烦地大段摘引，是因为这段文字有力地证明了他考取进士前，从来没有涉足湖北，也就不可能和汉阳铁厂或张之洞有过任何接触。与张之洞订购炼钢炉有关的当事人，刘瑞芬光绪十六年回国任广东巡抚，十八年病故；洪钧也是十六年回国，任总理各国事务衙门大臣，十九年病故；薛福成二十年回国即病故；蔡锡勇于二十二年十一月渡江落水，不久也病故了。叶景葵也不大可能与他们直接交往。

叶景葵去济南就婚时，是住在岳父的结义兄弟赵小鲁家中的，对赵以师礼事之。赵好鉴藏书画，精于医术，对叶都有影响。而赵小鲁又是赵尔巽的胞弟，后来叶景葵便成为了赵尔巽的幕僚。"光绪壬寅秋，赵尚书由山西

---

① 叶景葵：《卷盦书跋》，第 174 页。

布政使护理巡抚，余就其聘为内书记……癸卯，尚书调任湘抚"，此间叶景葵会试中进士，被奏调湖南"充抚院文案，余司财政、商矿、教育"。光绪三十年赵尔巽调京署理户部尚书，三十一年四月改任盛京将军，叶又先后跟着到了北京、沈阳，在沈阳任文案会办兼财政局会办。三十三年赵调任川督，徐世昌继任东三省总督，制造了财政局参案，叶景葵被革职，回到上海定居。① 这五年他都是跟随赵尔巽主要作文字工作，顾廷龙说他"尝佐治督幕"便是指这段经历。其中在长沙约一年，《卷盦书跋》书中涉及张之洞的文字只有一件事，有关湖南军方的人事，与汉阳铁厂无涉。

叶景葵第一次到汉阳铁厂，是在光绪三十三年秋天；同时也与浙江兴业银行发生关系：

> 三十三年，我因财政局事被告参革职，回郑州省亲。奉两湖总督奏调赴湖北差遣。道经汉口，适逢江浙资本团，商议集股，收买汉冶萍公司。团员共四十人，以郑苏戡君为领袖。我因老友李一琴君、史晋生君之介绍，得识团员中之蒋抑卮、胡藻青、沈新三、蒋孟蘋、周湘舲、郑岱生、张澹如、苏葆笙诸君。②

叶在这里说的两湖总督，依然是他的老上司赵尔巽。光绪三十三年三月，赵由盛京将军授四川总督而未上任，旋于七月二十八调任湖广总督。郑孝胥等与盛宣怀签订《合并成立汉冶萍煤铁有限公司议单》是在光绪三十三年九月二十九日。③

此次叶到汉阳铁厂的另一重宿缘，来自叶称之为"老友"的李一琴，即李维格。叶在《三十年前之严师益友》中，说他交卸奉天财政局后，颇厌倦政治，思投身于工商业，同时接到李一琴先生来信，强调振兴工商业重要，

---

① 叶景葵:《卷盦书跋》，第 156—157 页。

② 叶景葵:《我与浙江兴业银行关系之发生》，载顾廷龙编《叶景葵杂著》，上海古籍出版社 1986 年版，第 252 页。

③ 陈旭麓等主编:《汉冶萍公司》二，第 642 页。

"钢铁业之足以富国强兵"，并邀他去武汉。

> 遂由郑州南下至汉阳。一琴先生郊迎，邀余寓汉阳铁厂，盛暑烈日之下，导观新式炼钢炉。……予假馆二十余日，先生每日必三四次访予，夜间尤喜深谈。①

我们花了很大的力气考订叶景葵的生平行踪，其目的是希望查证他和汉阳铁厂、张之洞的关系。史料显示，叶景葵系于光绪三十三年九月，首次访问汉阳铁厂。在此之前，没有发现他有直接接触张之洞和汉阳铁厂的机会，更没有深入接触的可能，看不到他与张之洞和汉阳铁厂发生过任何关系。由此可以断定，他不是汉阳铁厂创建时的亲历者，也不是它的见证人。

叶景葵何时任汉冶萍公司经理?

叶景葵和盛宣怀的交往，看来是在回到上海以后。他为盛的著作《愚斋存稿初刊》所写书跋称：

> 宣统之季，余在造币厂监督任内，公适筹画币制借款，召余商榷。②

据叶回忆：

> 宣统二年冬，我奉度支部派充币制局提调，辞不就。三年春，奉旨署理造币厂监督，又辞，不准，赴天津就职。甫三月，又奉旨署理大清银行监督，赴北京就职。③

---

① 叶景葵：《叶景葵杂著》，第 264 页。
② 叶景葵：《卷盦书跋》，第 161 页。
③ 《叶景葵杂著》，第 253 页。

据学者研究：宣统三年正月二十八日，盛宣怀时任邮传部尚书，致书度支部尚书载泽，推荐叶景葵为天津造币厂监督人选。五天后，宣统三年二月初三上谕："造币厂正监督著叶景葵暂行署理。"叶于二月廿三日至天津赴任，迅速开展工作，其肩负币制改革的重任，在将调查所得以公函呈报度支部尚书载泽、侍郎绍英、陈邦瑞的同时，于二月廿五日致函盛宣怀汇报并请益，委婉地希望盛将此函转呈载泽。廿六日，盛如其所请，致函载泽："送呈叶道来函""乞阅后发绍陈二公一阅"。[①]

叶景葵与汉冶萍公司发生关系，也可能是在光绪三十三年九月之后。

在汉冶萍公司现已出版的重要档案资料中，宣统元年以前不曾见到过他的名字。光绪三十三年十月初一制订的《汉冶萍公司组织章程》中：

> 老股全体代表、现在总理盛宣怀；新股发起人：苏德镰、周命之、金鼎、王子坊、汤寿潜、金邦平、蒋汝藻、郑孝胥、沈铭青、刘恒、李维格、胡焕、史致容、蒋鸿林、汪希、万昭度、宋炜臣、叶东川、朱文学。

"新股发起人"共有汤寿潜等 19 人，其中没有叶景葵。

光绪三十四年二月二十日《盛宣怀咨农工商部注册文》，按照当时法律规定，呈报了公司创办人即为厂矿办事总董：

> 详绎律意，注重全在创办之人，自应遵照办理。兹查汉冶萍煤铁厂矿公司创办人即系本大臣及在事之各总董：候选郎中李维格，候选道杨学圻，河南候补道林志熙，湖北候补道王锡绶，候选道张赞墀、卢洪昶、王勋，安徽候补直隶州知州顾润章，分省试用知县金忠瓒等。

创办人共 10 人，其中也没有叶景葵。这两份重要的法律文件证明，直

---

① 杨观：《叶景葵任天津造币厂监督前后相关函札三通释读》，《文献》2015 年第 2 期。

到 1908 年汉冶萍公司注册时，叶景葵既不是它的主要投资者，也不是高层管理人员。①

宣统元年三月二十七日，汉冶萍公司召开第一届股东大会，五百股以上股东名单共列 71 家，我们才看到有叶揆初，即叶景葵；五百股以上股东到会者名单列 28 人，其中却无叶氏在内。② 选举"查账董事"和"权理董事"，叶景葵是候选人之一，分别得票 23 权、28 权，与当选者最高达 5000 多权相距甚远，均未当选。③ 说明他当时的经济实力和影响还很有限，与汉冶萍公司关系还不密切。

叶景葵何时、因何任汉冶萍公司经理？

《述汉冶萍产生之历史》的第一段书跋，开宗明义第一句便说：

> 宣统元年汉冶萍股东会举景葵与李维格并为经理，并举景葵与袁伯葵（思亮）、杨翼之（廷栋）并为代表，同到北京谒见项城，请借公款恢复停工之化铁炼钢炉。……此当时在北京所印行也。庚辰九月记。"

这段短短的文字，内容似颇为荒诞不经：这"项城"当然是袁世凯。光绪三十四年十月二十一日和二十二日，光绪、慈禧相继死去，袁世凯失去了慈禧这个靠山，好不容易才保住脑袋，已经于当年十二月丢掉了官职回原籍"养疴"，宣统元年到北京哪里能找袁世凯？宣统元年，张之洞正在北京作军机大臣并主管粤汉、川汉铁路的建设，汉冶萍公司有事进京，怎么可能绕过张之洞，而且还在京城广为散发材料把他大肆贬斥一通？宣统元年，汉冶萍公司刚由官督商办转为商办，正在大张旗鼓地吸收新股，经营良好，炼钢炉何曾停工？宣统元年，叶景葵还是大清的子民，在公开散发的文字材料中，怎么敢斗胆把大清称之为"前清"？

查一查《汉冶萍公司档案史料选编》就明白了：民国元年 4 月 13 日《公

---

① 湖北省档案馆编：《汉冶萍公司档案史料选编》上，第 231—233 页。
② 陈旭麓等主编：《汉冶萍公司》三，第 91 页。
③ 湖北省档案馆编：《汉冶萍公司档案史料选编》上，第 253 页。

司股东常会议案》记载，会上报告了"各省铁路因风潮停筑，钢轨销场不畅；继则武汉起义，汉厂、萍厂不能工作"的情况；报告还提出：

> 本公司现应重新组织办事机关，公举董事九人，公共负担本公司完全责任，不再用总协理名目，由董事公共选派总、副经理，归董事节制。①

1912 年 8 月 12 日的《公司特别股东大会议案》记载，会上股东投票公决，绝对多数同意将汉冶萍公司"收归国有"：

> 现拟公请董事袁伯揆、查账员杨翼之、经理叶揆初三先生进京办理。②

原来问题就出在"宣统元年"这个时间上。叶景葵任经理并选他为代表进京是在民国元年（1912 年），而不是宣统元年（1909 年）；进京则是为了请求政府将公司收归国有。时间虽只相差了三年，却是两个时代，人事、形势和背景已经发生了剧变，他们要找的袁世凯，已经不是大清国执掌枢密的军机大臣，而是中华民国的大总统了。叶景葵这段说明印行时间、背景的跋语写于"庚辰年"，即 1940 年，相隔 28 年后，年近古稀的叶老先生或许记忆出现了误差。

叶景葵何时辞去汉冶萍公司经理？他在《述汉冶萍产生之历史》第二条跋语中说：

> 于三年春重开股东会，攻击李氏，余与李同时辞职，盛王李均入为董事。③

---

① 湖北省档案馆编：《汉冶萍公司档案史料选编》上，第 258 页。
② 湖北省档案馆编：《汉冶萍公司档案史料选编》上，第 261—262 页。
③ 叶景葵：《卷盦书跋》，第 53 页。

这个晚年的回忆也是错误的。据汉冶萍公司档案记载，民国二年三月招开股东特别大会本是讨论"官商合办"问题，有人临时发难："仍应举盛宣怀复任总理"，虽然有湖南代表激烈反对，但通过投票获得了绝大多数赞成。如果说民国元年因盛宣怀避居日本而汉冶萍公司发生了一次"政变"，那么民国二年便是盛宣怀实现"复辟"。叶景葵这位经理是"政变"的产物，他的辞职便在民国二年三月盛氏的"复辟"之后，并没有等到民国三年。民国二年四月五日《公司董事会常会议案》第一条记载：

> 公司经理本属两人，现叶经理揆初辞职……公议：叶经理辞职，此席即可裁去，暂由一琴（李维格）先生一人经理，以一事权。[①]

按照《述汉冶萍产生之历史》，叶景葵自记是宣统元年任经理，民国三年辞职，前后将近六年；而根据上述公司原始档案，他实际是民国元年任经理，民国二年辞职，前后仅仅一年。即使是在这一年内，他还有不少时间在北京奔走，对于汉冶萍公司和他个人都只是一个短暂的插曲，并不占有重要的地位。

上述叶景葵的经历表明，他在任经理以前，从没有系统地介入过汉冶萍公司内部事务，更不可能掌握二十多年前创办汉阳铁厂的第一手资料，对于张之洞初期筹办的历史很难说有具体深入的、切实的了解；即使是叶景葵亲身的经历，甚至是他个人生活中的重大事件，晚年回忆提供的情况也有重大的误差。事实上他的记述也本不具备史料要求的可靠性和准确性。

《述汉冶萍产生之历史》记述失实举证

叶景葵《述汉冶萍产生之历史》记述失实之处比比皆是，本书有关章节多有涉及。为加深读者印象，这里略作回顾，简要列举几个主要的例子作为

---

① 湖北省档案馆编：《汉冶萍公司档案史料选编》上，第268页。

实证。

1.《汉冶萍史本文》第一句开口便错：

> 前清光绪初，奕䜣柄国，创自修卢汉铁路之议。

这场戏的主角不是奕䜣而是奕谭。搞错了主角，暴露了叶景葵对于这一段史实所知甚少。

2.关于开发大冶铁矿和移厂湖北。叶景葵说：

> 会盛宣怀以事谒张，谈及现议炼钢尚无铁矿，盛乃贡献大冶铁矿于张，而移厂湖北之议遂定。

而历史事实是，开发大冶铁矿是李鸿章出主意而由奕谭拍板；因为海军衙门明确指示要开发大冶铁矿，张之洞才找盛宣怀咨询，而不是张、盛会见才确定开发大冶铁矿；盛宣怀专程去上海见张之洞，是张之洞请海军衙门代奏得到朝廷批准的；炼铁厂从广东移到湖北，是由海军衙门、李鸿章、张之洞、李瀚章高层之间相互磋商的结果，不可能由盛宣怀说了算数。

3.关于经费。叶景葵说：

> 当张请款设厂时，谓得银两百万两即可周转不竭。户部允之，乃款尽而铁未出。

而张之洞光绪十六年三月初十致海军衙门电中明确提出：

> 事端其繁，所费甚钜，二百万断不敷用。

同年十一月张在《咨呈约估筹办煤铁用款折》中估计除订购机器的十三万一千两外，所有设厂、安机、采铁、开煤共需银二百四十六万八千余两，并反复强调：

> 事属创办，约略估计，疏漏尚恐不免。此外续添料件、续增用费，或尚有溢于原估之外者。①

4. 关于炼铁。叶景葵说：

> 自始至终，实未曾炼得合用生铁一吨。

据 1894 年海关关册记载：

> 铁政局所出钢铁曾载运出口者，计有生铁一万八千三百余担。②

又据《海关十年报告 1892—1901 年份》：

> 1894 年生铁出口约为 1100 吨。③

5. 关于盛宣怀承办铁厂。叶景葵说：

> 盛方以某案事交张查办，张为之洗刷，而以承办铁厂属之。

其实，盛宣怀曾多次遭到弹劾，这次奉命查办并保护盛过关的是继李鸿章之后任直隶总督、北洋大臣的王文韶，有光绪二十一年十一月下旬王文韶复查奏折为证，与张之洞没有什么干系。④ 叶景葵道听途说，可能是把光绪

---

① 湖北省档案馆编：《汉冶萍公司档案史料选编》上，第 83—85 页。
② 孙毓棠编：《中国近代工业史资料》第一辑下，795 页。
③ 汪敬虞编：《中国近代工业史资料》第二辑上，477 页。
④ 夏东元编著：《盛宣怀年谱长编》下，第 503—504 页。

二十九年张之洞奉旨清查盛宣怀与此事混为一谈。

6. 关于流传最广、影响最大、普遍认为是张之洞重大过失的购炼钢炉。

当时叶景葵只有十六岁、正在杭州考秀才的，怎么知道在广州的总督大人张之洞说了什么话？张之洞"大言""以中国之大……"等记述，有什么依据？又有几分可靠性？说这样狂妄无知的话，要害在于不懂得煤铁矿藏需要进行分析化验，而大量电文表明，张之洞在此期间再三再四敦促刘瑞芬代他在国外聘请化学教习，主动搜罗别人裁撤的学生、不惜花费重金建立化学学堂和化验基地，频频派人四出探矿并谆谆叮嘱取样呈缴化验，我们怎么能够抹煞大量铁的事实而认为他根本不懂得化验的必要呢？张之洞的文集明明载有他对洪钧的答复："炉须兼能炼有磷者"，薛福成的日记明明载有四份张之洞报告大冶铁矿矿石成分化验结果的电报，我们怎么能够不顾确凿的证据而相信叶景葵的无稽之谈呢？①

7. 关于与炼钢炉相关的钢轨质量问题。叶景葵说：

> 各处铁路洋员化验，谓汉厂铁轨万不能用，盖因含磷太多，易脆裂也。后经李维格出国……

再四考求始知张之洞原定机炉系用酸法，不能去磷，而冶矿含磷太多，适与相反。

本书举出的历史事实是，自 1900 年起，大冶铁矿开始执行盛宣怀与日方签订的《互售煤焦矿石合同》，此后每年运往日本的低磷头等矿石至少在五万至七万吨以上，占它当时矿石产量的一半以上，怎么能说它的矿石"含磷太多"呢？难道它不适合炼贝色麻钢吗？明明是盛宣怀与李维格制订并执行了"磷轻好矿运日，磷重自用"的方针，致使大量自留的磷重矿石与汉厂贝炉发生矛盾，怎么能够归咎于张之洞购错了炼钢炉呢？②

---

① 参见本书第十二章"百年冤案：张之洞订购炼钢炉的真相"。

② 参见本书第二十一章"质量：一个谎言流传百年掩盖了真相"。

一篇只有 3000 来字的文章，在一系列重大问题上，存在如许之多的记述失实，中国近代史资料丛刊《洋务运动》的编者认为它"本不足列为资料"不是没有原因的。

叶景葵的记述不应作为依据

叶景葵在《汉冶萍史本文》的末段曾经介绍了他的写作动机和印行经过，汪敬虞和陈真编的书中都未载入。原文是：

> 去年汉厂停工，颇有人倡议，谓李君维格办厂不善，可取而代之者。余与李君交久，历见其困心衡虑，知大功不可以卤莽成，言之匪艰，行之维艰，故述此篇，登诸上海时事新报，浮议始息。顷因代表来京，京师士大夫颇知注意此事，而十余年历史，语焉不详，闻者盖尠，复检旧稿，贡诸社会，幸留意焉！①

下面接着介绍了公司当前的经济情况、产品人才优势，日本、德国政府支持钢铁工业的政策等，篇末署"元年十月二十日景葵又记"。这个"元年"也是民国元年，"去年汉厂停工"则是因辛亥革命而停工。它说明了自"前清光绪初"至"功罪之难言也"，是登载在上海《时事新报》的原文；后面这段文字则是经过北京一行后于 1912 年在北京加上去的。

我们注意到，叶景葵自述此文写作于 1911 年辛亥革命之后，当时叶氏还不是汉冶萍公司的经理，而是出自私谊为报纸撰文替李维格作辩护；1912 年叶任经理后代表公司赴京，广为散发这篇旧稿，便成了汉冶萍公司的宣传品。它原本是一个局外者的个人观感，如此一番运作，便公然转化为汉冶萍公司的官方意见了。

叶景葵当初写这篇文章，其动机是要为李维格辩护，也就必然带有个人

---

① 叶景葵：《卷盦书跋》，第 56—57 页。

主观的倾向。认真地读一读，不难发现其中传统的古文笔法，整个文章的架构是欲扬先抑，用张之洞和盛宣怀办钢铁的失败来反衬李维格的功绩，在这篇文章里，张之洞和盛宣怀都不过是抬高李维格的垫脚石。叶氏写作此文时，张之洞已经去世，自然无法与之理论；最了解实情的莫过于盛宣怀。据叶景葵1940年回忆："草此文时，盛杏翁游居日本，以文中推崇李氏太过，意不为然。"当时盛已失势，跑到日本去躲避革命的风暴，而且他又是袁世凯排挤和打击的对象。正是在这种情势下，叶景葵才能在文中信口雌黄，毫无根据地对盛肆意贬损，甚至说大冶铁矿是"盛以廉价得之，并不知其可宝，故举而赠之不惜也"。盛宣怀对此文不满是肯定的，但绝不仅仅只是因为对李维格评价过高。

叶景葵这篇为李维格辩护的文章，其中主要事实、观点大抵皆来自李维格，甚至许多文字都相同或近似，只要将此文与李氏1908年10月在汉口商会招股的演说加以对照，便可一目了然。在此基础上，叶氏又大加渲染，随意发挥。如李氏对解决钢轨含磷已是掩盖真相，大力自我标榜："此十余年未解之难题，一朝焕然冰释者也。"而到了叶氏笔下更是极尽夸饰、耸人听闻之能事："而我则靡去十余年之光阴，耗尽千余万之成本，方若夜行得烛，回首思之，真笑谈也。"

又如李维格在《汉冶萍公司历史说略》中散布：

> 惟冶炼钢铁需视原料之质性何如，以配合炉座。当向英厂订购机炉时，驻英薛叔耘公使一再言之，须将原料寄英化验，而未从其请，以致机炉与相凿枘，所制钢轨不合准绳。[①]

李氏此说，当即为叶文之所本。李文虽较叶文晚出，但以两人之经历与关系，当是李说影响叶氏，而非李受叶之影响。所谓"未从其请"，有薛福成《出使英法义比四国日记》摘录的四份电报为证，显然是不实之辞；而到

---

① 湖北省档案馆编：《汉冶萍公司档案史料选编》上，第315页。

了叶氏生花的妙笔之下，二十多年前张之洞如何大言不惭，万里之遥的英国厂家如何应对，竟然神态语气都被他描绘得历历如画，极富戏剧性。貌似逼真，却只可视为小说家言。

综上所述，叶景葵并非创办汉阳铁厂的亲历者或见证人，1912年股东们一次反对盛宣怀的浪潮偶然把他推上了汉冶萍公司经理的职位，为时仅一年，他对于汉阳铁厂创办初期的史实很难说有系统、深入、切实的了解；《述汉冶萍产生之历史》系为李维格辩护而写，既是忠实地充当李维格的传声筒，又是在撷拾传闻的基础上加以主观想象渲染的产物，许多重大问题的记述严重违背史实。无论是写作的出发点、所记事实及其文风均不足以作为史料，不应作为评论张之洞创办钢铁工业的依据。

海峡彼岸的严耕望先生在《治史经验谈》中，谆谆告诫后学：

> 尽可能引用原始或接近原始史料，少用后期改编过的史料。

将此列为治史的具体规律之一；又意味深长地指出：

> 此项原则应为每一个研究史学的人所熟知，但未必能遵守。[1]

海峡此岸的郑天挺先生在《清史研究和档案》一文中极力强调：

> 历史档案在史料中不容忽视，应该把它放在研究历史的最高地位，就是说，离开了历史档案，无法研究历史。靠传说、靠记录流传下来，如无旁证都不尽可信。[2]

更当是有感而发，具有很强的现实针对性。叶景葵《述汉冶萍产生之历

---

① 严耕望：《治史三书》，辽宁教育出版社1998年版，第37页。
② 郑天挺：《清史探微》，北京大学出版社1999年版，第311页。

史》这样一篇短短的文字，在洋务运动和张之洞研究中占据了将近百年，广泛流传，反复引用，一些著述据此推导、演绎，使得一些对张之洞及其创办钢铁工业的评价建立在一个完全不可靠的基础上，其中复杂的内涵是值得深刻反思的。

第二十五章　千秋功罪

时代斑驳的投影 / "开辟利源，杜绝外耗" / 官办不是张之洞的错 / 问题不在于个人作风 / 钢铁工业需要交通运输等社会条件的支撑 / 一省之力建不成现代化的钢铁工业体系 / 失去了自我保护的盾牌 / 汉阳铁厂是被日本贷款扼杀的 / 国民政府重蹈覆辙受到惩罚

张之洞创办中国近代钢铁工业，是在社会、经济、科技条件极不具备的情势下，是在一个他不太了解、很不熟悉的舞台上演出了一曲石破天惊、轰轰烈烈的活剧。后人审视他的开创性的事业，必然会轻而易举地发现许多失策，指摘他在筹备、建厂、经营的各个环节中，屡屡有在今天看来是违反客观规律、经营法则的谬误。我们无须为张之洞辩护。问题在于如何实事求是地辨明历史事实的真相，并把这些现象放在晚清特定的历史环境中，联系当时的具体国情进行具体分析。特别是要防止因袭陈言，以讹传讹，积非成是。

时代斑驳的投影

1909 年 10 月，张之洞不治去世后，"海内毁誉相半，而毁似多于誉。"有人将当时报刊言论编辑为《张文襄公事略》，共十八章。[①] 其中有人说："夫

---

① 《清代野史》第六辑，巴蜀书社 1988 年版，第 97—125 页。

张公之洞之得名，以其先人而新，后人而旧。""誉之者以为改革之元勋"，"毁之者以为宪政之假饰"。又有人说，他"以骑墙之见，遗误毕世，所谓新者不敢新，所谓旧者不敢旧"。毁者各毁其毁，誉者各誉其誉。此所毁者，彼之所誉；此所誉者，亦彼之所毁。但毁誉的焦点，都集中在他对于激烈冲荡的各种新旧思潮的态度。

张之洞出身于科举，乡试解元，殿试探花，却主持改革学制，在他手上终结了绵延千余年的科举取士制度，断送了晚清最后一批啃八股的读书人"学而优则仕"的传统前程，被人斥之为"过河拆桥"。

张之洞青年时本是清流健将，以敢于上书言事而名满天下。但清流有南北之分，他属于北清流而与南清流的首脑翁同龢积怨甚深；昔年"同一战壕里的战友"，后来分道扬镳，境遇各殊，陈宝琛日见疏远，张佩纶之妻则视其为小人，后世文人的同情自在弱者一边，对他便颇有微词。

中年时以翰苑词臣一跃而为封疆大吏，竟然是接替攻克南京、威名远镇的湘军首脑曾国荃任山西巡抚，在非湘即淮、凭军功挣来红顶子的督抚丛中独树一帜。誉之者以为是"异数"，嫉之者便目之为"媚主以求荣"的"巧宦"了。

中法战争后，他崛起于南方，俨然成为洋务运动的后起之秀，声势夺人，也必然地成为了顽固派攻击的主要对象，或斥为"糜费"，或讥为"屠钱"，必欲除之而后快，被徐致祥弹劾为"辜恩负职，浪掷正供"而受到查办。

虽然同是洋务派，他与老牌的洋务首领李鸿章，既有不可调和的政见分歧，又有强烈的门户之见、极深的个人成见。非但不能同舟共济，屡屡被李讥为"书生之见""大言无实"，在创办铁厂时饱受李的挤兑，屡被暗中拆台。

在西方列强入侵时，他一贯以主战著称。在中法战争中，顾全大局，团结各方力量抗敌，颇受时人赞赏。但他对国际局势及日、俄、英、美等帝国主义的本质认识不足，幻想"以夷制夷"，屡有建议被认为不切实际，又被人讥为立场飘忽不定。

维新思潮兴起，他未尝不想跟上时代新潮，推进变法。近几年已有学者指出："张之洞陈宝箴集团是当时清政府内部最大的政治派别之一，也是最为主张革新的团体。"① 当敏感地觉察到危机四伏时，张之洞一度企图避开政治漩涡，而终于不能置身事外，被时人指斥为以《劝学篇》固位自保，"忠于后而不忠于帝"；康、梁一派更对他恨之入骨，不共戴天，攻之不遗余力。

义和团时期，他和刘坤一策划并实现了东南互保，攻之者谓之摧残南方人民的反帝爱国斗争；誉之者谓其保障了东南的经济财赋，避免了中国被瓜分。

晚年进入中枢，在"朝士争翻旧与新"的夹缝中，犹然以"调停头白范纯仁"自命，事实上既不能见信于载沣等皇族新贵，也无力影响袁世凯为首的北洋集团，立宪派则把"一切新政徒有形式而未得其精神"归咎于他的"半新半旧的学识"，甚至目之为"宪法罪人"。

革命兴起，基于反清的民族革命观念，孙中山一派对张之洞予以彻底否定。《民报》视张之洞之死为"于清廷失一无足重轻之家奴，于汉族失一冥顽不灵之朽物"。

……

张之洞生活在一个千古大变局的转型社会，新旧中西各种社会思潮在他身上冲击、交汇、激荡，自有他内在的矛盾冲突和时代赋予的烙印。那些在他身前逝后的种种议论，反映了不同时期、不同立场的人们对之进行的种种观照，常常分别带有各自强烈的主观色彩，或夹杂着不同的政治需要，或渗透着个人或群体的爱憎恩怨，或为时代的潮流所驱使；张之洞的言行功过，在不同的视象中，某一局部或有可能离真相不远，更多的可能则是或被放大，或被缩小，或被变形，或被屏蔽；如将这些视象汇集起来，尤其显得支离破碎、扭曲畸形。如《张文襄公事略》之类，我们见到的，如其说是张之洞的本相，不如说是时代在他身上的光怪陆离的投影。

---

① 茅海建：《戊戌变法的另面》，上海古籍出版社 2014 年版，自序第 4 页。

"开辟利源，杜绝外耗"

光绪十五年八月，在《筹设炼铁厂折》里，张之洞开宗明义便阐明他办铁厂的宗旨，强调钢铁工业的基础地位及洋铁大量进口的严峻形势：

> 窃以今日自强之端，首在开辟利源，杜绝外耗。举凡武备所资、枪炮、军械、轮船、炮台、火车、电线等项，以及民间日用，农家工作之所需，无一不取资于铁。……查洋铁畅销之故，因其向用机器，锻炼精良，工省价廉。……是以民间竞用洋铁，而土铁遂至滞销。

他根据贸易总册记载，将近三年洋铁进口和土铁出口的情况作了对比，进一步证实问题的严重性：光绪十二年各省进口洋铁、洋针值银二百四十余万两，而同年各省出口的铜、铁、锡合并起来计算，共值银仅十一万一千余两，只相当于当年进口铁价的二十分之一；至光绪十四年进口洋铁已增加至二百八十余万两，而十三、十四年再也没有土铁出口了。由此，他提出意见：

> 必须自行设厂，购置机器，用洋法精炼，足杜外铁之来。惟是广东近年饷繁费绌，安有余力更为斯举。然失此不图，惟事以银易铁，日引月长，其弊何所底止！

他还从整个国家经济趋势显现的危机着眼，指出中国需要的东西，外洋都能制造得十分精巧，代替了中国的土货；西方需要的中国货，主要是丝、茶，而近来西方对自己的丝茶研究改进，以致"出洋丝茶渐减，愈不足以相敌。土货日少，漏溢日多，贫弱之患，何所底止！"为此，他进一步提出：

> 臣愚以为华民所需外洋之物，必应悉行仿造，虽不尽断来源，亦可

渐开风气。洋布、洋米而外，洋铁最为大宗。在我多出一分之货，即少漏一分之财，积之日久，强弱之势必有转移于无形者。①

这种想法，用今天的话来说，就是以进口替代来减少贸易逆差，是"师夷之长技以制夷"在发展工业和经济方面的运用，具有抵制西方列强经济侵略的明确目的。

张之洞对钢铁工业的认识，和他对于铁路事业的认识分不开，都是他的洋务思想的重要组成部分。晚清士大夫看经济问题，往往是用一种静止的、僵化的观点，否认发展、变化，因而反对变革。在铁路的争议中，顽固派始终坚持铁路会夺小民生计，一个重要的原因，是他们普遍认识不到发展交通会增加社会财富。翰林院侍读学士张家骧说："盖南北转运之物，来往之人，只有此数……此盈彼缩，势所必然。"另一位翰林院侍读周德润说："夫物产之菁华，只有此数，岂因铁路而商货加增！"甚至像两江总督刘坤一这样并不能算作顽固派的人，也说什么："盖物产之精华，民生之日用，无铁路未必见少，有铁路未必加多。"②张之洞的认识超越了同时代的人，从美国发展的历史看到了人的主观能动性，看到了科技对国家富强的伟大作用。他在《光绪十五年十月十六日致海军衙门电》中说：

> 天下之物，自其有定者而观之，则此盈彼绌，此消彼长，理所固然，而未可以概诸地利与人力也。地利不开辟，则千古犹是荒废；人力不善用，则百世莫能振兴。美洲居大地三分之一，当未开辟以前，其土人穴居野处，榛狉荒陋；百余年来，西人以格致之术经营于其间，遂成天下至富之国。同此地利，同此人力，而今昔悬殊者，实人事有以胜之也。

基于这种能动的发展观，他指出"铁路者，富民之一大端也"。针对有

---

① 湖北省档案馆编：《汉冶萍公司档案史料选编》上，第65—66页。
② 中国史学会编：《洋务运动》六，第140、151—153页。

的人只算铁路营运利润和税收的小账，他指出"其利用之处，非沾沾于目前之土产税厘所得而综核也"，列出具体数据证实美国铁路对煤和棉花生产发展的巨大促进作用后，进一步强调：

> 铁路意在销土货，尤在多出土货，使中国能精究格致之学，开煤铁，广种植，勤开采，善制造。铁路之利，自不可诬。若徒开一路，其余开采制造概不讲求举办，则铁路诚无用矣。[①]

铁路也好，铁厂也好，对于张之洞来说，都不是孤立的一个产业或工程项目，而是宏观发展战略中的一个不可或缺的有机组成部分。按照他的设想，是要以兴办铁路为龙头，带动矿冶、制造、种植等相关产业及科技、教育的发展，达到国家富强的目的。

证诸世界工业化的历史，当年德国便是走的这条路。德国铁路大规模建设开始于 19 世纪 40 年代，前后经历了 30 年左右的高速度发展时期。铁路投资作为国民净投资的比例在 1851—1854 年为 11.9%，1855—1859 年为 19.7%，而在 1875—1879 年达到了 25.9% 的高峰。铁路的修建带动了钢铁工业、煤矿工业与机械工业的发展。德国的煤产量从 1820 年的 130 万吨，增至 1850 年的 510 万吨，到 1913 年增至 19 000 万吨，加上 87 万吨的褐煤，几乎占了整个欧洲大陆煤产量的 2/3。生铁在 1826 年为 10 万吨，1867 年超过 100 万吨，而到 1913 年超过了 1300 万吨。钢产量 1870 年为 12.6 万吨，至 1913 年增长为 1760 万吨。[②] 张之洞在电文中引用的数据，自称是"查西书备载铁路之利，详列有表"，其中是否介绍了德国的情况不得而知，但他的思路与德国的工业化实践却是相通的。

有的《洋务运动史》批评张之洞办钢铁的指导思想错误，丢开了上述张之洞这些论述，丢开了张说过的钢铁是"富国首务"，"兴利之法，诚无

---

① 湖北省档案馆编：《汉冶萍公司档案史料选编》上，第 68—69 页。
② 陈晓律：《世界各国工业化模式》，南京出版社 1998 年版，第 152—153 页。

急于此者"之类的许多话语，只抓住他在《致砚斋中堂》里的一句话："此事本为炼铁利用，塞漏卮以图自强，原非为牟利起见"，由此加以发挥："办近代钢铁工业企业，固然是为了使用，但不为'牟利'，就必然不按经济规律、尤其是价值规律办事。"而把汉阳铁厂所谓的种种失误都归因于"非为牟利"。①窃以为是有失片面而欠客观的。我们使用私人之间的信函作论据，首先必须注意审视双方的关系、写信的真实意图。这砚斋中堂，便是两度入军机处，两度任协办大学士，时任军机大臣、礼部尚书的李鸿藻。光绪八年以前，张之洞在京城里做清流党的时候，人称"青牛角"，曾是人称"青牛头"的李鸿藻的亲密追随者，像陪着皇帝祈雨应该穿什么颜色的衣服，都是向这位前辈请教的。这封信，从头至尾都是解释何以要将铁厂交给盛宣怀承办的苦衷，以取得李鸿藻的谅解，虽然对盛宣怀颇有微词，实际上却是受盛宣怀所托，为盛争取主持铁路公司向李作疏通。②。李鸿藻是位谨守孔孟之道的老夫子，"君子喻于义，小人喻于利"，后代儒家认为君子与小人的区别，就在于"义""利"二字，张之洞在信中向他轻描淡写地表白一句"非为牟利"，是可以理解的。我们看辜鸿铭的《张文襄幕府纪闻》，这位从西方回来而又笃信儒学的怪杰，曾与张之洞有过公利、私利之辩。在辜鸿铭这位跟随张多年的幕僚看来，张从事洋务的作为已经背离了儒家的经典，张"执定公利、私利之分，谓公利断不可不讲"为自己作辩解，最后，辜云："《大学》言：'长国家而务财用者，必自小人矣！'然则小人为长国家而务财用者，岂非亦言公利乎。"张无言答对，只好端茶送客。③深受儒家文化熏陶的张之洞，处于转型期时代，在西风的猛烈冲击下，面对国家民族的现实，欲谨守儒家教义而不可得，那端起茶碗一举，正是不得不承认自己背离了"不言利"的原教旨，跨出去的脚步收不回来了。

---

① 夏东元：《洋务运动史》，华东师范大学出版社 1992 年版，第 287 页。
② 盛宣怀：《寄王夔帅》，载《盛宣怀年谱长编》下，第 512 页。
③ 冯天瑜标点：《张文襄幕府纪闻》，载《辜鸿铭文集》，岳麓书社 1985 年版，第 14 页。

官办不是张之洞的错

1978 年以来，随着洋务运动研究的深入发展，对于曾经被批判的张之洞，评价有了重大的变化。许多学者从早期现代化的角度对张之洞的洋务活动多所肯定，但在计划经济向市场经济转型的历史背景下，张之洞的官办企业经济效益不好又成了众矢之的，被指责为长官意志的集中表现，不按经济规律办事、缺乏科学知识、忽视管理、衙门作风的典型。

有的著作在论述汉阳铁厂时说：

> 但从各洋务企业成败的事实看，最关键者还在于企业是商办还是官办的问题上。商办不是绝对成功，官办却大多失败，因此，商办与官办，基本上是洋务工矿企业成败关键。……最好的办法是商本商办，"官不过问"，官仅仅"助其经理"，这就一定能"有利无弊"，因为盈亏"商自任之"，"必能辛苦经营"的"节浮费、审实效"。①

且不说当年的报刊如《时报》在 1913 年 3 月 4 日就曾经举出林志熙侵吞公款 30 余万两等实例，抨击"汉冶萍公司虽名商办公司，其腐败之习气，实较官局尤甚"；问题在于，这样的论断是从概念出发的，是建立在简单的推理上的，实际上是要求百年前张之洞、按照今天改革开放的观念创办铁厂，忽略了当时私人资本正处在成长初期这一特定的历史环境，同时也未充分考虑矿山开采、钢铁冶炼不同于轻工业的特性。

商本商办，说来轻巧。问题是：一要有足够的商本，二要商本愿意办，三要商本能办。三者缺一不可。在 1889 年，汉阳铁厂能够商办吗？或者说，当时的私人资本已经具备了承办大型钢铁企业的实力和意愿吗？

第一，从私人资本的经济实力来看。据张国辉《辛亥革命前中国资本主

---

① 夏东元：《洋务运动史》，第 294—295 页。

义的发展》一文所附《历年设立厂矿及资本统计（1872—1911）》，其中，自1872年至1888年止，即汉阳铁厂创办前，包括国家资本和私人资本，共创各种新式厂矿29家，总计资本为607.3万元，而汉阳铁厂一家的总投入达583万两，超过了此前所有各类企业资本的总和。[①]另据《中国近代通史》（第三卷）对中国早期新式工业资本构成的分析，甲午战争前有国家资本、私人资本、借贷资本三类，实存资本总计6749万元，其中国家资本居主导地位，占43.44%；一般绅商资本占26.83%，数量居第二位；买办、官僚资本占11.38%，但它与国家政权关系密切，执掌了大型企业的经营管理权，而且许多商人的资本由他们招集而来，处于中坚地位。据计算，在官督商办工业中，买办、官僚资本与一般绅商的资本大体相当，各为526万元；在商办企业中，官办、官僚资本与一般绅商的资本大约是一比二，分别为280万元、560万元。而汉阳铁厂在此期间由国家投入583万两，既超过了买办官僚、一般绅商资本分别在官督商办企业中的所有投资，也超过了商办企业中一般绅商的所有投资。[②]无论从上述哪一组数据看，当时还处在成长初期的私人资本，买办、官僚资本也好，一般绅商资本也好，其经济实力尚不足以承担创办大型现代钢铁联合企业的巨大投资。

第二，从私人资本的投资选择来看。1895年前，商办企业主要集中在外贸服务业、出口加工业和进口替代制造业。具体行业是船舶修造、缫丝、面粉、火柴、造纸、榨油、印刷等，计139家，大都规模很小，企业平均资本32710两，创业资本总数454.6690万两。私人资本投资以建设、生产周期短，投资少，销路广阔，利润率高的轻纺工业为主的特色十分鲜明。[③]而采矿业是隔着口袋买猫，正如盛宣怀在光绪二年说的："土法开采，无须厚资，得利无多。西法如气运不佳，有费许大工本、历一二年开挖无效者。"像王三石煤矿那样，投入50多万两而被水淹没，血本无归，私人资本是承受不起的；更不要说技术复杂、设备大而多、体系庞大的钢铁工业了。它的

---

① 《张国辉集》，中国社会科学出版社2002年版，第106页。

② 虞和平、谢放：《中国近代通史》第三卷，江苏人民出版社2007年版，第339页。

③ 虞和平、谢放：《中国近代通史》第三卷，第166页。

建设周期长、资金密集、利润偏低，私人资本处在成长初期、实力微弱，是不可能冒着巨大的风险去啃这类硬骨头的。

第三，历史事实已经表明，在中国资本成长的初期，铁矿、钢铁冶金业从来没有成功地征集到所需要的民间资金。

1875年元月，由李鸿章、沈葆桢、翁同爵会奏，盛宣怀被委办理湖北矿务，成立了湖北开采煤铁总局。1977年冬，盛亲自出马至大冶详勘铁矿、水道及设厂地基，1878年三月报告李鸿章，"湖北矿务当以铁为正宗"，要求筹款20万两生产生铁，后因筹款困难等原因，未被批准。①

1876年，李鸿章指派唐廷枢主持开采开平煤铁矿。唐对矿山开采作了全面的筹划，计划资金为80万两。从1877年到1878年10月，招集到的资金不过20余万两。1879年开始挖掘煤井，原计划的铁矿开采和冶炼，"继因招股骤难足额，熔铁炉成本过巨"，改在煤矿见效后再行筹办。后来，开平铁路修起来了，煤矿的销路也颇好，但铁矿的开采却始终不见下文。②

情况与此类似而进展更为困难的是江苏利国驿煤铁矿。1882年开始筹划，最初计划集资10万两，同时开发煤、铁两矿。与洋行商购机器，共需银约30余万两。当时的主持者决定集资50万两，开始十分踊跃，不想遇上中法战争和随之而来的上海金融风暴，实际收到的股款不及原预订的三分之一。矿务局决定暂停炼铁，先行开发煤矿。几经波折，终因资金不足，运输困难，订购的机器也不能取回，长期陷入困境。③

1886年，贵州巡抚潘蔚筹建青溪铁厂，由其弟潘露主持。初期向商号借银10万两，计划在贵阳、武汉、上海募集资金30万两。向英国购买机器，于1890年开炉，这是中国第一座用机器生产的铁厂。购机、建厂、运费等共耗银26.6万两，而所招募的商股远不足以支持，前后挪借公款19.2万两。开工后发现煤炭不合炼铁的要求，发生了炉子堵塞事故。不久，潘露病故，

---

① 梁华平:《盛宣怀早期创办湖北煤铁矿务夭折的主观原因》，载易惠莉、陈吉龙主编《二十世纪盛宣怀研究》，江苏古籍出版社2002年版，第202页。

② 严中平:《中国近代经济史 1840—1894》，第1379—1381页。

③ 严中平:《中国近代经济史 1840—1894》，第1384—1385页。

铁厂无人督办而停工。①

这些矿山、铁厂，少则筹集20万两，多则筹集80万两，结果无一例外，不是中途夭折，便是半路转向，其中一个共同的原因都是股本难集，资金不足。就是后来盛宣怀接办汉阳铁厂，究竟招到了多少商股，是有疑问的。盛宣怀后来承认：

> 侄从前敢于冒昧承办，所恃招商、电报、铁路、银行，皆属笼罩之中，不必真有商股，自可通筹兼顾。②

一句"不必真有商股"，露出了资金的真相。

第四，从创办钢铁企业的政治环境来看。洋务派的每一项新举措、每一点新进展都是在顽固派的猛烈攻击下艰难面世的。顽固派始终认为机器不适用于中国，"夺小民生计"，直到光绪八年，最高统治者慈禧仍然极为罕见地亲笔写下批示，不同意李鸿章办机器织布厂：

> 机器织布害女工者也，洋布既不能禁，奈何从而效之乎？③

当广州地区机器缫丝厂遭到保守的手工业行会反对时，地方政府不作疏导，反而借口"平民不得私擅购置"机器，勒令丝厂"克日齐停工作"。

而用机器开采矿山又有更多的禁忌：

一是"中国以开矿为虐政，例有专条"。

前明万历皇帝开矿害民，清前期引以为戒，明令禁止各地开矿。《清实录》载，顺治九年十二月辛酉，

> 工部奏言："直隶保安人王之藩，忽倡开矿之议。查故明万历时，

---

① 严中平：《中国近代经济史1840—1894》，第1388—1390页。

② 陈旭麓等主编：《汉冶萍公司》二，第538页。

③ 戈斌：《光绪帝朱批述评》，《新华文摘》1998年第11期。

差官开矿，徒亏工本，无裨国计，而差官乘机射利，偏肆索诈，掘人塚墓，毁人田庐，不胜其扰。前事甚明，应严行禁止。"上是之。①

敬天法祖的顽固派便以此为武器反对开矿。

二是认为开矿聚众，"必致滋生事端"，担心有人造反。

同治二年，洪秀全的家乡广东花县有人开挖煤窑，骆秉章上奏请求封禁。朝廷闻之，大为紧张，十一月辛酉发出上谕，强调：

> 该处山径丛杂，接连数县，奸匪易于潜踪，若再任其聚集蔓延，势将酿成巨患。著毛鸿宾、郭嵩焘速将该处盗匪严缉务获，该处煤窑永远封禁，以杜乱萌。②

三是"以地力不可尽"，"以风水不可破"。

至于钢铁生产，明代以前实行官营，控制很严，禁止民间私自经营。清代直到乾隆八年才正式开放，但铁器仍禁止出口，张之洞在光绪九年十二月和十二年十二月曾两次上奏，分别要求为山西、两广开铁禁。光绪十一年八月，张之洞在两广任上时，兵部代递主事谢光绮上奏，请求开采广西的金银铜铁等矿，但认为：

> 矿徒聚众私挖，易酿事端，尤恐凶徒煽诱贻患，拟为官商合办之法，以辑匪徒而充饷源。

上谕对此的表态是：

> 各该处矿苗果旺，自可妥为开采，以资利用。况聚众私开，肇衅滋

---

①　南开大学历史系编：《清实录经济资料辑要》，中华书局 1959 年版，第 234 页。

②　南开大学历史系编：《清实录经济资料辑要》，第 209 页。

事，尤当设法严禁。①

要不要用机器生产兵船枪炮，这样直接关系大清王朝生死存亡的问题都遭到无比强烈的反对；中国要不要修铁路竟长期无人作主，两宫皇太后"亦不敢主持"，争论长达十数年之久；在经历了太平军的大动乱之后，清政府对开矿聚众这类事体高度敏感；在这样的政治环境里，民间私人资本即使有强烈的投资热情，有可能"官不过问"而自行集资建立钢铁厂吗？

张之洞奏请筹办铁厂是因势利导，借铁路大争论取得胜利之机而顺利得到批准的。和李鸿章兴建开平铁路、创办上海机器织布局一样，都是先动手筹办然后再伺机奏请批准。张之洞光绪十五年三月便请刘瑞芬在英国买炼钢设备，慈禧四月才表态同意兴办铁路，七月调张之洞到湖北，八月张之洞才上《筹设炼铁厂折》。他的打算原本是"先筹官款，垫支开办，俟其效成利见，商民必然歆羡，然后招集商股，归还官本，付之商人经理"。他认为"大率中国创办大事，必须官倡民办，始克有成"。光绪十五年十二月二十七日，海军衙门来电，提出铁厂可否移置湖北，并询问经费来源。张之洞与李氏兄弟沟通后，十二月三十日复电海署，同意铁厂移来湖北，并提出以后购机器及造厂各经费"拟请钧署于部筹铁路经费项下拨付"。过了三天，光绪十六年正月初三，海署痛快而明确地回电：

> 部款岁两百万已奏准的项矣，粤订炼铁机器既可移鄂，本署既据入奏。②

铁厂的经费就这样确定了，铁厂的官办便是由此而来。国家要建卢汉铁路，铁厂为铁路而移至湖北；铁路每年有财政专款，铁厂便使用这铁路经费为铁路造轨，一切顺理成章。从问题的提出，到上下取得一致意见，为时六

① 南开大学历史系编：《清实录经济资料辑要》，第258页。
② 《张之洞全集》七，第5420—5422页。

天，一路顺风，毫无异议。在这种情况下，张之洞有什么必要节外生枝、拒绝财政拨款而去筹集私人资金呢？

问题不在于个人作风

有些人认为，汉阳铁厂的失败，是由于张之洞的作风或决策失误造成的。

早期如《新经济半月刊》第一卷第一期刊载的《汉冶萍公司的覆辙》说，由于张之洞"盲目无知""盲冲瞎干"，在既无煤又无铁的汉阳建厂，其最终失败，也在情理之中。

又如一本《中国近代经济思想史大纲》说，张之洞"所办的洋务企业基本上都是失败的"。它认为失败的原因：

> 一是把企业当作他的头品顶带一样，跟着他的职位的调动任意搬迁。……二是盲目追求大而全，如汉阳铁厂共有五个大分厂、七所小分厂，共花去五百万资金，炼出来的铁均不合用……三是没有周密的全盘规划，如办铁厂连矿出何处，煤矿在何方，尚心中无数，就向英国购买炼钢炉，结果不适用只好重新改装新机炉"。……这些都不全是官督商办之过。不管任何组织形式，照他这些做法总会失败的。①

张之洞办铁厂确实是缺乏周密的全盘规划，没有勘测煤矿、铁矿就购买机器，造成了后来焦炭供应困难，但所谓炼钢炉不适用云云，其中却另有文章。说他把铁厂随意搬迁，多少有点冤枉。他是为办铁路调到湖北，办铁路必须办铁厂。广东那边并未动工，李瀚章又不愿意办，海署也有意搬到湖北来，这才成就了张之洞。归根到底，洋务运动就是这种地方督抚各行其是的体制，要不然，就不会有汉阳铁厂了。至于说他"盲目追求大而全"，老实

---

① 胡寄窗：《中国近代经济思想史大纲》，中国社会科学出版社 1984 年版，第 281 页。

说，中国唯此一家，"全"是必须的，"大"却未必。汉阳铁厂告成时，向朝廷报告是六大厂、四小厂。名称很大，其实都是整个生产流程中承担某一个生产环节的大小车间，既不可缺少，也难以独立生存。当时远东地区工业落后，以国人的眼光来看，不能不算是规模宏大；但当时西方的钢厂资本以数千万计，化铁炉、炼钢炉以数十座计，所以全汉升认为：

> 如果和同时候西欧工业先进国家的钢铁厂比较起来，却仍然是小巫见大巫……就大规模生产的经济来说，汉阳铁厂是不能与外国铁厂竞争的。①

重工业有一个规模效应问题，规模越小，产品平均的成本越高、竞争力越弱；要想扩大规模，则要投入巨额资金。这对于后发展国家的工业化，实在又是一个两难选择。

过去许多著作普遍沿用叶景葵的说法，指责张之洞订购炼钢炉失误。本书在考证叶景葵生平经历及其与汉冶萍公司的关系的基础上，证实了叶说只是道听途说，不足以为依据；并用翔实的史料证明了大冶铁矿长期、大量向日本出售优质、低磷的铁矿石，确凿的史实足以否定"大冶铁矿含磷较高、不适合贝炉、造成产品不合格"的传统结论。

有人指责汉阳铁厂不应官办，造成管理腐败。殊不知铁厂官督商办、成立汉冶萍商办公司后，腐败更加严重。

盛宣怀指责张之洞不该把铁厂建设在汉阳。后来在石灰窑建了大冶钢铁厂，就近炼铁，结果两座450吨化铁炉共生产两年零两个月，出铁258842吨。所产生铁，大部分按公司与日本签订的借款合同廉价交售给日本抵偿债务。

李维格指责张之洞购错了贝氏炉，他改为全部用马丁炉炼钢，结果汉阳铁厂的炼钢炉还是不得不停产。

---

① 全汉升：《清末汉阳铁厂》，载《中国经济史研究》下，第849页。

有人指责张之洞不该把铁厂建在汉阳江边低洼的地方。后来盛宣怀、李维格找来找去，还是把大冶钢铁厂建在了石灰窑袁家湖这片沼泽地里。

我们不是说张之洞在创办钢铁工业的过程中没有失误，而是认为把汉阳铁厂乃至汉冶萍公司的失败仅仅归咎于张之洞的作风或某些决策失误，既不符合历史事实，更把问题简单化、表面化了。汉阳铁厂、仍至汉冶萍公司的命运，就是中国近代钢铁工业的命运。一个国家的钢铁工业，在一个短暂的时期可能受某一个人的作风或某一个环节决策的影响，但在长达数十年的、不同历史时期的命运，却不可能是它所能最终决定的，应当还有更深层的原因。

严格说来，张之洞办铁厂，就他主持的官办时期来说，只是一个"未完成式"，既难以肯定它完全成功，也不能笼统地说它已经失败。成功或失败，都应当有一个衡量的尺度。从工厂的基本建设来说，它已经胜利完成，为近代化的钢铁生产提供了物质基础。从生产正常运转来说，直到招商承办时，由于缺乏生产流动资金，它的部分设备并未投产，焦炭供应尚未彻底解决，尚处在试生产、有待完善的过程中。从生产的效率来说，它已经生产出了生铁、熟铁、各种钢材，用于制造枪炮、建筑厂房，开始进入市场并有生铁出口，已经初见成效；由于它还处在试生产的阶段，主要设备并未全部发挥作用，也就远未达到设计的生产能力；况且，一个新建的钢铁联合企业，即使是生产完全正常了，要达到设计水平，也需要有一个过程。从企业的效益来说，由于当时铁路建设停顿，它的主要产品钢轨没有大宗订货，也就没有大宗的销售收入。从国际竞争能力来说，汉阳铁厂无论是规模、设备、技术、资金都远远落后于西方列强的钢铁企业，我们不能苛求一个没有走出襁褓的婴儿与一群巨人抗衡。

钢铁工业需要交通运输等社会条件的支撑

我们审视张之洞办钢铁的成败得失，应当将官办时期与盛宣怀主持下的官督商办时期、建立汉冶萍公司后的商办时期，明确地区别开来，而不宜混为一谈。前面已经说过，譬如沪宁铁路公司发现钢轨含磷高，是盛宣怀接办后的事，板子是不应打在张的身上的；盛宣怀把低磷的矿石卖给了日本，李维格却怪罪张之洞买错了炼钢炉，则是典型的嫁祸于人的冤案。又譬如借外债落入了日本人的陷阱，是发生在官督商办之后，是盛谈判签约的；又如李维格所说的公司困难之一是"华商附入，官利即起"，自 1896 至 1914 年，支付债款、股款息银 1400 多万两，其中股息 411.1 万余两。这些都与公司的命运攸关，却不是汉阳铁厂官办无法继续的因素。

从汉阳铁厂官办时期生产运转的层面来看，当时突出的问题是资金不足和焦炭供应困难。

前面我们说到，在此以前所有铁矿、铁厂无一成功，共同的原因是股本难集，资金不足。费尽了九牛二虎之力，二三十万的目标也难以达到，证实了早期钢铁工业难以吸收社会自由资金。汉厂官办时期的投入，除户部指定的 200 万两外，张之洞腾挪借垫的官款竟达 380 多万两，占全部资金的 65.5%。在筹集这些资金的过程中，张无疑是将湖广总督、甚至是署理两江总督可资利用的财政资源使用到了超越极限的境地。张之洞办铁厂不是超越时空的孤立现象，是在特定历史时期发生和进行的，只有把同一历史时期其他铁矿、铁厂无不夭折联系起来审视，我们才能深切体认到汉阳铁厂建成的难能可贵，也才能体认张之洞付出的巨大努力、所承担的艰辛。仅仅从这一角度来说，我们也不得不承认，没有张之洞，就没有中国的近代钢铁工业。

正因为张之洞使用财政资源已经超越了极限，必然是难以为继。"无如户部成见已定，不肯发款，诿以招商。"资金不足，又无法再动用公款，是张之洞不得不招商承办的直接原因。遗憾的是，历史证实，招商承办并未让中国近代钢铁企业走出资金不足的困境。日本军国主义者很快就觑准了这一要害，以贷款为诱饵，掐住了汉冶萍公司的喉咙，终于扼杀了中国近代钢铁工业。

造成汉厂焦炭供应困难的，既有张之洞的失误，又有当时历史条件的制约。

在今天看来，张的失误，在于煤矿尚未确定便先施工建厂，违反了钢铁工业的基本建设程序。学者并对此归结为汉阳铁厂失败的原因。如果我们以当下自身所具有的对于工业建设的认知，来观照张之洞百年前的实践，自不难发现张之洞有不少失误。毕竟张之洞是生活在晚清的一介儒生，毕竟他是一位总督而不是冶金专家；何况史料显示他曾一再向李鸿章借矿师勘矿而被拒绝，何况他身陷于严重的民族危机之中具有强烈的紧迫感。

问题还在于，张之洞并不是没有采取补救的措施，他一到湖北，便派出大量人员四出勘探煤铁，先后开发过王三石、马鞍山、李士敦等煤矿，都收效不佳，其中存在着他无法跨越的障碍。

一是煤矿命运多舛。王三石和马鞍山煤矿都是开采多年后发生变故的。王三石已得煤不少而突然被地下水淹没；马鞍山的煤质，洋匠一时说"屑多质脆，成焦不坚"；一时说"质坚块大"，"胜于萍煤"；结果却是"灰多磺重"，不宜炼钢。井下开采本身就有许多不确定的因素，这些变故，究竟是外国技术人员判断失误、处理不当，还是矿体本身地质水文情况复杂多变、难以预料，我们已无从分辨。对于当事者张之洞来说，这些变故也不是他可以事先预料的；更不是他能够改变或防止的。

二是交通不便，运输困难。钢铁工业的原料和产品，两头大进大出，必须靠交通运输提供支撑。而在光绪十五年，黄河以南的大地上，既无铁路，也没有公路，航运落后，无力提供必要的支撑。建设交通运输基础设施的沉重负担便落到了企业的头上。要开矿必先大量投资修路，开平煤矿、利国驿煤矿、大冶铁矿、萍乡煤矿无不遇到这个难题。开平煤矿先修运河，后又修铁路，其中唐胥铁路 9.2 公里，第二期开平铁路 32.2 公里，招商股 20 万两。大冶铁矿由铁山至石灰窑江边运矿铁路全长 30 多公里，计划用银 35 万两，实际超过了预算，而用于修建铁路的投入远远超过了矿山自身的基建和购置机器的投资。而要把萍乡的煤运到汉阳，先修萍乡到安源的铁路支线 7.2 公里，1906 年铁路修到株州，全长 90.5 公里，前后 7 年，耗资 200 多万两，这就不是一个企业所能承担的了。虽然如此，因粤汉铁路迟迟未能修通，煤焦至株州后仍要用轮船或民船，经湘江、入长江才能到汉阳，仍然增加了铁厂的成本，也影响了煤矿的发展。

汉阳铁厂的焦炭供应问题，不单纯是一个主观决策的问题，实质上既受到探矿、开采技术水平的制约，又受到煤、铁资源相距较远的自然条件制约，更受到缺乏配套的交通基础设施的社会条件的制约。从深层次上看，后发展国家在早期现代化的进程中，国家缺乏总体布局，各相关产业、部门不能协调发展、相互配合，仅仅靠钢铁工业孤军奋战，既开发矿藏，又建设铁路，还要争夺市场，四面出击，必然要陷入难以突围的困境。

一省之力建不成现代化的钢铁工业体系

当时远在伦敦的大清国驻英使臣薛福成，却是张之洞创办钢铁工业的真正知音。

光绪十六年，薛福成到达伦敦不久，承接了继续为张之洞采购设备的事务，便于五月二十六日向朝廷上了一道附片，对于创办钢铁工业提出自己的建议。百年后读来，不得不对他的过人的洞察力和清醒的预见性感到惊异并为之折服。这种洞察力尚不止于对引进西方工业的真知灼见，更令人感叹的是清王朝对此将会表现出的短视、浮躁、蹒跚、毫无定见等，均在他的意料之中，早已烛照先机：

> 惟炼铁必与开矿相济为用，若数端并举，事体宏钜，恐非一省之物力才力所易集事。想朝廷必已默操至计，允为始终主持。然如厂屋尚待卜筑，工匠尚须募练，运器水脚难省，添制之零件犹多，固非旦夕所能动工。而外洋各国，每兴一利源，其初不免耗折，赖有坚忍之力以持之。中国始基初立，用帑较巨，势难中止。伏惟圣明洞烛时势，创建宏规，不以疆臣易任为中辍，不以浮议稍兴为疑沮，俾内外合力妥慎经营，十余年后当有成效可睹。[①]

医生是高明的，预防针是对症下药的，无奈病入膏肓，药石难进。除了

---

① 中国史学会编：《洋务运动》七，第 209 页。

没有调换张之洞让铁厂半途而废外，其他希望不要发生的事情都发生了。

在举办铁路、创办钢铁工业这样的重大决策上，晚清政府恰恰是始终摇摆不定，缺乏主见，无人"始终主持"。先是要不要建铁路无人主持，然后又在准不准修津通铁路上举棋不定，好容易决定了修卢汉路，不到几个月又幡然变计，急煎煎地要修关东路；一阵子好似要扶植张之洞，转过头来仍旧是倚重李鸿章；既责成张之洞建铁厂造钢轨于前，又同意李鸿章进口钢轨于后；最后老佛爷六十大寿的庆典要紧，海军、铁路的经费都用于满足那位老佛爷的穷奢极欲。汉阳铁厂创办的过程，使清政府没有主见，没有施政规划，无力协调地方一致行动，无力调动社会资源的种种弊端暴露无遗。这样的中央政府领导不了工业化；创办钢铁工业这样艰巨的系统工程也不可能从它那里得到有力的支持。

翁同龢掌管的户部，在财政支出上，实际执行的是以满足皇族需索为前提、只节流而不开源的方针。通俗地说，除老佛爷外对谁都捂紧钱口袋。他又是站在保守的立场上反对洋务运动，并企图将督抚们的财权收回到中央的。他是坚定的反对铁路派，不仅连衔上书，而且在慈禧、光绪召见时"力言津通未宜开"；另一位户部尚书福锟答应了醇亲王每年拨经费二百万两修铁路，他"甚不谓然"。本来就对张之洞素有成见，加之在广东军费报销上积怨甚深，种种因素汇集的结果，必然是在铁厂经费上一次次地对张之洞痛加驳斥。张在《致砚斋中堂》中一再诉说"无如户部成见已定，不肯发款"，"户部必不发款，至于今日，罗掘已穷，再无生机"，便是指向翁同龢；翁同龢对洋务不感兴趣，也不懂得钢铁工业"其初不免耗折"，更没有耐心等到"十年后当有成效可睹"。张之洞在《查复煤铁枪炮各节通盘筹划折》中说："从来身居局外者，既非身习其事，又未目击其难，往往以道路传闻之语，悬揣苛求。凡有关西法时务之举，或者墨守旧法，以为不必办；或者言之甚易，视为不烦巨款而办，不需多日而成，固亦不足深辩。至两厂用款，部臣屡以糜费虚掷为戒，夫以筹款如此艰苦，臣身当其难，当有不力求撙节速成之理？"向皇帝倾吐了一腔苦水，痛切之中饱含激愤，说的倒也是实情。"悬揣苛求"的当不止是翁同龢，但主要矛头所指，显然还是翁。

李鸿章与张之洞是洋务运动晚期的两大巨头，同是中国铁路事业的开创者，但在修哪条铁路、如何修铁路上意见完全不同。两人之间成见很深，尤其在对待列强的对策上势如水火。李这位老前辈，一直视张为"大言无实"的书生。张提出修卢汉路时，人还在广东，想不到会调两湖，谈不上是扩充自己的势力；李坚持要修津通路，后来又巧妙地把目标转移到关东路，却是全力经营着北洋。其中既有对于铁路建设主导权的争夺，又有买轨还是造轨两条路线的分歧，结果便是李牢牢地把持的铁路经费，汉阳铁厂始终无法染指。就在张之洞创建汉阳铁厂的同时，李领导的江南制造局和天津机器制造局，分别于1891年和1893年购进了炼钢炉，买进口的生铁炼钢。中国钢铁工业的创办是由于督抚各行其是；中国的钢铁工业不能集中全国力量兴办，也是由于督抚各行其是。

内有掌握财政大权原本不同意修铁路、更不愿意每年拨出经费的翁同龢，外有控制了铁路经费认定"造船不如买船，造轨不如买轨"的李鸿章，和稀泥的醇王奕譞只丢下了"炼铁不容中辍"这样一句空话，不久便病倒在床，于当年冬天去世。对于创办钢铁工业这样一件大事，慈禧和光绪从来就没有什么主见，主管其事的海军衙门、户部、李鸿章和张之洞之间从来没有真正达成过共识，"内外合力，妥慎经营"更是无从谈起，于是汉阳铁厂便成了张之洞踽踽独行、不堪重负的苦难的十字架。以光绪中期的财政状况，集全国之力，要把汉阳铁厂办大办好尚感困难，那里容得如此四分五裂、明争暗斗？仅凭湖北一省之力，焉能成事？薛福成大声呼吁朝廷支持钢铁工业，但是在慈禧的朝廷里，没有人深刻理解钢铁工业的重要性，没有人真正洞悉钢铁工业需要国家支持，更没有制定政策、采取措施予以有效的支持。

我曾经突发呆想：都说张之洞把铁厂建在汉阳，加重了成本，造成了汉阳铁厂的失败，其实从黄石港到汉阳，水路只不过一百公里；而八幡制铁所不远万里，长期、大量地把大冶的矿石运到日本去，为什么反倒能发展兴旺呢？

日本的八幡制铁所，在甲午战争后创建，迟于汉阳铁厂，也是官办的。系新日铁的前身，是日本钢铁工业的支柱。据钟庆《刷盘子，还是读书？——反思中日强国之路》一书所提供的数据，从 1901 年到 1914 年，大多数年份八幡制铁所也是亏损的，即使是在一战爆发，欧洲列强让出了传统市场的 1914 年，它的利润率也只有 4.9%，而同期国债的利率为 5.3%。事实上，八幡制铁所是靠国家的补助金来维持生产的。到 1914 年止，累计补助金达到 5600 万元，相当于这一年日本政府预算的 8.6%。虽然有政府的大力扶持，由于日本的利率高、技术力量不足、八幡制铁所出售的钢材是小批量、多品种，没有达到经济规模等因素，它在国内外市场上还不具备国际竞争力，如果没有政府的整体保护政策，将会立即破产。这种情况一直延续到 20 世纪 20 年代。不仅如此，日本明治政府自 1868—1885 年间，政府直接投资近 2 亿日元率先创办交通、电信、采矿等基础产业，同时设立基金资助民间兴办新式企业，共达 10793 万多日元。[1]

两国政府对钢铁工业的政策不同，反映了认识上的巨大差距，也导致了不同的结果：八幡制铁所在日本明治政府有力的扶持下日益发展；汉阳铁厂得不到清政府的支持，推给商办后任其自行挣扎，终于陷入困境而无力自拔。

钢铁工业投资巨大，周期漫长，效率低下，不同于轻工业消费品的制造、销售。在后发展国家，其初始阶段难以吸收民间自由资金，如果再得不到政府重视和支持，其命运必然是悲剧性的。中国钢铁工业的这种悲剧性的命运后来在民国期间再一次重演。

失去了自我保护的盾牌

对于后发展国家的现代化或工业化来说，贸易保护是抵御市场强权、发展民族工业的盾牌。

在 1820 年以前，美国工业化最重要的部门钢铁工业还很弱小，他的铁产量比殖民地时期还少。铁矿的开采、冶炼和铁器业完全被英国所主宰。真

---

[1] 钟庆：《刷盘子，还是读书？——反思中日强国之路》，第 116 页。

正对美国的钢铁工业起到保护作用的是 1824 年和 1828 年的提高关税。19
世纪 30 年代降低了关税，钢铁业的生产很快就停滞、滑坡；1842 年决定恢
复高关税，铁产量又直线上升。如此，自由贸易的主张和贸易保护的主张，
代表着不同的利益集团反复较量，钢铁业也反复涨落，直到林肯上台，把关
税提高到无以复加的地步，最终才建立起强大的钢铁工业。南北战争结束
后，美国成为了真正的独立大国，开创了一个工业大进军的黄金时代。这个
时代的经济政策是以高关税为标志的。随着美国工业在国际市场上的竞争力
越来越强，它的保护关税不但没有降低，反而攀高。1861 年至 1864 年，平
均关税税率从 25％上升到 47％，1890 年的麦金利税则，又把平均关税升到
49.5％，1897 年的丁利税则更是进一步提高到 57％。高额关税成为对美国
几百家采矿业和制造业的一种补贴形式而起着保护作用。1879 年到 1884 年
间，美国工业产值超过农业产值；1900 年美国工业总产值占世界工业总产值
的 30％，一跃成为世界第一大强国。[①]

不幸的是，中国的早期现代化，在它未开始起步之前，便失去了保护自
己工业的盾牌。鸦片战争后，西方列强为了倾销他们的商品和掠夺中国的资
源，强横地侵犯中国的主权，强制清政府签订不平等条约，把中国的进出口
海关税则钉死在世界罕见的极低水平。两次鸦片战争后，西方列强迫使中国
接受协定关税制度，即中国要改变税例，必须得到列强的认可，结果造成了
罕见的奇异现象：进口税率低于出口税率，对外贸易税低于国内贸易税，洋
货税负低于土货，洋商税负低于华商。中国的税则反而成为了保护外国商品
和外国商人的强而有力的盾牌。1843 年签订的《通商章程》基本上是按照
英国提出的方案，强迫清政府接受了极低的税率，将进出口税率大幅度降
低，其中英国向中国主要推销的棉毛织品下降比例最高，达到 25.58％，而
英国大量输入的茶叶出口税率也下降了 18.02％。1854 年第二次鸦片战争后，
进出口税率再次降低，统以值百抽五为原则，即统一税率仅为 5％。与前述
美国的丁利税则相比，美国则高出 11 倍多。西方列强还恶毒地给清政府强

---

① 钟庆：《刷盘子，还是读书？——反思中日强国之路》，第 81—83 页。

加了子口半税，它规定洋商经营洋货进口或土货出口，除在口岸海关缴纳正税外，如果进入内地或由内地运出，只消再缴纳货价 2.5% 的子口半税，就可以通行全中国，不再交纳任何关税。这与华商"逢关纳税，遇卡抽厘"的沉重负担，相距便不可以道里计了。①

李维格 1914 年在《汉冶萍公司历史说略》中陈述经营困难的原因，其中一条便是清政府将外国钢轨仅仅"值百抽五"的进口税也豁免了，好像是唯恐洋轨不来和汉阳铁厂竞争：

> 汉厂之大希望在路轨，乃新厂既成，各路停滞；及各路开工，而洋厂争竞。各国保其本国钢铁事业，加重进口税，使外铁不能侵入。中国不但不能加重，且并值百抽五之轻税亦豁免，一若故欲洋轨之来以与汉厂斗者。洋厂得重税之保护，在本国获利丰厚，出其多余之钢铁跌价来争，如德国者钢铁尚有出口之补助。我则于洋钢进口则豁免之，华铁出口则重征之，且铁路洋工程师于汉厂之轨种种留难，以达其外购目的。②

1910 年汉阳铁厂产铁 11.9 万吨、钢 5 万吨、钢轨 2.8 万吨。今天看来，微不足道，但已相当于当年进口钢铁的 4/5。这一方面说明汉厂在进口替代方面已经明显发挥了作用；另一方面也说明当时中国钢铁市场的容量极其有限，亟待培育、发展。在民用建筑仍然是砖木结构、机械制造工业迟迟得不到发展的情况下，李维格认为"汉厂之大希望在路轨"，而当时与西方列强竞争最激烈的焦点也在铁路。甲午战败后，清政府开始大规模借外债修铁路，列强各国对路权展开了激烈的争夺。有的铁路是清政府主动要修的，有的铁路是列强提出要修的，有的甚至是列强自行直接开办的。列强给这些铁路贷款，一般都要附加侵犯中国土权的条件，其中一项便是铁路修筑权：由

---

① 严中平：《中国近代经济史 1840—1894》，第 216—217、235 页。
② 湖北省档案馆编：《汉冶萍公司档案史料选编》上，第 316 页。

贷款的外国公司负责承建贷款的铁路，在实现资本输出的同时，实现技术劳务输出和器材输出，由债权国派出该国的铁路技术人员和财务人员，优先采购该国的铁路器材，器材进口免税，并付给该国承办人佣金。纵然是在贷款谈判时费尽唇舌，写上了所需材料应尽量采购中国产品，往往紧接着又加上一句"料质价量总以合宜为是"。如何才算"合宜"？在实际执行中便成为外方会计师、工程师作梗、刁难的借口，优先采购中国产品也就成为了一句空话。在这些借款修建的铁路中，确知是购用汉轨的只有京汉路汉口至保定段、广九铁路广州至深圳段、津浦铁路北段的一部分等少数工程。据李占才主编《中国铁路史》统计，自 1876 年至 1912 年，中国境内共修建铁路 9968.5 公里，其中干线 9240.9 公里。通过借外债修建的 4028.7 公里，西方列强直接修建的 4277 公里，两者共计 8305.7 公里，占铁路总里程的 83.5%。西方列强垄断了中国铁路的修筑权，在这样的市场环境中，汉阳铁厂把生存和发展都寄希望于铁轨销售，其后果是可想而知的。[①]

汉阳铁厂是被日本贷款扼杀的

汉阳铁厂虽然资金短缺，张之洞却不曾为它借外债。盛宣怀与日本的关系及日债对汉冶萍公司的影响，应是另一课题；因为涉及汉阳铁厂的命运，这里简略的作些说明。

日本学者君岛和彦曾经指出：

> 对于日本资本主义的基础工业——炼铁工业来说，从它建立时期开始，华中大冶的铁矿石就是它必不可缺的原料来源。[②]

据西川俊作、阿部武司编《日本经济史》第 4 卷《产业化的时代》记载：

---

① 李占才：《中国铁路史（1876—1949）》，第 155 页。

② ［日］君岛和彦：《日本帝国主义对中国矿产资源的掠夺过程》，朱绍伯、邹南星译，载《国外中国近代史研究》第 6 辑，中国社会科学出版社 1984 年版，第 39 页。

铁矿石最初预定主要由国内解决，1902 年转而采取主要依靠清国大冶铁矿石的方针。①

日本与汉阳铁厂、大冶铁矿打交道是从 1899 年订立煤铁互售合同开始的。按照这个合同，从 1900 年起，日本制铁所以极低廉的价格每年从大冶铁矿获得五万吨优质铁矿石。1904 年，以"预售矿石"的名义，由日本兴业银行出面，对汉阳铁厂贷款 300 万日元。这次贷款不是商业行为，而是政府行为，是一次阴谋活动。联系贷款的是外交官、日本驻上海总领事小田切万寿之助，裁决此事的是日本内阁总理大臣，贷出的资金来自该国大藏省。

就在这次预借矿价合同订立一年后，1905 年 3 月 21 日，日本内阁农商务大臣、外务大臣、大藏大臣三人联名向总理大臣提出"请议案"，要求帝国政府对大冶铁矿和萍乡煤矿"确定将来之方针"，以"达到最终目的"。它的核心内容是：

一、为确认扶植帝国在汉口方面的利权，并对中国将来之形势有所准备起见，特采取下列手段：

（一）大冶铁矿及萍乡煤矿之采掘权，将来应看准时机，使其全归于我国；

（二）上述两矿之经营以及汉阳铁政局和兵工局之经营，必须以聘用日本技师负责业务为条件，提供资金，其管理权亦须归于我国。②

这是日本政府最高决策层企图强占另一个主权国家矿产资源和产业的阴谋策划，如此的处心积虑，如此的强横霸道，一百多年后的今天看来，也依然感到强烈的震撼。

---

① ［日］西川俊作、阿部武司编：《日本经济史》第 4 卷《产业化的时代》上，杨宁一译，生活·读书·新知三联书店 1998 年版，第 35 页。

② 武汉大学经济学系编：《旧中国汉冶萍公司与日关系史料选辑》，上海人民出版社1985 年版，第 125—126 页。

此后通过历次贷款，日方逐渐实现了对大冶铁矿和汉阳铁厂的长期控制，一石数鸟，获得多重的、巨大的利益；汉阳铁厂则陷入日债的泥淖，踏上了一条不归路，越陷越深，终于遭致没顶之灾。

　　首先，日方的直接目标是猎取大冶铁矿的矿石和汉阳铁厂的生铁，保证八幡制铁所的原料供应，以促进其钢铁工业的发展。

　　　　我们可以从明治三十四年（1901年）官营八幡制铁所开始开工到第一次世界大战为止的十多年内，找到日本近代钢铁工业的形成和确立的时期。……明治三十九年（1906），经过多次失败，完成了最初的目标——年产钢材六万吨的成绩；并在明治四十三年（1910年）有了盈余。[①]

　　自1901年起，每次与日签订贷款合同后，大冶铁矿输出日本的矿石量即近成倍上升。1901年至1905年为每年5万至7万吨；1906年起每年增长至10万吨以上；1912年跃至19万多吨；1913年后跃至27万吨以上；1917年后跃升至32万吨以上；1925年以后，汉阳铁厂停产，大冶铁矿专供日本。从1900年到1928年，大冶铁矿输送给八幡制铁所的铁矿石，占日本从国外输入矿石总量的41.95%；自1901年至1931年，大冶铁矿输送给日本的铁矿石，占大冶铁矿石总产量的56.4%。[②]

　　与此同时，大冶铁矿的矿石在数量上和质量上均以保证日本的需要为主。按照合同，大量低磷优质矿石输往日本，历年输日的矿石数量大都超过了对汉阳铁厂的供应。由此产生了日本与汉厂争夺低磷优质矿石的矛盾，甚至驻大冶铁矿的日人西泽公雄，曾经企图迫使大冶铁矿停止对汉阳铁厂的矿石供应，窃以为这才是李维格决心废弃快速高产的贝色麻炉、全部改用马丁炉的真正原因。

---

　　① ［日］渡边公平：《日本钢铁工业》，吴杰译，上海译文出版社1980年版，第85—86页。

　　② 汪熙：《求索集》，上海人民出版社1990年版，第131—132页。

随着大冶铁矿输日矿石的增加，八幡制铁所的生铁产量相应飞速飚升，1900 年仅为 876 吨，1906 年便突破 10 万吨，1911 年达到 14 万多吨，1916 年达到 30 万多吨。至于钢的产量，八幡 1907 年为 14 万吨，1910 年增长至 20 万吨，1918 年则达到 45 万吨以上。在日本这样一个缺乏钢铁资源的国家，短期内钢铁工业如此飞速发展，离开了矿石、生铁的大量进口、充足供应是根本无法实现的。反观汉阳铁厂，生铁在 1900 年为 25892 吨，处于领先地位，至 1905 年尚滞留在 4 万吨以内，1910 年才达到 11.9 万吨，1916 年还不到 15 万吨，已不及同期日本的一半。钢的产量，汉阳铁厂自 1898 至 1908 年间，大多数年份在 2.2 万吨左右，1910 年才达到 5 万吨，最高产量为 1914 年的 5.1252 万吨，1918 年反跌落到不足 2.7 万吨。与八幡的差距越来越大了。[1]

其次，历次贷款合同极力压低矿石和生铁的价格，严重损害了汉冶萍公司的经济效益，日方则由此转化为巨额利润。

1904 年预借矿价合同规定，头等矿石每吨日金三元，十年期满再议，使矿石价格长期低于国际市场。

特别是在第一次世界大战期间尤为突出。生铁市场售价，中国战前每吨为 20 两左右，至 1916 年上涨至 40 两，1918 年 8 月上涨至 190 余两；在日本则由 1914 年的 46 日元，至 1918 年 7 月上涨为 480 元，超过 10 倍以上。而汉冶萍公司受合同限制，头等矿石和生铁的价格长期维持在 3 日元和 36 日元不变。经多次交涉后略有增加，但仍与市价相距甚远。仅此价差一项，汉冶萍公司的损失，一般估算至少在一亿元左右。在此期间，八幡的利润率由 1913 年的 11.4%，至 1918 年猛增为 112.6%，其中很大一部分便是由汉冶萍公司的矿石和生铁的价差转化而来。[2]

再次，贷款愈积愈多，利息则愈滚愈大，汉冶萍公司不堪重负。

至 20 世纪 20 年代，汉冶萍公司长期日债结欠额达三千多万至四千多万，

① 湖北省冶金志编纂委员会编：《汉冶萍公司志》，华中理工大学出版社 1990 年版，第 26 页。

② 汪敬虞编：《中国近代经济史 1895—1927》下，第 1748—1749 页。

每年支付利息常达一百数十万银元。最高年份的1924年竟高达235万银元之巨。据统计，1920年到1927年八年间，公司应付长期日债利息总额高达1576万多银元，占同时期全部销售收入的20.4%。[1]

最后，公司生产以适应、保证日方需要为主，背离了"造轨制械"的宗旨，破坏了企业合理的产业结构。

盛宣怀所借的日债，都不是用现金而是用它的产品还本付息，所谓预支矿价、预支铁价，分别是用铁矿石和生铁来还本付息。日方在借款合同中要求分年提供的矿石或生铁的数量，是按照其发展钢铁工业的计划需要确定的。汉冶萍必须按合同还本付息，也就是必须按照日方的需要来组织生产并扩充自己的生产能力、调整产业结构。

从汉冶萍公司的设备和生产能力来看，1904年预支矿价合同签订后，大冶铁矿的矿石产量大幅增长，形成了采掘能力大大超过冶炼能力；1911年预售生铁贷款后，为此新建了大冶钢铁厂，炼铁设备大量增加，而炼钢能力并未相应扩充，又造成炼铁产能与炼钢产能的合理比例被破坏。汉阳铁厂的开办原是以"造轨制械"为目的，以生产钢轨、钢材为主，至此却逐步演变为以采矿和炼生铁为主，根本背离了初衷。

向日贷款是饮鸩止渴，汉冶萍公司不但未能走出困境，反而加速了它的死亡。1921年汉阳铁厂炼钢被迫停产，1922年出现亏空366万，自1920至1923年四年间累计亏空841万。1922年汉厂日产250吨的化铁炉停止生产，新建设的大冶钢铁厂两座炼铁炉投产都只生产一年左右，先后于1924、1925年停产。此后一直未能恢复生产，一个决定性的因素是日本政府于1928年改变了方针："今后只以汉冶萍公司供应矿石为满足，不指望其生铁之供应。"[2] 受汉厂停止冶炼的影响，萍乡煤矿的焦炭等销量锐减，产量下滑，昔日的辉煌不再。剩下的大冶铁矿，在日本顾问的监督下，半死不活地继续开采。

---

① 代鲁：《汉冶萍公司史研究》，武汉大学出版社2013年版，第38页。

② 代鲁：《汉冶萍公司史研究》，第29页。

自 1893 年起至 1937 年止，大冶铁矿共生产矿石 13769989 吨，其中运销日本 9239868 吨，占全部产量的 67.10%；也就是说，留在国内的不足三分之一。自 1925 年以后则全部是为日本服务，完全成为日本的矿石供应基地。[①]

盛宣怀借日债一步跨进了泥淖，便越陷越深，无法自拔，终于使汉冶萍公司陷入了没顶之灾。

国民政府重蹈覆辙受到惩罚

1928 年，南京国民政府名义上统一中国后，时任实业部长的孔祥熙曾提出过以重化工业为主导的国营企业发展计划，由于没有资金支持，不了了之。

1931 年继任实业部长的陈公博改变方针，提出以民间轻工业为主体的出口导向型工业化战略。这位部长并不否认，作为国家的根本大计，毫无疑问是应该发展重工业；但是他极力强调：第一，中国缺乏重工业所必须的熟练劳动力；其次，重工业需要大量投资和相关产业配合，民间资本很难投资；第三，外国政府对本国的重工业有大量的补贴，中国政府没有这个财力。[②]

今天在我们看来，陈公博的这番话，好似在为汉冶萍公司的命运作诠释。也可以说，子曰诗云教化出来的晚清权贵们，根本不懂得工业化应该如何选择路径，糊里糊涂地断送着张之洞创办的钢铁工业；而欧风美雨熏陶出来的民国的政治精英们，却是心存侥幸、苟且偷安、不顾大局地选择着错误路径，重蹈着晚清政府的覆辙。

重工业不是政府想发展就发展，没有钱就可以不发展的！历史的惩罚很快就落到了民国政府的头上。九一八事变爆发，日本军国主义咄咄逼人，战

---

① 《大冶铁矿志》，第 209—210 页。

② 钟庆：《刷盘子，还是读书？——反思中日强国之路》，第 123 页。

争迫在眉睫。加快国防建设刻不容缓，而与国防建设最密切的重工业却毫无基础。要在短期内改变这一局面，唯有国家大规模地投资，有计划地建立符合国防需要的重工业基地。1932 年 10 月成立的国防设计委员会，于 1935 年改组为资源委员会，在翁文灏、钱昌照等著名学者的领导下，经过调查研究，拟订了一个"重工业建设五年计划"，以湖南、湖北、江西为基地，建设冶金、燃料、机械等厂矿，总投资为 27120 万元。实施的最大难题仍然是资金从何而来，其次是设备和技术问题。好容易 1936 年 3 月与德国签订了易货偿债协议，从中分得了一千万马克，为工矿企业购置设备，但是七七事变、八一三上海战事相继爆发，三年中动工兴建的 21 家厂矿企业都没有竣工，受战事影响纷纷向大后方拆迁。后来抗战时期的军事工业就靠这些设备、人员支撑。更重要的是，它对中国工业化的进程再次提供了血的教训：工业化不能不发展钢铁工业等重工业，而在中国这样的后发展国家，钢铁工业等重工业建设不能不发挥国家的主导作用。[1]

1949 年 10 月中华人民共和国诞生，领导中国现代化的使命历史性地落到了中国共产党的身上。在张之洞当年创建钢铁工业的湖北，大冶铁矿、大冶钢厂获得了新生，武汉钢铁公司等新建的大型钢铁企业相继涌现，武汉、黄石成为了国家的重工业基地。一个以重工业为基干、独立自主的、具有中国特色的现代化工业体系确立在中华大地上，并在改革开放中不断完善发展，为增强国家综合实力、改善人民生活，发挥着越来越重要的作用。

---

[1]　许纪霖、陈达凯主编：《中国现代化史》第一卷，学林出版社 2006 年版，第 379—383 页。

初版后记

　　十年前，我在一篇散文中写到："书房，是读书人生命的最后驿站。一个读书人，无论命运的风把他吹到哪里，最后，只要有可能，他还是要回归到书房的。"这本书便是我回归到书房的见证。这些年来，日常生活大半的时间都是在书房中度过的。三面书墙，一张书桌，一台电脑，坐在这里，我觉得宁静、安祥、充实。能够衣食无忧地读书、思考并且用电脑编织一些文字，就我个人来说，是最好的生存方式。除此之外，别无所求。

　　本书得以顺利出版，感谢中共黄石市委常委、宣传部长陶慧芬同志，她以学者的睿智，大力组织开展矿冶文化的研究和宣传，发动本地学者研究"矿冶文化与黄石的发展"，并将本书列为"黄石社科重点资助项目"，在酷暑之际、带着足伤，亲自赴京联系本书的出版，令人感动。感谢著名学者、作家、我的学长、亦师亦友的黄瑞云教授，他在百忙之中，放下手头许多工作，花费了大量宝贵的精力，审读本书全稿，就有关体例、内容、文字等提出中肯的批评和建议，使作者受益匪浅；并慨然作序，给予有力的推介。与此同时，黄石市委宣传部副部长蔡维同志，为本书两上北京、落实出版的有关问题；商务印书馆的郑殿华主任和责任编辑宋伟先生提出许多很好的建议，为提高本书质量作了许多有益的工作；武汉大学经济系教授代鲁老先生给我这个素不相识者寄来他的多篇论文；武钢大冶铁矿宣传部提供了历史资料照片；黄石理工学院矿冶文化研究中心有关领导曾对本书的写作和出版予以关注；吕永超等许多友人，提供资料、图书、加工图片，予以具体的帮助；我的家人对于本书的写作始终予以理解和支持，使我得以专心致志地工作，在此一并表示衷心的感谢！没有这些无私的、宝贵的支持，本书的出版问世是难以想象的。

2009 年 11 月 24 日

增订本后记

　　《苍凉的背影：张之洞与中国钢铁工业》初版于 2010 年 5 月，由商务印书馆出版，这已经是十年前的事了。

　　难忘那年秋天，唐开云学长领我专程去武汉，向前辈的汉冶萍研究专家、母校经济学系的代鲁老教授请教，承蒙老先生蔼然对此书的基本观点、史实、视野和文字予以首肯；难忘湖北社科研究院副院长、博导刘玉堂先生在它的首发式暨研讨会上以《考辩求真，描述求美，评说求准》为题，和到会的领导、专家、学者一起，对作者予以热情鼓励；想不到那年浙江省衢州市举办"2010·全民读书周"活动，我这本作者毫无知名度、当年出版的新书竟也跻身于《推荐书目》。2014 年秋，武汉大学校友、正在美国北卡大学从事合作研究的韩晗博士来函告知，"《苍凉的背影》在美国近四十家大学图书馆都有收藏，在海外极具影响"；同时，曾给我出过书的台北秀威公司来函，通过我与商务印书馆联系，拟协商出版此书的中文繁体本。

　　难忘一位网名叫水中央的先生，自述是"基本上属于'紧跟国内外形势和动向'读书"，涉猎甚广。他在网文中"列举部分 2012 年觉得收获较大的几本书"，前两本是哈佛大学安德鲁·戈登教授研究日本现代化的名著《日本的起起落落：从德川幕府到现代》和基辛格博士《论中国》的英文原版。第三本就是《苍凉的背影》。他认为："纵观全书，作者传递给读者的信息是：

张之洞的兴办钢铁是个不完美的进行时，而不是传统教课（科）书所告诉我们的失败的过去时。从书中，我们也能得出这样的结论，一个好的愿望、一个好的技术，如果没有好的制度来支撑，成功的难度很大，但是就张之洞来说，作为一介儒臣创办了中国钢铁工业，显示了传统与现代化的契合在当时所能达到的高度，是中国古代知识分子的优良传统在民族危难之时的一次凝重的闪光。这本书对于关心今天中国的政治、经济改革的人们来说，值得一读。"其中对于张之洞的评价，基本是书中的原话；我尤其看重这位读者对于此书的普遍意义和现实意义的感受。

这些都使我深受鼓舞，成为我继续坚持汉冶萍公司研究的动力。

与此同时，本地湖北师范大学和湖北理工学院两校的中青年历史学者张泰山、尚平、左世元等先生，也分别向我指出初版本的不足，不约而同地希望按照现行的学术规范，补足全书引文的注释。此后多年来，这便成为悬在我心中一个未了的情结。

2018 年冬，当《苍凉的背影》的续篇《悲怆的绝唱：盛宣怀与汉冶萍公司》一书脱稿后，趁着联系出版社的间隙，我便抓紧着手增订这部书稿。除了补充近十年来陆续读到的有关史料，主要是添加全书的注释。要将一部 50 多万字主要是史实考证的书，十年前写作时所引用的史料，一条条重新找到它的出处，对我这个年过八旬、记忆力正在严重衰退的老头儿，不能不说是面临一次颇不轻松的挑战，幸好这些困难总算是被克服了。

衷心感谢人民出版社的罗少强先生、周文婷女士对拙著出版的鼎力支持，由于他们的精心指导和辛勤劳动，尤其是在史料审核上做了大量细致、精确的工作，使拙著减少了误差，提高了整体质量，并使作者深受教益。

衷心感谢湖北师范大学校领导、原副校长程国强先生、历史文化学院院长张泰山教授、副院长李柏林教授，对我的研究工作和拙著出版的鼎力支持。

衷心感谢所有对拙著写作和出版予以关心和支持的亲人、友人和同学。

2020 年 11 月 21 日于黄石市金广厦寓所

主要参考文献

张之洞:《张文襄公全集》,中国书店 1990 年版。

苑书义等主编:《张之洞全集》,河北人民出版社 1998 年版。

湖北省档案馆编:《汉冶萍公司档案史料选编》上,中国社会科学出版社 1992 年版。

陈旭麓等主编:《汉冶萍公司》一,上海人民出版社 1984 年版。

陈旭麓等主编:《汉冶萍公司》二,上海人民出版社 1986 年版。

陈旭麓等主编:《汉冶萍公司》三,上海人民出版社 2004 年版。

朱寿朋编:《光绪朝东华录》,中华书局 1958 年版。

李鸿章:《李鸿章全集》,时代文艺出版社 1998 年版。

夏东元编著:《盛宣怀年谱长编》,上海交通大学出版社 2004 年版。

赵尔巽等编:《清史稿》,上海古籍出版社 1986 年版。

翁同龢:《翁同龢日记》,陈义杰整理,中华书局 1998 年版。

冯桂芬:《校邠庐抗议》,中州古籍出版社 1998 年版。

薛福成:《出使英法义比四国日记》,岳麓书社 1985 年版。

夏东元编:《郑观应集》上,上海人民出版社 1982 年版。

夏东元编:《郑观应集》下,上海人民出版社 1988 年版。

张集馨:《道咸宦海见闻录》,中华书局 1981 年版。

曾纪泽：《曾纪泽集》，岳麓书社 2005 年版。

辜鸿铭：《辜鸿铭文集》，岳麓书社 1985 年版。

中国史学会编：《洋务运动资料丛刊》，上海人民出版社 2000 年版。

中国史学会编：《戊戌变法资料丛刊》，神州国光社 1953 年版。

孙毓棠编：《中国近代工业史资料》（第一辑），科学出版社 1957 年版。

汪敬虞编：《中国近代工业史资料》（第二辑），科学出版社 1957 年版。

陈真编：《中国近代工业史资料》（第三辑），生活·读书·新知三联书店 1961 年版。

武汉大学经济系编：《旧中国汉冶萍公司与日本关系史料选辑》，上海人民出版社 1985 年版。

南开大学历史系编：《清实录经济资料辑要》，中华书局 1959 年版。

聂宝璋编：《中国近代航运史资料》（第一辑），上海人民出版社 1983 年版。

刘成禺：《世载堂杂忆》，辽宁教育出版社 1997 年版。

黄濬：《花随人圣庵摭忆》，上海书店出版社 1998 年版。

徐凌霄、徐一士：《凌霄一士随笔》，山西古籍出版社 1997 年版。

齐如山：《故都三百六十行》，书目文献出版社 1993 年版。

徐珂编撰：《清稗类钞》，中华书局 1984 年版。

荣孟源等主编：《近代稗海》，四川人民出版社 1985 年版。

叶景葵：《卷盦书跋》，上海古籍出版社 2006 年版。

《清代野史》第六辑，巴蜀书社 1988 年版。

《文史资料精选》（第一册），中国文史出版社 1990 年版。

湖北省地方志编委会编：《湖北省志·财政卷》，湖北人民出版社 1995 年版。

黄石市地方志编委会编：《黄石市志》，中华书局 2001 年版。

湖北省冶金志编纂委员会编：《汉冶萍公司志》，华中理工大学出版社 1990 年版。

武钢大冶铁矿矿志办公室编：《大冶铁矿志 1890—1985》，内部发行，1986 年版。

大冶钢厂编:《大冶钢厂志》,内部发行,1985年版。

詹世忠主编:《黄石港史》,中国文史出版社1992年版。

江西省政协文史资料研究委员会编:《萍乡煤炭发展史略》,内部发行,1987年版。

胡绳:《从鸦片战争到五四运动》,上海人民出版社1982年版。

陈旭麓:《近代中国社会的新陈代谢》,上海社会科学院出版社2006年版。

唐德刚:《晚清七十年》,岳麓书社1999年版。

虞和平、谢放:《中国近代通史》(第三卷),江苏人民出版社2007年版。

严中平主编:《中国近代经济史(1840—1894)》,人民出版社2001年版。

汪敬虞主编:《中国近代经济史(1895—1927)》,人民出版社2000年版。

方行等主编:《中国经济通史 清代经济卷》,经济日报出版社2000年版。

赵靖主编:《中国经济思想通史续集》,北京大学出版社2004年版。

胡寄窗:《中国近代经济思想史大纲》,中国社会科学出版社1984年版。

[美] 费正清编:《剑桥中国晚清史》,中国社会科学院历史研究所编译室译,中国社会科学出版社1985年版。

[美] 斯塔夫里阿诺斯:《全球通史》,吴象婴、梁赤民译,上海社会科学院出版社1999年版。

夏东元:《洋务运动史》,华东师范大学出版社1992年版。

许纪霖、陈达凯主编:《中国现代化史》(第一卷),学林出版社2006年版。

皮明麻、邹进文著:《武汉通史 晚清卷》,武汉出版社2006年版。

李占才主编:《中国铁路史(1876—1949)》,汕头大学出版社1994年版。

阮芳纪等编:《洋务运动史论文选》,人民出版社1985年版。

乔还田、晋平编著:《洋务运动史研究叙录》,天津教育出版社1989年版。

苑书义等主编:《张之洞与中国近代化》,中华书局1999年版。

陈锋等主编:《张之洞与武汉早期现代化》,中国社会科学出版社2003年版。

冯天瑜、何晓明:《张之洞评传》,南京大学出版社1991年版。

马东玉：《张之洞大传》，团结出版社 2008 年版。

谢放：《中体西用之梦——张之洞传》，四川人民出版社 1995 年版。

谢放：《张之洞传》，广东高等教育出版社 2004 年版。

夏东元：《盛宣怀传》，四川人民出版社 1988 年版。

陈景华：《盛宣怀》，哈尔滨出版社 1996 年版。

孙孝恩、丁琪：《光绪传》，人民出版社 1997 年版。

朱东安：《曾国藩传》，四川人民出版社 1985 年版。

谢俊美：《翁同龢传》，中华书局 1994 年版。

苏同炳：《中国近代史上的关键人物》，百花文艺出版社 2000 年版。

张国辉：《张国辉集》，中国社会科学出版社 2002 年版。

陈旭麓：《陈旭麓学术文存》，上海人民出版社版 1990 年版。

石泉：《甲午战争前后之晚清政局》，生活·读书·新知三联书店 1997
年版。

李泽厚：《中国近代思想史论》，人民出版社 1979 年版。

李泽厚：《中国现代思想史论》，天津社会科学院出版社 2003 年版。

罗荣渠：《现代化新论》，商务印书馆 2004 年版。

钟叔河：《从东方到西方》，岳麓书社 2002 年版。

钟叔河：《走向世界》，中华书局 2000 年版。

丁伟志、陈崧：《中体西用之间》，中国社会科学出版社 1995 年版。

茅海建：《戊戌变法史事考》，生活·读书·新知三联书店 2005 年版。

朱维铮、龙应台编著：《维新旧梦录：戊戌前百年中国的"自改革"运动》，
生活·读书·新知三联书店 2000 年版。

袁伟时：《帝国落日：晚清大变局》，江西人民出版社 2003 年版。

朱学兵：《李鸿章与中国铁路》，群言出版社 2006 年版。

周积明：《最初的纪元》，高等教育出版社 1996 年版。

韦远庆：《明清史新析》，中国社会科学出版社 1995 年版。

孔祥吉：《清人日记研究》，广东人民出版社 2008 年版。

姜鸣：《龙旗飘扬的舰队》，生活·读书·新知三联书店 2002 年版。

姜鸣：《天公不语对枯棋》，生活·读书·新知三联书店 2006 年版。

雷颐：《李鸿章与晚清四十年》，山西人民出版社 2008 年版。

雷颐：《历史的裂缝》，广西师范大学出版社 2007 年版。

陈晓律：《世界各国工业化模式》，南京出版社 1998 年版。

钟庆：《刷盘子，还是读书？——反思中日强国之路》，当代中国出版社 2005 年版。

郑学檬主编：《中国赋役制度史》，上海人民出版社 2000 年版。

许毅主编：《清代外债与洋务运动》，经济科学出版社 2002 年版。

申学锋：《晚清财政支出政策研究》，中国人民大学出版社 2006 年版。

路工：《访书见闻录》，上海古籍出版社 1985 年版。

胡维佳主编：《中国古代科学技术史纲——技术卷》，辽宁教育出版社 1996 年版。

北京钢铁学院《中国古代冶金》编写组：《中国古代冶金》，文物出版社 1978 年版。

［美］鲁思·本尼迪克特：《菊与刀》，吕万和等译，商务印书馆 1990 年版。

［美］费维恺：《中国早期工业化》，虞和平译，中国社会科学出版社 1990 年版。

［英］李提摩太：《亲历晚清四十五年》，李宪堂、侯林莉译，天津人民出版社 2005 年版。

［美］罗威廉：《汉口：一个中国城市的商业和社会(1796—1889)》，江溶、鲁西奇译，中国人民大学出版社 2005 年版。

［美］芮玛丽：《同治中兴：中国保守主义的最后抵抗（1862—1874)》，房德邻等译，中国社会科学出版社 2002 年版。

［美］汪荣祖：《走向世界的挫折——郭嵩焘与道咸同光时代》，岳麓书社 2000 年版。

代鲁：《张之洞创办汉阳铁厂评议》，载孔令仁、李德征主编《中国近代化与洋务运动》，山东大学出版社 1992 年版。

代鲁:《清末汉阳铁厂的"招商承办"述析》,《清史研究》1994 年第 3 期。

代鲁:《再析汉阳铁厂的"招商承办"》,《近代史研究》1995 年第 4 期。

代鲁:《对张之洞办铁厂几条指摘的辨析》,载苑书义等主编《张之洞与中国近代化》,中华书局 1999 年版。

袁为鹏:《张之洞与湖北工业化的起始:汉阳铁厂"由粤移鄂"透视——汉阳铁厂(汉冶萍公司)生产布局研究之一》,国学网中国经济史论坛 2004 年 3 月发布。

袁为鹏:《政治与经济之间:清末汉阳铁厂厂址定位问题新解——汉阳铁厂(汉冶萍公司)生产布局研究之二》,国学网中国经济史论坛 2004 年 3 月发布。

李江:《百年汉冶萍公司研究述评》,《中国社会经济史研究》2007 年第 4 期。

责任编辑：罗少强

特约编辑：周文婷

装帧设计：曾晶晶

图书在版编目（CIP）数据

苍凉的背影：张之洞与中国钢铁工业 / 张实 著 . —北京：人民出版社，2022.7

ISBN 978 - 7 - 01 - 023470 - 0

I. ①苍⋯ II. ①张⋯ III. ①张之洞（1837—1909）- 人物研究 ②钢铁工业 -

工业史 - 史料 - 中国 - 清后期 IV. ① K827=52 ② F426.31

中国版本图书馆 CIP 数据核字（2021）第 103064 号

苍凉的背影

CANGLIANG DE BEIYING

——张之洞与中国钢铁工业

（增订本）

张实 著

人民出版社 出版发行

（100706 北京市东城区隆福寺街 99 号）

北京汇林印务有限公司印刷 新华书店经销

2022 年 7 月第 1 版 2022 年 7 月北京第 1 次印刷

开本：710 毫米 ×1000 毫米 1/16 印张：34.25

字数：510 千字

ISBN 978 - 7 - 01 - 023470 - 0 定价：168.00 元

邮购地址 100706 北京市东城区隆福寺街 99 号

人民东方图书销售中心 电话（010）65250042 65289539